ullstein

Das Buch

Was Peter Scholl-Latours Bücher seit jeher auszeichnet, ist die profunde Kenntnis der Länder und Kulturen, über die er schreibt. In Beirut hat er Arabistik und Islamkunde studiert, seit den 1950er Jahren hat er die arabische Welt intensiv bereist und immer wieder über sie berichtet. Aus dieser Erfahrung heraus gelingt es Peter Scholl-Latour, mit bestechendem Scharfblick das Geschehen rund um die »Arabellion« in seinem historischen und kulturellen Zusammenhang zu erklären. Die allgemeine Euphorie über den »Arabischen Frühling« hat er nie geteilt. Neben den politischen Analysen beschwört Scholl-Latour in eindringlichen Reportagen die magische Welt der Basare, Kasbahs und Oasen herauf, die er noch in ihrem ursprünglichen Zustand kennengelernt hat. So ist sein Buch beides: aktueller Bericht und faszinierende Zeitreise.

Der Autor

Peter Scholl-Latour, geboren 1924 in Bochum. Promotion an der Sorbonne in Paris in der Sciences Politiques, Diplom an der Libanesischen Universität in Beirut in Arabistik und Islamkunde. Seitdem in vielfältigen Funktionen als Journalist und Publizist tätig, unter anderem als ARD-Korrespondent in Afrika und Indochina, als ARD- und ZDF-Studioleiter in Paris, als Programmdirektor des WDR-Fernsehens, als Chefredakteur und Herausgeber des *Stern* und als Vorstandsmitglied von Gruner + Jahr. Seine TV-Sendungen erreichen höchste Einschaltquoten, seine Bücher haben ihn zu Deutschlands erfolgreichstem Sachbuchautor gemacht.

Von Peter Scholl-Latour sind in unserem Hause bereits erschienen:

Die Angst des weißen Mannes · *Kampf dem Terror – Kampf dem Islam?* · *Koloß auf tönernen Füßen* · *Rußland im Zangengriff* · *Der Weg in den neuen Kalten Krieg* · *Weltmacht im Treibsand* · *Zwischen den Fronten*

Peter Scholl-Latour

Arabiens Stunde
der Wahrheit

Aufruhr an der Schwelle Europas

Ullstein

Besuchen Sie uns im Internet:
www.ullstein-taschenbuch.de

Aus Gründen der Diskretion habe ich die Namen meiner
Gesprächspartner gelegentlich geändert. Das gilt nicht für Personen des
öffentlichen Lebens und deren Aussagen, die exakt wiedergegeben werden.
Bei der Transkription von Ausdrücken aus fremden Sprachen habe ich
mich an die übliche, allgemein verständliche Schreibweise gehalten.

MIX
Papier aus verantwor-
tungsvollen Quellen
FSC® C014496

Ungekürzte Ausgabe im Ullstein Taschenbuch
1. Auflage November 2012
© Ullstein Buchverlage GmbH, Berlin 2011/Propyläen Verlag
Lektorat: Cornelia Laqua
Karten: Thomas Hammer
Umschlaggestaltung: ZERO Werbeagentur, München,
nach einer Vorlage von Morian & Bayer-Eynck, Coesfeld
Titelbild: Cornelia Laqua
Gesetzt aus der Sabon
Satz: LVD GmbH, Berlin
Papier: Pamo Super von Arctic Paper Mochenwangen GmbH
Druck und Bindearbeiten: GGP Media GmbH, Pößneck
Printed in Germany
ISBN 978-3-548-37467-3

INHALT

AUFTAKT

Im alten Rom galt der Spruch, daß auch die Bücher ihr eigenes Schicksal besäßen. »Habent sua fata libelli.« Diese Aussage läßt sich auf die vorliegende Veröffentlichung übertragen, denn als ich die ersten Zeilen schrieb, beabsichtigte ich, eine weltumfassende Betrachtung über die neuen Vernetzungen und Gegensätze einer multipolaren Welt zu verfassen, in der die Europäer keinen Vorbildsanspruch mehr erheben können und die gewaltige Kraft Amerikas einer fatalen Überanstrengung erliegt.

In den Jahren 2010 und 2011 hatte ich zum Sammeln von Erkenntnissen einige globale Reisen unternommen – von den bolivianischen Indios am Titicaca-See und am venezolanischen Orinoco bis zu den aufstrebenden Massen Chinas zwischen Macao und dem Yangtse-Becken von Szetschuan. Dazu kamen die Länder des »Broader Middle East«: Sudan und Ägypten, Algerien, Libanon, Syrien, Irak, Iran und Afghanistan sowie das ehemals sowjetische Zentralasien. Da geschah das Unerwartete: der Ausbruch einer revolutionären Volksbewegung in Tunis, die sich bis zum Persischen Golf ausweitete und hoffnungsvoll »Arabischer Frühling« genannt wurde.

Seitdem hat sich jenseits des Mittelmeers und im ganzen Orient eine verblüffende Serie von politischen Umbrüchen vollzogen, der die Europäer ratlos gegenüberstehen, zumal die Deutschen, die sich in ihren internen Querelen – »les querelles allemandes«, wie die Franzosen sagen – zusehends verstricken. Das Kapitel über den

7

Sudan, der ja auch der Arabischen Liga angehört, war bereits geschrieben und brauchte auch nicht verändert, sondern allenfalls aktualisiert zu werden. Inzwischen hat tatsächlich die staatliche Abspaltung des Süd-Sudans von der Regierung von Khartum mit internationaler Zustimmung stattgefunden. Wie zu erwarten war, verwandelte sich die Trennungslinie sehr schnell in eine Front zwischen den arabisierten Muslimen des Nordens und den teils animistischen, teils christlichen Stämmen des Südens. Schon werden in den Provinzen Süd-Kordofan und Blue Nile die ersten Kämpfe ausgetragen, während das umstrittene Erdöl-Revier von Abyei durch Präsenz äthiopischer Soldaten neutralisiert werden soll. Jenseits der Demarkationslinie, am Rande der urweltlichen Sumpflandschaft des Bahr el Ghazal, flackern die uralten Fehden auf zwischen den schwarzen Niloten-Völkern der Dinka, die ihren Führungsanspruch durch die Gründung einer neuen Hauptstadt festigen wollen, und den Ethnien der Nuer und der Shilluk.

Diese vielfältigen Konfrontationen haben auf die ganze Sahel-Zone übergegriffen, jenen breiten Steppen- und Savannengürtel jenseits der Sahara, der bis zum Atlantik reicht. Die ehemaligen französischen Kolonien Tschad, Niger und Mali, deren nördliche Wüstenregionen durch islamische Kampfgruppen längst destabilisiert sind, dürften durch den Zustrom schwarzer Söldner, die für Qadhafi kämpften, und auch durch die sogenannten Loyalisten, die im Raum zwischen Sirte und Sebha einen erstaunlichen Widerstand gegen die libyschen »Freiheitskämpfer« leisteten, in einen Zustand wachsender Anarchie und Unsicherheit hineingerissen werden.

Meine Absicht ist es nicht, die jüngsten Ereignisse in ihren Einzelheiten darzustellen. Da ich den arabischen Raum seit nunmehr sechzig Jahren regelmäßig in all seiner Vielfalt bereist habe, lege ich Wert auf eine historische, kulturelle und religiöse Einordnung, die oft ins ferne Mittelalter zurückreicht. Dennoch wollen wir eine Momentaufnahme skizzieren vom jetzigen Stand der sogenannten »Arabellion«. Bei näherem Zusehen wird sich die ursprüngliche Begeisterung des Westens über den »Arabischen Frühling« schnell eintrüben. Um mit Tunesien zu beginnen: Dort kündigt sich innerhalb einer Myriade von Partei-Neugründungen die traditionelle islamische Bewegung »En Nahda« – zu Deutsch »Aufschwung« oder »Erneuerung« – laut Meinungsumfragen als die stärkste Formation an.

In Ägypten hat der Verteidigungsminister des gestürzten Diktators Mubarak, Feldmarschall Tantawi, die Machtausübung übernommen und die Euphorie des Tahrir-Platzes einer kalten Dusche ausgesetzt. Vom Ausgang der angekündigten Wahlen – falls sie nicht, wie in der Vergangenheit, grob gefälscht werden – hängt es ab, ob die straffe Organisation der Muslimbrüder sich als bedeutendste politische Kraft durchsetzen wird und ob diese neuerdings zur Mäßigung neigenden »Ikhwan« durch Haßprediger aus Saudi-Arabien in eine militante »Salafiya« abgleiten. Unklar bleibt die Frage, welches Verhältnis sich zwischen dem politischen Islam und dem herrschaftsgewohnten Militär herausschälen wird.

Noch ist zur Stunde nicht entschieden, ob die ehemalige »Jamahiriya« Libyen durch tribale Gegensätze und den Streit über das Verhältnis von Staat und Religion auf einen Bürgerkrieg zutreibt. Das Gleiche gilt in stärkerem Maße für die Arabische Republik Syrien, wo die Ausschaltung des Präsidenten Bashar el-Assad und seiner alawitischen Glaubensbrüder unübersehbare Folgen nach sich zöge. Im Irak wiederum sind die Attentate gegen die amerikanische Rest-Garnison fast ganz eingestellt worden, aber der schiitische Eiferer Muqtada es-Sadr hat bereits angekündigt, daß seine »Mehdi-Armee« gegen die US-Truppen losschlagen würde, falls deren Abzug aus Mesopotamien sich über die vereinbarte Frist hinauszögert. Der weit abgelegene Jemen wiederum, der den Durchlaß des Bab el-Mandeb bedroht, steht im Begriff, auf Grund seiner chaotischen Divergenzen ein »failed state« zu werden.

Seltsamerweise hat sich innerhalb der westlichen Allianz keine Stimme von Gewicht gemeldet, um die extrem reaktionäre und unduldsame Dynastie Saudi-Arabiens an den Pranger zu stellen, obwohl sich inzwischen erwiesen hat, daß aus den Reihen der fanatischen Wahhabiten, die dort die höchste religiöse Autorität ausüben, die nebulösen Terrorgruppen von »El Qaida« hervorgegangen sind. Zur völkerrechtswidrigen Invasion gegen die revoltierende Insel Bahrein durch saudische Panzerkolonnen hat sich kaum eine Stimme des Protestes erhoben. An dieser Stelle hüllen sich die westlichen Prediger von Menschenrechten und freier Volksentscheidung in das bislang praktizierte heuchlerische Schweigen. Wundert es da, wenn ein hoher Funktionär der »Nationalen Befreiungsfront«, die einst die Unabhängigkeit Algeriens von Frankreich erkämpfte, dem noch in Tripolis ausharrenden Oberst Qadhafi zu Hilfe kam und sich vor laufender Kamera zu dem Ausruf hinreißen ließ: »Allah möge die Demokratie verfluchen«, eine Äußerung, die im Westen als Gotteslästerung empfunden wird.

Schon werden in Deutschland Stimmen laut, man müsse den zur Demokratie erwachten Arabern mit guten Ratschlägen helfen, ihnen bei der Abwehr radikal-islamistischer Einflüsse zur Seite stehen. Nichts wäre törichter und verhängnisvoller. Die Araber müssen jetzt wirklich selbst entscheiden, wie sie regiert werden. Falls die Wahl auf eine islamische Staatsform fiele, dann sollen sie dieses Experiment ausleben und eines Tages aus eigener Erkenntnis, auf dem Wege des »Ijtihad«, zum Verzicht auf diverse verkrustete Überlieferungen der Scharia gelangen. Angesichts der sterilen Debatten und der Handlungsunfähigkeit des deutschen Bundestages wie auch des amerikanischen Kongresses erweist sich unsere Form der Demokratie für den Neuaufbau einer orientalischen Gesellschaft, für die Überwindung der gewaltigen Probleme wirtschaftlicher und sozialer Natur als recht untauglich.

Amerika hat den zehnten Jahrestag von »Nine Eleven«, den Rückblick auf die Vernichtung des World Trade Center und eines Flügels des Pentagon, mit ungeheurem Pomp begangen. Dagegen ist nichts einzuwenden. Aber die rund dreitausend Opfer dieser schändlichen Angriffe waren keine Helden, wie man suggerieren möchte, sondern Opfer mit Ausnahme der wackeren Feuerwehrleute, die sich zur Rettung ihrer Mitbürger in die Flammen stürzten. Die damalige Präsidentschaft der USA hat auf die Herausforderung von Nine Eleven in hysterischer Weise überreagiert und in der Stunde der Krise keine imperialen »römischen Tugenden« an den Tag gelegt, wie es ihr gut angestanden hätte.

Vielleicht war der Feldzug gegen die Taleban psychologisch unvermeidbar, aber nach der geglückten Operation gegen das afghanische Emirat des Mullah Omar hätten die NATO-Truppen schleunigst vom Hindukusch wieder abrücken müssen, statt sich in eine aussichtslose, zeitlich unbegrenzte Partisanenbekämpfung einzulassen. Noch verhängnisvoller wirkte sich die Ausweitung des »Krieges gegen den Terror« auf den Irak Saddam Husseins aus. Wer erinnert sich heute noch daran, daß im Jahre 2003 Condoleezza Rice, die engste Vertraute des Präsidenten George W. Bush, nach der fast kampflosen Besetzung Bagdads durch die U.S. Marines behauptete, der Irak habe den tugendhaften Pfad der freiheitlichen Emanzipation beschritten. Von diesem »Leuchtturm der Freiheit« aus werde ein demokratischer »Frühling« in der ganzen arabischen Welt erblühen.

Da berührt es peinlich, wenn Barack Hussein Obama bei den Feierlichkeiten am »Ground Zero« – ein wenig wie sein glückloser Vorgänger mit dessen irreführendem Spruch »Mission accomplished« – von einem amerikanischen Sieg über die Kräfte des Terrorismus fabuliert. An dieser Stelle sollte noch einmal die kluge Analyse Zbigniew Brzezinskis, des ehemaligen »National Security Advisor« von Präsident Jimmy Carter zitiert werden, der schon bei Einleitung des Feldzugs »Iraqi Freedom« erklärte: »In den vergangenen Monaten haben die Vereinigten Staaten eine Erfahrung gemacht, die wir als das ungewöhnlichste Versagen der Intelligenz in unserer Geschichte bezeichnen können. Dieses Versagen wurde durch extreme Demagogie ausgelöst, die schlimmste Katastrophen-Szenarien entwirft, Ängste schürt und eine äußerst simplifizierte Sicht, eine Zweiteilung (Dichotomie) der weltweiten Wirklichkeit suggeriert. Daraus ergibt sich die Notwendigkeit einer seriösen Debatte über Amerikas Rolle in der Welt. Kann eine Weltmacht ›global leadership‹ ausüben auf der Basis von Furcht und Angst? Können die Vereinigten Staaten Unterstützung anfordern, zumal die Unterstützung von Freunden, wenn denen gesagt wird: ›Ihr seid gegen uns, wenn ihr nicht mit uns seid‹? … Die Notwendigkeit einer solchen Debatte kann nicht ausgeräumt werden, indem man die Herausforderung mit theologischem Akzent als ›Terrorismus‹ qualifiziert, ein Terrorismus, den diejenigen ausüben, die ›die Dinge hassen‹ (who hate things), während wir Menschen sind, die ›die Dinge lieben‹ (who love things).« – So hat es Amerikas angesehener Wortführer ausgedrückt. Darauf folgt das zentrale Argument: »Terrorismus ist eine Technik, um Menschen zu töten. Er kann nicht der Feind sein. Das klingt so, als würden wir behaupten, der Zweite Weltkrieg sei nicht gegen die Nazis geführt worden, sondern gegen den ›Blitzkrieg‹. Wir müssen die Frage stellen, wer der Feind ist und was ihn zu seinen Aktionen gegen uns motiviert?«

Mit welchen freudigen Überraschungen und mit welchen bitteren Enttäuschungen wird der »Arabische Frühling« des Jahres 2011 noch aufwarten? Auf diese Frage, die ständig gestellt wird, gibt es keine Antwort. Der französische Präsident Nicolas Sarkozy hat die wiederentdeckte Solidarität Frankreichs mit Großbritannien zelebriert und ist mit dem britischen Premierminister David Cameron gemeinsam nach Libyen gereist, um dort von einer jubelnden Menge gefeiert zu werden. Es ist schon ein ungewöhnlicher Vorgang, daß dieses Mal der Einsatz französischer und britischer Kampfflugzeuge in einer innerarabischen Krise von der muslimischen Bevölkerung als Akt rettender Freundschaft und nicht als spätkoloniale Vergewaltigung empfunden wurde. Wie lange diese gegenseitige Zuneigung dauern wird, ist höchst ungewiß. Der Verdacht, es sei den Entente-Mächten in erster Linie um ihre Petroleum-Interessen in Libyen gegangen, wird unweigerlich aufkommen.

Da ist eine ganz andere Figur wie ein mächtiger Magier und Hoffnungsträger auf den Plan getreten. Der türkische Regierungschef Recep Tayyip Erdoğan hat ebenfalls die Schauplätze der »Arabellion« aufgesucht. Doch verfügte er gegenüber den beiden europäischen Staatsmännern über den immensen Vorteil, sich inmitten einer ergriffenen Masse gläubiger Muslime mitsamt deren Ulama und Schuyukh beim gemeinsamen Gebet in Richtung Mekka zu verneigen. Eine neue tragende Rolle der Türkei ist plötzlich sichtbar geworden, und Erdoğan scheint an die Größe des Osmanischen Reiches anknüpfen zu wollen. Das Imperium des Padischah erstreckte sich einst auf dem Südufer des Mittelmeers bis an die Schwelle Marokkos, am Roten Meer bis in die Nachbarschaft Adens. Vom irakischen Hafen Basra aus beherrschte es den Persischen Golf, und auf dem Balkan reichte das Einflußgebiet der Hohen Pforte im bosnisch-muslimischen Bihać bis in die Nähe des heutigen Sloweniens. Schon beeilen sich die Europäer, den revoltierenden Arabern zu raten, dem Beispiel der postkemalistischen Türkei nachzueifern, die im Parlament von Ankara die islamische Ausrichtung der Regierungspartei AKP mit den sakrosankten Vorstellungen westlicher Demokratie zu versöhnen scheint.

Als unmittelbar Betroffene sehen die Politiker Israels die Dinge aus einem ganz anderen Winkel. Durch die Verkrampfung der Regierung Netanjahu-Liebermann, durch die Fehlleistung Zahals beim Kapern eines türkischen Schiffes, durch die Blockade von Gaza hat die Koalition von Jerusalem den Zorn des neuen Sultans von Istanbul beziehungsweise von Ankara herausgefordert. Seitdem befürchtet Washington, daß Erdoğan mit seiner Kehrtwende gegen den israelischen Partner von einst Einfluß auf die antizionistische Wut der arabischen Massen zu gewinnen sucht. An der Sinai-Grenze ist die Zeit einer heimlichen, aber engen Komplizenschaft des Judenstaates mit dem Rais Mubarak und dessen Geheimdienstchef Omar Suleiman jäh zu Ende gegangen. Jedes künftige Regime von Kairo wird auf die Israel-feindliche Stimmung der Bevölkerung Rücksicht nehmen müssen. Schon kam es zu Schießereien am Rande des Negev. Im Norden schwelt zwar eine tiefe Feindschaft zwischen Syrien und Israel, aber die eiserne Faust der Assad-Diktatur hatte es stets verhindert, daß an der Demarkationslinie auf den Golan-Höhen bei Kuneitra auch nur ein einziger Schuß abgefeuert wurde. Das dürfte sich nach einem Wechsel in Damaskus gründlich ändern.

Schon wird von einer Achse Ankara–Kairo gesprochen. In Saudi-

Arabien könnte dabei die Erinnerung an jene Strafexpeditionen zu Beginn des neunzehnten Jahrhunderts aufkommen, die der Vize-König und Khedive Mohammed Ali von Ägypten im Auftrag des Sultans und Kalifen von Istanbul unter dem Befehl seiner Söhne Tüsün und Ibrahim Pascha gegen den Beduinen-Aufstand der Wahhabiten-Sekte in die Einöde des Nedjd ausschickte. Diese Wüstenkrieger, aus denen die Dynastie des Hauses El Saud hervorging, standen damals im Verdacht, die Heiligen Stätten von Mekka und Medina besetzen zu wollen. Wenn sich in Zukunft eine Interessengemeinschaft zwischen Türken und Ägyptern gegen Saudi-Arabien herausbilden sollte, ginge es nicht um die Heilige Kaaba und das Grab des Propheten, sondern um den ungeheuerlichen Erdölreichtum dieses Königreichs, der bislang zur schamlosen Erpressung und Korrumpierung all jener Staaten, der USA zumal, benutzt wurde, deren Energiebedarf nicht zu sättigen ist.

Gewiß, das sind Spekulationen. Die Amerikaner können im Falle einer konsequenten Abkehr von ihrer nahöstlichen Einflußsphäre eine Schwerpunktverlagerung zum Pazifik vollziehen oder in einen Isolationismus zurückfallen, der lange genug ihre außenpolitische Richtschnur war. Für die Europäer hingegen, für die unmittelbaren Nachbarn dieser orientalischen Tumulte, geriete der Übergang des Arabischen Frühlings oder des arabischen Herbsts in einen frostigen arabischen Winter zu einer Belastung, der der zerstrittene Kontinent nicht gewachsen wäre. Das Abendland ist in keiner Weise gewappnet, den arabischen Ungewißheiten mit Gelassenheit, Selbstbewußtsein, Sachkenntnis und auch mit der nötigen Sympathie zu begegnen.

MAGHREB
Die Abgründe des Atlas

Algerisches Requiem

ALGIER, MAI 2011

Eine seltsame Idee sei das, Betrachtungen über die Umsturzwelle, die die orientalische Welt umbrandet, mit einem Bericht aus Algerien zu beginnen. So hatten sich manche Bekannte geäußert, als ich im Mai in den zentralen und wichtigsten Staat des Maghreb aufbrach, der scheinbar von den Begeisterungsstürmen und den Enttäuschungen des »arabischen Frühlings« ausgespart blieb. Aber Algerien hatte seine »grüne Revolution« bereits hinter sich, als im Dezember 1991 die »Islamische Heilsfront« die Parlamentswahlen eindeutig gewonnen hatte. Durch einen Militärputsch war sie damals gewaltsam in den Untergrund verbannt worden.

Aus dem bislang friedlichen »Jibhat el Islamiya lil Inqadh«, in der französischen Abkürzung FIS genannt, die ihr Ansehen bei der Bevölkerung ihrer humanitären Tätigkeit, ihrer Speisung der Armen verdankte und bislang keinen einzigen Terrorakt verübt hatte, entwickelte sich im Laufe der militärischen Repression eine resolute Kampfgruppe, »Groupes islamiques armés« oder GIA. Diese Mujahidin versuchten mit Waffengewalt den eisernen Griff der Führungsclique aus Generalen und Obristen abzuschütteln, der das Land praktisch seit seiner Unabhängigkeit umklammerte. Der Bürgerkrieg, der sich fast eine Dekade hinzog, wurde von beiden Seiten mit extremer Grausamkeit geführt. Die Zahl der Opfer stieg auf etwa zweihunderttausend Menschen. Am Ende obsiegte die mit modernsten Waffen ausgerüstete Armee. Diese Epoche der maßlosen Gewalt hat sich tief in das Bewußtsein der algerischen Masse eingebrannt.

Wenn Algerien in dieser Stunde des arabischen Aufbruchs nicht explodiere, so beantwortete schon der Taxifahrer am Flugplatz meine Frage nach der relativen Ruhe, die zwischen Constantine und Oran vorherrscht, so läge das an der Befürchtung der Bevölkerung, das grauenhafte Gemetzel könne von neuem beginnen. An diese schreckliche Zeit erinnert der schöne Film »Von Göttern und Menschen«, den ich mir kurz zuvor in Paris angesehen hatte. Es handelte sich um ein Dutzend französischer Mönche, die in dem Dorf Tibérine trotz aller Gefahren ausharrten. Den Patres ging es beileibe nicht um eine Bekehrung ihrer muslimischen Nachbarn zum Christentum, sondern um ein Leben in abgeschiedener Frömmigkeit. Bei den dortigen Berbern, denen sie in Dingen des Alltags und bei der medizinischen Betreuung zu Hilfe kamen, deren Feste sie brüderlich mitfeierten, waren die Trappisten hoch angesehen.

Um die Weihnachtszeit tauchte eine Partisanengruppe der GIA bei ihnen auf. Deren bedrohliche Haltung änderte sich, als der Prior, der Arabisch sprach und den Koran studiert hatte, jenen Vers Mohammeds vortrug, in dem er die Gerechtigkeit christlicher Priester und Mönche lobte. Der Führer der Rebellen verzichtete daraufhin auf jede Feindseligkeit, entschuldigte sich, die in Armut lebenden Jünger Christi bei ihrem Gebet gestört zu haben, und wünschte ihnen sogar ein gesegnetes Weihnachtsfest. Ganz anders verhielt sich eine andere bewaffnete Gruppe, die die Mönche im eisigen Nebel des Atlas-Winters in den rauhen Wald entführte und sie dort erschoß. Diese zweite Gruppe gehörte, wie der französische Nachrichtendienst herausfand, einer regierungstreuen Miliz an, die auf der Jagd nach Widerstandskämpfern war und den Mord der Ordensleute in den Augen der Öffentlichkeit als barbarischen Akt islamischer Fanatiker darstellen wollte. »L'Algérie est un pays opaque – Algerien ist ein undurchsichtiges Land«, diese Feststellung der französischen Kolonialverwaltung von einst bleibt bis auf den heutigen Tag gültig.

Ich habe mich, wie bei meinen früheren Aufenthalten, im Hotel »El Jazair« einquartiert, das zu seinem früheren Namen »Saint Georges« zurückgefunden hat. Mit Befriedigung stelle ich fest, daß dieses ehemalige Palais im Stil des spät-osmanischen Reiches restauriert wurde. Die Terrasse ragt mit ihrer Blumenpracht wie ein schwebender Garten über die sich ständig ausweitende Hauptstadt und das reglose blau-graue Meer. Ich mustere die ausschließlich algerischen Gäste. Sie gehören der privilegierten Oberschicht an, aber protzen nicht mit ihrem oft durch dubiose Geschäfte erworbenen Reichtum. Die Frauen tragen längst nicht alle ein Kopftuch. Die Mädchen lassen ihr üppiges Haar wallen. Die Gespräche der Männer, die europäisch gekleidet sind, werden halblaut geführt, wirken stets konspirativ. Im »Saint Georges« wird weiterhin Alkohol serviert.

Bilder aus der Vergangenheit tauchen auf. Vor einem halben Jahrhundert hatte an dieser Stelle der ehemalige französische Président du Conseil Georges Bidault die unbelehrbaren Anhänger der »Algérie française« um sich geschart, die das Mutterland, »la mère patrie«, von Dünkirchen in Flandern bis Tamanrasset im Herzen der Sahara ausweiten wollten. Am Nachmittag hatte Charles de Gaulle, dessen Absicht, Algerien in die Unabhängigkeit zu entlassen, inzwischen publik wurde, die Elite seiner Generäle und Obersten in den Sommerpalast des Generalgouverneurs beordert. Sie kamen – die Schultern rollend und selbstbewußt – in ihren Tarnuniformen mit aufgekrempelten Ärmeln, die Brust voller Orden. Ihnen gegenüber stand vor den maurischen Kacheln des großen Salons der einsame Mann im schlichten Khaki-Tuch des Brigadiers. Er war lediglich mit dem Lothringer Kreuz dekoriert. Aber er beherrschte alle Anwesenden mit der Höhe seines Wuchses und einer eiskalten Autorität, die Furcht einflößte. De Gaulle redete nur kurz zu den Offizieren der Algerien-Armee. Sie waren nicht zu einer politischen Aussprache, sondern zum Befehlsempfang gekommen. Nach der gebieterischen Audienz versammelten sie sich diskutierend im Palmengarten. Die Journalisten aus aller Welt beobachteten den verärgerten Gesichtsausdruck der hohen Offiziere. Als sie sich zum Gehen anschickten, sagte ein Amerikaner ohne jede Häme: »Here goes the Glory of France.«

Aus diesen fernen Reminiszenzen werde ich durch die Ankunft

Mansurs, eines alten Freundes, herausgerissen. Er trifft pünktlich ein, während die Dämmerung mit einer für die Jahreszeit ungewöhnlichen Kühle hereinbricht. Wir hatten uns vor etwa zwanzig Jahren kennengelernt. Mansur war damals ein junger Anwalt, der eine Reihe mutmaßlicher Terroristen verteidigte und mir Zugang zu dem eifernden Prediger Ali Belhaj verschaffte. Trotz seiner intensiven französischen Erziehung hatte er mit der »Heilsfront« sympathisiert und war vorübergehend verhaftet worden. Nach seiner Entlassung ließ er sich in Tunis nieder, von wo er nach der offiziellen Versöhnungspolitik des Präsidenten Bouteflika in seine Heimat zurückkehrte.

Den Bart, den er damals trug – man nannte die Islamisten »les barbus« –, hat er abrasiert. »Man soll die Sicherheitsdienste nicht herausfordern«, sagt er lächelnd. Abdelaziz Bouteflika, ein Veteran des Befreiungskampfes gegen die Franzosen, verfüge nur über sehr begrenzten Einfluß und sei schwer krank. Algerien lebe weiter im Zugriff dreier mächtiger Gruppen: der Offizierskamarilla, die schon zwei Jahre nach der Unabhängigkeit den Staatschef Ben Bella gestürzt hatte, der Geheimdienste, die große Furcht einflößten, und der nationalisierten Petroleumgesellschaft Sonatrach, ohne deren Einnahmen der Staat längst bankrott wäre. »Immerhin haben wir in den letzten Jahren gewußt, wer innerhalb dieser disparaten Führungsclique den Ton angab«, meint Mansur. Nachdem Ben Bella eingekerkert worden war, hatte der frühere Kommandeur der Grenzarmee, Oberst Houari Boumedienne, seine mißtrauische, unerbittliche Autorität durchgesetzt. Seine Gegner bezeichneten diesen Mann, der nie lächelte, keine Vertrautheit aufkommen ließ und meist in einem wallenden, schwarzen Mantel auftrat, als den »Dracula des Atlas«. Nach seinem Tod wurde General Shedli Ben Jedid kooptiert, dem seine Rivalen sehr bald mangelnde Energie vorwarfen und ihn sogar verdächtigten, einen Kompromiß mit der Islamischen Heilsfront anzustreben.

In einer stürmischen Sitzung soll dem silberhaarigen Staatschef der Revolver an die Schläfe gesetzt worden sein, um ihn zum Rücktritt zu zwingen. In der Machtvakanz, die jetzt eintrat, entsann man sich eines Außenseiters, der gemeinsam mit Ahmed Ben Bella zu den ersten Verschwörern der »Organisation secrète« gezählt hatte, als diese am Allerheiligen-Tag 1954 gegen die Franzosen losschlug. Mohammed Boudiaf hatte sich in Marokko eine zivile Existenz aufgebaut. Der für seine rauhe Ehrlichkeit bekannte Kämpfer der ersten Stunde wurde durch seine Berufung zum Präsidenten völlig überrascht. Als er ein Minimum an Redlichkeit in der Verwaltung des Landes anforderte, die Korruption in der Einheitspartei FLN anprangerte, gegen die Bestechlichkeit hoher Offiziere anging und die krakenähnliche Unterwelt des Schwarzmarktes – im Volksmund »Trabendo« genannt – ausschalten wollte, war sein Schicksal besiegelt. Selbst die gegängelte algerische Presse berichtete damals in allen Einzelheiten, wie der redliche Staatschef Boudiaf, während er im »Haus der Kultur« von Annaba eine Rede hielt, nicht etwa von einem fanatischen Jihadisten, sondern vom eigenen Leibwächter erschossen wurde.

»Und wer übt heute in Algier die wirkliche Macht aus, wer trifft die wichtigsten Entscheidungen?« frage ich. Mansur hebt die Arme zum Himmel. »Du wirst es nicht glauben, aber niemand weiß das genau. Gewiß, man kennt die Namen der kommandierenden Generale. Aber wer sich in diesem Knäuel des Argwohns und der Eifersucht durchgesetzt hat, das wird dir niemand zuverlässig beantworten können. Der Sammelbegriff für das oberste Gremium, das weitgehend anonym bleibt, lautet ›le pouvoir‹, und fast jedem ist dieser Zustand unheimlich.«

Natürlich wendet sich unser Gespräch der »Arabellion« zu. Wie würde sich wohl die Zukunft im benachbarten Tunesien gestalten? Der Anwalt ist nicht frei von der Überheblichkeit, mit der die meisten Algerier auf die Tunesier blicken. Im Maghreb geht der Spruch um: Die Tunesier seien die Frauen, die Algerier die Männer, die Marokkaner die Krieger. »Welch ein Unsinn«, erregt sich Mansur, aber er selbst hätte beileibe nicht damit gerechnet, daß ausgerechnet die freundlichen, nachgiebigen Tunesier das Signal zum gesamt-arabischen Aufstand geben würden, daß bei ihnen die Jasmin-Revolution ihren Ausgang nähme. Er hätte ihnen schon gar nicht zugetraut, daß sie mit ihren Protesten auf dem Boulevard Bourguiba den zu Recht verhaßten Tyrannen Zine el-Abidin Ben Ali mitsamt dem milliardenschweren Trabelsi-Clan seiner Frau Leila zur Flucht nach Saudi-Arabien zwingen würden.

Daß die Selbstverbrennung des unbekannten Gemüsehändlers Mohammed Bouazizi in der abgelegenen Ortschaft Sidi Bouzid den Aufstand der Massen auslösen würde, lasse sich wohl nur durch die Nutzung elektronischer Kommunikationsmittel erklären, weshalb man von einer »Facebook-Revolution« rede. Schon würde gemunkelt, daß es sich bei Bouazizi gar nicht um einen Studenten handelte, daß die ständige Demütigung dieses in Armut lebenden jungen Mannes durch die Sicherheitsorgane und zumal durch eine Polizistin, also eine Frau, auf die Spitze getrieben wurde. Im übrigen werde darüber diskutiert, daß der Suizid – soweit er nicht den Zielen des Heiligen Krieges dient – durch den Koran verboten sei. Aber der »Student« Bouazizi wird seitdem als Nationalheld geehrt, und diesen Titel solle man ihm, so meint Mansur, auch nicht streitig machen. Diesem »Märtyrer« sei sogar ein Denkmal errichtet worden. Entscheidend für den Erfolg der tunesischen Auflehnung sei die Zurückhaltung der von Ben Ali vernachlässigten Armee gewesen, die insgeheim mit den Demonstranten sympathisierte. Ihr Generalstabschef Rashid Ammar, der sich weigerte, auf die Rebellen schießen zu lassen, wurde umgehend entlassen. Als zusätzlichen Grund für die plötzliche Explosion des Volkszorns wurde das Ansteigen der Lebensmittelpreise sowie die miserable Situation der Jugendlichen angeführt, die fast die Mehrheit der Bevölkerung ausmachen und sich um jede Zukunftsperspektive betrogen fühlen.

Ganz froh kann Mansur mit dem Ablauf der Ereignisse in Tunis nicht werden. Da habe eine Massenbewegung zwar ihre schlimmsten Ausbeuter, ihre Kleptokraten davongejagt; die Ben Ali ergebene Regierungspartei »Konstitutionelle Demokratische Sammlung« sei aufgelöst, aber die wirtschaftlichen Probleme hätten sich drastisch verschärft, seit der Touristenstrom versiegt sei. Als Habib Bourguiba, der sich den anmaßenden Titel »Mujahid el akbar« zugelegt hatte, nach seinen langen Auseinandersetzungen mit den

Franzosen die Unabhängigkeit von Pierre Mendès-France ohne Blutvergießen konzediert wurde, konnten dessen Herrschaftsallüren von seinen Landsleuten noch akzeptiert werden, mußte doch das frühere Protektorat, wenn auch mit autoritären Maßnahmen, neu strukturiert werden. Erst als Bourguiba einem senilen Machtwahn verfiel, sei die Bevormundung durch diesen Vater der Freiheit unerträglich geworden.

Aber jetzt hätten die Tunesier den Zugang zur Demokratie gefunden, fährt Mansur fort, nach Ausschaltung des Tyrannen Ben Ali stehe das Volk jedoch ratlos vor dem politischen Vakuum. »Es gibt keine organisierten Parteien, es gibt kein Regierungsprogramm, und vor allem fehlt es an charismatischen Führungspersönlichkeiten, auf die in Zeiten des Umbruchs die Araber nicht verzichten können.« Es sei ein bedenkliches Zeichen, daß der Exodus von Jugendlichen, die auf gebrechlichen Barken und unter Lebensgefahr die italienische Insel Lampedusa ansteuern, um dann nach Frankreich zu gelangen, stark angestiegen sei. Dabei verfügten sie jetzt doch über ein Staatswesen, das zur Würde und Selbstbestimmung seiner Bürger zurückgefunden habe, beendet Mansur seinen Monolog.

In mein Zimmer zurückgekehrt, lese ich in der Zeitschrift *Jeune Afrique* die Warnung, die der ehemalige Minister Bourguibas Ahmed Mestiri, ein angesehener Oppositionspolitiker, an seine Landsleute richtet. Mestiri hatte sich nach der Machtergreifung Ben Alis jeder politischen Aktivität enthalten. Nun tritt der erfahrene Jurist als Kritiker der neuen provisorischen Regierungsmannschaft an die Öffentlichkeit. Vor allem den Premierminister Béji Caïd Essebsi verdächtigt er, ohne Berufung durch das Volk eine sehr eigenwillige Regentschaft auszuüben, die in die Fehler der Vergangenheit zurückzufallen drohe. Er beklagt die Bildung von zwielichtigen Banden, die sich ein ideologisches Mäntelchen umhängen. Bei den Wahlen zur verfassunggebenden Versammlung, zu der Dutzende von neu gegründeten Parteien ihre Kandidatur angemeldet haben, dürfe niemand ausgeschlossen werden, so argumentiert Mestiri, weder die Islamisten der »En Nahda«-Bewegung noch jene Anhänger der bisherigen Regierungspartei RCD, die sich keiner Übergriffe schuldig gemacht hätten.

Im Alter von 87 Jahren dürfte Mestiri keine Illusion hegen, bei der Neugestaltung Tunesiens eine maßgebliche Rolle zu spielen. Doch bei seinen Sondierungsgesprächen, die er im ganzen Land führte, ist er zu der Erkenntnis gelangt, daß die Jasmin-Revolution längst nicht den Abgrund überwunden hat, der weiterhin klafft zwischen der städtischen Schicht von Intellektuellen mit ihren sterilen Debatten und dem »pays profond«, dem tiefen Lebensgefühl der kleinen Leute fern von den Tumulten der Hauptstadt.

Die tunesische Etappe

Man mag mir vorwerfen, daß ich meinen Blick intensiver auf die Vergangenheit als auf die Zukunft richte. Aber wie anders lassen sich die Konvulsionen der arabischen Welt deuten, die Amerika und Europa mit voller Wucht aus ihrer Lethargie rissen. Ich drehe die Zeit auf den August 1958 zurück. Seit vier Jahren befand sich Algerien im Zustand des bewaffneten Aufstandes gegen Frankreich. Als ich in einer französischen Offiziersrunde meine Absicht kundtat, in den kommenden Tagen von Bône nach Tunis zu fliegen, wurde ich eigenartig gemustert. »Sie gehen also zum Feind«, schien jeder Blick zu sagen. In Tunis hatte nämlich die »Nationale Befreiungsfront Algeriens« ihr Hauptquartier aufgeschlagen.

Aus dem Bullauge der DC 4 versuchte ich krampfhaft, dort unten in der Gegend von Soukh Ahras in den grau-grünen Korkeichen-Wäldern eine Kampftätigkeit auszumachen. Im Vorfeld der französischen Morice-Linie waren Lager der »Fellaghas« – wie die Franzosen die Aufständischen nannten – dicht an die französischen Außenposten herangeschoben. Aber die hölzernen Wachtürme um den Flugplatz von Bône mit ihren Scheinwerfern und Maschinengewehren blieben die letzte kriegerische Vision. Die Natur hatte keine Trennungslinie zwischen Algerien und Tunesien gezogen. Die weißen Schaumkronen des Meeres pulsierten ohne Unterbrechung am sandigen Küstenstrand.

Dann landete die Maschine in Tunis, und auf einmal war der Druck fortgenommen. Man hatte sich so daran gewöhnt, die schußbereiten Posten neben jedem Flugzeug stehen, die Rollfelder von Drahtverhau und Mirador-Ketten eingezäunt zu sehen, daß die Nonchalance des tunesischen Personals, die Stille des Abends verwirrten. Der Frieden kam wie ein Schock.

An lila blühenden Hecken vorbei war der Bus nach Tunis eingefahren. Durch die feierlichen Palmenwedel drang der Gestank der Abwässer des Chalk-el-Wadi. Am breiten, baumbestandenen Boulevard Bourguiba warteten die kleinen Renault-Taxis – rot und weiß lackiert – in langer Reihe. Dennoch hatte sich einiges geändert in Tunis seit meinem letzten Besuch im Herbst 1953. Neben jede französische Reklame schmiegten sich jetzt die Schnörkel der arabischen Schrift. Auf den Café-Terrassen der Innenstadt vor den italienischen Pizzerias saßen überwiegend tunesische Gäste. Die jungen Araber waren in die kleidsame weiße Gandura gehüllt, um deren Frische man sie beneidete und in die sie sich wie in eine römische Toga zu drapieren verstanden. In dem maltesischen Restaurant, wo unter trostloser Neonbeleuchtung die bescheidenen europäischen Familien schweigend ihre Ravioli aßen, drang aus dem Nebenzimmer lautes arabisches Rufen. Dann sangen die tunesischen Studenten, und durch das Speiselokal hallte ein zügiger Rhythmus, der an den libanesischen »Dabke« erinnerte.

In diesem »Mat'am« habe ich mich mit Hans-Jürgen Wischnewski verabredet. Seit längerer Zeit war ich mit dem SPD-Politiker, einem engen Vertrauten Helmut Schmidts, befreundet. Daran hatte der Umstand nichts geändert, daß Wischnewski – »Ben Wisch« genannt – sich mit voller Energie für die algerische Unabhängigkeit einsetzte und so sehr das Vertrauen der »Befreiungsfront« genoß, daß sie ihm vorübergehend die Aufbewahrung ihrer Kriegskasse anvertraute. Was mich betraf, so betrachtete ich von Anfang an das Engagement einer halben Million französischer Sol-

23

daten zur Erhaltung oder zur Schaffung der »Algérie française« als einen fatalen Irrtum, aber meine Sympathie für die dort eingesetzten »Paras« war mir natürlich erhaltengeblieben. Das trübte mein Verhältnis zu Ben Wisch nicht, der seine Aktion ohne jeden antifranzösischen Affekt durchführte. Er vermittelte mir den Zugang zu den führenden Kommandeuren des algerischen Widerstandes, die sich in Tunis aufhielten.

So trat Si Mohammedi, als Oberst Naceur im Maquis von Algerien bekannt, an unseren Tisch. Der herkulisch gebaute Kabyle mit dem sanguinisch roten Gesicht wirkte fast europäisch. Er war ein Mann des Untergrundkampfes, noch nicht an die Salons von Tunis gewöhnt. Si Mohammedi hatte während des Zweiten Weltkrieges in einer muselmanischen Sondereinheit der deutschen Wehrmacht als Feldwebel gedient. Er war im Sommer 1942 dabei, als das deutsche Oberkommando zum großen Zangengriff nach dem Orient – über Ägypten im Süden und den Kaukasus im Norden – ausholen wollte. Er hat später in der Kalmücken-Steppe gekämpft und wurde zur Zeit des Tunesien-Feldzuges hinter den alliierten Linien in Ost-Algerien bei Tebessa in deutschem Auftrag abgesetzt. Si Mohammedi war ein rauher Sohn des Krieges. Aber er hielt sich an die Weisung größter Höflichkeit und offizieller Mäßigung, die der militärische Befehlshaber Krim Belkassem ausgegeben hatte. Hans-Jürgen Wischnewski hatte Si Mohammedi auf die Seite genommen und sprach mit ihm über die beschleunigte Rückführung desertierender Fremdenlegionäre.

Tunis wimmelte von Agenten, Spionen und Geheimpolizisten. Die Perfektion des tunesischen Spitzelsystems knüpfte an eine lange türkische Tradition an. In den trüben Bars des Boulevard Bourguiba, wo sich die Partisanen auf Stadturlaub trafen, unter dem trostlosen Neonlicht eines entzauberten Orients, bewegten sich die verdächtigen Gäste – Aufständische, Waffenhändler, Nachrichtenübermittler – wie Krebse in einem Tümpel. Jeder beobachtete und überwachte jeden. Die Statisterie eines drittrangigen Spionagefilms war hier versammelt. Die wenigen Mädchen waren wie für das Spotlight einer Bühne geschminkt.

Bevor ich durch ein mittelalterliches Stadttor die engen Staßen der Medina, der Araber-Stadt, betrat, blieb ich verdutzt unter zwei blauen Straßenschildern stehen. Da hieß der größte, repräsentative Platz der tunesischen Hauptstadt weiterhin »Place de France«, und an ihm entlang verlief die »Rue du Général de Gaulle«. Die Tunesier sind ein liebenswürdiges Volk, und die Unabhängigkeit war ihnen nicht zu Kopf gestiegen. Selbst die polemischen Inschriften zur staatlich angeordneten Sauberkeitskampagne: »Befreit Euch vom Schmutz, wie Ihr Euch vom Kolonialismus befreit habt!« waren nicht ganz so böse gemeint. Zum ersten Mal seit meiner Ankunft in Nordafrika besuchte ich eine Medina ohne die geringste Beklemmung und ohne böse Vorahnung. Wie unendlich weit erschien hier die erstickende Kasbah von Algier. Im Vorbeigehen fiel mir auf, daß über den meisten Buden und maurischen Cafés neben dem Bild des Staatspräsidenten Bourguiba und dem roten tunesischen Fähnchen auch der grün-weiße Wimpel der Algerischen Befreiungsfront flatterte.

Bei der algerischen Vertretung in der Rue de Corse herrschten Mißmut und Empörung. Die militärischen Meldungen, die über die Grenze drangen, klangen nicht gut. Das Oberkommando der Befreiungsarmee hatte seine ehrgeizigen Pläne aufstecken müssen. Den teilweise in Bataillonsstärke operierenden Partisanen war der Befehl erteilt worden, sich wieder in kleine Trupps, in »Kataeb«, aufzulösen und den individuellen Terror zu aktivieren. Die Franzosen hatten längs der Grenze elektrische Zäune und Minenfelder angelegt. Diese »Barrage«, die sogenannte Morice-Linie, erwies sich als ein mörderisches Hindernis für die Infiltranten. Mit einiger Sorge sah man der großangekündigten französischen Offensive gegen die fünf Gebirgs-Bollwerke der Rebellen von den Nementscha bis zu den Höhen um Tlemcen entgegen.

»Bestehen Sie weiterhin vor jeder Verhandlung mit Paris auf Anerkennung der algerischen Unabhängigkeit durch Frankreich?« hatte ich im Hauptquartier der FLN in Tunis gefragt. »Für uns ist die Unabhängigkeit nicht irgendeine Verhandlungsfrage«, wurde mir geantwortet, »sie ist überhaupt der letzte Sinn unseres Kampfes. Wenn Frankreich einmal unsere Unabhängigkeit anerkannt hat, dann sind wir bereit, über alles andere zu diskutieren. Aber von der ›Istiqlal‹ können wir nicht abgehen.« – Der Wortlaut dieser kategorischen Erklärung glich auf erstaunliche Weise dem »dialogue de sourds – dem Dialog von Tauben«, in den sich Israeli und Palästinenser seit dem Osloer Abkommen des Jahres 1993 verrannt haben.

Wer könnte auch innerhalb der Befreiungsfront die Verantwortung, vor allem die Autorität für eine erfolgverheißende Verhandlungsführung aufbringen? Etwa der alte Partei-Routinier Ferhat Abbas, der den offiziellen Vorsitz der ersten algerischen Exilregierung übernahm, den die Militärs der FLN jedoch spöttisch den Befehlshaber der »Wilaya« von Montreux nannten, weil Abbas sich meist zu diplomatischen Kontakten in der Schweiz aufhielt? Manche erinnerten sich noch daran, daß Ferhat Abbas in seiner Jugend einmal den verzweifelten Satz geschrieben hatte: »Ich habe in der Geschichte eine algerische Nation gesucht, und ich habe sie nicht gefunden.«

Der große Mann der Rebellion, Ahmed Ben Bella, befand sich in französischer Haft. Das Linienflugzeug, das ihn von der marokkanischen Hauptstadt Rabat nach Tunis bringen sollte, war vor einigen Wochen durch Agenten des französischen Geheimdienstes nach Algier umgeleitet worden. Ben Bella wurde dort mit seinen Gefährten unverzüglich festgenommen und nach Frankreich transportiert. Doch seitdem stellte sich bei den Exilanten in Tunis die dringende Frage, wer wirklich den Ton angab in diesem Führungskollektiv, dessen interne Feindschaften nicht nur zwischen Kabylen und Arabern, zwischen Politikern und Militärs aufreibend und mörderisch ausgetragen wurden wie in jeder Sammeldirektion und wie in jeder von außen gesteuerten Widerstandsbewegung. Aus der Sicht des zum Meer offenen Tunis mit seinen geschmeidigen Menschen wirkte der Aufstand der algerischen Hinterwäldler, die vom Raffinement des arabischen Orients kaum einen Hauch verspürten, dafür aber auf den Arbeitsplätzen in Frankreich den Dampf marxistischer Ideologie eingesogen hatten, wie ein Sturm entfesselter Derwische.

In einer Journalistenrunde wurde ich damals von einem Pariser Kollegen, der den üppig süßen Duft einer Jasminblüte einatmete, gefragt: »Kennst du die letzte Geschichte vom Besuch des tunesischen Botschafters Masmoudi bei de Gaulle?« Masmoudi hatte den General in einer persönlichen Audienz gebeten, Ahmed Ben Bella freizugeben. Ben Bella wurde von den verhandlungsbereiten Kreisen in Paris als geeigneter Gesprächspartner angesehen. »Warum soll ich Ben Bella schon entlassen?« soll de Gaulle geantwortet haben. »Es geht ihm nicht schlecht. Er lebt als politischer Häftling unter vergünstigten Bedingungen. Er kann mit seinen algerischen Freunden kommunizieren. Er ist in Sicherheit und behält sein Prestige bei seinen Landsleuten. Im übrigen verfügt er über eine reiche Bibliothek und kann endlich etwas für seine Bildung tun.« Der General erinnerte sich wohl daran, daß er den Feldwebel Ben Bella, der im Italien-Feldzug der Franzosen mit großer Bravour gekämpft hatte, persönlich mit einem hohen Tapferkeitsorden ausgezeichnet hatte.

Unruhe bei den Kabylen

»Algier ist eine ganz weiße Stadt«, hatte Georges Duroy, jener Gelegenheitsjournalist, der als »Bel Ami« in die Literatur eingegangen ist, in der Novelle Maupassants mühsam zu Papier gebracht, als er mit Hilfe einer Mätresse seine Nordafrika-Erlebnisse in einer Reportage zusammenfassen wollte. Die heutige Hauptstadt hat nach Jahrzehnten der Verwahrlosung, die unmittelbar nach der Unabhängigkeit stattfand, einen Teil dieses hellen Scheins zurückgewonnen mit Ausnahme der malerischen, dumpfen »Kasbah«, die nur mit äußerster Mühe als »Kulturerbe der Menschheit« restauriert werden könnte. Wenn Algier wieder weiß geworden ist, so ist das teilweise der Tünchung der Mauern in den ehemaligen europäischen Vierteln zu verdanken, im wesentlichen jedoch dem Entstehen völlig neuer Wohnkasernen, die von chinesischen Arbeitern in Rekordzeit erstellt werden. Diese Neubauten gleichen »en miniature« den gewaltigen Appartement-Blocks, wie sie in den Metropolen des Reiches der Mitte aus dem Boden geschossen sind.

45 000 Chinesen sollen in Algerien tätig sein. Ihnen ist neben einer Vielzahl von Infrastrukturprojekten der Bau der endlosen Autobahn zu verdanken, die sich von der marokkanischen bis zur tunesischen Grenze hinzieht. »Diese Chinesen arbeiten wie Ameisen«, verwundern sich die jungen Algerier, die schätzungsweise zu dreißig Prozent ohne Job sind. Statt selbst Hand anzulegen, sieht man sie reihenweise an den Hauswänden lehnen. »Ils soutiennent les murs – Sie stützen die Mauern ab«, spotteten einst die »pieds noirs«, die Algier-Franzosen, über diese Form des Müßiggangs. Dabei schweifen die Blicke der jungen »Chômeurs« heute sehnsuchtsvoll über das Mittelmeer in Richtung auf die alte Metropole Frankreich, wo sie bei ihren naturalisierten Familien unterkommen könnten und sehr bald in den Genuß der großzügigen französischen Sozialgesetzgebung kämen.

Den Fahrer Raschid und den komfortablen Peugeot habe ich im Hotel angemietet. Ich hege keinen Zweifel, daß Raschid mich im Beobachtungsauftrag irgendeines Sicherheitsdienstes begleitet, aber der stämmige Araber wirkt zuverlässig, und irgendwie muß er ja seinen Unterhalt verdienen. Zudem spricht er fließend Französisch, wie übrigens die Mehrzahl der städtischen Algerier sich mit dem Hocharabischen schwerer tut als mit der Sprache Corneilles. Als Ausflugsziel gebe ich das Küstenstädtchen Tipasa an. Wir legen die hundert Kilometer Strecke zügig zurück trotz der zahlreichen Kontrollposten von Militär und Gendarmen. Die Sperren geben davon Kunde, daß der Aufstand der GIA und der »Salafistischen Front für Predigt und Jihad«, die sich neuerdings den reißerischen Namen »El Qaida des islamischen Maghreb« zugelegt hat, noch nicht ausgemerzt ist, ja mit vermehrten Überfällen von sich reden macht. Auch in Algerien kommt es gelegentlich zu Protestkundgebungen, aber wenn eine Gruppe von dreißig Regime-Kritikern sich zusammenrottet, so heißt es, seien gleich dreitausend bewaffnete Ordnungshüter zur Stelle, um den Spuk auseinanderzutreiben.

Mit dem idyllischen Strand von Tipasa verbindet mich ein Gefühl der Nostalgie. Im Sommer 1953 hatte ich dort im Kreis von Freunden gegrillte Krabben und Rotwein genossen, bevor wir in das strahlend blaue Meer eintauchten. Jetzt hat sich der einheimische Massentourismus dieser lieblichen Bucht bemächtigt. In der Nachbarschaft sind scheußliche Mietskasernen entstanden. Sie werden von der silbern glänzenden Blechkuppel einer riesigen Moschee überragt. In ausgedehnten Gärten, die zum Meer führen, bewegen sich lärmende Schulklassen, Jungen und Mädchen, unter der Aufsicht ihrer Lehrer.

Was wird ihnen wohl erzählt von der Größe des Römischen und des Byzantinischen Reiches, die sich hier mit ihren eindrucksvollen Ruinen verewigt haben? Das Amphitheater ist noch intakt, und auf dem ehemaligen Forum ragen Säulenstümpfe. Vor allem aber das Christentum hat seine Spuren hinterlassen mit den Särgen seiner Bischöfe und den Grundmauern einer wuchtigen Kathedrale. Wer denkt im heutigen Algerien daran, daß der Kirchenvater Augustinus, ein gebürtiger Kabyle, in der östlich gelegenen Hafenstadt Annaba, die bei den Franzosen Bône und zur Zeit der Römer Hippo Regius hieß, als Bischof waltete. Am algerischen Strand war der heilige Augustinus rastlos auf und ab gewandert, in dem verzweifelten Versuch, das Geheimnis der Dreifaltigkeit zu ergründen.

In den frühen neunziger Jahren – der grausame Bruderkrieg gegen die revoltierenden Islamisten war bereits im Gange – war ich im Restaurant »Romana« mit einem algerischen Arzt ins Gespräch gekommen. Er äußerte sich mit erstaunlicher Offenheit, was vielleicht eine Folge des reichlich konsumierten Rotweins war. Als ich ihn auf die Ähnlichkeit dieser nordafrikanischen Küstenlandschaft mit gewissen Gegenden Siziliens verwies, antwortete der Arzt mit einem bitteren Lachen. »Sie wissen gar nicht, wie recht Sie haben«, bemerkte er. »Wir haben vor allem im öffentlichen Leben sizilianische Verhältnisse, seit hier die Mafia in Politik und Wirtschaft den Ton angibt.« Der Arzt bedauerte die Entwicklung zutiefst.

Die Bevölkerung wirke jetzt völlig verstört und verstockt. »Mein Verhältnis zu den Islamisten ist gespalten«, fuhr er fort. »Wie Sie merken, bin ich von der Erziehung her durchaus westlich ausgerichtet. Ich habe sogar ein paar Studienjahre in Montpellier zugebracht. Aber die Situation hier ist so verfahren, daß mir ein revolutionärer Umbruch – selbst wenn er im Zeichen Allahs und seines Propheten vollzogen würde – beinahe wünschenswert erscheint. Algerien befindet sich in einer Sackgasse. Die islamische Revolution ist vielleicht die unentbehrliche Katharsis, die Läuterung im alten griechischen Sinne, um zu neuen Lebensformen und hoffnungsvollen Perspektiven zu gelangen. Ich mache mir dennoch keine Illusionen. Die Einheit von Religion und Staat, die Wiedererweckung des idealen Gottesstaates, wie ihn der Prophet und seine Gefährten in Medina vorlebten, ist wohl ein Irrweg und wird mit ziemlicher Gewißheit ebensowenig menschheitserlösend wirken wie die so spektakulär gescheiterten Heilsversprechen des Marxismus-Leninismus. Aber wenn wir auf die jungen Leute meiner Heimat blicken, auf diese Masse von Verbitterung und Verzweiflung, dann meine ich manchmal, daß wir die Probe aufs Exempel machen sollten. Man muß die politische Utopie ausleben, um sie eventuell überwinden zu können.«

*

Von meinem Fahrer Raschid kann ich im Mai 2011 keine solche Regimekritik erwarten. Wider Erwarten ist er bereit, bei der Rückfahrt nach Algier die Inland-Straße durch die Mitidja einzuschlagen. Diese einst sumpfige, versteppte Gegend war von den französischen Kolonisten in ein blühendes Paradies verwandelt worden. Die Fahrt stimmt mich melancholisch. Nach der Unabhängigkeit und Kollektivierung waren diese fruchtbaren Gärten zu öden Distelfeldern verkommen. Aber seit meinem letzten Aufenthalt in dieser Region hat man mit dem Anbau von Zitrusplantagen begonnen. Die katholischen Kirchen sind verrammelt und verlassen, wenn sie nicht abgerissen wurden. Statt dessen ragen überall die

Minarette und Kuppeln der Moscheen über flachen Dächern empor. Viele von ihnen sind noch im Bau. Leider zeugen diese Gebetsstätten des islamischen Kults von architektonischer Einfallslosigkeit.

Ob ich nicht einen Abstecher zu jenem pyramidenförmigen, dichtbewaldeten Hügel machen wolle, den man – aus welchem Grund auch immer – »le tombeau de la Chrétienne«, das »Grab der Christin«, nennt. Man täte besser daran, hatte mir ein alteingesessener »Pied Noir« gesagt, von einem »tombeau de la Chrétienté, einem Grab des Christentums«, zu sprechen. Immerhin haben die Behörden der unabhängigen Republik die hoch über die Hauptstadt aufragende Basilika mit dem mächtigen Kreuz über der Kuppel restaurieren lassen. »Notre Dame d'Afrique« heißt dieses massive Bauwerk, dessen Erhalt religiöse Toleranz andeuten soll.

Auf unserer Rückfahrt nach Algier passieren wir die Stadt Blida. Hier sind die Islamisten mit ihren »Zawiya«, ihren verschwiegenen Bruderschaften, stets stark vertreten gewesen. Der algerische Generalstab hat an dieser Stelle auch seine Interventionskräfte konzentriert, falls Algier in den Sog der »Arabellion« geriete. Raschid geniert sich nicht, die diversen Kasernen und Stützpunkte von Armee und Gendarmerie aufzuzählen wie auch auf das streng abgeschirmte Gelände des Militärtribunals zu verweisen.

Zwei Tage später frage ich ihn, ob er mich in die wichtigste Ortschaft der Kabylei, nach Tizi Ouzou, fahren würde. Etwas zögerlich stimmt er zu, denn es ist bekannt, daß die dort lebenden Berber in instinktiver Ablehnung der arabisierten Behörden verharren und den Respekt vor ihrer eigenen Kultur fordern. Am Vorabend hatte ich einen seit langem bekannten Universitätsprofessor aufgesucht, der der offiziellen Kabylen-Partei »Front der sozialistischen Kräfte« angehört. Er beklagte die Abwesenheit ihres historischen Führers Ait Ahmed, der im Aufstand gegen die französische Fremdherrschaft von der ersten Stunde an eine entscheidende Rolle spielte und jetzt in Marokko Asyl gesucht hat.

Bei aller Frontstellung gegen die ehemaligen Kolonisten sind die Berber Algeriens durch die lange französische Präsenz nachhaltig geprägt. Den strengen Islamisten sind diese Nachkommen der Numidier, überhaupt alle Kabylen, die angeblich in prä-islamischen Bräuchen verharren, zutiefst suspekt. Auch bei den Kader-Politikern der Nationalen Befreiungsfront und der ihr eng verwandten Nationalen Befreiungsarmee begegnet man den Berbern mit Mißtrauen. Die Offiziere, die in Algier den Ton angeben, betrachten die Weigerung der meisten Kabylen, sich total arabisieren zu lassen, und ihre Forderung, die angestammte Sprache »Tamazight« zu erhalten, fast als einen Akt nationalen Verrats. Der Professor antwortete auf diese Verdächtigung mit deutlichen Worten. Die einzige fleißig arbeitende Schicht in Algerien seien doch die Berber. Die Araber seien von Natur aus faul, und man könne sie nur mit dem Knüppel regieren.

Schon im weiten Umkreis von Tizi Ouzou ist die Spannung zu spüren, die hier seit der Niederschlagung der Partisanenbewegung GIA nie nachgelassen hat. Im Marktviertel vermisse ich auf den Reklame- und Straßenschildern die seltsamen Zeichen der Kabylenschrift, die man dort einst zugelassen hatte und nun durch die arabische Schrift ersetzt. Fast an jeder Straßenkreuzung hat die Darak, die Gendarmerie, ihre blau angestrichenen Straßenpanzer stationiert, und die Armee baut befestigte Stellungen aus. Als ich Raschid auffordere, in das nahe Djurdjura-Gebirge zu fahren, dessen Felskrone sich am Horizont abhebt, lehnt er ab und drängt zum Aufbruch nach Algier. Jeder Versuch, von der Autobahn abzuzweigen, die Tizi Ouzou mit der relativ nahen Hauptstadt verbindet, scheitert an der höflichen, aber energischen Weigerung irgendwelcher Sicherheitsorgane. Am folgenden Tag erfahre ich aus der Zeitung *El Watan*, daß kurz nach meinem Besuch sowohl in Tipasa als auch in Tizi Ouzou Sprengsätze der islamistischen Rebellen hochgegangen sind. Die Anschläge gelten den Soldaten und Polizisten des Regimes, aber die meisten Opfer hat die Zivilbevölkerung zu beklagen.

*

In einem so verkapselten Land bin ich überrascht, daß die Berichterstattung der Presse eine relative Ausdrucksfreiheit genießt. Der Blätterwald ist beachtlich. So berichtet die Zeitung *Liberté* in großer Aufmachung auf der ersten Seite über einen terroristischen Anschlag, der bei Jijel acht Soldaten das Leben gekostet hat. *Actualité* beschwert sich über die amtliche Energieverschwendung der Behörden. *El Watan* tadelt das Vorgehen der Polizei gegen illegale Straßenhändler in Tizi Ouzou. Das gleiche Blatt erhebt Anklage gegen die Veruntreuungen und die schamlose Spekulation, die den Neubau von Wohnblocks belasten. Besondere Aufmerksamkeit wird den zunehmenden Streikbewegungen gewidmet, die neuerdings auf die Ärzte und die Veterinäre übergegriffen haben.

L'Expression spricht von einer Heiligen Allianz der konservativen Monarchien, die, gestützt auf Saudi-Arabien, die Emire der Golfstaaten und Qatars sowie den König von Bahrein und auch die marokkanische Dynastie in ihre reaktionäre Abwehrfront gegen Reformen und Revolution integrieren möchte. Während *El Mujahid*, das inoffizielle Regierungsorgan für die Versöhnungsbemühungen des Präsidenten Bouteflika und eine angebliche Steigerung der industriellen Produktion im vergangenen Jahr lobende Worte findet, schreckt die Zeitung *L'Actualité* nicht davor zurück, mit folgender Schlagzeile aufzumachen: »Die Regierung in Atemnot – Straßenunruhen, Mangel an Waren, maßlose Steigerung der Preise und der Spekulation.« In einem Kasten wird hinzugefügt: »Die Minister haben die Erwartungen der Algerier bitter enttäuscht. Sie sind bei dem Versuch einer Anhebung der sozialen und wirtschaftlichen Lebensbedingungen gescheitert.« Zwischen den Zeilen kann der aufmerksame Leser entdecken, daß die Offiziers-Kamarilla zwar von dem Libyer Qadhafi eine erbärmliche Meinung hat, aber in der Sorge um die eigene Stabilität den Verbleib des Beduinensohns an der Spitze der »Jamahiriya« seinem Sturz vorgezogen hätte.

Algerien hat sich immer noch nicht von den Traumata seines langen Befreiungskampfes gegen Frankreich erholt. Da tauchen Gespenster aus der Vergangenheit auf. Meine Verwunderung ist groß, als plötzlich eine heftige Polemik über die Person Ahmed Ben Bellas ausbricht. Dieser Mann mit dem Löwenkopf, der beansprucht, den Aufstand des 1. November 1954 vorbereitet und ausgelöst zu haben, hat sich im Alter von 90 oder 94 Jahren – genau weiß er das nicht – gebieterisch zu Wort gemeldet. Die offiziellen Regierungsorgane von Algier haben eine gehässige Kampagne gegen den ersten Präsidenten der Republik entfesselt, der nur drei Jahre lang – von 1963 bis 1965 – die Gestaltung seines Landes zu einem sozialistischen System »sui generis« ausrichtete und sich in der Außenpolitik als revolutionärer »Tiersmondist« gebärdete. Am 19. Juni 1965 wurde er von den Verfügungstrupps des Oberst Boumedienne auf heimtückische Weise verhaftet. Bis zum November 1982 verharrte er in einem algerischen Kerkerdasein, neben dem die Internierung in Frankreich wie ein Kuraufenthalt wirkte.

Jetzt hat sich dieser immer noch rüstige Mann mit einer Philippika an sein Volk gewandt, um nicht nur das heutige Zwangsregime abzukanzeln, sondern auch mit seinen ehemaligen Gefährten der Befreiungsfront alte Rechnungen zu begleichen. »Le semeur de Fitna«, so macht ein Blatt der Hauptstadt auf, »Der Säer der Zwietracht«. Das Wort »Fitna« steht für ein Grundübel der islamischen Gemeinschaft, für die endlose Folge religiöser und politischer Spaltungen, die die koranische Gesellschaft seit dem Tod des Propheten heimgesucht hat.

Ich muß an den Nachmittag 1981 zurückdenken, als ich den vorübergehend in Frankreich lebenden »Zaim« Ben Bella in seiner Wohnung von Neuilly besuchte. Es war unmöglich, nicht mit diesem athletischen Mann zu sympathisieren. Das pausbäckige Schlagersänger- und Sportlergesicht von einst war durch drei Jahre der Prüfung kantiger geworden. Am meisten beeindruckte mich die Heiterkeit, die Gelassenheit, die aus seinen großen Maghrebiner-Augen sprach. Er redete ohne Komplexe von seiner Entmachtung. Während der ersten, härtesten Jahre der totalen Isolation in den algerischen Gefängnissen habe man ihn wohl um seinen Verstand bringen wollen. »Aber sie haben mir nichts antun können«, betonte er. »Ich habe mich in meiner kahlen, winzigen Zelle jeden Tag einem eisernen Programm an Leibesübungen unterworfen, aber was mir tatsächlich erlaubt hat, einen klaren Kopf zu bewahren und mein Innenleben zu vertiefen, das war die Religion, die Gottergebenheit des Islam und der Koran, den man mir als einzige Lektüre gestattet hatte.«

»Mysterium fidei« hätte man früher in der christlichen Welt gesagt, als man noch die Geheimnisse des Glaubens gelten ließ. Ben Bella war tatsächlich dem Kernproblem des Islam nähergekommen. Es werde immer eingewandt, so führte der ehemalige Präsident aus, der Koran sei vor 1400 Jahren offenbart worden. Aber die Sunna erlaube eine ständige Anpassung des ewigen, ungeschaffenen Wortes Allahs an die veränderten Umstände. Es gebe doch den »Ijtihad«, die fromme Bemühung des einzelnen und der Gemeinschaft um eine fortschrittliche Auslegung der heiligen koranischen Schrift.

Seine Kritiker hat Ben Bella bei seiner jüngsten Proklamation aufs äußerste gereizt, als er erklärte, er sei zwar im algerischen Grenzgebiet geboren, aber seine Eltern seien beide Marokkaner gewesen, als ob die Zugehörigkeit zum Scherifischen Reich von Fez, Marrakesch und Rabat einen besonderen Adel gegenüber den geschichtslosen Algeriern verleihe.

Befehlshaber der Gläubigen

So sind wir also auf Umwegen nach Marokko gelangt, zum »äußersten Westen – Maghreb el aqsa«, wie das Scherifische Reich auf Arabisch genannt wird. Die Marokkaner blicken im Gegensatz zur tribalistischen Zersplitterung der übrigen Völker Nordafrikas von alters her auf eine imponierende staatliche, ja imperiale Vergangenheit zurück. Von den Osmanen, die bis Tlemcen in Ost-Algerien vorrückten, wurden sie nie unterworfen. Sie erkannten auch kein fremdes Kalifat an, sondern verehrten den eigenen Sultan als geistliches Oberhaupt, als »Befehlshaber der Gläubigen«. In mancher Beziehung gleichen die kriegerischen Berberstämme des Hohen Atlas den Paschtunen Afghanistans. Eine komplette Kontrolle haben der Sultan von Rabat und der Emir von Kabul niemals über ihr Land ausgeübt. Das dem Herrscher unterworfene Territorium – hier »Bled Maghzen«, dort »Hukuma« genannt, beschränkte sich in Marokko auf die arabisierte Küstengegend und die Städte, während die Berber des Atlas im »Bled Siba«, wie die Paschtunen am Hindukusch, im sogenannten Yagestan, ihre Selbständigkeit zu verteidigen wußten.

Erst die Franzosen, die 1911 ihr Protektorat in Marokko etablierten, haben dank der klugen Zurückhaltung des Generalresidenten Lyautey dem »Maghreb el aqsa« zur administrativen Einheit verholfen. Der Sultan hat die Bevormundung durch Paris stets in Grenzen zu halten gewußt. Das ging unter Mohammed V., den das Volk abgöttisch liebte, so weit, daß er sich während des Zweiten Weltkrieges weigerte, die antisemitische Gesetzgebung der Kollaborateure von Vichy zu übernehmen, und den jüdischen Untertanen, die in großer Zahl in ihren »Mellahs« lebten, seinen persönlichen Schutz gewährte. Von de Gaulle wurde Mohammed V., der vorübergehend von engstirnigen Politikern der IV. Republik nach Madagaskar verbannt wurde, bevor er die volle Unabhängigkeit seines Reiches wiederherstellte, mit der höchsten Ehrung des »Freien Frankreich« ausgezeichnet, mit dem Titel eines »Compagnon de la Libération«.

*

Zu Marokko besitze ich eine recht persönliche Beziehung. Ich war in Rabat zugegen und habe das Land unter recht abenteuerlichen Bedingungen erforscht, als Gilbert Grandval, der französische Hochkommissar im Saarland, zum Generalresidenten von Marokko ernannt wurde. Er sollte dort durch liberale Reformen einen reibungslosen Übergang zum »Istiqlal« einleiten. In jenen Tagen hatte ich mich mit dem Führer der sozialistischen Opposition, Mehdi Ben Barka, angefreundet, der später in seinem Pariser Exil auf Befehl des Sohnes Mohammeds V., des Königs oder »Malik« Hassan II. – wie der Sultan nunmehr genannt wurde –, unter abscheulichen Umständen ermordet wurde. Ich war im Sommer 1955 nicht sonderlich überrascht, als das Experiment Grandval an einem völlig unerwarteten Aufstand der Berberstämme scheiterte. Ein paar Jahre später, nach meinem Studium im Libanon, hatte der Quai d'Orsay mir nahegelegt, mich – mit Zustimmung der Scherifischen Regierung – als »politischer Ratgeber« eines marokkanischen Provinzgouverneurs anwerben zu lassen. Ich hatte die Wahl zwischen Meknes und Ouarzazate, kann aber dem Schicksal dankbar sein, daß sich dieser Plan sehr bald zerschlug.

Angesichts des »Frühlings«, der in der arabischen Umma vielerorts »aufgeblüht« ist, stellt sich immer wieder die Frage, ob die alawitische Dynastie Marokkos, die eine Abstammung vom Propheten Mohammed beansprucht, ebenfalls in den Strudel des Wandels und der Rebellion hineingerissen wird. Der jetzige König Mohammed VI. genießt angeblich eine gewisse Beliebtheit bei seinen Untertanen und kann sich stets auf seine geistliche Führungsrolle als »Amir el Mu'minin« berufen. Ob das auf Dauer ausreichen wird angesichts einer brodelnden proletarischen Masse im Slum Sidi Moumen am Rande von Casablanca und der ererbten Aufsässigkeit der Berber in ihren »Ksur« des Atlas?

Sein Vater Hassan II., der sich durch hohe Intelligenz, durch persönlichen Mut, aber auch durch Grausamkeit auszeichnete, hatte diversen Komplotten und Revolten standgehalten. Ich befand mich gerade in Rabat, als ein befreundeter französischer Diplomat mir das ungewöhnliche Drama schilderte, mit dem eine königliche Sommerparty geendet hatte. Auf den Höflingen lastet heute noch die Erinnerung an das Attentat von Skhirat im Juli 1971.

Hassan II. hatte das diplomatische Corps und die Oligarchie des Scherifischen Reiches zu einem prunkvollen und etwas lasziven Gartenfest in seinem Sommerpalast nördlich von Rabat versammelt. Man trank Champagner und aß Kaviar. Ein Orchester spielte modernen Beat aus den USA. Die Frauen trugen Bikini, die Männer bunte Strandkleidung. Der König selbst ging in Bermuda-Shorts und Hawaii-Hemd unter seinen Gästen umher. Da geschah plötzlich das Unfaßbare. Ein heiliger und schrecklicher Sturm brach über diese frivole und sündhafte Gesellschaft herein. Unter dem Ruf des Heiligen Krieges »Allahu akbar« waren die Unteroffiziersschüler aus Ahermumu im Rif unter Anleitung ihres Kommandeurs auf Lastwagen in Skhirat angerollt, hatten sich mit ihren Waffen den Weg zum Palastinneren und zum Swimmingpool freigeschossen und begannen ein Gemetzel unter den Notabeln, den Diplomaten und Generalen, die der Einladung Hassans II. gefolgt waren. Blankes Entsetzen entstand unter den Gästen.

Die jungen, fanatischen Soldaten gebärdeten sich wie ihre Vorväter, die im Gefolge der eifernden islamischen Erneuerungsbewegung der »Almohaden – El Muwahhidun« im zwölften Jahrhundert aus den rauhen Höhen des Atlas in die Ebene der Verweichlichung vorgestoßen waren, um im Namen der Einzigkeit Gottes den lasterhaften und abtrünnigen Epigonen der Almoraviden-Dynastie ein Ende zu setzen. Die entfesselten Aufrührer aus Ahermumu, die – wie sich später herausstellte – von Agenten aus Libyen aufgewiegelt worden waren, hatten sich vorgenommen, den König zu ermorden.

Schon wähnte man Hassan II. unter den Toten. In Wirklichkeit hatte sich der Monarch geistesgegenwärtig in eine Umkleidekabine geflüchtet. Als die Soldaten ihre systematische Suche fortsetzten und die verschlossenen Türen erbrachen, wobei auch die Dienerschaft wahllos niedergemäht wurde, hatte Hassan II. sich gefaßt. Er hatte eine weiße Jellabah über seine Bermuda-Shorts gestülpt, öffnete den Aufrührern selbst den Zugang, ging ihnen aufrechten Hauptes entgegen, hob die Hände zum Gebet und rezitierte die »Fatiha«, die Eröffnungssure des Koran: »Bismillahi rahmani rahim – Im Namen Gottes des Gnädigen, des Barmherzigen … Herrscher der Welt, König am Tage des Letzten Gerichts …« Das löste eine erstaunliche Reaktion aus: Die Mörder, die eben noch wild um sich schossen, erstarrten im Angesicht ihres Kalifen, des

Befehlshabers der Gläubigen, des Nachkommen des Propheten, ließen die Waffen fallen und stimmten in das Gebet ein: »ihdina sirata el mustaqim – führe uns den Weg der Rechtschaffenen, derjenigen, denen Du Dein Wohlwollen schenkst, und nicht den Weg derjenigen, denen Du zürnst, den Weg der Irrenden.«

Das Attentat von Skhirat war an der verblüffenden Geistesgegenwart des Monarchen gescheitert. General Oufkir, der auf seltsame und verdächtige Weise vom Gemetzel verschont wurde, hatte endlich die treu ergebene Palastwache mobilisiert. Die Unteroffiziersschüler ließen sich fast wehrlos abführen. Sie wurden umgehend erschossen.

Der jetzige Herrscher, Mohammed VI., hütet sich, durch frivole Auftritte den Zorn der Gläubigen zu wecken. Aber die Pessimisten blicken auf die nördlichen Küstengebirge des marokkanischen Rif, das zur Zeit des französischen Protektorats von Spanien annektiert worden war. In den Jahren 1921 bis 1925 erhob sich die herrische Figur des »Rogi«, des Emirs Abdel Krim im Hohen Atlas, und rief seine Berber-Gefolgschaft zum Heiligen Krieg gegen einen nachgiebigen Sultan und die Präsenz ungläubiger Besatzer auf. Fast hatten seine wilden Krieger die spanische Garnison überrannt und ins Meer geworfen. Daraufhin bot Frankreich in aller Eile eine beachtliche Streitkraft auf und unterstellte sie dem Befehl des damals hochangesehenen Verteidigers von Verdun, des Marschalls Pétain. Mit erdrückender Übermacht haben die Franzosen den Aufstand des Rogi niedergekämpft.

Könnte sich heute ähnliches wiederholen? Hassan II., der gefürchtet, aber unbeliebt war, hatte in einer Krisensituation das ganze marokkanische Volk zum »Jihad« mobilisiert und auf diese Weise hinter sich geschart. Er setzte den »Grünen Marsch« der frommen Massen in Bewegung, die unbewaffnet, aber den Koran in der Hand, die spanischen Grenzstellungen des Sakhiet-el-hamra geradezu überschwemmten und die Annexion des bislang spanischen Küstenstreifens der West-Sahara am Atlantik ohne Blutvergießen vollzogen.

Würde sein Sohn, Mohammed VI., in einer Stunde der Bedrängnis und zur Stärkung seiner Position dem Vorbild seines Vaters folgen und ein ähnliches Aufgebot gegen die winzigen spanischen Besitzungen am Mittelmeer, die »Presidios« von Ceuta und Melilla, versammeln, um die letzten Relikte europäischer Kolonialpräsenz in Afrika, auf die Rabat stets Anspruch erhob, seinem Staat einzugliedern? Madrid scheint fest entschlossen zu sein, an seinen Presidios festzuhalten, aber die uneinige Europäische Union sähe sich in einen Konflikt involviert, dessen tragischer Ausgang vorgezeichnet ist. An den »Säulen des Herkules«, wie es im Altertum hieß, an der Straße von Gibraltar könnten eines Tages die Warnsignale flackern. Wir wollen nicht unnötig dramatisieren, aber an dieser Stelle hatte im Jahr 711 der Feldherr Tariq Ibn Sijad mit seinem Berber-Heer übergesetzt, um Spanien – auf arabisch »El Andalus« – für den Islam zu erobern.

SUDAN

Der amputierte Staat

Im Sandsturm

KHARTUM-KUSHTI, MÄRZ 2010

Am späten Morgen ist Sandsturm aufgekommen. Dem abscheulichen Winter Europas entronnen, hatte ich am Vortag in Khartum noch den schmerzhaft blauen Himmel und sogar die Hitze von vierzig Grad als Wohltat empfunden. Aber jetzt legt sich der Wüstensturm wie ein schmutzig-gelber Schleier, dann wie eine braune Düsternis auf die platte Landschaft beiderseits des Weißen Nils. Auch wenn die Temperatur sich mäßigt, bleibt das Atmen erschwert. Die Baumwoll- und Zuckerrohrfelder, die immer wieder von blanken Dünen unterbrochen werden, verschwimmen zu einer monochromen Masse.

Die Sicht auf die Asphaltstraße, die nach Süden führt, schwindet so sehr, daß die Fahrzeuge, die uns mit überhöhter Geschwindigkeit entgegenbrausen, ihre Scheinwerfer voll aufblenden, um eine Karambolage zu vermeiden. Wahre Monster von dreißig Meter Länge, mit prallen Baumwollsäcken überfrachtet, drängen uns immer wieder an die Böschung. Im Gegensatz zu vielen orientalischen Ländern sind die Laster hier nicht knallbunt bemalt. Aber keiner der Wüstenfahrer verzichtet auf den Segensspruch »ma scha' Allah – wie Allah es will«, um seine Ergebenheit in den Willen Gottes zu bekunden.

Meine ursprüngliche Absicht, den Vorstoß nach Süden bis zu dem Städtchen Kodok auszudehnen, das man früher einmal Faschoda nannte, würde sich unter diesen klimatischen Bedingungen nicht realisieren lassen. Mir steht auch nicht der Sinn nach einer Erkundungstour durch tausend Kilometer trostloser Eintönigkeit. Allenfalls würden die Felder beiderseits des Nils etwas mehr grüne Vegetation aufweisen, spärliche Nahrung für die Herden von Rindern und Ziegen. In dem Maße, wie wir auf den Knotenpunkt Malakal vordringen, nähern wir uns auch schon der Konfliktzone, wo die muslimischen Regierungstruppen von Khartum auf den Widerstand der tiefschwarzen, heidnischen Niloten vom Volk der Nuer stoßen.

Die Dörfer, die wir passieren, gleichen sich – mit ihren grauen Lehmhütten, den aufdringlich häßlichen Reklameschildern und den Wahlplakaten, die fast ausschließlich für die Bestätigung des Präsidenten Omar el-Bashir an der Spitze der Republik Sudan werben – zum Verwechseln. Der Diktator hat dabei seine Generalsuniform abgelegt, präsentiert sich wohlwollend lächelnd in der üblichen Landestracht der sudanesischen Muslime, in wallender, weißer Galabieh und hoch aufgeschichtetem Turban. Die Moscheen, die nirgendwo fehlen, ducken sich unter verschnörkelte Minaretts, klägliche Nachahmungen der glanzvollen Fatimiden-Architektur der fernen, ehemals schiitischen Kalifats-Metropole Kairo. Lediglich die grellen Gewänder der Frauen leuchten aus dem Dunst. Die Konturen zwischen Erde und Himmel haben sich aufgelöst. Die grandios strömende Wassermasse des Weißen Nils wird durch das fahle Licht in einen unappetitlichen, milchigen Brei verwandelt.

Die Fahrt geht dennoch zügig voran an Bord des recht strapazierten, robusten Landrovers, den mir die Regierung des Sudan zur Verfügung stellte. Der Fahrer heißt Feisal, ein athletischer Mann mittleren Alters mit relativ hellem Teint. Er ist höflich, verschlossen und flößt Vertrauen ein, obwohl ich sehr wohl spüre, daß er nicht nur als Chauffeur, sondern auch als Überwacher und Beschützer mir von den Behörden beigesellt wurde.

Wäre die Witterung freundlicher gewesen, hätte ich Gefallen gefunden an diesem Ausflug nach Süden. Meine Fahrt mußte offiziell angemeldet sein, denn an den Sicherheitssperren, vor denen sich die Lastwagen stauen, werden wir ohne Kontrolle durchgewinkt. Mit Feisal komme ich überein, daß wir in dem Städtchen Kushti umkehren müssen. Immerhin verschaffe ich mir einen Eindruck von einer Weltgegend, in der das strategische Spiel der europäischen Mächte und deren Rivalität auf dramatische Weise ihre Vergänglichkeit offenbart haben.

Im letzten Jahrzehnt des neunzehnten Jahrhunderts, während der epische Machtkampf zwischen dem britischen Empire und dem Zarenthron um die Vorherrschaft in Zentralasien, das von Kipling besungene »Great Game«, stattfand, war es in der afrikanischen Sahelzone zu einer ähnlichen Auseinandersetzung zwischen Briten und Franzosen gekommen. Das Wort »Sudan«, das mit »Land der Schwarzen« übersetzt wird, ist heute fälschlicherweise auf das Staatswesen von Khartum zwischen Uganda im Süden, Tschad im Westen, Libyen und Ägypten im Norden sowie Äthiopien und Eriträa im Osten reduziert. In Wirklichkeit umfaßt jedoch »Der Sudan« den gewaltigen Steppen- und Savannengürtel, der sich von der Mündung des Senegal-Flusses am Atlantik über die gewaltige Schleife des Niger-Stroms bis hin zu den Gebirgen Äthiopiens erstreckt. Zur Zeit der französischen Kolonisation war das Gebiet der heutigen Republik Mali mit den Städten Bamako, Mopti und Timbuktu unter dem Namen »Soudan français« auf den Atlanten vermerkt.

Zwar war auf dem Berliner Kongreß von 1885 die Aufteilung des schwarzen Erdteils durch das Konzert der europäischen Mächte ohne irgendeine Rücksichtnahme auf die Gesetze der Geographie und der ethnischen Zugehörigkeit vorgenommen worden, aber es blieben noch strittige Zonen, zumal am Oberlauf des Nils und in den endlosen Sümpfen des Sudd, des »Bahr el Ghazal«, die Großbritannien seinem anglo-ägyptischen Kondominium zuschlagen wollte. Dagegen verwehrte sich die französische Republik, die seit Napoleon ihren Anspruch auf politischen Vorrang im Niltal nicht preisgeben wollte. Die Franzosen hatten mit der Entsendung einer abenteuerlichen Militärmission reagiert. Die kleine Truppe des Capitaine Marchand – bestehend aus zwei Kompanien tiefschwarzer Senegal-Schützen und ihren Sergeants – war unter extremen Strapazen vom Unterlauf des Kongo in nordöstlicher Richtung aufgebrochen, hatte den Lauf des Oubangui genutzt, um in einem erschöpfenden Kraftakt quer durch den Morast bis an das Ufer des Weißen Nils vorzudringen. Es ging der französischen Kolonialpolitik darum, quer durch Afrika eine durchgehende Landbrücke zu schlagen zwischen ihren westafrikanischen Besitzungen am Senegal und am Kongo, um jenseits von Niger-Schleife und Tschad-See die Trikolore über dem Oberlauf des Weißen Nils zu hissen. Von dort hätte sich dann der Bogen gespannt bis zu der okkupierten Schlüsselposition Djibouti am Ausgang des Roten Meers, von wo eine Bahnlinie bereits zur äthiopischen Hauptstadt Addis Abeba ausgebaut wurde.

Das ambitiöse Projekt dieser französischen West-Ost-Achse quer durch den schwarzen Kontinent stieß jedoch auf die eiserne Entschlossenheit des britischen Empire, den Besitzstand des Colonial Office durch eine zusammenhängende Ländermasse zwischen Kairo und Kapstadt zu ergänzen, die gallische West-Ost-Penetration durch die eigene Nord-Süd-Expansion zu konterkarieren. Tatsächlich sollte sich das »Great Design« eines Cecil Rhodes und Lord Cromer nach der Niederlage des wilhelminischen Deutschland im Ersten Weltkrieg und der Umwandlung von Deutsch-Ostafrika in ein britisches Mandat des Völkerbundes in vollem Umfang realisieren, ohne daß sich jedoch – wie man rückblickend feststellen kann – ein nennenswerter Gewinn für das Renommee oder die Prosperität des englischen Mutterlandes daraus ergeben hätte.

Im Jahr 1898 – wer erinnert sich noch daran – wäre es beinahe zu einem Kolonialkrieg zwischen Großbritannien und Frankreich gekommen. Hauptmann Marchand hatte sich in dem Flecken Faschoda verschanzt, während von Norden eine weit überlegene britische Streitmacht unter dem Befehl Lord Kitcheners auf ihren

Kanonenbooten von Khartum aus den Nil aufwärts stampfte. Es herrschten zu jener Zeit noch ritterliche Umgangsformen zwischen den Offizieren der europäischen Mächte, und die Begegnung zwischen Kitchener und Marchand verlief in höflichem Abstand. Aber der Franzose war wild entschlossen, im Kartätschenhagel der Briten und der mit ihnen verbündeten Ägypter unterzugehen, während sich die gallische Öffentlichkeit – durch die Pariser Presse angeheizt – in Verwünschungen des »perfiden Albion« erging und – ungeachtet der seit 1871 tief verwurzelten Revanche-Gelüste gegen Deutschland – in keiner Weise bereit war, die eigene Flagge über Faschoda einzuholen.

Die erdrückende militärische Überlegenheit Lord Kitcheners vor Ort und die auf die Rückgewinnung Elsaß-Lothringens zentrierte Politik der Dritten Republik haben am Ende schwieriger und erbitterter Verhandlungen zu einem Kompromiß geführt, der die Voraussetzungen zur Entente Cordiale schuf. Ähnlich hatte das »Great Game« zwischen London und Sankt Petersburg nach der Niederlage Rußlands gegen die japanischen Streitkräfte des Tenno in Fernost zu einer Schwerpunktverlagerung des zaristischen Expansionsstrebens in Richtung Westen und zu brisanten Spannungen mit den Mittelmächten geführt. So kamen London und Paris schon 1904 – sechs Jahre nach Faschoda – im Rahmen der Entente Cordiale überein, die britische Machtausübung in Ägypten und am Weißen Nil durch die Anerkennung eines französischen Protektoratsanspruchs im Sultanat Marokko zu kompensieren. In kürzester Frist hatten sich völlig neue Koalitionen auf Kosten der wilhelminischen Hybris formiert. Europa taumelte mit sträflichem Leichtsinn den fürchterlichen, selbstmörderischen Materialschlachten des Ersten Weltkrieges entgegen. Faschoda ist in die Geschichte eingegangen als Episode eines maßlosen imperialen Wahns zweier europäischer Mächte.

*

Die Ausländer sind selten geworden im Sudan, seit dieser Staat von den USA mit Acht und Bann belegt wurde. Um so mehr fällt mir auf der Strecke nach Kushti ein weißer Minibus auf, in dem eine Schar Chinesen wie in einer Sardinenbüchse zusammengedrängt sitzt. Die ostasiatischen Gesichter sind im braunen Dunst verschwunden, da richte ich an Feisal die Frage, die mir längst auf der Zunge lag. »Wie stark ist denn wirklich der Einfluß Pekings auf die Republik von Khartum?« Der Fahrer zeigt sich – soweit seine Englischkenntnisse das zulassen – mitteilsamer, als ich erwartet hatte. »Wenn Sie etwas länger hier verweilen«, meint er, »werden Sie die Chinesen überall finden, bis in die entferntesten Regionen des Sudd. Auch die Asphaltstraße, über die wir jetzt fahren, haben sie gebaut.« Jeder Sudanese, so versichert er mir, sei sich voll bewußt, daß sein Land in jüngster Vergangenheit zum Zankapfel zwischen Amerika und China geworden sei. Die kleinen, gelben Männer aus dem Reich der Mitte hätten wider alles Erwarten mit großzügigen Infrastruktur-Projekten und dem Erwerb von sechzig Prozent der lokalen Erdölproduktion die allmächtigen Yankees eindeutig überrundet. Den Afrikanern würden die Chinesen zwar imponieren, aber beliebt seien sie nicht.

Die Ortschaft Kushti erreichen wir über eine Nilbrücke. Die Distrikthauptstadt erstarrt in Schmutz und Abfall. Von dem wirtschaftlichen Fortschritt, den die reichen Petroleumeinnahmen aus dem Bahr el Ghazal dem Sudan bescheren, ist hier wenig zu spüren. Die Menschen sind freundlich um uns bemüht, als wir nach einer Gaststätte Ausschau halten. In arabischer Schrift wird auf eine »Cafeteria« verwiesen, aber auch Feisal ist beim Blick in die Küche der Appetit vergangen. Wir verzichten auf den »Samak«, auf den Flußfisch, den man uns auftischen will, versorgen uns mit einigen Orangen und Bananen und treten die Rückfahrt an.

Neben dem Rohbau einer gewaltigen Moschee, an der gearbeitet wird, ist mir das stattliche Gotteshaus der christlich-koptischen Gemeinde aufgefallen, über deren Portal der streitbare Drachentöter Sankt Georg in leuchtenden Farben dargestellt ist. In einem Staat, der des vehementen islamistischen Fanatismus und einer exzessiven

Interpretation der koranischen Gesetzgebung, der »Scharia«, bezichtigt wird, beeindruckt mich dieser Beweis religiöser Toleranz gegenüber den »Masichin«, den irregeleiteten Brüdern der »Familie des Buches«, die den Propheten Isa als Sohn eines dreifaltigen Gottes anbeten.

Feisal, den ich auf vierzig Jahre schätze, rückt mit der unvermeidlichen Frage heraus, die mir rund um den Erdball gestellt wird: »Waren Sie schon einmal in unserem Land?« Ich antworte ihm, daß ich seine Heimat zum ersten Mal aufgesucht hatte, als er noch gar nicht geboren war. Die Heimfahrt nach Khartum zieht sich endlos hin, obwohl wir mit mehr als hundert Stundenkilometern durch die sich verdichtende, braune Düsternis rasen. Ich besitze die Gabe, sowohl im Auto als auch im Flugzeug tief schlafen zu können, und lege mein Schicksal gottergeben in die Hände meines Chauffeurs. »Ma scha' Allah!« Zwischendurch gerate ich in einen halbwachen Zustand, und dann drängen sich sehr präzise Erinnerungen auf.

*

So werde ich in das Jahr 1956 zurückversetzt, als ich beabsichtigte, den Weißen Nil stromabwärts von Juba aus – unweit der Grenze von Kenia und Uganda – auf einem damals noch recht komfortablen Dampfer bis nach Khartum zu bereisen. Die Niloten-Stämme der Dinka, Nuer und Shilluk – die Namen dieser Völkerschaften waren mir aus dem Unterricht von Sciences Po geläufig – wären mir immer noch in nackter Ursprünglichkeit begegnet. Die immense Dimension, die ethnische Vielfalt dieses neu gegründeten Staatswesens wäre mir plastisch vorgeführt worden. Doch kaum war die Unabhängigkeit der Republik Sudan am 1. Januar 1956 proklamiert, da brachen auch schon die ersten Unruhen aus. In Juba fand im Frühjahr 1956 eine Militärrevolte statt. Die ganze Südregion wurde zum Sperrgebiet erklärt. Ich mußte tief enttäuscht nach Entebbe zurückkehren, um von dort aus mit dem Flugzeug in die sudanesische Hauptstadt Khartum zu gelangen.

Das Kalkül der scheidenden britischen Kolonialmacht war nicht aufgegangen. Ursprünglich hatte nämlich das Londoner Colonial Office den überwiegend animistischen oder christlichen Stämmen des Südens versprochen, ihnen ein eigenes Staatsgebiet zu überlassen, um sie der Dominanz ihrer muslimischen und arabisierten Landsleute aus dem Norden zu entziehen. Die Zusage wurde von der damaligen Labour-Regierung verworfen, die sich in der Illusion wiegte, die weit verstreuten Kräfte des Arabismus in einer »Liga« zu bündeln und deren Patenschaft zu übernehmen.

Die Selbständigkeit des christlich-animistischen Süd-Sudan war sinnlos geopfert worden, denn schon im Jahr 1952 hatte der Sturz der ägyptischen Monarchie unter König Faruk und der Putsch einer Offizierskamarilla unter Oberst Gamal Abdel Nasser den Weg freigemacht für die Beseitigung jeder fremden Bevormundung und für die utopische Vision einer panarabischen Nation zwischen Marokko und dem Persischen Golf. Auch den Sudan betrachtete der neue »Rais« von Kairo als Bestandteil dieser angestrebten Föderation, und die Massen des ganzen Niltals stimmten Jubelchöre an, als Nasser in einer dröhnenden Kundgebung die Verstaatlichung des Suezkanals proklamierte. Der konservative britische Premierminister Anthony Eden war nicht gewillt, diese Provokation hinzunehmen. Er war entschlossen, mit militärischen Mitteln die Wasserstraße freizukämpfen und das Militär-Regime des ägyptischen »Obersten«, wie man damals verächtlich sagte, zu stürzen. In Paris zögerte der sozialistische Regierungschef Guy Mollet keine Sekunde, sich mit den Engländern zu solidarisieren. Frankreich stellte eigene Luftlandetruppen für dieses Vabanquespiel zur Verfügung, zumal die Vierte Republik immer noch hoffte, den Aufstand der muslimischen Bevölkerung Algeriens durch Einberufung einer halben Million Wehrpflichtiger niederzukämpfen. In der Person Gamal Abdel Nassers glaubte Paris den »Großen Bruder« und Waffenlieferanten der maghrebinischen Rebellen zu erkennen.

Im Sommer 1956 war Khartum – mit Ausnahme der kolonialen Verwaltungsgebäude am Ufer des Blauen Nils – eine ziemlich trostlose Ansammlung von Lehmgassen. Die Stadt brütete in unerträglicher Hitze. Beim Besuch der französischen Botschaft stieß ich auf den Militärattaché, Commandant Briconnier, den ich bei den Fallschirmjägern des Oberst Bigeard in Indochina kennengelernt hatte. Der Major war längst über die Absicht des französischen Oberkommandos informiert. Zu jener Zeit lebten zahlreiche griechische Kaufleute und Kleinunternehmer in ganz Ostafrika und waren bis tief nach Belgisch-Kongo hinein aktiv. Briconnier verwies mich auf eine Khartumer Zeitung in griechischer Sprache, die ihren Lesern mitteilte, die Vorauselemente einer französischen Invasionsarmee – »Oi Galloi«, so hießen die Franzosen bei den Hellenen – seien in den britischen Militärbasen von Zypern eingetroffen.

Mit diesem Veteranen der Indochina-Armee besichtigten wir auch das Nachtleben der heute überaus puritanischen Hauptstadt. Eine Vielzahl von Bordellen hatten sich – aus welchem Grund auch immer – am Zusammenfluß des Weißen und des Blauen Nils etabliert und boten dem Besucher eine buntgescheckte Auswahl von Freudenmädchen, von hellhäutigen Syrerinnen für gehobene Ansprüche bis zu jenen schwarzen Sudanesinnen eines Wüstenstammes, die von den Kolonialherren aufgrund ihres extravaganten Struwwelpeter-Haarwuchses »Fuzzi-Wuzzi« genannt wurden.

Unsere Gespräche beim obligaten Whisky kreisten jedoch um ganz andere, extrem seriöse Themen. Unterschätzten die verantwortlichen Politiker in London und Paris nicht die begeisterte Anhängerschaft, über die Gamal Abdel Nasser in Ägypten und im ganzen arabischen Raum verfügte? Spekulierten die Stäbe der Entente-Mächte tatsächlich darauf, daß ein Volksaufstand das Regime der »Freien Offiziere« Ägyptens hinwegfegen würde? Mit einer Eroberung und Besetzung der gigantischen Millionenstadt Kairo durch die relativ bescheidenen franko-britischen Kontingente, die sich unter dem Befehl eines zögerlichen englischen Generals auf Zypern sammelten, konnte nicht ernsthaft gerechnet werden.

Wie kläglich das Suez-Abenteuer im bevorstehenden Herbst 1956 scheitern würde, konnten wir uns damals noch nicht ausmalen. Zwar sollten die heimlichen israelischen Verbündeten der Entente in einer Blitzoffensive ihrer Panzerkolonnen den Suezkanal auf breiter Front erreichen, aber die »Paras« des General Massu, die nach ihrer Landung in Port Said nach Süden vorpreschten, wurden noch vor Einnahme der Stadt Ismailia durch eine gebieterische Weisung aus ihrem Hauptquartier zum Stehen gebracht. Eine verblüffende Komplizenschaft zwischen den beiden großen Gegnern des Kalten Krieges, den USA und der Sowjetunion, zwischen Dwight D. Eisenhower und Nikita Chruschtschow, war zustande gekommen, um die europäischen Heißsporne, die mit ihrem törichten Alleingang den ganzen Orient ins Chaos zu stürzen drohten, zur Räson zu bringen. Ultimativ wurden sie zur Räumung des schmalen eroberten Streifens südlich von Port Said gezwungen. Chruschtschow hatte sogar mit Atombomben gedroht.

Von dieser Stunde der Demütigung an – das konnte Major Briconnier bei unserem Gespräch unter den Ventilatoren des »Grand Hotel« in Khartum nicht ahnen – würde sich eine grundsätzliche geostrategische Umschichtung im ganzen Nahen und Mittleren Orient vollziehen. Auf das rüde Vorgehen des amerikanischen NATO-Verbündeten sollten London und Paris sehr unterschiedlich reagieren. England würde auf seine Machtpositionen »East of Suez« verzichten und ziemlich bedingungslos die Hegemonialrolle der angelsächsischen »Cousins« jenseits des Atlantik akzeptieren. Die Franzosen hingegen fühlten sich durch Washington im Stich gelassen und betrogen. Unter Guy Mollet begann bereits die Planung einer französischen Nuklearwaffe, der »force de frappe«, wie man damals sagte, und eine Distanzierung von der amerikanischen Supermacht, die sich nach der Machtergreifung de Gaulles zum ernsthaften Interessenkonflikt steigerte.

Es sollte nicht lange dauern, bis Sowjets und Amerikaner zur feindseligen Routine des Ost-West-Konfliktes zurückfanden. Mit bitterer Enttäuschung mußten Präsident Eisenhower und dessen Nachfolger feststellen, daß Kairo sich zusehends auf die Sowjetunion ausrichtete. Moskau lieferte das gewaltige Arsenal an modernen Waffen, derer die in kläglichem Zustand befindliche Armee Ägyptens im Hinblick auf die sich abzeichnende Konfrontation mit Israel dringend bedurfte. Die sich vertiefende Partnerschaft des

Pentagons mit Israel hinderte die USA hingegen, an der Aufrüstung der »Vereinigten Arabischen Republik« – wie es damals hieß – teilzunehmen.

Der ägyptische Staatschef war ein frommer Muslim, aber er bekannte sich gleichzeitig zum zutiefst unislamischen Konzept einer gesamtarabischen Nation und eines arabischen Sozialismus, zu Vorstellungen also, die aus dem ungläubigen Westen importiert waren und sich nicht in Einklang bringen ließen mit dem strengen koranischen Ideal der weltumspannenden »Umma«, in der sich alle Anhänger des Propheten Mohammed wiederfänden.

*

Während unserer Exkursion nach Kushti verzichte ich darauf, Feisal über die politische Situation in seinem Land zu befragen. Mit Sicherheit hätte er ein Bekenntnis zu dem seit zwanzig Jahren mit autokratischen Vollmachten ausgestatteten Präsidenten Omar el-Bashir abgelegt, dessen Wiederwahl bei dem kommenden Urnengang außer Zweifel steht. Der Sandsturm hat etwas nachgelassen, während ich mich von meinem Begleiter verabschiede. Das Hotel »El Salam Rotana« gehört nicht zur Luxusklasse. Aber auf originelle Weise wurde hier eine orientalische Karawanserei rekonstruiert, der man sogar durch unverputzte Wände und morsche Holzgalerien authentisches Flair zu verleihen sucht. Das Personal setzt sich überwiegend aus Libanesen zusammen, und in dem Restaurant, das orientalische Speisen serviert, schmeckt die Mezze vorzüglich. Sogar das alkoholfreie Bier ist genießbar.

Drei Tage zuvor hatte ich zwei *Spiegel*-Reporter zum Interview bei General Omar el-Bashir begleitet. Susanne Koelbl hatte mich durch einen sachkundigen Afghanistan-Bericht beeindruckt. Mit ihrem Kollegen Volker Windfuhr bin ich seit langen Jahren befreundet. Schon im Jahr 1994 hatte ich ein ausführliches Gespräch mit Omar el-Bashir geführt. Er residierte damals in jenem alten Gouverneurssitz aus der Zeit des Empire, auf dessen Stufen der britische General Gordon 1885 von den eifernden islamischen

»Ansar« des Mahdi massakriert worden war. Im März 2010 begnügt sich der General mit einem bescheidenen Compound militärischen Zuschnitts, dessen Abschirmung gegen Attentate mir relativ locker erscheint. Mit dem Bau eines prächtigen Palastes, der der Bedeutung seines Amtes gerecht würde, ist bereits eine chinesische Staatsfirma beauftragt worden.

Seit unserer letzten Begegnung sind 16 Jahre vergangen. Der 66-jährige Mann ist kaum gealtert. Er ist fülliger geworden und trägt einen dunklen, europäischen Anzug. Das weiße Hemd steht offen, wie das heute Mode ist. Martialisch wirkt allenfalls der dichte Schnurrbart. Susanne Koelbl hat ihre blonden Haare hochgesteckt, aber denkt nicht daran, ein Kopftuch anzulegen. Entgegen einer weitverbreiteten Stimmungsmache besteht im Sudan für nicht muslimische Frauen keinerlei Zwang zur Verschleierung, und selbst junge Einheimische tragen das Kopftuch recht locker und kokett über den engen Jeans. Im Hotel war mir eine einzige jungvermählte Frau aufgefallen, deren schwarzer »Niqab« nur einen Augenschlitz frei ließ und die trotz der drückenden Hitze schwarze Handschuhe trug.

Der Präsident läßt sich durch die Fragen der *Spiegel*-Journalistin nicht provozieren. »Ja, es gibt Probleme, vor allem mit den europäischen Staaten«, räumt er ein. Aber am seltsamsten verhielten sich die Vereinigten Staaten, die auf der Vollstreckung des Haftbefehls bestehen, den Internationalen Gerichtshof in Den Haag jedoch selbst gar nicht anerkennen. Die Sanktionen des Westens, so fährt er fort, würden sein Land nicht sonderlich belasten. »Am selben Tag, an dem Siemens bekanntgab, sich aus dem Sudan zurückzuziehen, unterzeichneten wir einen Vertrag mit einem großen chinesischen Konzern. Auf dem Erdölsektor haben wir jetzt mit chinesischen, indischen und malaysischen Unternehmen Verträge geschlossen. Deren Bedingungen sind deutlich günstiger als die üblichen Angebote der Amerikaner. Die Chinesen bilden zudem einheimische Techniker und Experten aus.«

»Die diplomatischen Beziehungen Ihres Landes zu den USA sind seit zwölf Jahren abgebrochen«, stellt Volker Windfuhr fest. »Dennoch kooperieren bei der Terrorbekämpfung die Geheimdienste beider Länder recht intensiv. Die sudanesische Abwehr arbeitet mit amerikanischer Ausrüstung. Ihr ehemaliger Geheimdienstchef hält sich häufig in den USA auf. Verstehen Sie sich in aller Diskretion nicht ganz gut mit den Amerikanern?«

Seit der Amtsübernahme Barack Obamas in Washington operiert die amerikanische Orientpolitik offenbar mit größerer Geschmeidigkeit und diplomatischem Pragmatismus. »Die eigentlichen Entscheidungsträger in den USA, also auch FBI und CIA, wissen sehr genau, daß die Greuel, die über den Sudan und Darfur verbreitet werden, nicht der Realität entsprechen«, betont Omar el-Bashir. »Aber mächtige Interessengruppen nehmen Einfluß auf die US-Regierung. Nur so lassen sich die Widersprüche ihrer Position erklären. Unser Dialog mit den Vereinigten Staaten läuft über den Sondergesandten Scott Gration. Wir schätzen diesen ehemaligen General als vernünftigen, realitätsbezogenen Mann.«

»Warum haben Sie bis 1996 dem späteren Top-Terroristen Osama Bin Laden Gastfreundschaft gewährt, immerhin vier Jahre lang?« forscht Susanne Koelbl. Für mich ist das der interessanteste Punkt dieser Begegnung. Der General läßt sich nicht aus seiner höflichen Zurückhaltung bringen: »Als Osama Bin Laden in Afghanistan seine eigene Truppe, seine ›islamische Legion‹, bildete, genoß er als Mujahid die volle Unterstützung der Amerikaner. Die CIA war die Triebfeder seiner militärischen Operationen. Nach dem Rückzug der Sowjets aus Afghanistan reiste Osama Bin Laden in den Sudan und unternahm dort den Ausbau des Hafens Bur Sudan. Das Projekt wurde zum Teil von der saudi-arabischen Regierung finanziert. Die Arbeiten selbst wurden von dem mächtigen, in Saudi-Arabien ansässigen Bin-Laden-Konzern durchgeführt. Osama kam also nicht als Terrorist, sondern als Investor und Geschäftsmann an den Nil. Dann aber überwarf er sich mit der eigenen saudischen Regierung in Er-Riyad, weil er sich angeblich mit islamistischen Extremisten zusammentat und die Gläubigen aufzuwiegeln suchte. Sobald wir uns seiner illegalen Tätigkeit bewußt wurden, haben wir den Kontakt abgebrochen. Er kehrte aber nicht nach Saudi-Arabien zurück, wo man ihn ausgebürgert hatte und er

vor Gericht gestellt worden wäre, sondern gelangte auf Schleichwegen nach Afghanistan, wo er Zuflucht bei seinen alten Kampf-
gefährten fand.«

Wo Carlos Zuflucht suchte

Khartum, November 1994

Als ich in einer kühlen Novembernacht des Jahres 1994 um drei
Uhr morgens schlaftrunken aus der KLM-Maschine taumelte, war
am oberen Nil weder von Osama Bin Laden noch von El Qaida die
Rede. Außer ein paar amerikanischen CIA-Agenten nahm niemand
Notiz von der Präsenz dieses hochgewachsenen Bauunternehmers
aus Saudi-Arabien. Ich schleppte mein Gepäck zur umständlichen
Durchsuchung durch mißmutige Beamte. Die Atmosphäre in der
Ankunftshalle von Khartum, wo ich vergeblich nach irgendeiner
Empfangsperson Ausschau hielt, mutete irgendwie kongolesisch
an. Auf dem Vorplatz wurde ich plötzlich aus der Dunkelheit von
einem riesigen Nubier angesprochen. »Are you Doctor Peter?«
Dem Sicherheitsdienst der Republik Sudan war meine Ankunft also
doch angekündigt worden. Er sollte nunmehr – was mich nicht im
geringsten störte – jeden meiner Schritte begleiten. Mein Gefährte
stellte sich unter dem Namen Bassam vor und lud mich in einen
klapprigen Peugeot ein. Das Hilton-Hotel, wo er mich ablud, hatte
schon bessere Tage gesehen. Bassam verabschiedete sich brüsk und
versprach, am nächsten Morgen wiederzukommen.

Schon am folgenden Tag konnte ich feststellen, daß sich die islamische Revolution, die Gründung eines fanatischen Gottesstaates,
von dem in den europäischen Medien so intensiv die Rede war, am
Zusammenfluß von Blauem und Weißem Nil weit weniger radikal
und furchterregend äußerte, als ich befürchtet hatte. Den Amerikanern war das Regime des General Omar el-Bashir, der 1989
durch einen Militärputsch der ausufernden politischen Instabilität

ein Ende zu setzen suchte, zutiefst suspekt, taktierte er doch zur Zeit meines Aufenthalts mit der eifernden Gefolgschaft des hochgebildeten Scheikh Hassan el-Turabi und dessen »Nationaler Islamischer Front«. Doch der Ruf des Muezzin hallte über Khartum längst nicht so dröhnend wie in den meisten Städten der postkemalistischen Türkei. Die diversen christlichen Kirchen aus der Kolonialzeit blieben unangetastet. Die Minderheit der koptischen Christen fühlte sich im Nord-Sudan besser geschützt als in gewissen religiösen Spannungsgebieten Ober-Ägyptens.

In der deutschen Botschaft war ich gewarnt worden. Interessante politische Kontakte seien in Khartum außerordentlich schwierig, und hinsichtlich des bereits zugesagten Gesprächs mit Omar el-Bashir solle ich mir keine Illusionen machen. Der geplante Flug in den Süden, in die von der aufständischen »Sudanese People's Liberation Army« belagerte Provinzhauptstadt Juba, werde mit Sicherheit nicht stattfinden. An afrikanische Verhältnisse gewöhnt, übte ich mich in der koranischen Tugend des »sabr«, der standhaften Geduld. Beim einsamen Abendessen stieß ich auf den einzigen nichtarabischen Ausländer, der mit mir im Hilton nächtigte. John Harris war Korrespondent einer amerikanischen Nachrichtenagentur in Kairo und hatte nach langen Demarchen ein Visum für die Republik Sudan erhalten. Der Bürgerkrieg im Süden war wieder aufgeflammt, und die Kontakte meines Kollegen beschränkten sich im wesentlichen auf konspirative Treffen mit Sadiq el-Mahdi, dem Führer der Oppositionspartei »El Umma«. Dieser Politiker war kein Geringerer als der leibhaftige Urenkel des »Mahdi« Ahmed Mohammed, der einst nach Vertreibung der mit Großbritannien verbündeten Garnisonen des osmanischen Vizekönigs von Ägypten ein »Kalifat von Omdurman« in der unmittelbaren Nachbarschaft von Khartum ausgerufen hatte.

Dieser islamische Gottesstaat, der sich immerhin fünfzehn Jahre lang behaupten konnte und erst durch die massive Intervention eines anglo-ägyptischen Expeditionskorps vernichtend geschlagen wurde, gilt bei den Sudanesen als erster erfolgreicher Aufstand eines afrikanischen Landes gegen den europäischen Kolonialismus.

Der Jihad, der sogar in das christlich-koptische Hochland von Äthiopien eindrang und die dortige amharische Königsstadt Gondar verwüstete, ist von Karl May recht einseitig und negativ beschrieben worden. Sadiq el-Mahdi, der in den verworrenen Machtkämpfen nach der Unabhängigkeit des Sudan eine beachtliche Rolle spielte und eine Wendung zugunsten des Westens vollzogen hatte, stützte sich auf die starke Bruderschaft oder »Tariqa« der Mahdiya und wurde von den Amerikanern, die in die kolonialen Fußstapfen ihrer britischen »cousins« zu treten suchten, als verläßlicher Freund der Atlantischen Allianz geschätzt.

John Harris schilderte in kurzen Zügen die Abfolge der Wirren und Intrigen, die die »Jumhuriya« von Khartum heimgesucht hatten. Neben der Armee, die immer wieder putschte, hatte sogar vorübergehend die Kommunistische Partei des Sudan, die über eine starke Gewerkschaftsbewegung bei den Eisenbahnern und bei den Baumwollarbeitern verfügte, an einer Regierung teilgenommen, was in Washington lebhafte Beunruhigung auslöste. Die Diktatur des Oberst Jafar el-Numeiri, die sich anfangs dem panarabischen Nationalismus des ägyptischen Rais Gamal Abdel Nasser angeschlossen hatte, erschien den Amerikanern ebenfalls suspekt, bis dieser Offizier sich auf eine streng islamische Ausrichtung umorientierte und die ganze Republik, inklusive der bislang autonomen Südprovinzen, der rigorosen Befolgung der koranischen Gesetzgebung unterwarf.

An dieser religiösen Ausrichtung sollte auch Omar el-Bashir festhalten, der den Sudan als »Islamische Republik« führte. So verhärteten sich die ständig wechselnden Fronten. Solange Kairo intensiv mit Moskau kooperierte, stützte die amerikanische Regierung das jeweilige Regime von Khartum, auch wenn es die Scharia in aller Strenge anwandte. Nachdem jedoch unter dem Präsidenten Anwar es-Sadat und nach dem Friedensschluß Ägyptens mit Israel eine herzliche Atmosphäre zu den USA aufkam, wurden dort die Sezessionsbestrebungen der südlichen Niloten durch ein massives CIA-Aufgebot und Lieferungen von Geld und Waffen nachhaltig gestärkt.

Die Republik von Khartum geriet in den Verdacht terroristischer Komplizenschaft quer durch den ganzen mittleren Orient und wurde auf die Liste der »Schurkenstaaten« gesetzt. Die Separatisten des Südens genossen nun breite Unterstützung bei der gesamten westlichen Allianz. Khartum habe sich unter Omar el-Bashir zu einem Knotenpunkt islamischer und antiwestlicher Verschwörung entwickelt, betonte John Harris und drückte damit wohl die in Washington vorherrschende Meinung aus. Man beobachtete dort mit Sorge, wie neben den regulären Streitkräften von etwa 120 000 Mann eine islamische Miliz aufgestellt wurde, eine »Volksverteidigungskraft«, die auf die flammend antiimperialistischen Predigten des Scheikh Hassan el-Turabi ausgerichtet war. Unter diesen »Ansar« der »People's Defence Force« taten sich vor allem die Frauen-Bataillone durch ihren kämpferischen Eifer hervor. Bei ihren Paraden marschierten die Amazonen im grünen Tschador und hielten voll Stolz die Kalaschnikow quer über der Brust.

Wann immer in den kommenden Tagen mein Betreuer und Überwacher Bassam sich einstellte, suchten wir das sudanesische Außenministerium auf, wo es freundlich, aber chaotisch zuging. Unter den bärtigen Imamen, die dort vorsprachen, entdeckte ich auch die kuriose Gestalt des amtierenden Staatssekretärs Gabriel Rorik, eines hochgewachsenen Dinka, der sich unter dem schwarzen Jackett des Clergyman, ähnlich wie sein südafrikanischer Kollege Desmond Tutu, mit dem violetten Hemd und silbernen Kreuz der episkopalischen Würdenträger schmückte. Es war immerhin – gemessen an anderen Ländern der Arabischen Liga – bemerkenswert, daß dieser anglikanische Bischof aus Juba eine hohe Position in einem Schlüsselministerium einnahm, auch wenn er zur willfährigen Kooperation mit den Islamisten verurteilt war.

Endlich war es soweit, Omar el-Bashir ließ mich zur Audienz rufen. Zwar teile ich die Meinung des großen Schriftstellers und Reporters Joseph Roth, der das Interview als »bequeme Zuflucht aus journalistischer Verlegenheit« bezeichnete. Aber mir ging es nicht um die ohnehin vorprogrammierten Aussagen des sudanesischen Staatschefs, sondern um den persönlichen Eindruck, den dieser

Diktator vermitteln würde. Bassam machte mich auf das kolossale Parlamentsgebäude aufmerksam, das ausgerechnet der kommunistische Despot der Volksrepublik Rumänien, Nicolae Ceaușescu, der »Jumhuriya« Sudan gestiftet hatte. Nicht weit davon entfernt zeigte mir Bassam einen relativ komfortablen Appartment-Block. Mit einem unerwarteten Anflug von Vertraulichkeit deutete mein Bewacher auf eine der Wohnungen im dritten Stock. »Dort hatte sich der internationale Terrorist Carlos, aus Syrien kommend, unter falscher Identität einquartiert. Sobald wir ihn enttarnt hatten, wurde er an Frankreich ausgeliefert, wo er wegen Ermordung zweier Beamter des französischen Abwehrdienstes DST gesucht wurde.« Carlos sei ja nur ein abenteuernder gottloser Verbrecher gewesen, nicht zu vergleichen mit den frommen Jihadisten, die auf dem Wege Allahs kämpfend gegen die ungläubigen Unterdrücker vorgingen.

In Wirklichkeit, so sollte ich wenige Tage später erfahren, hatte der französische Nachrichtendienst seinen sudanesischen Kollegen präzise Luftaufnahmen von diversen Rebellenbewegungen geliefert, die sich im Süden dieses riesigen Landes gegen die Zwangsislamisierung und die Willkür der Zentralregierung von Khartum auflehnten. Man habe später behauptet, so fuhr mein »Guide« fort, Carlos habe während seines Aufenthalts im Sudan in Saus und Braus gelebt. Angeblich sei er ständig betrunken gewesen und habe sich von Huren verwöhnen lassen. Aber solche Ausschweifungen und Exzesse seien überhaupt nicht denkbar gewesen unter dem strengen Regiment, das zu jener Zeit Scheikh Turabi seinen Landsleuten auferlegt hatte.

Staatchef el-Bashir trug am Tag unserer ersten Begegnung einen hellblauen Safari-Anzug. Ähnlich waren seine Mitarbeiter gekleidet. Als ich den spärlich möblierten Empfangssaal betrat, verabschiedete sich gerade eine riesige, pechschwarze Frau, die ihre Leibesfülle in einen knallbunten Boubou gehüllt hatte. Bashir stellte sie mir vor. »Das ist Mrs. Agnius Lukado, die Gouverneurin unserer Südprovinz mit Sitz in Juba. Sie gehört dem Dinka-Volk an und ist Christin.« Frau Lukado – Tochter eines protestantischen

Bischofs – trat in dieser muslimischen Offiziersrunde außerordentlich selbstbewußt auf. Nachdem sie mir mit negroider Fröhlichkeit die Hand geschüttelt hatte, lud sie mich zu einem Besuch in Juba ein und rauschte dann majestätisch davon.

Im folgenden lockeren Gespräch versuchte el-Bashir nicht im geringsten, die Schwierigkeiten, denen sich seine Republik ausgesetzt sah, kleinzureden. Er fördere im Sudan eine islamische »Erweckungsbewegung« – er benutzte das Wort »revivalism«. Von engstirniger Unduldsamkeit, von »Usuliya« oder »Salafiya« könne nicht die Rede sein. Es gehe ihm vielmehr darum, die Rechtgläubigkeit der frühen Kalifen, der »Raschidun«, mit den Erfordernissen der Moderne in Einklang zu bringen. Der furchtbare Stammeskrieg in den Südprovinzen, der durch amerikanische Agenten geschürt würde, behindere den von ihm gewünschten wirtschaftlichen Fortschritt. Glücklicherweise habe sich die Volksrepublik China als zuverlässiger Handelspartner, fast als Verbündeter des Sudan bewährt. Mir kam plötzlich die These Samuel Huntingtons aus dem *Clash of Civilisations* in den Sinn, wo er über eine potentielle Solidarität zwischen militantem Islam und Konfuzianismus spekuliert hatte.

Vom benachbarten Libyen und Oberst Qadhafi hatte man in Khartum offenbar keine hohe Meinung. Die vielzitierte »iranische Connection« stritt Bashir energisch ab. »Wir sind Sunniten, die Perser sind Schiiten«, betonte er. Ayatollah Khomeini genieße hohen Respekt bei den Sudanesen, komme als religiöse Führungsgestalt jedoch nicht in Frage. Daß ein Kontingent iranischer Revolutionswächter oder »Pasdaran« am Zusammenfluß von Blauem und Weißem Nil als Militärberater und Ausbilder tätig sei, wollte er nicht eingestehen.

Sein ganzer Zorn richtete sich gegen die USA. »Die Amerikaner wollen uns von allen Seiten umzingeln und unsere Volksbewegung vernichten«, beschwerte er sich. Er könne sich nicht recht erklären, woher diese feindselige Voreingenommenheit stamme. Tatsache sei jedoch, daß die Rebellen des Südens, insbesondere die Sudanesische Volksbefreiungsarmee John Garangs, aus Uganda tatkräftige Waffenhilfe unter Anleitung amerikanischer Agenten erhalte. War sich der Präsident wirklich nicht bewußt, daß eine beachtliche Schar saudi-arabischer Islamisten, darunter ein gewisser Osama Bin Laden, die sich gegen die Vasallenrolle ihrer Dynastie gegenüber Washington auflehnte, auf dem Territorium der Republik Sudan Zuflucht gesucht hatte und von dort aus gegen Er-Riyad ihre Komplotte schmiedete? Als Instrument des Yankee-Imperialismus prangerte Bashir vor allem die Machenschaften des Staatschefs von Uganda, Yoweri Museveni, an. Der beabsichtige mit Unterstützung Amerikas ein großes Reich der weit verstreuten Niloten-Stämme zusammenzufügen, dem die Dinka und Shilluk des Süd-Sudan, die Massai und Luo von Kenia sowie diverse verwandte Völkerschaften Tansanias angehören sollten. Dieses sogenannte Hima-Reich entspreche jedoch nur der kranken Phantasie eines hemmungslosen Machtmenschen, der sich bereits als der »Bismarck Ostafrikas« bezeichnete. Mit Sicherheit würden diese Ambitionen jedoch in ganz Ostafrika grauenhafte Massaker, Plünderungen und Vernichtung zur Folge haben.

Tanzen mit den Derwischen

JUBA, NOVEMBER 1994

Der Präsident hat Wort gehalten. Zwei Tage nach der Zusage im Regierungspalast fand ich mich weisungsgemäß um fünf Uhr früh an der Rollbahn ein, die verheißungsvoll von einem Dutzend Flugzeugwracks sowjetischer Fabrikation gesäumt war. Eine gewaltige Boeing vom Typ Jumbo wurde mir von Bassam zugewiesen. Von der Flugmannschaft fehlte jede Spur. Sie traf mit gut zwei Stunden Verspätung ein. Dem Piloten Hassan konnte ich trotzdem nicht böse sein. Der Sudanese strotzte vor Fröhlichkeit und begrüßte mich mit einem herzlichen »Grüezi«. Dann entschuldigte er sich in fließendem Schwyzerdütsch. Er hatte mehrere Jahre in Winterthur gelebt und war dort vermutlich von der Swissair ausgebildet worden. Ich war der einzige Passagier und nahm im Cockpit neben Hassan Platz. Was im riesigen Cargoraum der Maschine verborgen war, wurde mir nicht mitgeteilt.

Wir hatten wohlgelaunt unsere Gurte angeschnallt, da tauchten die ersten Probleme auf. Welche Mängel das Düsentriebwerk aufwies, habe ich nicht begriffen, aber die Wartungs- und Reparaturarbeiten, die jetzt schleppend einsetzten, wirkten ziemlich beängstigend. Drei ölverschmierte Gestalten in Monteuranzügen, die ich zunächst dem Putz- und Pflegepersonal des Airports zugerechnet hatte, näherten sich den Motoren mit einem verrosteten Werkzeugkasten. Sie begannen umständlich zu schrauben und zu hämmern. Die militärischen Bewacher sahen der Überprüfungsarbeit an den Aggregaten neugierig zu und gaben skeptische Kommentare ab. Hassan war nicht aus der Ruhe zu bringen. Es dauerte drei Stunden, dann war das Wunder vollbracht. Der Rhythmus der Maschinen klang mit befriedigender Regelmäßigkeit in den Ohren des Kapitäns. Wir rollten auf die Startbahn zu. »Luege Sie«, sagte Hassan, »jetzt fliegen wir doch nach Juba«, und ich fügte hinzu: »In scha'a Allah!«

Der Ausblick auf die Landschaft am Weißen Nil entfaltete sich an diesem strahlenden Morgen in exotischer Pracht. Die Fluten des Weißen Nils waren wie Milchkaffee gefärbt. Hassan erklärte mir, daß die Einheimischen diesen Oberlauf des Stroms, der zeitweilig durch schwarze Felsen gesäumt ist, »Bahr el Djebl«, Meer des Berges, nennen. Es sei bezeichnend, daß für die großen Flüsse der Sahelzone das arabische Wort »Bahr« benutzt wird, das in der Schriftsprache mit »Meer« zu übersetzen ist. Doch für die durstigen, stets auf Brunnensuche befindlichen Nomaden wirkt die mirakulöse Präsenz gewaltiger Wassermassen inmitten der verdorrten Steppe – ob es sich nun um den Nil, den Gazellen-Fluß oder den Niger handelt – so beeindruckend, daß der bescheidene Ausdruck »Wadi« dafür nicht ausreicht.

Hassan übernahm die Rolle des Fremdenführers. Er flog so niedrig, wie es das Gewicht seines Riesenvogels erlaubte. Ein paar

Lehmhütten signalisierten den Flecken Kodok. Südlich von Malakal, so bestätigte er, beginne das Rebellengebiet. Das Terrain färbte sich grünlich, und wir folgten nunmehr der schnurgeraden Trasse des Jonglei-Kanals, der den Abfluß des sich im Morast des Sudd stauenden Nilwassers beschleunigen und für landwirtschaftlichen Anbau nutzbar machen sollte. Der Pilot zeigte mir die Ortschaft Ayod, wo ein Zauberer und Wundertäter bei den animistischen Niloten großen Zulauf genieße. Wir erreichten die Parklandschaft der Savanne. Die Vegetation wirkte zusehends tropisch, während wir uns Juba näherten. »Wundern Sie sich nicht, wenn wir bei der Landung in steilen Kurven auf die Piste zustoßen«, warnte Hassan. »Die Rebellen der SPLA stehen höchstens zehn Kilometer von der Stadt entfernt und schießen gelegentlich mit schweren Maschinengewehren auf die anfliegenden Maschinen. Wir wollen kein unnötiges Risiko auf uns nehmen.«

In jenen Tagen bot Juba ein erbärmliches Bild des Niedergangs und des Verfalls. Da war ich also im Herzen Afrikas angelangt, eine düstere Weltgegend, die mir allzu vertraut war, und schon – so schien mir – waren die Dämonen der Finsternis wieder entfesselt. Dem Regierungsbeamten Amin, einem Muslim aus dem Süden, merkte man auf den ersten Blick den Polizeispitzel an. Unsere Autofahrt ging an Strohhütten und halbverfallenen Geschäftsfassaden vorbei, deren griechische Besitzer von einst sich längst in ihre hellenische Heimat abgesetzt hatten. Es wimmelte von ärmlichen Menschen, die riesengroß und hager gewachsen waren. Sie gehörten überwiegend dem Volk der Dinka an. In den Regierungsdistrikt »Bahr el Djebl« seien zahllose Flüchtlinge aus den Kampfzonen geströmt. Die Bevölkerung sei auf eine Million Menschen angeschwollen, teilte mir Amin mit, als wolle er damit den elenden Zustand der Slums entschuldigen. Die schwarze Urwaldkulisse im Hintergrund wirkte unheimlich. Der Weiße Nil wälzte sich träge und fett wie eine lehmverkrustete Anakonda auf die Stümpfe des Sudd zu.

Wir erreichten das offizielle Verwaltungszentrum, das von irgendeinem Ostblockstaat in trostlosem Plattenbaustil als sozialistische Aufbauspende hinterlassen worden war. In einem dieser Kästen erwartete mich der »Minister für Frieden und Wiederaufbau«. Er betonte ungefragt, daß er einer südlichen Niloten-Rasse angehöre und gläubiger Christ sei. Minister Lasu Gale überragte mich mindestens um einen Kopf und war schwarz wie Ebenholz. Er trug einen europäischen Anzug mit Krawatte und trennte sich nie von seinem rituellen Häuptlingsstab.

Bei der Besichtigung eines Flüchtlingslagers, von denen es im schwarzen Erdteil allzu viele gibt, fiel mir auf, daß die Eingeborenen, die offenbar dem koranischen Gesetz nicht unterworfen waren, sich intensiv auf das Brauen alkoholischer Getränke verlegt hatten. Ein abscheulicher Gestank umgab die Hütten, wo in unförmigen Kesseln eine dunkelbraune, zähe Brühe zum Gären gebracht wurde. In den primitiven Bierhallen herrschte rege Aktivität. Die lärmende, alkoholisierte Stimmung der Kunden wurde durch dröhnende Musik noch gesteigert. Amin hat sich naserümpfend zu mir gesellt. »Überall wo Sie einen weißen Stoffetzen über dem Dach entdecken, befindet sich eine Brauerei«, erklärte er. »Sie sehen, daß es daran nicht mangelt. Da leben diese Leute des Südens in einer fruchtbaren Gegend, wo ihnen praktisch alles in den Mund wächst. Dennoch beklagen sie sich über unzureichende Ernährung. Für produktive Landwirtschaft sind sie einfach zu faul.«

Eine tragikomische Episode sei am Rande erzählt. Lasu Gale lud mich zu einer Gerichtsverhandlung in einem erstickend heißen Schuppen ein, wo – von einer dichten Menge umringt – ein betagter, weißhaariger Richter seine Entscheidungen nach altem Stammesbrauch fällte und keine Rücksicht auf die Scharia nahm. Der »Judge« hatte in seiner Jugend offenbar in einer Amtsstube der britischen Kolonialjustiz assistiert. Er war auf Würde bedacht und hätte am liebsten – wie seine englischen Vorgänger – eine weiße Perücke getragen. Der Disput zwischen den Partnern wurde in primitivem Elementar-Arabisch ausgetragen, das die meisten zu verstehen schienen. Der Kläger war ein etwa dreißigjähriger, ungepflegter Mann in einer dreckstarrenden Uniform, der seine siebzehnjährige Frau beschuldigte, ihn verlassen zu haben und es mit fremden Männern zu treiben. Das Mädchen, das stark geschminkt und aufgeputzt auftrat, sei vor ihm schon viermal verheiratet gewesen, was nicht zu ihren Gunsten sprach. Während des Disputs klammerte sie sich weinend an ihre Mutter, eine mächtige, wütende Matrone, die die Verteidigung übernahm. Sie warf dem Ehemann vor, nicht in der Lage gewesen zu sein, ihre Tochter zu ernähren, und bot als Kompromißlösung die Rückerstattung des Brautpreises an. Der Richter verfaßte langsam und feierlich ein Protokoll, bei dem er sich der altertümlichen englischen Amtssprache bediente. Die untreue Gattin wurde zu einem Jahr Gefängnis und zu 25 Hieben – »lashes« – mit der Peitsche verurteilt, womit sich der »plaintiff« zufriedengab, während die Mutter mit gellendem Geschrei Berufung einlegte.

Der Abend senkt sich schnell im Umkreis des Äquators. Meine Besichtigungsfahrt wurde durch die Nähe des Feindes begrenzt. Zu meiner Überraschung entdeckte ich eine katholische Kirche, die dem heiligen Joseph geweiht war. Laut Aussage Amins war das Gotteshaus an Feiertagen von Gläubigen stets überfüllt. Die anglikanische Konfession war mit einem Sakralbau im neugotischen Stil vertreten. Am aktivsten seien die Adventisten, die über viel Geld verfügten und im Verdacht ständen, Kontakte zum amerikanischen Geheimdienst zu unterhalten. Ich traute meinen Ohren kaum, als ich bei Einbruch der Dämmerung den Klang von Kirchenglocken vernahm, ein Geräusch, das frommen Muslimen mindestens so zuwider ist wie der Ruf des Muezzin einem konservativen Bayern.

Zur Übernachtung wurde mir das zur Kolonialzeit als Treffpunkt elitärer britischer Geselligkeit renommierte Juba Hotel zugewiesen, das jetzt »Funduk al Salam – Hotel des Friedens« hieß. Auf dem nahen Flugplatz entdeckte ich die spitzen Nasen von drei geparkten MIGs sowie eine schwere Antonow-Maschine, die gerade auf der Piste ausrollte. Das Juba Hotel war auf unvorstellbare Weise heruntergekommen und verwahrlost. Der Gedanke, daß es hier einst herrschaftlich und imperial zuging, daß die britischen Offiziere und Administratoren in prächtigen Gala-Uniformen und die »Ladies« in der extravaganten Eleganz ihrer Epoche feierten, überforderte die Vorstellungskraft. Die im afrikanischen Stil erbauten Gäste-Bungalows, die früher über jeden erdenklichen Komfort verfügten, hatten sich in erbärmliche Kraale verwandelt. Eine Pritsche mit schmutzigem Bettlaken war das einzige Mobiliar. Der Ventilator hatte längst seinen Geist aufgegeben. Beleuchtung war auch nicht vorhanden. Der Gast mußte froh sein, wenn rötliches Wasser aus dem verrosteten Hahn des Waschbeckens tropfte.

*

Nach einer phantastischen Farbensymphonie versank nunmehr das Firmament in dunklem Samt, aus dem die Gestirne wie Goldklumpen funkelten. Das Abendessen – ein fades Fischgericht – war schnell verzehrt. Trostlose Stimmung kam auf. Da lud mich Amin in offiziellem Auftrag ein, an einem Festprogramm, er nannte es »Barnamij«, teilzunehmen. Ich willigte ohne Zögern ein. Schon von weitem dröhnten vom Meidan im Zentrum Jubas mystische Gesänge – im wesentlichen islamische Kampflieder und Koranrezitationen – zu uns herüber. Etwa tausend Menschen waren dort versammelt. Die Männer trugen den weiß-wallenden Burnus der Sudan-Völker oder die Tarnuniform des Militärs. Die meisten Frauen hingegen – sie gaben offenbar den Ton an – hatten den hellgrünen Tschador der »Volksverteidigungskraft – quwat el difa' es sha'biya« angelegt, von dem sich die schwarzen Gesichter vorteilhaft abhoben. Sie waren mit dem unvermeidlichen Sturmgewehr bewaffnet. Angesichts des gesteigerten Selbstbewußtseins der weiblichen Truppe fragte ich mich, ob nicht eines Tages die längst fällige Emanzipation der Musliminnen sich auf dem Weg der kriegerischen Bewährung durchsetzen könnte.

Ich war der einzige Nichtafrikaner in dieser Runde und wurde von den Honoratioren zur vorderen Sitzreihe der Ehrengäste geführt, wo sich Korangelehrte, hohe Beamte und Offiziere niedergelassen hatten. Zu meiner Überraschung entdeckte ich unter den »Ulama« auch den christlichen Minister für »peace and rehabilitation« Lasu Gale, der weiterhin als »clergyman« gekleidet war.

Trotz der eifernden religiösen Grundstimmung ging es heiter, brüderlich und ausgelassen, kurzum sehr afrikanisch zu. Das »Barnamij« stand unter dem Motto »leilat el fidha el kubra – Große Nacht der Hingabe«. Auf der Rednertribüne lösten sich die Prediger ab. Sie verdammten den Rebellenführer Garang, der erst mit den gottlosen Sowjets, dann mit den amerikanischen Kapitalisten paktierte. Sie prangerten den Verrat der arabischen Vasallen der USA, vor allem der saudischen Dynastie, an. Immer wieder wurde das Symbol der heidnischen Aufrührer, die Giftschlange »Anyanya«, diese widerliche Ausgeburt des »gesteinigten Satans«, verflucht.

Ein Korps weiblicher Jihadisten – die AK 47 fest umklammert – bemächtigte sich der Mikrophone. Mit schrillen Stimmen betonten sie ihre Opferbereitschaft auf dem Weg Allahs, verfielen in ekstatische Begeisterung und fanden kein Ende mit ihrer Litanei. Zahlreiche Männer waren inzwischen aufgesprungen. »Takbir«, ertönte eine gebieterische Stimme, und die Versammlung wiederholte dreimal den Ruf »Allahu akbar«, der auch von den Uniformträgern eines vorbeifahrenden Lastwagens aufgenommen wurde. Die Soldaten fuhren zur Front, und bis dahin war es nicht weit.

Der Rückblick auf dieses Happening am Rande des Äquators hat sich mir als starkes Erlebnis erhalten, zählt zu jenen »émotions fortes«, die das Leben lebenswert machen. Auf magische Weise fühlte ich mich um ein Jahrhundert zurückversetzt in jene Stunde mystischen Aufbruchs, als die Gefährten des »Mahdi« sich zur begeisterten Aufopferung für die Sache Allahs rüsteten. Die Masse der weißgekleideten Tänzer wiegte sich in pendelndem Rhythmus. Die Bewegungen der Kulthandlung beschleunigten sich. Dann ertönte die unaufhörliche, beschwörende Beteuerung: »La Illaha illa Allah!« Die Gestik der Tänzer wirkte teils feierlich, teils grotesk. Sogar der christliche Minister Lasu Gale fuchtelte mit seinem Häuptlingsstab. »El Sudan wahad – Ein einziger Sudan«, so lautete die politische Losung. Der Taumel artete jedoch zu keinem Zeitpunkt in Trance aus.

Ob ich an der Zeremonie nicht teilnehmen wolle, wurde ich von meinem Nachbarn, einem würdigen Imam mit Rauschebart, gefragt. Schon nahmen mich zwei weißgekleidete Knaben an der Hand und geleiteten mich in das Gewühl. Die Bewegungen des »Dhikr« waren denen einer europäischen Disco nicht unähnlich. Ich verspürte keine Hemmung, in den Chor einzustimmen und zu bekennen, daß Gott groß ist – Allahu akbar – sowie daß es außer Gott keinen Gott gebe.

Am Ende wurde der Chor der Sufi und Derwische von Juba durch die ohrenbetäubenden Klänge eines Blasorchesters übertönt. Amin fuhr mich zum Salam-Hotel zurück. Die folgende Nacht war unerträglich. In Ermangelung eines Moskitonetzes war ich schweißüberströmt den Stichen der Insekten ausgeliefert. Ich war geradezu dankbar, als gegen vier Uhr morgens die Stimme des Muezzin den nahenden Tag ankündigte. »El salat kheir min el naum – Das Gebet ist besser als der Schlaf«, lautete sein Ruf.

*

Am Nachmittag meldete endlich Motorengeräusch das Nahen einer Transportmaschine. Mein Bewacher Amin war wieder zur Stelle und begleitete mich zum Flugplatz. Eine dickbäuchige Antonow klappte ihre Ladeluke herunter und spie eine Kompanie sudanesischer Soldaten aus. Die Männer sammelten sich unter grünen Wimpeln und bestiegen eine Kolonne von Lastwagen. Der russische Pilot der Antonow und seine Crew stammten aus der Gegend von Krasnojarsk. Die hellhäutigen Slawen, die mit nackten Oberkörpern und ölverschmierten Tarnhosen ihre Arbeit verrichteten, litten unter Sonnenbrand und der Treibhaushitze der Äquatorprovinz. Von der Regierung in Khartum waren sie als Söldner für eine Dauer von drei Monaten angeheuert worden. Ein ehrliches Mitgefühl kam bei mir auf bei dem Gedanken an den Niedergang einer Weltmacht, die noch vor wenigen Jahren den ganzen Erdball zu ihrer marxistischen Ideologie bekehren wollte und den Amerikanern weite Teile Afrikas erfolgreich streitig machte.

Seit der Auflösung der Sowjetunion stellte Wladimir Putin seine jungen Soldaten den barbarischen Staatswesen der »Dritten Welt«

als technisches Hilfspersonal und schlecht bezahlte Dienstleister zur Verfügung. Für den Rückflug nach Khartum war außer einem zertrümmerten Lastwagen vom DDR-Modell IFA kein Transportgut vorhanden. Zwei Dutzend Eingeborene, darunter Frauen und Kinder, kauerten auf dem Metallboden der Maschine. Als Weißer wurde ich von den Russen brüderlich aufgenommen. Sie boten mir den einzigen Sitz an, der mit einem Sicherheitsgurt versehen war. Ausblick auf das Niltal hatte ich dieses Mal nicht. Über Makala wurde die Antonow durch heftige Böen geschüttelt.

Die Chinesen am Nil

KHARTUM, FEBRUAR 2007

Die Chinesen sind da. Ein Zufall hat es gefügt, daß mein diesjähriger Aufenthalt in Khartum mit dem offiziellen Besuch zusammenfällt, den der chinesische Staats- und Parteichef Hu Jintao der befreundeten Republik abstattet. Ich hatte Glück, überhaupt eine Unterkunft, eine düstere Kammer im Grand Hotel, zu finden, das inzwischen in den Besitz einer malaysischen Company übergegangen ist. Mit gewaltigem Aufgebot ist der rote Kaiser aus Peking an den oberen Nil gekommen. Überall prangt sein Porträt neben dem des brüderlich lächelnden Staatschefs Omar el-Bashir. Die rote Flagge der Volksrepublik mit den fünf Sternen hängt von jedem Mast und jeder Empore neben der rot-weiß-schwarzen Fahne des Sudan mit dem grünen Dreieck.

Die ostasiatischen Experten und Diplomaten sind in dunkle Anzüge gekleidet und tragen stets eine dezente Krawatte auf dem makellos weißen Hemd. Sie verhalten sich höflich, aber extrem zurückhaltend. Das sudanesische Hotelpersonal – die malaysischen Manager bleiben im Hintergrund – ist überaus mitteilsam und behandelt den einsamen Europäer mit betonter Freundlichkeit. »Wir sind auf Peking angewiesen«, so äußern sich sogar die eingeborenen Kellner, »aber beliebt sind diese undurchsichtigen Asiaten nicht.«

Immerhin hat sich das Lebensniveau der Sudanesen spürbar verbessert, seit die Beauftragten der Volksrepublik inzwischen mehr als sechzig Prozent des geförderten Erdöls über die von ihnen in Rekordzeit gelegte Pipeline nach Bur Sudan am Roten Meer pumpen und in die großen Häfen zwischen Kanton und Shanghai verschiffen. Als Gegenleistung haben sie das riesige Land am Nil mit einer bemerkenswerten Infrastruktur ausgestattet, Tausende Kilometer Straßen, Elektrizitätswerke, Krankenhäuser, Fabriken zur Baumwollverarbeitung, von der das britisch-ägyptische Kondominium von einst nicht einmal geträumt hätte.

Wieder einmal befinde ich mich im Wartezustand. Noch ist nicht entschieden, ob ich die Reise in die von grauenhaften Stammeskriegen heimgesuchte Provinz Darfur antreten kann. In den westlichen Medien sind diese undurchsichtigen Fehden zu einem Genozid aufgebauscht worden. Ich bin in meiner Bemühung auf einen liebenswürdigen Hünen namens Ahmed el-Gaafar angewiesen, einen hohen Beamten des sudanesischen Außenministeriums, den ich als Botschafter in Berlin schätzen gelernt hatte. Er besucht mich regelmäßig im Hotel, wo er – umringt von schweigsamen Chinesen – mir immer wieder Mut zuspricht. Um mir die Zeit zu vertreiben, lädt mich der Botschafter zur Hochzeit eines Verwandten ein, die unter einem riesigen Zelt gefeiert wird. Ich genieße orientalische Gastlichkeit, aber wieder einmal verwundert mich bei solchen Anlässen, daß bei der zum Fest versammelten Sippe keine ausgelassene Stimmung, keine wirkliche Heiterkeit aufkommt. Die jungen Männer, Freunde und Verwandte des Bräutigams, stimmen einen monotonen Gesang an und täuschen mit wiegendem Oberkörper einen Schwertertanz vor. Die Vermählungszeremonie erreicht ihren feierlichen Höhepunkt in der Predigt eines Korangelehrten, von dem man ehrfürchtig berichtet, er habe in der berühmten El Azhar von Kairo sein Wissen erworben.

Seit meinem letzten Ausflug nach Juba im Jahr 1994 hat sich die Situation im ganzen Orient gründlich verändert. Der Sudan des

General Bashir ist in das Fadenkreuz der amerikanischen Kampagne gegen den »islamistischen Terrorismus« geraten. Er wurde von Präsident George W. Bush in die Kategorie der »rogue states« eingereiht und mit allen erdenklichen Sanktionen belegt.

»Heute stellt man übrigens unseren Präsidenten Bashir nicht mehr wegen der angeblichen Greuel sudanesischer Soldaten im Süden des Bahr el Ghazal an den Pranger, sondern wegen eines frei erfundenen ›Völkermordes‹ in der Westprovinz Darfur«, entrüstet sich Botschafter el-Gaafar über die neuen Anfeindungen, denen sich das Regime ausgesetzt sieht. Wir sitzen noch eine Weile auf der Terrasse des Funduk und blicken auf den Blauen Nil. Ein Freund des Botschafters, Professor Hassan Mekki von der »African University Khartum«, hat sich zu uns gesellt. Er versucht, mir die Vielfalt dieser zum internen Zwist verurteilten Republik zu erklären. »Was die Chinesen von den Amerikanern und von den Europäern unterscheidet«, so stellt Mekki fest, »ist ihre Zurückhaltung in politischen Dingen.«

Die Atlantische Allianz im Gefolge der Hegemonialmacht USA dränge ihre Partner der unterschiedlichsten Kulturkreise, sich auf die demokratischen Strukturen und die kapitalistischen Praktiken auszurichten, wie sie von den Vereinigten Staaten vorgeschrieben, wenn auch nicht immer vorgelebt würden. Die Volksrepublik von Peking hingegen suche gewiß ihren wirtschaftlichen Vorteil beim weltweiten Erwerb all jener Rohstoffe und Mineralien, die auf ihrem Territorium nicht vorhanden sind. Aber dafür würden sie – oft mit ameisenähnlichen Kolonnen eigener, streng abgeschirmter Arbeiter – erstaunliche Entwicklungsleistungen für ihre Klienten erbringen. Im Hinblick auf die internen politischen Verhältnisse des jeweiligen Gastlandes hüte Peking sich vor jeder Einmischung. Von verschwörerischen Umsturzbewegungen oder gar von gewalttätig angezettelten Komplotten zwecks Umwandlung des jeweilig existierenden Regimes könne bei ihnen nicht die Rede sein. Deshalb sei es so viel bequemer und unbedenklicher, mit Peking zusammenzuarbeiten, zumal jeder Wirtschaftskooperation mit dem Westen weiterhin der üble Nachgeschmack des Kolonialismus anhafte.

Die Sonne steht fahl über dem Zusammenfluß der beiden gewaltigen Nilarme, die von neuen Brücken wie von Greifarmen überspannt werden. Aus dem Dunst leuchtet nur der »Hilal«, der Halbmond, mit kristallener Klarheit. Ähnliche Traurigkeit in platter, öder Landschaft hatte ich am sandigen Ufer des Syr Daria in Zentralasien erlebt. Die Ebene ringsum erscheint wie ein abweisender Planet, auf dem die häßlichen Behausungen wie Geschwüre aus dem Boden wachsen und das Menschengewimmel aus der Ferne dem Getümmel eines Termitenhügels ähnelt. Mit der Zwillingsstadt Khartum ist Omdurman durch eine Anhäufung von Lehmbauten organisch zusammengewachsen. Millionen Flüchtlinge aus dem Süden und dem Darfur haben hier ein Minimum an Sicherheit gesucht.

Auf dem großen, leeren Zentralplatz, dem »Meidan«, so erklären meine Begleiter, sei vor einem knappen Jahrhundert das Mahdi-Kalifat unter den Kartätschen Lord Kitcheners zusammengebrochen. Diese späte Kolonialschlacht war seinerzeit in London als Triumph westlicher Gesittung über orientalisch-afrikanische Barbarei gefeiert worden. Ein epochales Ereignis war dieses Gemetzel nicht. Die »Bürde des weißen Mannes«, die die Briten in ihren roten Uniformen geschultert zu haben glaubten, ist vom Wüstensturm islamischer Inbrunst längst hinweggefegt worden, vergleichbar mit den »weißen Federn« aus dem Roman Rudyard Kiplings, dem sich hier eine letzte Gelegenheit bot, den Glanz und die Glorie des Empire zu zelebrieren. Wir suchen das konisch aufragende Mausoleum des koranischen Heilsbringers Ahmed Mohammed auf, aber es drängen sich keine Gläubigen um die Reste dieses mythischen Vorkämpfers.

Am Rande des Meidan sammeln sich die Anhänger eines Derwischordens zur Übung des Dhikr, zur unaufhörlichen Beteuerung, daß es außer Gott keinen Gott gebe, »la Illahu illa Allah!« Aus dem endlosen Gräberfeld, über dem die Familiengrüfte der »Schurafa«, der angeblichen Nachkommen des Propheten, bizarre Konturen zeichnen, naht eine exotische Prozession zu den Klängen dumpfer Trommeln und quäkender Blasinstrumente. Neben

den würdigen Muriden in wallender, weißer Galabiyeh hüpft eine
Schar von Sonderlingen, Kobolden gleich, die den bloßen Brust-
körper bunt bemalt haben. Mit ihrem wild wuchernden Bart- und
Haarwuchs ähneln sie den Sadhu und Fakiren des indischen Subkontinents. Sie fuchteln mit schweren Stöcken und stoßen gellende
Schreie aus. Niemand scheint sich jedoch an diesen bizarren Au-
ßenseitern, die sich teilweise wie Epileptiker aufführen, zu stören.
Unter einem Wald von roten und grünen Fahnen ist jetzt das geistliche Oberhaupt der Sekte, der »Scheikh ud-Din«, eingetroffen,
eine gebieterisch, fast biblisch wirkende Erscheinung. Der heilige
Mann ist von gigantischen schwarzen Ordnungshütern umgeben,
und er bestimmt von nun an das Ritual, das sich in später Nacht zu
verzückter Ekstase steigern wird.

Kain und Abel

El Fasher (Darfur), Februar 2007

Die Trockenzeit hat die Ebene mit einer borstig-grauen Elefanten-
haut überzogen. Vereinzelte schwarze Felsen heben sich wie bös-
artige Pocken ab. Der Horizont verschwindet im Dunst. Der Flug
nach Darfur findet an Bord einer bescheidenen Trident-Maschine
statt. Sie bewegt sich in gerader Linie nach Westen, in Richtung
auf den Knotenpunkt Nyala, wo auch die Eisenbahnstrecke endet.
Ausgetrocknete, sandige Wadis täuschen eine Mondlandschaft vor.
   Gestern abend hatte ich noch der französischen Botschafterin
meine Aufwartung gemacht. Ihre Kanzlei gleicht einer Festung.
Frankreich ist unmittelbar in dem blutigen Chaos von Darfur en-
gagiert, grenzt doch seine frühere Kolonie, die heutige Republik
Tschad, unmittelbar an diese Aufstandsregion. Die Diplomatin hat
Arabistik studiert und äußert sich bewundernd über die perfekte
Sprachkenntnis der chinesischen Dolmetscherin Hu Jintaos. Mei-
ner Reise nach El Fasher, der Hauptstadt von Darfur, sieht sie mit

Skepsis entgegen. »Sie sollen im Gouverneurspalast logieren?« fragt sie. »Dann beschaffen Sie sich vorsorglich einen Schlafsack, Trinkwasser, Handtuch, Seife und Moskitospray.« Wie so mancher erfahrene Beobachter vor Ort hütet sich die Botschafterin vor den gezielten Informationen gewisser Quellen, die die Zahl der durch die Regierungstruppen ermordeten Zivilisten ins Unermeßliche steigern. Insbesondere die militante Organisation »Save Darfur«, die in den USA beheimatet ist, führe eine Propaganda gegen das Regime des Generals Omar el-Bashir und scheue vor keiner Übertreibung zurück.

Eine seltsame Koalition hat sich da zusammengefunden. Neben der jüdischen Lobby in den USA, die im Sudan eine Drehscheibe des islamistischen Terrorismus wittert, haben afro-amerikanische Organisationen offen Partei ergriffen zugunsten der bedrängten schwarzen Stämme, die – unabhängig von ihrer konfessionellen Zugehörigkeit – durch die arabisierten »Räuberbanden« des Nordens niedergemetzelt würden. Christliche Fundamentalisten wiederum, die sogenannten »Evangelikalen«, polemisieren in Unkenntnis der realen Situation Darfurs, dessen Bevölkerung und diverse Bürgerkriegsparteien sich ausschließlich zum koranischen Glauben bekennen, gegen die Ausrottung der dort angeblich siedelnden christlichen Stämme.

Hinter der humanitären Vereinigung »Save Darfur«, die über die finanziellen Mittel verfügt, ganze Seiten hochrangiger Zeitungen und Magazine für die emotionale Schilderung der Darfur-Greuel aufzukaufen, profilieren sich wirtschaftliche Interessengruppen, die sich bei der Erdölförderung des Sudan durch die Chinesen benachteiligt fühlen. Ihnen haben sich gealterte Hollywoodstars und Popsänger zugesellt, die sich wieder ins Rampenlicht drängen möchten. Am Quai d'Orsay hat man in diesen Tagen immerhin mit Befriedigung festgestellt, daß die beiden Nachbarstaaten Sudan und Tschad gerade noch rechtzeitig das Kriegsbeil begraben haben, bevor es zum offenen internationalen Konflikt kam.

Auf beiden Seiten kämpften Angehörige des dynamischen und dominanten Volkes der Zaghawa, die einen gegen die Regierung von Khartum, die anderen gegen die Regierung von Ndjamena. Die Kerntruppe dieser Ethnie sollte mit ihren Vorhuten ein Jahr später bis nach Omdurman in unmittelbare Nähe des sudanesischen Parlaments vordringen. Erleichtert wurde der Abschluß des Waffenstillstandes, der die Gewaltausübung durch andere unkontrollierte Banden übrigens keineswegs ausschloß, durch die Tatsache, daß der Präsident der frankophonen Republik Tschad, Idriss Déby, selbst dem Volk der Zaghawa angehört. Zur Beruhigung der Lage hat wohl auch entscheidend beigetragen, daß die Militärpräsenz der Tschad-Regierung in der Grenzstadt Abéché durch ein Kontingent französischer Fallschirmjäger und Fremdenlegionäre verstärkt wurde. Diese Soldaten verfügten über eine gründliche Erfahrung bei der Eindämmung tribalistischer Wirren im schwarzen Erdteil.

Auf allgemeine Geringschätzung stießen die Kontingente der UNAMID (African Mission in Darfur), ein buntes Sammelsurium von abenteuernden Friedensstiftern, die im Auftrag und im Sold der Vereinten Nationen zur Wiederherstellung von Ruhe und Ordnung ausgesandt worden waren. »Sie hören immer wieder von den zahllosen Vergewaltigungen und sexuellen Übergriffen, denen die Frauen der diversen Stämme ausgesetzt sind«, sagte mir ein europäischer Experte, »aber an diesen Ausschreitungen, die tatsächlich überall stattfinden, sind die Aufstandsbewegungen nicht weniger beteiligt als die offizielle Regierungstruppe des General Bashir.«

Die Zwischenlandung in Nyala dauert eine knappe Stunde. Auf dem Flugfeld sind ein paar UNO-Maschinen geparkt sowie drei altertümliche MIGs. Die Reisenden – mehrheitlich Europäer oder Asiaten – dürften im Auftrag der Vereinten Nationen oder irgendeiner NGO (Non Governmental Organization) tätig sein. Der Pilot der Trident ist ein Brite mit gezwirbeltem RAF-Schnurrbart. Mir fällt eine Gruppe von beruflichen Wohltätern auf – Männer und Frauen jeglicher Altersklasse –, die ihrem humanitären Engagement mit grimmiger Entschlossenheit entgegensehen, keines Lächelns fähig scheinen und sich wohl als göttlich berufene Rachegeister fühlen, die Verbrechen der Menschheit zu sühnen. Die Angehörigen dieser sektenähnlichen Gemeinde, darunter manche Deutsche, rufen mir den Satz Friedrich Nietzsches ins Gedächtnis: »Und hüte dich vor den Guten und Gerechten.«

Der Flug ist jetzt präzise nach Norden ausgerichtet. Um die Baracken des Airports von El Fasher herum wimmelt es von Menschen. Die Savanne ringsum wird von mächtigen Baobabs, von Affenbrotbäumen, beherrscht. Mein Nachbar im Flugzeug hatte in einem Buch *Pas si fous les Français* – »So dumm sind sie doch gar nicht, die Franzosen« gelesen. Wenn dem nur so wäre. Er wird von einem Kollegen in Empfang genommen und braust unverzüglich in einem stattlichen Landrover davon. Ich bin der einzige Europäer, der in Erwartung des vom Außenministerium in Khartum versprochenen Empfangskomitees ratlos und verloren im Gedränge afrikanischer Geschäftigkeit zurückbleibt. Auch hier sind die Eingeborenen freundlich und höflich, aber auf Dauer muß ich den Sicherheitsdiensten verdächtig vorkommen in meiner Unbeholfenheit.

Zum Glück staut sich vor dem Ausgang eine Vielzahl winziger Taxis koreanischer Fabrikation. Sie sind einheitlich blau und weiß angemalt. Ein dicker schwarzer Chauffeur erscheint vertrauenswürdig, und ich klemme mich in sein Gefährt. Er spricht kein Wort Englisch, aber in solchen Situationen kommen mir längst vergessene arabische Vokabeln wieder in den Sinn. So gebe ich die Weisung, mich zum Büro des Gouverneurs zu fahren, »ila el maktab el Wali«. Die Suche beginnt aufs Geratewohl.

Die Stadt El Fasher erscheint mir als ein häßlicher »Suq«, eine Ansammlung von brüchigen Verkaufsbuden, die von riesigen Reklameschildern überragt wird. Grellbunt gekleidete Frauen wühlen in einem Warenangebot, das meist aus China stammt. Ich bedarf nicht der Warnungen meines Fahrers Abdul Hamid, um festzustellen, daß wir uns im Zentrum einer kriegerischen Auseinandersetzung befinden. Immer wieder werden wir von vergammelten Regierungssoldaten in Tarnuniform angehalten, die die Kalaschnikow schußbereit an der Hüfte tragen. Vertrauenerweckend sehen sie nicht aus. Ich fühle mich in die finsteren Kongo-Wirren der frühen sechziger Jahre zurückversetzt. Dort ging unter den verängstigten Belgiern seinerzeit der törichte kolonialistische Satz um: »How do you call a nigger with a submachine gun? – Wie redet man einen Neger an, der mit einer Maschinenpistole bewaffnet ist?« Die Antwort lautete: »Sir!«

In einem giftgrünen Tümpel am Rande des Suq müssen die Keime aller nur denkbaren Krankheiten gedeihen. Auf einem Müllhaufen knabbern schwarze Ziegen an Papier und Abfall. Abdul Hamid hat offenbar nicht die geringste Ahnung, wo sich der Sitz des Gouverneurs befindet. Er klappert ein halbes Dutzend Amtsstuben ab, wo ermattete schwarze Beamte und ihre weiblichen Schreibkräfte vor ungeöffneten Aktenstapeln und verrosteten Computern kauern. Die Männer sind trotzdem bester Laune. Sie führen endlose Gespräche über ihre Handys, die hier – wie in ganz Afrika – das unentbehrliche Kommunikationsinstrument eines jeden sind. Die Frauen dösen vor sich hin, blicken auf ihre erloschenen Apparaturen und verscheuchen mit müder Geste die lästigen Insekten. Die administrativen Funktionen, die einst von Europäern ausgeübt oder angeleitet wurden, sind seit der Unabhängigkeit zur Posse geworden, werden hier wie absurde Szenen aus einem surrealistischen Bühnenstück nachgespielt.

Keiner vermag indessen zu erklären, wo denn wirklich der Wali amtiert. Die Situation wird allmählich ärgerlich und ein wenig besorgniserregend. Die Pickups mit aufmontierten Maschinengewehren, diese schwere Kavallerie des asymmetrischen Krieges, sind von wild blickenden Kriegern der afrikanischen Schutztruppe bemannt. Ich komme gar nicht auf die Idee, bei ihnen Ratschlag oder gar Schutz zu suchen. Am Ende landen wir vor einem streng bewachten Betonblock. Eine höhere Charge in Offiziersuniform kommt mißgelaunt auf mich zu. Er sei der »mas'ul«, der Verantwortliche der »mukhabarat el askariya«, des militärischen Nachrichtendienstes, gibt er zu verstehen. Der Mann wirkt wie ein Krokodil auf der Lauer, und jetzt spüre ich, daß ich mein Schicksal nicht länger dem Zufall überlassen darf, daß ich sehr schnell Opfer der weitverbreiteten Spionitis werden könnte.

Dank einer glücklichen Fügung hatte ich mein Mobiltelefon mit einem für den Sudan geeigneten Chip ausgestattet. Ich versuche, Botschafter Gaafar über seine Amtsnummer zu erreichen, und es scheint mir wie ein Wunder, daß ich tatsächlich sein stets fröhliches Organ vernehme. Der Diplomat erklärt mir, daß irgendein Transmissionsfehler vorgelegen habe, daß meine Ankunft in El Fasher tatsächlich nicht angemeldet sei. Es beginnt ein endloses Palaver zwischen dem Außenministerium und dem Mann der Military Intelligence, dessen Zorn abflaut und der zusehends freundlicher wird. Am Ende erteilt er dem eingeschüchterten Abdul Hamid präzise Anweisungen, wohin er mich zu transportieren habe. Er ruft mir sogar den Segensgruß »ma'salam« nach, und seine Krokodilsaugen verfärben sich beinahe wohlwollend.

Das Stadtviertel, dem wir uns jetzt zuwenden, wirkt freundlicher und gepflegter als das schmuddlige Zentrum. Hier hatten wohl einst die wenigen britischen Kolonialbeamten gewohnt. Eine lange Kolonne von Frauen leuchtet malerisch aus dem satten Grün. Ihre weiten Roben schimmern in allen Farben des Regenbogens, bedecken das Kopfhaar, aber lassen das Gesicht stets frei. Sie stehen mit ihren Blechkanistern für eine spärliche Wasserzuteilung Schlange. Der Gouverneurspalast ist durch eine hohe Mauer und eine Kompanie Soldaten geschützt. Das Gebäude ist immer noch stattlich. Ein Dutzend Gazellen weidet auf dem kurzgeschorenen Rasen des Innenhofes.

Der brave Chauffeur Abdul Hamid verabschiedet sich mit einer positiven Überraschung. Für seine umständliche Suche will ich ihn mit 50 Dollar entlohnen. Aber da schüttelt er den Kopf. »Die Summe ist viel zu hoch«, sagt er und gibt mir die Hälfte zurück. Am Eingang des Compounds erwartet mich in weißer Livree der Diener Omar, der mir zugeteilt ist. Die französische Botschafterin hatte nicht zuviel versprochen. Ich werde zu einem niedrigen Nebengebäude geführt, das zur Zeit der Briten wohl als »boys quarter« gedient hatte. Zuerst will Omar mich in einem Brutkasten unterbringen, in dem sich bereits ein halbes Dutzend Afrikaner häuslich niedergelassen hat. Dann besinnt er sich eines Besseren und weist mir einen etwas gepflegteren Raum an, den ich nur mit einem Einheimischen teile, einem höflichen, stillen Mann, der vor dem Gebet seine Waschungen vornimmt und – wie ich mit Befriedigung feststelle – in tiefen Schlaf verfällt, ohne zu schnarchen.

Das Abendmahl, das Omar mir serviert, ist spärlich: Coca-Cola und die landesüblichen Krapfen aus Hirse oder Mais. Das Gebäck ist sogar genießbar. Der Gouverneur lade mich zu einer Festlichkeit ein, die für heute abend geplant sei, sagt Omar. Es fände eine Vorführung von »tribal dances« statt, und da die Stämme des Darfur eine verwirrende Vielfalt aufweisen, sei das ein sehenswertes Spektakel. Nach Einbruch der Dunkelheit nehme ich also neben den Honoratioren, Offizieren und Korangelehrten unter einem weitgespannten Baldachin auf einer Empore Platz.

Endlich bekomme ich auch den Gouverneur zu Gesicht. Der Wali überragt mich um Kopfeslänge, wirkt recht sympathisch und unprätentiös. Es sei doch wohl alles in Ordnung, erkundigt er sich. Für den morgigen Tag habe er ein Besichtigungsprogramm vorbereitet. Ich sei ihm von Khartum empfohlen worden. Aber ansonsten halte man in El Fasher nicht viel von westlichen Journalisten und Kameraleuten, die offenbar auf Weisung imperialistischer und kapitalistischer Interessengruppen aus seiner Provinz nur Katastrophenberichte und Horrorbilder publizierten. Der Wali, so erfahre ich, gehört der großen Stammesföderation der Fur an, die der Region »Dar Fur« den Namen verliehen hat und vor Ankunft der Kolonisatoren ein stattliches Sultanat bildete.

Auf dem Rasen hat sich ein halbes Dutzend Tanzgruppen aufgereiht. Sie haben ihre eigenen bizarren Musikinstrumente und Trommeln mitgebracht und sind – jede nach »Tribe« – unterschiedlich kostümiert. Das Schauspiel entbehrt nicht einer gewissen Komik, und es kommt eine afrikanische Karnevalsstimmung auf. Die Gruppen unterscheiden sich vor allem durch die Farben ihrer Gewänder. Da wechselt Himmelblau mit Purpurrot und Giftgrün ab. Manche haben sich karierte Pyjamas geschneidert, die der Yoruba-Tracht Nigerias ähneln. Diese Harlekine führen exakt koordinierte rhythmische Übungen vor, die vom Drill eines britischen

Garderegiments inspiriert sein könnten. Andere ahmen das Galoppieren von Pferden nach oder führen Scheingefechte aus. Auch Frauen nehmen an dieser Hüpferei teil. Ich habe schon eindrucksvollere und gruseligere afrikanische »tribal dances« am Kongo erlebt. Aber die Veranstaltung von El Fasher zeichnet sich durch eine ungewohnte Harmlosigkeit aus. Jeder Stamm versucht den anderen zu überbieten und amüsiert sich offenbar prächtig dabei.

Zu den sudanesischen Regierungssoldaten haben sich kleine Kontingente der afrikanischen Schutztruppe gesellt, die unter dem Namen AMIS auftritt. In dieser kunterbunten Koalition, in der unter Schirmherrschaft der Vereinten Nationen zwanzig- bis dreißigtausend »Friedensschützer« dienen, sind die unterschiedlichsten Staaten vertreten – Ruanda, Kenia, Sambia, Ägypten, Senegal, Gambia, Südafrika, Uganda und andere. Sie sind an den Landeswappen zu erkennen, die sie auf den Ärmel genäht tragen. In meiner Nähe halten sich überwiegend Westafrikaner aus Gambia und Senegal auf, die dem Stamm der Wolof angehören und verwandtschaftliche Beziehungen unterhalten, obwohl die einen anglophon und die anderen frankophon ausgerichtet sind. Diese Fremdlinge aus der Umgebung des Cap Verde sind mit Helm und kugelsicherer Weste ausgerüstet, als wollten sie in die Schlacht ziehen. Zum Rhythmus der Trommeln schwenken aber auch sie spielerisch ihre Kalaschnikows und gehen recht leichtfertig mit den durchgeladenen Waffen um.

Ich nähere mich einem kleinen Trupp Senegalesen und spreche sie auf französisch an. Der Klang der ihnen vertrauten Sprache löst große kindliche Freude aus. Sie behandeln mich fast, als wäre ich einer von ihnen. Wie sie sich denn in dieser fernen Darfur-Steppe zurechtfänden, frage ich einen Sergeanten. Der macht eine Grimasse. »Die Gegend hier erscheint uns unheimlich und unberechenbar«, räumt er ein. »C'est un pays de sauvages – Das ist ein Land von Wilden, Monsieur«, meint er herablassend.

Omar versucht die tribalistische Zugehörigkeit der diversen Tänzer zu definieren und beweist dabei mehr politische Kenntnis, als ich ihm zugetraut hätte. Er selbst sei ein Tongar, und den Darbietungen seiner Stammesbrüder zollt er lebhaften Beifall. Es sei hingegen schwer, die vier Kategorien der Fur zu unterscheiden. Ganz eindeutig seien die kriegerischen Zaghawa zu erkennen, die der Regierung von Khartum zur Zeit am stärksten zusetzen. In Darfur gehe es bei den Aufständischen nicht um die Forderung nach einem staatlichen Separatismus, wie das bei den Ungläubigen des Südens der Fall sei, sondern man verlange von der Zentralregierung ein gewisses Maß an Autonomie und eine Beteiligung an den reichen Gewinnen, die Khartum aus der Erdölförderung zuflössen. Gewiß sei der Norden von Darfur stärker arabisiert als der Süden, aber in der Ausrichtung auf den sunnitischen Islam gebe es hier keine nennenswerte Differenz. Darfur habe sich sogar stets durch seinen religiösen Eifer hervorgetan. In dieser Region habe bereits der Mahdi Ahmed Mohammed bei seinem Jihad gegen die Engländer die entschlossensten Mitkämpfer gefunden.

*

Das Flüchtlingslager Abu-Shook, westlich von El Fasher gelegen, ist nur über eine holprige Piste zu erreichen. Mit seinen 2000 Familien zählt es bestimmt nicht zu den armseligsten Asylen, die die Vereinten Nationen den Opfern des Bürgerkriegs eingerichtet haben. Ähnlich muß es auch in anderen »Refugee Centers« zugehen, die näher an der stets unruhigen Grenze zur Tschad-Republik oder am Wadi Bubuk liegen. Sehr viel dramatischer hingegen sei der Zustand im Umkreis der Nuba-Berge, die dem militärischen Schutz afrikanischer Bruderländer ausgeliefert sind. Die negroid wirkenden Menschen, die sich in Abu-Shook zusammendrängen, gehören fast ausschließlich den Ackerbau treibenden Clans des Fur-Volkes an. Diese Ethnie, so heißt es in den Berichten der westlichen Medien, hätte am schlimmsten gelitten unter den mörderischen Einfällen der »Djandjawid«, jener bewaffneten Reitertruppen aus dem Norden, die stark arabisiert sind und als nomadisierende Viehzüchter Weideland für ihre Kamele, Rinder und Ziegen zu erobern suchen. Das Wort »Djandjawid« läßt sich mit »Gespensterreiter« übersetzen. Das klingt unheimlich und leitet sich von dem Wort »Djinn« ab, mit dem sich magische Kräfte verbinden.

Von einem Polizisten in blauer Uniform werde ich zum geräumigen Zelt des Camp-Direktors begleitet. Ibrahim el-Khalil, »Abraham der Gottesfreund«, wie er auf deutsch heißen würde, ist ein energischer, fast elegant gekleideter Mann. Er spricht vorzüglich Englisch und zeichnet sich durch eine Mitteilsamkeit aus, die ich an dieser Stelle nicht erwartet hätte. Er selbst gehört dem Volk der Tongar an, was ihm eine gewisse Distanz verschafft zu den Querelen der diversen Fur-Fraktionen. Wir beginnen unseren Rundgang durch Abu-Shook. Für flüchtig auftauchende Parlamentarier aus Europa und den USA mag sich ein erschütterndes Bild namenlosen Elends entfalten. Wer jedoch mit der Realität des schwarzen Erdteils vertraut ist, findet hier die übliche Misere weiter Regionen wieder. Die Unterkünfte sind aus Lehmziegeln und Wellblech aufgeschichtet. Die Bedachung aus einer dreifachen Schicht von Stroh und Palmenblättern bietet prekären Schutz vor den Wassergüssen der Regenzeit. Unentbehrlich sind wohl die scheußlichen blauen Plastikplanen, die überall als Abdichtung oder als Sonnenschutz aushängen.

Die Lebensmittelrationen seien durch internationale Spenden gesichert, berichtet Ibrahim. Deren Verteilung werde von der Polizei überwacht und von dem jeweiligen Sippenältesten je nach Kopfzahl vorgenommen. Am meisten Sorge bereite die Wasserversorgung. Auch hier drängen sich Frauen mit ihren Kanistern um einen Tankwagen. Ich stoße auf keine ausgemergelten Hungerleider, auf keine wandelnden Skelette in Abu-Shook, auch nicht auf durch Hunger oder Seuche aufgeblähte Kinderbäuche. Abu-Shook ist vermutlich ein privilegiertes Vorzeigeobjekt.

Mit zunehmender Konsolidierung der Notunterkünfte droht hier nach und nach aus dem Provisorium eine permanente menschliche Niederlassung zu werden, und viele Entwurzelte verfallen einer trägen, zur Untätigkeit neigenden »mentalité d'assistés«. Ibrahim el-Khalil scheint meine Gedanken zu ahnen. »Wir werden vermutlich diese Camps nie wieder auflösen können, wenigstens so lange nicht, wie die hier Gestrandeten regelmäßige Nahrungsrationen, medizinische Versorgung und unentgeltlichen Schulunterricht erhalten«, meint er. Als Ursache dieser massiven Bevölkerungsumschichtung, die – sehr approximativ – auf zwei Millionen Menschen geschätzt wird, läßt er die Nachlässigkeit oder die Terrormethoden der Zentralbehörden von Khartum nur sehr begrenzt gelten.

Seit Jahrhunderten weitet sich die Sahara nach Süden aus und verengt das Weideland der Nomaden. Gleichzeitig vermehrt sich – auf Grund der modernen Hygiene – die Bevölkerungsdichte auf dramatische Weise. Selbst die Herden der Nomaden würden sich dank der Fürsorge von UN-Veterinären vervielfältigen. Schon immer rückten während der Trockenzeit die berittenen, kriegerischen Hirtenvölker heran, um den mißachteten Stämmen der Ackerbauern die sich stets reduzierenden Grünflächen streitig zu machen. Dabei stützen sie sich auf einen angeblichen Ausspruch des Propheten Mohammed, der beim Anblick eines Pfluges gesagt habe, dieses Instrument bringe Schande über die Familien derjenigen, die sich seiner bedienen müßten.

Der Lagerdirektor ist ein nachdenklicher Mann. Ein ähnlicher Konflikt gehe ja bereits auf die biblische Genesis zurück, als der Opferrauch des Hirten Abel wohlgefällig zu Gott aufstieg, während der Qualm seines Bruders Kain, der den Boden mühsam beackerte, am Boden kroch. Im Kern sei es der uralte Gegensatz zwischen Kain und Abel, der sich in dem aktuellen Bruderkrieg des Darfur widerspiegele, nur daß in diesem Fall Abel den Ackerbauer Kain erschlägt.

»Ich habe noch eine Überraschung für Sie parat«, beendet Ibrahim das Gespräch. »Am Ausgang des Lagers werden Sie ein paar Ihrer Landsleute finden.« Die drei Deutschen wohnen in einem bescheidenen Container, der immerhin klimatisiert ist. Um sie herum sind die Karossen einer Vielzahl mächtiger, schrottreifer Lastwagen aufgereiht. Manchmal hilft es wohl, im Fernsehen aufzutreten. In diesem Falle fügt es sich tatsächlich, daß einer der Mechaniker in einer Sendung über Entwicklungshilfe gemeinsam mit mir diskutiert hatte. Das Wiedersehen in so ferner Region schafft Brüderlichkeit und Vertrauen. Bei diesen einsamen Männern handelt es sich um echte Pioniere des Aufbaus und nicht um irgendwelche menschenbeglückenden Snobs. Wenn ich die Mechaniker recht verstanden habe, sind sie im Auftrag des Auswärtigen Amtes in Darfur tätig, um den Fuhrpark der afrikanischen Schutztruppe einigermaßen instand zu halten.

Ihr Aufenthalt in Abu-Shook sei ziemlich sinnlos und werde bald zu Ende gehen, gibt das Trio resigniert zu. Die verschiedenen Grünhelm-Kontingente der Afrikanischen Union hätten es binnen kurzer Zeit fertiggebracht, jedes ihrer Fahrzeuge so gründlich zu ruinieren und in Schrott zu verwandeln, daß eine Reparatur kaum noch Sinn mache, zumal an eine Zulieferung von Ersatzteilen nicht zu denken sei. Die auf sich selbst gestellten Deutschen haben ihr Bestes geleistet, aber ihre Tätigkeit läßt sich wohl ebenso als »mission impossible« bezeichnen wie der völlig unsinnige Einsatz von vier oder fünf Bundeswehroffizieren im äußersten Süden des Sudans, denen man sogar das Tragen von Waffen untersagt hat.

Der hektische Einsatz der unterschiedlichen Hilfsorganisationen in Darfur wirkt auf die drei Deutschen von Abu-Shook, die die Wirklichkeit stets vor Augen haben, ähnlich absurd wie die einst kläglich gescheiterten Militäreinsätze der Vereinten Nationen am Kongo oder in Kambodscha. Die Europäer geraten allzu schnell in den Ruf von Neo-Kolonialisten. Die Söldnerkontingente, die von den diversen Ländern der Dritten Welt zwecks Finanzierung des eigenen Staatsbudgets zur Verfügung gestellt werden, müsse man auf gut Deutsch als einen »Sauhaufen« bezeichnen. Es fänden gewiß abscheuliche Gemetzel unter den Stämmen, den Aufstandsbewegungen und den Räuberbanden statt, die neuerdings sogar die Straße zwischen El Fasher und El Obeid verunsichern, aber von einem gezielten Völkermord könne nicht die Rede sein.

Meine sachlichen, von keinerlei ideologischen Vorurteilen belasteten Gesprächspartner sind zu dem Schluß gelangt, daß im Sudan wie in so manchen anderen Weltgegenden – jenseits aller moralischen Vorwände – der brutale Streit um Rohstoffe entbrannt sei.

»War by proxies – Stellvertreterkrieg«, so lautet die geläufige Formel. Nach dem Einflußverlust, den die Vereinigten Staaten im Nahen und Mittleren Osten sowie in Zentralasien registrieren mußten, halte Amerika Ausschau nach den immensen Ressourcen Afrikas, verlagere sein Gewicht in diese teilweise unerschlossenen Rohstoffreservate, ob es sich nun um Erdöl, Uran, Kupfer oder vor allem um Coltan handele. Wer hätte sich vor zwanzig Jahren vorgestellt, daß die Volksrepublik China in der Lage wäre, der einzig verbliebenen Supermacht USA die Stirn zu bieten und das US-Monopol – wie hier im Sudan – in seine Schranken zu weisen?

Europäische Tugendbolde

KHARTUM, MÄRZ 2010

Drei harte Schläge gegen die Zimmertür reißen mich aus dem Schlaf und befördern mich in die sudanesische Gegenwart des März 2010 zurück. Ich brauche ein paar Sekunden, um festzustellen, wo ich mich befinde. In spätkolonialer Zeit hatte sich das Wecken der Gäste im Grand Hotel von Khartum und in den übrigen Herbergen des untergehenden britischen Empire weit stilvoller gestaltet. Ein barfüßiger Boy in weißer Livree pochte behutsam um sechs Uhr morgens an. Er servierte mit breitem Mohrenlächeln eine Tasse Tee und eine Banane. »Early morning tea, Sir«, sagte er dazu, und auch das Aushängen des Hinweises »Please do not disturb« konnte an diesem feierlichen Ritual nichts ändern.

Am Vorabend habe ich lange mit Boutros, dem libanesischen Manager der Karawanserei, zusammengesessen. Sein phönizisches Profil wird durch den kräftigen schwarzen Bart noch betont. Er stammt aus dem Distrikt El Metn, wo auch ich zwei Jahre verbracht habe, und wir zählen eine Reihe gemeinsamer Bekannter auf. Boutros äußert sich ganz ungeniert über die Resultate der Präsidentschafts- und Parlamentswahlen, die im Sudan gerade ausgezählt werden. Der Sieg Omar el-Bashirs in der Nordhälfte steht von vornherein fest. Dazu bedarf es nicht einmal eines flagranten Betrugs bei der Leerung der Urnen. Der starke Mann des Sudans ist als einziges amtierendes Staatsoberhaupt vom Internationalen Gerichtshof in Den Haag wegen Verbrechens gegen die Menschlichkeit und angeblichen Genozids in der Provinz Darfur zur Fahndung ausgeschrieben worden. Diese Diskriminierung sei ihm sogar bei der Bevölkerung zugute gekommen, meint Boutros, denn sie habe in den letzten Jahren von einer erheblichen Anhebung ihres Lebensstandards profitiert.

Die regierende »Nationale Kongresspartei« braucht ebenfalls nicht um ihre absolute Mehrheit in der Kammer zu fürchten. Von den Oppositionsführern sind zwei namhafte Kandidaten vorzeitig aus dem Rennen ausgeschieden, weil das Regime Bashirs eine ehrliche Abstimmung verhindert hätte, sagen die einen, weil sie gegen den General ohnehin keine Chancen besäßen, sagen die anderen. So verzichtete Yassir Amran, Chef der »Sudanesischen Volksbefreiungsfront«, auf die offene Konfrontation, und Sadeq el-Mahdi, der Vorsitzende der »Umma« und Urenkel des legendären Aufstandsführers, tat es ihm gleich.

Nur Hassan el-Turabi, der als Moslembruder, als »Mujahid«, ja als »Terrorist« verfemte Führer einer radikalen Bewegung, der im Jahr 1994 noch als Inspirator der »National-islamischen Front« aufs engste mit Omar el-Bashir zusammengearbeitet hatte, stellt sich in aller Offenheit gegen den einstigen Verbündeten, verfügt aber mit seiner »Justice and Equality«-Bewegung nur bei den Rebellen des Darfur über eine solide Anhängerschaft. Die Amerikaner, die sich seinerzeit entrüstet zeigten, als Khartum im ersten US-Feldzug im Irak von 1991 gemeinsam mit Jemen, Jordanien und der PLO Yassir Arafats für Saddam Hussein Partei ergriffen hatte, verhalten sich seit dem Einzug Barack Obamas ins Weiße Haus zurückhaltender in ihrer Polemik gegen den vermuteten Wahlbetrug am oberen Nil als die Tugendbolde der Europäischen Union, die mit einer Gruppe von Kontrolleuren angereist sind. Diese »Experten« für Menschenrechte, die sich anmaßen, in diesem riesigen

Land mit den Dimensionen eines Kontinents eine halbwegs glaubhafte Überwachung auszuüben, geben sich selbst der Lächerlichkeit preis, wenn sie auf »mangelnde internationale Standards, unzureichende Infrastruktur und die Ignoranz der Wähler« verweisen.

»Was bilden die Europäer sich eigentlich ein?« fragt der Libanese. »Sie plustern sich auf, wenn es gilt, ein paar afrikanische Potentaten oder Balkan-Partisanen unter Anklage zu stellen. Wird jedoch ein amerikanischer, russischer, chinesischer, israelischer Politiker nach den gleichen juristischen Kriterien gemessen? Warum gibt es keine europäische Kommission, die die Präsidentschaft Hosni Mubaraks, der seit fast dreißig Jahren immer wieder mit mehr als neunzig Prozent durch grobe Fälschung im Amt bestätigt wird, unter die Lupe nähme, von den mit den USA aufs engste verbündeten Dynasten Saudi-Arabiens ganz zu schweigen? Warum steht nicht längst der Oberst Qadhafi von Libyen vor dem Richter, nachdem er erwiesenermaßen Zivilflugzeuge zum Absturz brachte und seinen Staatsterrorismus von Nordirland bis zu den Süd-Philippinen als skrupelloses, wenn auch dilettantisches Hobby betreibt? Über welche Autorität verfügt überhaupt dieses internationale Tribunal, dessen Ankläger sehr häufig von Staaten nominiert werden, die selbst die elementaren Menschenrechte mit Füßen treten?«

Wir kommen überein, daß in früheren Epochen den Exzessen der Tyrannei viel schneller und reibungsloser ein Ende gesetzt wurde, als man den unterschiedlichsten Diktatoren eine Chance bot, mit ausreichender Apanage in einer komfortablen Villa an der Riviera die eigene Abdankung zu akzeptieren. Heute hingegen klammert sich jeder Despot in der Perspektive einer unbegrenzten Kerkerhaft nach Verurteilung in Den Haag mit immer neuen Massakern an seine erschütterte Machtposition.

»Die Vereinigten Staaten von Amerika haben dem Internationalen Gerichtshof ihre Anerkennung aus guten Gründen verweigert«, fährt Boutros fort. Offenbar habe man in Washington nicht die Mordanschläge vergessen, mit denen die eigene CIA immer wieder mißliebige Politiker aus dem Weg geräumt hatte. Der in Europa umschwärmte John F. Kennedy hatte mehrfach versucht, Fidel Castro mit vergifteten Zigarren und anderen Zirkustricks umzubringen. Er hatte den unbequemen, aber redlichen Staatschef von Südvietnam, Ngo Dinh Diem, durch eine Offizierskamarilla ermorden lassen und den kongolesischen Nationalhelden Patrice Lumumba an dessen Henker ausgeliefert. Auf der Abschußliste, deren Aufstellung angeblich im Weißen Haus abgesegnet wurde, wären an prominenter Stelle der Karibik-Caudillo Trujillo, der Kongo-Tyrann Laurent Kabila, aber auch der integre chilenische General Schneider zu erwähnen, der sich geweigert hatte, am Militärputsch gegen Salvador Allende teilzunehmen.

Die internationalen Wahlbeobachter aus Europa verfügen in Khartum wie üblich über einen stattlichen Fuhrpark komfortabelster Landrover. Sie logieren in den Suiten des teuersten Hotels, eines Phantasiebaus, der einem monströsen Ei gleicht, von dem libyschen Revolutionsführer Muammar el-Qadhafi gestiftet wurde und von ihm den programmatischen Namen »Burj el Fatah – Turm der Eroberung« erhielt.

Die relative Mäßigung, derer sich die US-Medien neuerdings gegenüber der Sudan-Republik Omar el-Bashirs befleißigen, lasse sich durch eine spezielle Rücksichtnahme erklären, so meint der Hoteldirektor. Zunächst war der Bandenkrieg in Darfur auf mirakulöse Weise abgeklungen, seit die aktivste Rebellenorganisation dieser Region, die »Justice and Equality«-Bewegung, in der sich vor allem die gefürchteten Stammeskrieger des Zaghawa-Volkes sammelten, mit der Regierung von Khartum einen Waffenstillstand vereinbarte.

Im Jahr 2005 war es sogar zwischen Khartum und der »sudanesischen Volksbefreiungsarmee« des General Garang, der weitaus mächtigsten Rebellengruppe des Südens, nach zwanzigjährigem Bürgerkrieg zu einem Friedensschluß gekommen. Er gewährte den christlich-animistischen Niloten weitgehende Autonomie und sah für das Jahr 2011 ein Referendum über ihre volle Unabhängigkeit vor. In der Zwischenzeit hatte John Garang – bis zu seinem tödlichen Hubschrauberunfall –, dann sein Nachfolger Salva Kiir als stellvertretender Staatschef des Sudan amtiert. Wie alle Beobachter ist Boutros davon überzeugt, daß sich eine erdrückende Mehrheit der Südisten für die Eigenstaatlichkeit aussprechen würde. Schon war ihnen die Hälfte der Gewinne aus der nationalen Erdölproduktion zugestanden worden, was in der Umgebung General Bashirs als unerträgliche Konzession empfunden wird.

Mein libanesischer Gesprächspartner hatte unlängst die Stadt Juba aufgesucht, aus der sich die Garnisonen der Nordarmee seit 2005 zurückgezogen haben. In dieser neuen Metropole der »Befreiungsbewegung« muß sich seit meinem Aufenthalt im Jahr 2004 ein phänomenaler Wandel vollzogen haben. Die internationalen Petroleumkonzerne wetteifern dort mit ihren Entwicklungsprojekten. Es ist ein stattliches Verwaltungszentrum aus dem Boden geschossen, und die Reisenden sind nicht länger auf die stinkenden Kraals des ehemaligen »Funduk-Salam« angewiesen.

In den Ministerien von Khartum registriert man mit verhaltener Wut, daß die amerikanischen Ölkonzerne sich lebhaft um die Gunst der südlichen Separatisten bemühen. Schon ist der Streit um die Grenzziehung entbrannt, denn die reichsten Ölfelder finden sich im südlichen Umkreis jener provisorischen Demarkationslinie, die quer durch die Sümpfe des Bahr el Ghazal verläuft. Die Amerikaner würden versuchen, die Pipeline, die die Chinesen nach Nordosten in Richtung Bur Sudan am Roten Meer ausgebaut hatten, durch ein in gegensätzlicher Richtung nach Südosten verlaufendes Röhrensystem zu konterkarieren und das schwarze Gold des Sudan zur eigenen Nutzung in Richtung Kenia und den dortigen Hafen Mombassa umzudirigieren, so wird gemutmaßt. Im Grunde bleibt Präsident Omar el-Bashir, der sich mit der Aufspaltung seiner Republik nur schwer abfinden kann, jetzt lediglich die Hoffnung, daß die abtrünnigen Nilotenstämme, die in erbitterter Erbfeindschaft verharren, sich gegenseitig befehden und lähmen, daß in Juba allenfalls ein neuer »failed state« entstünde und die Verlegung einer zusätzlichen Pipeline am extrem schwierigen Terrain des Rift-Valley scheitern würde.

Beim Ziehvater Osama Bin Ladens

Der deutsche Botschafter in Khartum hat mir vorgeschlagen, dem geistlichen Oppositionsführer, Scheikh Hassan el-Turabi, einen gemeinsamen Besuch abzustatten. Das war eine mutige Entscheidung angesichts der im Westen vorherrschenden Überzeugung, dieser Korangelehrte inspiriere den islamischen Extremismus im Sudan. Die Befürchtung kam jedoch bei mir auf, daß die Gegenwart des offiziellen Vertreters der Bundesrepublik den Gedankenaustausch in konventionelle Bahnen lenken würde und wir im Informationsgespräch über die üblichen Allgemeinplätze nicht hinauskämen.

Da gab es eine ganz andere Möglichkeit – dank eines Vertrauten dieses Korangelehrten, der angeblich den Muslimbrüdern nahesteht und mit Turabi sympathisiert –, wenn schon nicht in die letzten Geheimnisse der islamischen Kampfbünde einzudringen, so doch eine offene Aussprache herbeizuführen. Dabei ließe sich mancher interne Aspekt der aktuellen Auseinandersetzung erhellen, die die gesamte Umma – von Marokko bis Indonesien – zutiefst bewegt und immer neu spaltet.

Ibrahim es-Zayat ist der ideale Mittelsmann. Aus welchen Gründen der deutsche Verfassungsschutz diesem Sohn eines Ägypters und einer Ostpreußin nachstellt, seine beruflichen Akten beschlagnahmte und die von ihm geleitete »Islamische Gemeinschaft in Deutschland e. V.« aus den interreligiösen Integrationsrunden des Innenministeriums ausschloß, bleibt mir weiterhin unverständlich. Da ich mich nicht in die Reihe der »Terrorismusexperten« einreihen will, bin ich den geäußerten Verdächtigungen auch nicht nachgegangen. Es traf sich gut, daß Ibrahim es-Zayat, ein vornehm auftretender Mann, den man auf vierzig schätzen konnte, ein prominentes Mitglied der Deutsch-Arabischen Gesellschaft war und mir mit Vertrauen begegnete.

Es ist später Abend, als Ibrahim mir das Zeichen zum Aufbruch gibt. Die Zusammenkunft mit Scheikh Hassan el-Turabi ist nicht frei von konspirativem Flair. Immerhin gilt der Mann, den wir aufsuchen, bei westlichen Geheimdiensten als Schlüsselfigur der islamischen Revolution. Beim sudanesischen Präsidenten Omar el-Bashir, dessen Machtergreifung er vor zwanzig Jahren begünstigte und mit der Formierung einer »National-Islamischen Front« durch eigene, religiös inspirierte Milizen gestärkt hatte, ist Turabi in Ungnade gefallen. Dieser Bruch hat sich dramatisch vertieft, seit der »Docteur« eine starke oppositionelle Anhängerschaft in Darfur sammeln konnte.

Der Fahrer, der uns durch die Dunkelheit eines gepflegten Vorortes steuert, steht der Organisation Turabis nahe und bezeichnet sich selbst als Muslimbruder. Er kennt seinen Patron. »Ich hoffe, Sie werden beim Gespräch überhaupt zu Wort kommen, und erwarten Sie keine zu deutlichen Aussagen«, warnt er mich lächelnd. »Der Scheikh ist schlau wie ein alter Fuchs.«

Präzis zur vereinbarten Zeit betritt Turabi den weiß getünchten, geräumigen Audienzraum. Ich begegne ihm nicht zum ersten Mal. Schon 1994 hatte ich mit ihm diskutiert, und ich wundere mich, wie wenig der schmächtige, relativ hellhäutige Sudanese mit dem kurzgeschnittenen, eisgrauen Backenbart und der großen Hornbrille, der in die weiße Tracht seiner Landsleute gekleidet ist, sich seitdem verändert hat.

1994 hatte ich notiert, daß dieser sunnitische Prediger aus dem Sudan in keiner Weise mit dem schiitischen Ayatollah Khomeini verglichen werden kann. Im Gegensatz zum wortkargen Gründer der Islamischen Republik Iran ergeht sich Scheikh Turabi in pausenlosem Monolog. Er neigt sogar zur Geschwätzigkeit. Während die Gesichtszüge des schiitischen »Imam« stets in steinerner Strenge erstarrt waren, trägt der Sudanese ein fröhliches Lächeln zur Schau, das seine gelblichen Zähne entblößt. Die klugen Augen hinter der Brille – manche sagen, sie seien blau – sind in ständiger, listiger Bewegung. Der Mann ist schmächtig gewachsen und dürfte zwischen siebzig und achtzig Jahre alt sein. Aber er bewegt sich flink und geschmeidig. Seinerzeit hatte er in einem kleinen, kahlen

Arbeitsraum amtiert und seinen asketischen Lebenswandel betont. An der Wand war lediglich eine Landkarte Bosniens angeheftet, wo im Jahr 1994 die dort heimischen Muslime gegen Serben und Kroaten einen Überlebenskampf zu bestehen hatten.

Nur in einem Punkt schien Turabi mit dem Ayatollah Khomeini übereinzustimmen, in seiner Ablehnung des Hauses El Saud, das über Arabien herrscht. Als ich den Gründer der Islamischen Republik Iran – es war noch während seines Exils in Neauphle-le-Château – gefragt hatte, ob er mir einen Staat nennen könne, dessen Religiosität seinen Ansprüchen genüge, ob etwa Saudi-Arabien dafür in Frage käme, hatte er schroff geantwortet: »Saudi-Arabien ist kein islamischer Staat.« Ähnliches dachte wohl auch der sudanesische Scheikh Turabi, wenn er seine Meinung auch weniger kategorisch ausdrückte.

Der Lebenslauf Hassan el-Turabis ist ziemlich einmalig für einen militanten Islamisten. Als Sohn einer wohlhabenden Familie, die über umfangreiche Baumwollfelder verfügte, wurde er in Kassala, unmittelbar an der Grenze Äthiopiens, geboren. Sein juristischer Studienweg führte ihn über die Universität Khartum nach London, von wo er 1959 nach Paris übersiedelte. Dort erwarb er im Jahr 1964 einen Doktortitel der »Faculté de Droit«. Dieser westliche Bildungslauf verlieh ihm zusätzliches Prestige, das durch die Heirat mit einer Schwester seines politischen Gegners Sadiq el-Mahdi noch erhöht wurde.

Dennoch wirkt es grotesk, daß dieser skuril auftretende, heitere Greis, den ein französischer Kollege seinerzeit als »cabotin«, als Schmierenkomödianten, als typisches Exoten-Produkt des Quartier Latin abqualifizierte, die Supermacht USA zutiefst beunruhigt. Auch bei diesem Gespräch fällt mir auf, wie gering der Sicherheitsaufwand dieses »Alim« ist, dem Ibrahim as-Zayat als potentiellem Erneuerer der erstarrten koranischen Doktrin mit Respekt begegnet. Der einzige Leibwächter, der uns ein frugales orientalisches Mahl und Tee serviert, hält sich während des Gesprächs auf Abstand. Das ausgebeulte Jackett deutet auf das Tragen einer schweren Handfeuerwaffe hin.

Scheikh Turabi hat sich im jüngsten Wahlkampf bei den Regierenden höchst unbeliebt gemacht. Die von el-Bashir konzedierte Volksabstimmung über die eventuelle Sezession des Südens grenzt in seinen Augen an Landesverrat. Zudem genießt Turabi die Unterstützung einer der aktivsten Aufstandsbewegungen des Darfur und hat – zu allem Überfluß – dem Präsidenten geraten, sich im Interesse des Landes dem Internationalen Gerichtshof von Den Haag zu stellen. Nach dem Urnengang würde er mit seiner Verhaftung rechnen, sagt der Scheikh, womit er übrigens recht behalten sollte, aber diese Perspektive scheint ihn mit zusätzlicher Heiterkeit zu erfüllen. Er hat insgesamt sieben Jahre im Gefängnis verbracht, amüsiert er sich, aber man habe ihm in seiner Zelle die Möglichkeit gelassen, wissenschaftlich zu arbeiten. Besser als dort habe er sich nicht den ständigen Telefonanrufen und ungebetenen Besuchern entziehen und auf seine Schriften konzentrieren können. Er betrachtet diese Zwangsisolation im Rückblick als einen durchaus positiven Lebensabschnitt.

Noch bevor ich eine Frage anbringen kann, entspinnt sich zwischen Turabi und meinem Begleiter Ibrahim eine angeregte Diskussion über aktuelle theologische Streitfragen. Im Gespräch entsteht von diesem sudanesischen »Faqih« ein ganz anderes, nuancierteres Bild als das von ihm im Westen entworfene. Turabi bekennt sich ausdrücklich zu einer religiösen Erneuerung der koranischen Dogmatik, für die er das Wort »Revivalism« benutzt. Er verweist in unaufhörlich sprudelnder Aussage darauf, daß den frommen Muslimen die Möglichkeit des »Ijtihad« offenstehe. Damit ist die Bemühung des einzelnen gemeint, die unverrückbare Offenbarung Mohammeds durch respektvolle Interpretation und Deutung den Erfordernissen der Neuzeit und einer unaufhaltsamen Globalisierung anzupassen.

Er zögert nicht, alle jene Fundamentalisten herauszufordern – ob sie sich nun als Wahhabiten, »Usuliyin« oder Salafisten bezeichnen –, die den Koran als einzige Quelle menschlicher Erkenntnis, als das ungeschaffene Wort Allahs von Ewigkeit her verehren und jede Anpassung an eine seit dem Tod des Propheten zutiefst veränderte Welt als Abweichung vom rechten Weg verurteilen. In diese Kategorie sind übrigens auch die tumben, theologisch unbedarften »Taleban« Afghanistans einzureihen, die nicht nur durch die eifernden Wahhabiten-Prediger aus Saudi-Arabien radikalisiert wurden, sondern sich auf die extrem strenge Lehre der Deoband-Universität in Nordindien berufen, deren Eiferer im neunzehnten Jahrhundert die Sepoy-Revolte auslösten und das britische Empire vorübergehend ins Wanken brachten. In Zukunft könnte die Masse der islamischen Bürger der Indischen Union – auf bald zweihundert Millionen Menschen geschätzt – die »größte Demokratie der Welt« in schwere Bedrängnis bringen.

Man sollte die großen Debatten über die politischen und theologischen Fragen, die die islamische Welt heute bewegen und spalten, aus unmittelbarer, intimer Nähe erleben. Zwar bezeichnet sich Turabi selbst als »Islamisten«, aber Attentate und blinde Gewalt weist er von sich. »Sehe ich etwa aus wie ein Terrorist?« fragt er mit dem Lächeln, das aus seinem Gesicht nie verschwindet. In den frühen neunziger Jahren, als sein Einfluß noch bedeutend war, hatte er die koranische Gesetzgebung, die »Scharia«, natürlich beibehalten. Aber im Gegensatz zu dem Ex-Präsidenten General Numeiri, der dem Buchstaben der Schrift gemäß Diebstahl mit Handabhacken und Ehebruch mit Steinigung sühnte, hat er auf extreme Grausamkeiten verzichtet. Die Christen und Animisten des Südens genossen unter ihm einen relativ erträglichen Sonderstatus.

»Scharia«, so doziert der Scheikh, »heißt ›Weg‹ und beschreibt eine bestimmte, alles umfassende Lebensnorm, die aus dem Koran abgeleitet und für Muslime bindend bleibt.« Die Scharia sollte aber nicht als eherner Kader auf das Festhalten am Buchstaben reduziert werden, sondern als die Summe der sozialen und religiösen Umgangsformen neue Bedeutung gewinnen. Die Menschheit könne nicht auf eine starre, vor 1400 Jahren konzipierte Rechtsordnung fixiert werden, die den Bräuchen und der Gesellschaftsordnung der damaligen Epoche entsprach. »Islamismus bedeutet für mich eine Neubelebung des Geistes und des Verstandes, eine umfassende Erneuerung der ewigen islamischen Werte«, so lautet die Quintessenz seiner Interpretation, die er vermutlich in einer Gefängniszelle entworfen hat.

Ich versuche erst gar nicht, mich in den erlauchten Dialog islamischer Religionsdeutung einzumischen, obwohl ich einwenden könnte, daß der Streit um die Ausschließlichkeit der buchstabentreuen koranischen Befolgung fast so weit zurückreicht wie die frühe Verkündung des Propheten. Ihren Höhepunkt erreichte diese erbitterte Auseinandersetzung mit den sogenannten »Mu'taziliten«, die sich auf die Lehren des altgriechischen Philosophen Aristoteles beriefen und sich im Bagdad des neunten Jahrhunderts um eine Synthese von Glaubensinbrunst und menschlicher Vernunft bemühten. Dort hatte der Erbe Harun el-Raschids, der Abbassiden-Kalif Ma'mun, die Bedeutung des Aristoteles so hoch eingeschätzt, daß er ihm den Titel eines »mu'allim el awal« – des ersten und bevorzugten Lehrmeisters – verlieh.

Die Intoleranz der christlichen Orthodoxie von Byzanz hatte nicht nur die Götterwelt der Antike ausgelöscht, sondern auch die außergewöhnliche intellektuelle Leistung der klassischen hellenischen Philosophie mit Bannfluch belegt. Schon im vierten Jahrhundert – nach dem Scheitern des vom Christentum abgefallenen Kaisers Julian Apostata – sahen sich die unverzagten Anhänger altgriechischer Kultur gezwungen, in Ktesiphon, der damaligen Hauptstadt des persischen Sassaniden-Reichs, Zuflucht zu suchen. Dort wurde zwar der Feuerkult des Zarathustra bis zur arabisch-islamischen Eroberungsschlacht von Qadissiya zelebriert, das geistige Erbe des antiken Hellas jedoch sorgsam aufgelistet und an die koranischen Wissenschaftler weitergereicht.

Die Kultur der Abbassiden von Bagdad stand von Anfang an unter dem Einfluß persischer Dichter, Künstler und Mystiker, und so gewannen die Thesen des Aristoteles – Schüler Platos und Präceptor Alexanders des Großen – auch Gehör bei einer muslimischen Elite Mesopotamiens. Diese Phase der Mu'taziliten war von kurzer Dauer. Die arabischen Korangelehrten, die »Ulama«, sahen in diesen philosophischen Spekulationen eine gefährliche Häresie, die es auszurotten galt. Die Reaktion der »Rechtgläubigen« war unerbittlich. Sobald der Kalif Ma'mun, dieser Leugner der wortwörtlichen Akzeptanz des »Quran el karim«, durch Giftmord beseitigt war, erstarrte der sunnitische Islam bis in die Neuzeit in der bedingungslosen Unterwerfung unter die geschriebene Überlieferung. Die Jünger des Predigers Ibn Taimiyas, eines extremen Eiferers des religiösen Rigorismus, proklamierten kategorisch, daß der Islam allein die Lösung sämtlicher menschlicher Probleme aufzeige, daß alle menschliche Weisheit und Wissenschaft in der wörtlichen Übernahme der Botschaft Mohammeds enthalten sei.

»Alles steht im Koran«, so lautete der dogmatische Grundsatz. Der Argwohn der sunnitischen Schriftgelehrten gegen jede Abweichung vom Urtext ging so weit, daß die Übersetzung des Korans in fremde Sprachen suspekt erschien. Die intellektuelle Abschirmung wurde später durch das strikte Verbot der Buchdruckerei garantiert, die die protestantische Reformation im Abendland entscheidend gefördert hatte. Diese Abkapselung wurde durch das osmanische Kalifat beibehalten bis zu dem Tag, als nach der Landung Napoleons in Ägypten die »schwarze Kunst« des Meister Gutenberg aus Mainz auch im Niltal Einzug hielt und der säkularen Emanzipation einen ersten Spalt öffnete.

Die großen kulturellen Strömungen folgen oft seltsamen Windungen. So hatte sich in Spanien, auf arabisch »El Andalus«, nach der Eroberung durch die Mauren ein omayyadisches Teil-Kalifat erhalten. Die Abbassiden von Bagdad übten hier keine Autorität aus, ebenso wenig wie im »Maghreb el Aqsa – im fernsten Westen«, wie die Marokkaner ihr nordafrikanisches Sultanat benennen. Doch selbst die iberische Halbinsel wurde von internen Glaubenszwisten nicht verschont.

Ähnlich wie die Mu'taziliten von Bagdad hatte in Córdoba der arabische Philosoph, Arzt und Rechtsgelehrte Ibn Ruschd die konservativen »Ulama« gegen sich aufgebracht, als er seinerseits im zwölften Jahrhundert die Denkmethoden der aristotelischen Philosophie in die islamische Heilslehre zu integrieren suchte und den Wortlaut des Korans relativierte. Ibn Ruschd, der unter dem Namen Averroës im christlichen Abendland großes Ansehen genoß, blieb es nicht erspart, daß er von den offiziellen Kündern der koranischen Lehre als Ketzer verfolgt und daß seine Werke verbrannt wurden.

Während die Reconquista der Iberischen Halbinsel durch die christlichen Armeen des Abendlandes sich schrittweise vorankämpfte, fand eine bemerkenswerte intellektuelle Osmose statt. Die Thesen des islamischen Freigeistes Averroës und seine Rückgriffe auf die früh-hellenische Philosophie fanden bei einflußreichen Klerikern der römisch-katholischen Kirche Anklang und wurden dort zum Instrument einer fundamentalen theologischen Neuerung.

Es waren ausgerechnet die Mönche des neu gegründeten Dominikaner-Ordens, die sich in dieser Hinsicht am aufgeschlossensten zeigten. Dieser Prediger-Orden – »ordo praedicatorum« –, der von Papst Innozenz III. als unerbittliches Instrument der Inquisition gegen die damals vom Balkan auf Südwest-Frankreich übergreifende Irrlehre der Katharen oder Albigenser eingesetzt wurde, ermöglichte das Amalgam zwischen griechischer Philosophie und päpstlicher Rechtgläubigkeit. Die *Summa theologica* des Kirchenvaters Thomas von Aquin bemühte sich um die Vereinbarkeit von Glauben und Verstand in den Grenzen der damaligen Vorstellungen und schuf damit die Voraussetzungen für eine geistliche Öffnung der römischen Kirche. »Praestet fides supplementum sensuum defectui«, dichtete Thomas von Aquin, der »Doctor angelicus«: »Möge der Glaube weiterhelfen, wo die menschlichen Sinne, wo der Verstand versagt.«

*

Scheikh Turabi hat kurzfristig den Raum verlassen, um zu telefonieren. Ibrahim es-Zayat beugt sich zu mir, um mir zu gestehen, wie verblüfft er über die Liberalität, über den Nonkonformismus dieses sudanesischen Imam ist. Immerhin war man so weit gegangen, Scheikh Turabi als »Papst des Terrorismus« zu bezeichnen. Würde es ihm am Ende ergehen wie den Mu'taziliten des Kalifen Ma'mun? Lord Cromer, der frühere Statthalter Ägyptens, hatte einmal behauptet: »Reformed Islam is no longer Islam« – ein reformierter Islam sei nicht länger als Islam zu bezeichnen. In der ständigen Auseinandersetzung innerhalb einer Masse von 1,3 Milliarden Korangläubigen hat der theologische Disput eine eminente politische Bedeutung gewonnen.

Scheikh Turabi ist zurückgekommen und hat seinen Monolog wiederaufgenommen. In einer der wenigen Pausen, die er seinen Gesprächspartnern gewährt, räume ich ein, daß ich in Khartum eine unerwartete Toleranz gegenüber der christlich-koptischen Minderheit festgestellt habe. Zwar gesteht der Koran der »Familie des Buches«, den abrahamitischen Monotheisten – »dhimmi« genannt – freie Religionsausübung und begrenzte Überlebensgarantie zu. Manche Autoren haben die Angehörigen dieser Minderheiten allzu wohlwollend als »Schutzbefohlene« bezeichnet, obwohl deren Aussage vor Gericht nur die Hälfte der Aussage eines Muslim wert war, sie vom Wehrdienst ausgeschlossen, oft durch besondere Kleidungsmerkmale diskriminiert wurden und neben einer Reihe von Demütigungen mit einer speziellen Kopfsteuer belastet waren. »Bekämpft die Schriftbesitzer«, gemeint sind Christen und Juden, so heißt es im Koran, »bis sie den Tribut entrichten – hatta yu'tu el jiziyata.«

Keinerlei Zugeständnis hingegen gewährt die Scharia den Animisten, den Heiden, den »Kuffar«, den Gottlosen, liest man doch in der dreizehnten Sure: »Mit den Götzenanbetern, den Spaltern, kann es keinen Pakt geben vor Gott und seinem Propheten.« Gerade in Afrika war noch im neunzehnten Jahrhundert die Weisung Mohammeds, die sich zu seinen Lebzeiten auf den Polytheismus der arabischen Stämme bezog, unerbittlich angewandt worden. Im Heiligen Krieg, den neben dem Mahdi, dem Kalifen von Omdurman, auch der Eroberer Osman Dan Fadio und seine berittenen Fulbe-Krieger im heutigen Nigeria führten, wurden die heidnischen schwarzen Stämme des Südens zwangskonvertiert. Eine Verweigerung dieser Bekehrung wurde durch Versklavung oder brutale Vernichtung geahndet.

Natürlich zitiert Turabi jenen »Ayat« des Korans, wonach es »im

Glauben keinen Zwang« gebe. Er verweist auf das Großreich der Mogul-Kaiser von Indien, dessen kulturelle Blüte und Pracht sich auf die selektive Harmonie zwischen Muselmanen und Hindus gründete, obwohl letztere die Vielgötterei auf die Spitze trieben, sich in die Anbetung einer Unzahl von Idolen und Dämonen verirrt hatten und einem obszönen Pantheon huldigten.

Die Offenbarung des Propheten, so doziert der »Docteur« der Sorbonne, müsse in mancher Hinsicht aus dem Geist seiner Zeit erklärt werden, aus den Bräuchen einer Nomaden- und Hirtengesellschaft. Bei aller Ehrfurcht vor der Unantastbarkeit des Korans müsse die Lehre auf dem Wege des »Ijtihad« der Realität der Gegenwart angepaßt werden. So verhalte es sich zum Beispiel mit der Gesetzgebung für die Frauen, deren Zeugnis vor Gericht nur die Hälfte der Aussage eines Mannes wert sei und die in Fragen der Erbschaft benachteiligt würden. Zu Zeiten Mohammeds habe seine Rechtsprechung in einer archaischen Gesellschaft, in der die Frau über keinerlei juristische Ansprüche verfügte und weder für die Witwen noch für die Waisen gesorgt wurde, einen geradezu revolutionären, fortschrittlichen Durchbruch bewirkt.

Zudem habe der sunnitische Glaubenszweig in einer Epoche, als in Europa die feudalistischen Adelsprivilegien vorherrschten und eine streng hierarchisierte Kaste von Klerikern die ausschließliche Deutung der Religion beanspruchte, auf jede Form von Priesterschaft oder Aristokratie verzichtet. Zu dem Verschleierungszwang der muslimischen Frauen befragt, entgegnet Turabi, eine rigorose Verhüllung der Weiblichkeit entspreche in keiner Weise den Geboten des Korans und erscheine ihm als willkürlich und obsolet.

Von einer Nachahmung des westlichen Lebensstils könne jedoch nicht die Rede sein. Das Wort Christi, »Gebt dem Kaiser, was des Kaisers, und Gott, was Gottes ist«, mache keinen Sinn in einer Glaubensgemeinschaft, die in allen Dingen auf Gott ausgerichtet ist. Eine strikte Trennung von Religion und Staat – »din wa dawla« – ist für ihn nicht akzeptabel. Ob die Re-Islamisierung der Türkei, die sich zur Zeit unter Ministerpräsident Recep Tayyip Erdoğan vollzieht und den Gedanken an das Kalifat wieder aufleben läßt, seinen Hoffnungen entspricht, kann ich nur vermuten. Immerhin war das osmanische Sultanat gegenüber seinen ethnischen und religiösen Minderheiten weit toleranter gewesen als die europäisch beeinflußten Jungtürken der Neuzeit oder die Ideologen jener Nachfolgestaaten im Orient, deren regionaler Nationalismus zum Konzept der universalen islamischen »Umma« in krassem Widerspruch stand.

Der Irrweg vieler westlicher Orientalisten bestehe darin, daß die einen den sehr unterschiedlichen Tendenzen der islamischen Erweckung, der »Nahda«, die eigenen Konzepte von Säkularismus und Laizismus oktroyieren wollten, während die anderen einer schwärmerisch verklärten Vision der Mystiker und Sufi anhingen, die in hoher dichterischer Form auf die Verschmelzung des Individuums mit der Allgegenwart Gottes hinstrebt. Turabi hält nicht viel von den Heilsbringern der Derwisch-Orden oder Turuq, deren Übungen sich ja nicht im Dhikr, in der unaufhörlichen Betonung der Einzigkeit Gottes, erschöpfen, sondern oft von Scharlatanen manipuliert werden und – unter dem Einfluß von afrikanischem Aberglauben –, in schamanistische Rituale zu entarten drohen.

*

Eine kurze Teepause verschafft mir endlich die Gelegenheit, mein Hauptanliegen anzubringen, eine Thematik, der jenseits aller theologischen Spekulationen meine wirkliche Aufmerksamkeit und Neugier gilt. Scheikh Hassan el-Turabi hatte in den Jahren 1992 bis 1996 mit einem politischen Flüchtling aus Saudi-Arabien namens Osama Bin Laden engen Kontakt gehalten. Er ist ein authentischer Zeuge und gehört nicht zu jenen Analysten, die sich auf vage Vermutungen, oft auch auf gezielte Irreführungen verlassen müssen. Beim Nennen des Namens Osama Bin Laden steigert sich die Heiterkeit Turabis zu schallendem Gelächter. Natürlich habe er ihn kennengelernt, und zwar intensiv. Dieser Bauingenieur, der niemals im Westen studiert hatte, war von der saudischen Regierung beauftragt worden, die Hafenanlagen von Bur Sudan am Roten Meer auszubauen.

Bekanntlich gehörte dieser hochgewachsene, gutaussehende, noch relativ junge Mann jenem mächtigen Clan und Konzern an, dem sein Vater Mohammed Bin Laden als bescheidener Handwerker – aus dem jemenitischen Hadramaut zugewandert – zu einer beherrschenden Wirtschaftsposition im wahhabitischen Königreich verholfen hatte. Der Patriarch, der fünfzig Söhne gezeugt haben soll, galt nach der Dynastie El Saud als der reichste Mann im Staat. Auf Grund seiner beruflichen Beanspruchung und seines vielseitigen sexuellen Engagements konnte er schwerlich einen engen väterlichen Kontakt zu der Vielzahl seiner Nachkommen pflegen. So habe der kleine Osama sich vor allem seiner Mutter verbunden gefühlt. Sie war eine gebürtige Syrerin, die angeblich den von den Sunniten als schamanistische Ketzersekte geschmähten Alawiten angehörte. Mit knapp zwölf Prozent der Gesamtbevölkerung Syriens hatten die Alawiten nach der Proklamation der syrischen Unabhängigkeit sämtliche Schlüsselpositionen der Republik inklusive der Präsidentschaft an sich gerissen. Trotzdem, so heißt es, sei der Knabe Osama von seinen Brüdern als »Sohn der Sklavin« gehänselt worden.

Wer kann schon beurteilen, welche Kindheitskomplexe dieser Spott bei dem jungen Osama ausgelöst und am Ende eine revolutionäre Grundstimmung gefördert hat, die ansonsten im Haus Bin Laden – aufs engste mit den saudischen Herrschern verbunden – ungewöhnlich war. Zu Beginn der neunziger Jahre wurde Osama Bin Laden vom saudischen Geheimdienst verschwörerischer Aktivitäten beschuldigt und fand Asyl im Sudan. Bei der Gewährung dieser Zuflucht hatte Turabi wohl eine maßgebliche Rolle gespielt. Natürlich habe dieser junge Exilpolitiker an den Diskussionszirkeln teilgenommen, die der »Marabu« von Khartum veranstaltete. Die Gefolgschaft der Muslimbrüder, der »Ikhwan«, die ursprünglich in Ägypten entstanden war, befand sich damals in der Mehrheit. Turabi, der das saudische Wahhabiten-Regime verabscheut, stellte mit Befremden fest, daß Osama Bin Laden – bei aller Auflehnung gegen die sündhafte Dynastie von Riyad – durch die extrem rückständige, puritanische Interpretation des Korans, wie sie zwischen Jiddah und Dahran unter Berufung auf die hanbalitische Rechtsschule die Regel ist, stark beeinflußt war.

Das Bild, das der Scheikh von dem privilegierten Sproß einer milliardenschweren jemenitischen Familie entwirft, entspricht so gar nicht den Vorstellungen, die in den westlichen Medien kolportiert werden. Über ein gewisses Prestige habe dieser würdig auftretende Hüne bei den jüngeren Gläubigen durchaus verfügt, hatte er doch für den Abwehrkampf der afghanischen Mujahidin gegen die sowjetische Besatzung eine Art »grüne Legion«, Freiwillige aus allen nur denkbaren islamischen Ländern – von Tschetschenien bis Indonesien –, angeworben. Persönlich hatte er wohl recht wacker am Partisanenkampf gegen die gottlosen »Schurawi« teilgenommen. Ihm kam ebenfalls zugute, daß er ein wohlklingendes Hocharabisch sprach. Was jedoch seine Kenntnis der Heiligen Schrift, des Korans betrifft, so habe er eher wie ein »Talib«, ein Student, denn als ein »Ustaz«, ein Meister der theologischen Wissenschaft, gewirkt.

Turabi beschreibt einen zutiefst frommen und bescheidenen Jihadisten. Sein sanfter Blick ist ihm in Erinnerung geblieben und eine an Schüchternheit grenzende Zurückhaltung in allen Debatten, die von den Arabern als »Hekma« bezeichnet und besonders geschätzt wird. Aber wie sei es nur möglich gewesen, aus diesem stillen, oft gehemmt auftretenden Revolutionär der islamischen »Salafiya« das zentrale Superhirn einer weltweiten Verschwörung, den grandiosen Organisator eines hemmungslos fanatischen Terrorismus zu machen? Der Mythos Osama Bin Laden sei von den amerikanischen Imperialisten ins Leben gerufen worden. Man habe ihn als fünften Reiter der Apokalypse dargestellt. Turabi hat in der Bewertung von Personen und Institutionen offenbar eine bemerkenswerte Konsequenz bewahrt. Seine Formulierungen an diesem Märzabend 2010 gleichen bis ins Detail den Aussagen, die er einer kleinen Gruppe deutscher Orientalisten fünf Jahre zuvor anvertraut hatte.

Er habe schon deshalb Osama Bin Laden sehr gründlich beobachtet, weil dieser Mujahid im Dienste der heiligen Sache und im Kampf gegen den gottlosen Kommunismus mittels der amerikanischen CIA und des pakistanischen Geheimdienstes ISI, der einen Staat im Staate bildet, eng zusammengearbeitet habe. Nach dem erzwungenen Abzug der Sowjetarmee aus Afghanistan sei es jedoch zum Bruch zwischen Osama Bin Laden und seinen amerikanischen Auftraggebern gekommen. Während seines Aufenthalts im Sudan sei er nur selten öffentlich aufgetreten und blieb für die meisten ein Unbekannter. Dieser religiöse Träumer, der sich von der Borniertheit seiner Landsleute nie gelöst hatte, habe durchaus über Charisma verfügt. Aber er habe sich als miserabler Organisator erwiesen und wäre nicht einmal in der Lage gewesen, eine politische Partei zu formieren. Die Amerikaner hingegen hätten die Bedeutung und die Fähigkeiten Osama Bin Ladens bei weitem übertrieben, hätten ein furchterregendes, künstliches Feindbild, einen Popanz, aufgebaut, und die westlichen Medien seien darauf hereingefallen. Dieser religiöse Wirrkopf, der den Koran so prächtig zu rezitieren, aber so dürftig zu interpretieren verstand, habe nur durch gezielte Desinformation zum Haupt einer weltweiten Verschwörung aufgebauscht werden können.

Ähnliches lasse sich über den Begriff »El Qaida« sagen. Die wenigsten »Experten« des Westens seien in der Lage, dieses arabische Wort korrekt auszusprechen. Der Begriff »El Qaida« sei lediglich mit »die Basis« oder »die Grundlage« zu übersetzen. Ein konspirativer Doppelsinn sei da nicht vorhanden. Aber die Propagandisten von Langley hätten ein globales Schreckgespenst gebraucht, eine Personifizierung des »Bösen«, um ihren Krieg gegen den Terror, der in Wirklichkeit ein Krieg gegen den um seine Befreiung von westlicher Bevormundung und Säkularisierung kämpfenden Islam sei, personifizieren zu können. Im Sudan habe niemand die Existenz eines Kampfbundes »El Qaida« gekannt. Ich kann meinerseits bestätigen, daß die afghanischen Dorfältesten und Maliks, denen ich am Hindukusch begegnete, mir glaubhaft versicherten, daß sie zwar die Präsenz von arabischen Mujahidin auf seiten der afghanischen Widerstandskämpfer wahrgenommen, das Wort El Qaida jedoch an jenem fatalen Septembertag 2001, »Nine Eleven«, zum ersten Mal vernommen hätten.

»So ist Osama Bin Laden zum Che Guevara der revoltierenden islamischen Umma geworden«, fährt Turabi – immer noch lächelnd – fort. Niemand wisse genau, ob diese mystische Figur noch lebe, deren Porträt mit Turban, Bart und Kalaschnikow auf zahlreichen T-Shirts frommer junger Muslime abgebildet wird. So wenig, wie Bin Laden in den Höhlen des Hindukusch die Attentäter des World Trade Center, die fast ausschließlich aus Saudi-Arabien stammten, als Piloten ausbilden konnte, so fehlt es ihm an unmittelbaren technischen und elektronischen Mitteln, um weltweite Terrorakte effizient zu koordinieren. Nicht einmal ein Mobiltelefon kann er bei sich tragen, ohne daß die perfektionierte Identifikationsmaschine des amerikanischen Geheimdienstes seinen Aufenthaltsort bestimmen und dessen Bombardierung auslösen würde. Er kann allenfalls eine Ton- oder Bildkassette besprechen und auf dem Rücken eines Maultiers seinen Komplizen zukommen lassen. Aber was beweisen schon Bilder in einer Phase unbegrenzter technischer Manipulation, wo es selbst an einem bescheidenen Schneidetisch gelingen könnte, den amerikanischen Präsidenten George W. Bush in die unmittelbare Nachbarschaft Osama Bin Ladens zu zaubern und sie gemeinsam »Allahu akbar« rufen zu lassen?

Scheikh Turabi setzt zu einer feierlichen Aussage an. »El Qaida existiert doch gar nicht«, sagt er mit einem Anflug von zornigem Ernst. »Viele europäische Experten sind sich dessen mehr oder weniger bewußt, aber sie kommen nicht an gegen eine weltweite Kampagne, die des Zentralbegriffs eines dämonischen Feindes, eines Satans bedarf, um eine kollektive Massenpsychose zu erzeugen.« Dieser »Scheitan« müsse allgegenwärtig sein. Reporter, die ihn niemals zu Gesicht bekamen, verfassen ganze Bücher über diesen Erlkönig und seine Schattenarmee.

Die Uhr zeigt Mitternacht an. Hassan Turabi verabschiedet sich mit großer Herzlichkeit. Mein Begleiter Ibrahim es-Zayat schweigt während der Rückfahrt zu unserer Karawanserei. Obwohl er bei der ägyptischen Polizei und dem deutschen Verfassungsschutz als radikaler Islamist eingestuft ist, habe ich ihn als liberalen und weltoffenen Geist kennengelernt. Wie weit der »Docteur« Turabi sich in die Rolle des sunnitischen Reformers vorgewagt hat und den »Ijtihad« in den Dienst der Ratio stellen möchte, ist ihm wohl erst während dessen endlosem Monolog bewußt geworden.

In vier Stunden wird der Muezzin die Gläubigen zum ersten Morgengebet wecken und sie warnen vor den Umtrieben des »gesteinigten Teufels – el sheitan el rajim«, der in der Finsternis sein Unwesen treibt. Wie ähnlich klingt es doch im Completorium, im feierlichen gregorianischen Nachtgesang der katholischen Kirche: »Brüder, seid nüchtern und wachsam«, so sangen wir einst in der Kollegiumskirche von Saint-Michel, »denn Euer Gegner, der Teufel, geht umher und sucht, wen er verschlingen könnte – quaerens quem devoret.« Ich erinnere mich selten an meine Träume, aber in jener Nacht, bevor ich im Tiefschlaf versinke, erscheint mir noch einmal das bärtige Antlitz des Scheikh Turabi. Die Konturen seines Kopfes lösen sich auf, und es bleibt nur noch – wie bei der Cheshire-Katze von »Alice in Wonderland« – das unentwegte, rätselhafte Lächeln übrig.

SAHEL

Mohammeds schwarze Diener

Churchill als Kriegsreporter

Mancher mag einwenden, wir würden uns zu ausführlich mit den Problemen der Republik von Khartum beschäftigen. Aber dieses riesige Territorium – fünfmal so groß wie Frankreich – ist ja nur der östliche Teil jenes kontinentalen Sahel-Gürtels, der Afrika südlich der Sahara vom Atlantik bis zum Roten Meer umspannt. Die Vielzahl postkolonialer Staaten, die sich dort aneinanderreihen, weisen gemeinsame Wesenszüge auf, seien sie nun geographischer, politischer, religiöser oder wirtschaftlicher Art. Wer interessiert sich schon in Europa für diese immense Region? Doch der Sahel-Gürtel – anders gesagt, der Sudan – liegt näher an unserem Kontinent als die Hochgebirge und Wüsten Zentralasiens am Hindukusch und am Pamir, wo heute angeblich Deutschland verteidigt wird. Wer hätte vor zwanzig Jahren, als die Sowjetunion Afghanistan räumen mußte, auch nur im Traum daran gedacht, daß die Bundeswehr so bald die Nachfolge der russischen Okkupanten antreten würde?

Als ich im Jahr 1996 ein Buch veröffentlichte unter dem Titel *Das Schlachtfeld der Zukunft* und dort auf den Hindukusch und den Pamir verwies, kommentierte man diese Voraussicht mit spöttischer Skepsis. Fünf Jahre später traten die USA zum Blitzfeldzug an, um die Vernichtung des World Trade Center zu rächen und die Gespensterarmee von El Qaida in ihren fernsten Schlupfwinkeln auszulöschen. Unter den seitdem kursierenden Verschwörungstheorien leiden wir noch heute.

Die Unkenntnis der Psychologie und Geschichte jener exotischen Völker, die Amerika zu unterwerfen sich vorgenommen hatte, trug entscheidend zum Fehlschlag der Feldzüge bei, auf die es sich in Vietnam, im Irak, in Afghanistan einließ. Zwei schmale Meerengen – vor Gibraltar und vor Sizilien – trennen den Süden unseres Kontinents von Afrika, und wenn wir uns in dieser Betrachtung zwangsläufig mit dem Maghreb befassen, sollten wir nicht aus den Augen verlieren, daß in Algerien dreißig Jahre nach der Unabhängigkeit ein Bürgerkrieg tobte, der etwa 200 000 Opfer forderte und längst nicht ausgestanden ist.

Die Volksrepublik Algerien ragt auf Grund der willkürlichen Grenzziehung der ehemaligen französischen Kolonialmacht mit ihrer äußersten Südspitze jenseits der Oase Tamanrasset bis in die Sahelzone hinein, die zur Zeit der gallischen Präsenz »Soudan français« genannt wurde. Algerien – das sei hier am Rande vermerkt – befindet sich seit Ausbruch des Befreiungskrieges gegen Frankreich im November 1954 in einem tückischen Zustand der Verschwörung und des gegenseitigen Verrats, der exemplarisch sein dürfte für die Wirren, denen weite Teile des Dar-ul-Islam und unser ganzer Globus ausgesetzt sind. Es ist bezeichnend für die Verblendung der deutschen Außenpolitik, daß sich das Gemetzel der neunziger Jahre, das sich unmittelbar vor unserer Türschwelle abspielte, von den Politikern und Medien der Bundesrepublik kaum beachtet wurde, während der Amerikaner Samuel Huntington – durch den *Clash of Civilizations* bekannt – die Hypothese eines nuklearen Konflikts mit der gewagten Hypothese der Explosion einer algerischen Atombombe über der französischen Hafenstadt Marseille beginnen läßt.

Über die interne Beschaffenheit des schwarzen Kontinents, zumal der Sahelzone, hat in Europa bis in das späte neunzehnte Jahrhundert eine krude Ignoranz vorgeherrscht. Die ersten christlichen

Ungläubigen, die – durch den magischen Glanz Timbuktus ange- zogen – bis zum Niger oder zum oberen Nil vorstießen, mußten sich unsäglichen Gefahren und Strapazen aussetzen. »Hic sunt leones – Hier leben Löwen«, schrieben die Kartographen in diese uner- forschte Zone und gestanden damit ihre Unwissenheit ein. Als jun- ger Offizier der Armee Lord Kitcheners war Winston Churchill in die Tiefe des Sudan eingedrungen. Er hat eine brillante Schilde- rung dieses Kolonialfeldzuges hinterlassen. Über die Bewohner der bislang verschlossenen Region äußert er Beurteilungen, die heute manchen schockieren würden.

»Unter den zahlreichen Stämmen des Sudan«, so schrieb Chur- chill, »können zwei Rassen deutlich voneinander unterschieden werden: Die ursprünglichen Eingeborenen und die arabischen Ein- dringlinge. Die Ureinwohner dieses Landes waren Neger – schwarz wie Kohle. Sie waren starke, männliche und einfältige Wilde und lebten, wie wir uns prähistorische Menschen vorstellen mögen. Sie jagten, kämpften, vermählten sich und starben ohne Ansprüche jen- seits ihrer physischen Bedürfnisse, ohne Angstzustände, es sei denn, sie wurden durch Gespenster, Zauberkraft, Ahnenkult oder andere Formen des Aberglaubens in Furcht versetzt, wie das bei Völkern niederer Entwicklung üblich ist …

»Ihr unterentwickelter Intellekt bot eine Entschuldigung für die Dürftigkeit ihrer Bräuche … Obwohl die Neger weit zahlreicher sind als die Araber, verfügen letztere über die größere Macht. Die Tapferkeit der Ureinwohner wird aufgewogen durch die höhere In- telligenz und die überlegene Energie der Araber … Die schwarzen ›Aborigenes‹ haben sich mit den Invasoren vermengt, deren sie sich nicht erwehren konnten, aber die stärkere Rasse hat den Negern die eigenen Sitten und die eigene Sprache vermittelt. Die Kraft ihres Blutes hat die Gesichtszüge der Sudanesen spürbar verändert. Mehr als tausend Jahre lang wurde der Sudan durch die mohammedani- sche Religion durchdrungen, für die die negroide Rasse offenbar eine seltsame Faszination empfindet. Obwohl ihr niederer Bil- dungsstand und die Beschaffenheit eines schwierigen Terrains den Fortschritt neuer Ideen behindern, scheint die schwarze Mehrheit schrittweise die Religion Mohammeds und die Bräuche der Araber zu übernehmen.«

Was den »Mahdi« Mohammed Ahmed betrifft, so widerspricht der junge Churchill der vorherrschenden Meinung seiner Landsleute, die diesen islamischen Revolutionär und selbsternannten Kalifen, der kurz vor der Entscheidungsschlacht von Omdurman eines natürlichen Todes gestorben ist, als fanatischen Scharlatan darstellten. Er bewies damit sein politisches Urteilsvermögen. »Eines Tages werden sich Wohlstand und Bildung bei den Völkerschaften am oberen Nil einstellen«, so notierte der spätere Premierminister des Zweiten Weltkrieges, »und dann werden die arabischen Geschichtsschreiber, die die frühen Analen der neuen sudanesischen Nation untersuchen, dem Namen des Mahdi Mohammed Ahmed als hervorragenden Helden seiner Rasse huldigen.«

*

Vermutlich wird die Darfur-Krise die breite Öffentlichkeit nur vorübergehend beschäftigen, zumal sich mit der Sezession des Süd-Sudan Konflikte von ganz anderen Ausmaßen ankündigen. Die Völkerkundler streiten ohnehin über die ethnischen Gegensätze, die angeblich die Massaker der »Djandjawid« und die Verwüstung ganzer Landstriche zur Folge hatten. Darfur wird an dieser Stelle ausführlich angeführt, weil dieses afrikanische Staatswesen – falls der Ausdruck »Staat« hier überhaupt Sinn macht –, das angeblich zu Beginn des siebzehnten Jahrhunderts entstand, typisch erscheint für eine ganze Serie von »Mamlakat« oder Königreichen, die sich vom Nil bis zum westafrikanischen Fouta-Djalon-Massiv erstreckten.

Wie Churchill schon feststellte, besteht das Interesse dieses breiten Sahel-Streifens darin, daß fast überall ansässige schwarze Ackerbauern mit den mehr oder weniger arabisierten Nomaden und Berberstämmen zusammenstoßen, die sich ihrerseits aufteilen unter den Rinderhirten, »Baggara« genannt, und den Kamelzüchtern oder »Abbala«. Das Vordringen des Islam und der religiöse Synkretismus, der sich mit den Naturreligionen der Einheimischen vollzog, sind ein zusätzliches Charakteristikum dieser weiten Zone.

Der unentbehrliche Grundsockel jeder gesellschaftlichen Ordnung war von Anfang an der Rückgriff auf eine Masse von Sklaven, die bei den unterworfenen Stämmen eingefangen wurden. Auf diese stützte sich jede Hierarchie, noch bevor die arabischen Sklavenhändler ihre Raubzüge ausweiteten und ganze Regionen Ostafrikas entvölkerten. Bis in die Gegenwart hat sich die grausame Praxis erhalten. Erst als die europäischen Kolonisatoren des neunzehnten Jahrhunderts, die an der westafrikanischen Küste ihrerseits einen abscheulichen Menschenhandel betrieben, dem schändlichen Gewerbe ein Ende setzten, hörte auch die Insel Sansibar auf, der große Umschlagplatz und Markt für »schwarzes Elfenbein« zu sein. Bis dahin hatte es geheißen: »Wenn in Sansibar die Trommel dröhnt, erstarrt ganz Ostafrika bis zu den Großen Seen in Furcht und Schrecken.«

Die geringe präkoloniale Kenntnis, die wir von den Zuständen im Sahel zwischen Senegal und Rotem Meer besitzen, basiert auf den mehr oder weniger zuverlässigen Erzählungen arabischer Reisender und Händler, die neben Darfur – Land der Fur – auch die Verhältnisse in den Mamlakat oder Sultanaten von Funj, Wardai, Bornu, Mali, Ghana oder sogar Buganda schildern. Gewisse dieser Bräuche, die uns bizarr vorkommen, konnten noch in der Neuzeit im riesigen Kraal-Palast von Kampala von europäischen Entdeckern bestätigt werden. Der »Kabaka« genannte Oberhäuptling von Buganda, der nicht zum Islam übergetreten war, hatte im neunzehnten Jahrhundert durch eine Christenverfolgung unter seinen eigenen Untertanen traurige Berühmtheit erlangt. Das Protokoll verlangte dort wie an anderen Höfen, daß der König niemals mit seinen Füßen den Boden berührte und stets getragen wurde. Wenn er nieste, mußten alle Anwesenden niesen, wenn er hustete, mußten auch sie husten. Niemandem war es erlaubt, dem Herrscher beim Essen zuzuschauen.

Der König, dem übernatürliche Kräfte zugeschrieben wurden,

durfte keines natürlichen Todes sterben, so daß er beim Auftreten lebensgefährlicher Krankheiten von seinen Höflingen vergiftet oder erstickt wurde. Noch befremdlicher empfanden die maghrebinischen Reisenden aus dem Norden eine bei den meisten animistischen Völkerschaften ausgeprägte Form des Matriarchats. In weiten Teilen Schwarzafrikas nimmt nicht der leibliche Erzeuger die Rolle des Vaters ein, sondern ein Bruder der Mutter, der Onkel. Ob dem der von den Römern geäußerte Verdacht zugrunde lag, »pater semper incertus – die Identität des Vaters ist stets ungewiß« –, bleibt dahingestellt. Erst die DNA-Analyse unserer Tage schließt diese Zweifel aus, aber vermutlich spielt auch der Satz aus dem *Code Napoléon* eine Rolle: »La recherche de la paternité est interdite – die Suche der Vaterschaft ist untersagt.« Die afrikanischen Königinnen, die in eigenen »Residenzen« lebten, waren verpflichtet, ihren Gemahl jeden Tag aufzusuchen, durften sich jedoch angeblich so viele Liebhaber leisten, wie sie wollten.

Auf meinen Reisen in die Länder der Korangläubigen pflege ich stets ein Exemplar des großen maghrebinischen Vorläufers und Vorbildes Ibn Battuta mit mir zu führen, der im vierzehnten Jahrhundert im Auftrage des Sultans von Marokko eine weltumspannende Chronik seiner »Asfar« oder »Safarat« verfaßte. Das globale Werk Ibn Battutas läßt sich zwar nicht vergleichen mit den profunden Analysen seines maghrebinischen Zeitgenossen Ibn Khaldun, des Vaters der Soziologie, wie die Araber sagen. Dieser schildert kritisch und glaubhaft die Strukturen der mittelalterlichen Staaten des Dar-ul-Islam und die Gesetze ihres Verfalls. Er gilt heute noch als wissenschaftliche Autorität. Auch er stellte seine Reflexionen über das »Balad-el-Sudan«, das Land der Schwarzen, an, dessen barbarischer Zustand ihn abstieß. Die ersten Araber und Berber, die jenseits der Sahara Kontakt zu heidnischen Götzenanbetern und ihren bluttriefenden Riten aufnahmen, müssen sich vorgekommen sein wie die neuzeitlichen Erforscher der ozeanischen Tiefen, die in der Finsternis dieser Abgründe auf schreckerregende Kreaturen stoßen.

Bei der Lektüre beider Autoren stellt man jedoch fest, daß sich in der weltweiten islamischen Gemeinschaft der Sunna schon bald eine bemerkenswerte Homogenität herausgebildet hatte. Mag die Hinterlassenschaft des Propheten sich auch in divergierenden Deutungen, ja in flagranten Abweichungen äußern, eine profunde Einheitlichkeit hat sich sehr schnell eingestellt. Wie anders ließe sich erklären, daß der Rechtsgelehrte Ibn Battuta in so weit zerstreuten Gegenden wie den Malediven im Indischen Ozean, im Bulgar-Emirat an der mittleren Wolga, an der Niger-Schleife von Timbuktu bis hin zu den Ufern des Indus seine geistliche Tätigkeit als Qadi, als Richter, ausüben und allgemein anerkannte Urteile im Sinne der Scharia fällen konnte.

Ein Globetrotter namens Ibn Battuta

Unser Rückflug von Khartum nach Europa wird durch einen neuen Sandsturm verzögert. So verharre ich also in meiner Karawanserei und blättere in den Berichten, die Ibn Battuta vor siebenhundert Jahren dem Sudan gewidmet hat. Es waren die letzten Stationen eines unermüdlichen Vagabundenlebens. Der afrikanische Sahel war damals bis zum Tschad-See dem Thron von Fez zugewandt. Östlich davon war er von der kriegerischen Mameluken-Heerschar des Nildeltas locker und sporadisch unterworfen.

25 Jahre lang hatte Ibn Battuta die Welt bereist. Vor seiner letzten Expedition in den Sudan hatte er sich ehrerbietig von Sultan Abu'Inan – »Gott möge ihm seine Gunst schenken« – verabschiedet. Am 18. Februar 1352 – das war 753 der Hijra – war er mit einer stattlichen Kamelkarawane in Richtung auf den Sahel aufgebrochen. Das Wort »Sahel« läßt sich übrigens aus dem Arabischen mit »Ebene« oder auch mit einer gewissen »Leichtigkeit im Leben« übersetzen. So manche Beobachtung, die Ibn Battuta in den folgenden Monaten festhielt, habe ich noch selber wahrnehmen können, so die Salzgewinnung durch die Nachkommen schwarzer

Sklaven, die extreme Schwierigkeit der Orientierung im Sandmeer südlich von Tamanrasset, die Verschlossenheit der Mzab-Oase von Ghardaya, die – von Berbern bewohnt – der häretischen Sekte der Ibaditen oder Khawarij anhängt. Kurioserweise haben die Ibaditen an der äußersten Südostküste der arabischen Halbinsel im Sultanat Oman bis heute ihren religiösen Schwerpunkt bewahrt. Auch von der Plage der Flöhe ist bei dem Maghrebiner die Rede, die zu jener Zeit angeblich durch in Quecksilber getauchte Fäden ferngehalten wurden.

Die Mehrzahl der am Rande des Sahel lebenden Völkerschaften war bereits oberflächlich zum Islam bekehrt, aber ihre Häuptlinge benahmen sich oft abweisend gegenüber den fremden Besuchern aus dem Norden. »In solchen Fällen bedauerte ich, mich ins Land der Neger begeben zu haben, die über eine mangelhafte Erziehung verfügen und den ›weißen Männern‹, den ›Beidan‹, nicht den gebührenden Respekt zollen«, beschwerte er sich.

Die maurischen Geographen und Eroberer jener Zeit waren noch nicht weit genug vorgedrungen, um die beiden großen Ströme Nil und Niger voneinander zu unterscheiden. Die Entdeckung der Quellen des Nils – »caput Nili quaerere« – sollte sich bis ins späte neunzehnte Jahrhundert verzögern. Im Umkreis des Zusammenflusses von Weißem und Blauem Nil, in der sogenannten Jazira, so erfahren wir, behaupteten sich damals christlich-koptische Fürstentümer. Das wird belegt durch die Fresken und Ikonostasen, die heute noch im Museum von Khartum zu besichtigen sind. Diese altchristliche Kunst, die jäh mit der Unterwerfung durch die Koranjgläubigen im vierzehnten und fünfzehnten Jahrhundert erloschen ist, stellt die Angehörigen der Heiligen Familie mit strahlend weißen Gesichtern dar, während selbst die nubischen Prinzen dunkelhäutig auftreten.

Es muß einen langen Prozeß religiöser Überlagerung gegeben haben, denn Ibn Battuta erwähnt das Gesuch einer christlichen Gemeinde an ihren muslimischen Emir, eine koptische Kirche zu bauen. Der Lehre des Propheten gemäß wurde die Genehmigung erteilt unter der Bedingung, daß die von den »Schriftbesitzern« geforderte Kopfsteuer in voller Höhe entrichtet würde. Am Rande sei erwähnt, daß die koptischen Mönche der christlichen Klöster mit der damals häufig praktizierten Kastration schwarzer Sklaven beauftragt waren. Es war eben eine grausame Zeit, aber das Abendland hat keinen Grund zur Überheblichkeit, wurde doch bis in die Neuzeit eine Anzahl Sängerknaben der Sixtinischen Kapelle einer ähnlichen Amputation unterzogen, um den hellen Wohlklang ihrer Stimmen bis in das Mannesalter zu erhalten.

Unser Reisender hatte pedantisch aufgeführt, was ihm bei den zum Islam bekehrten Afrikanern der Niger-Schleife gefiel und was ihm mißfiel. Belobigt wurde bei den Schwarzen der stark ausgeprägte Gerechtigkeitssinn und die Sicherheit, die im Mali-Reich für Reisende herrschte. Auch die Frömmigkeit der »Sudan« erkannte er an, die Exaktheit ihrer Gebetsausübung, ihre weiße Kleidung an muselmanischen Feiertagen und ihr Bestreben, den Heiligen Koran auswendig zu lernen. Hingegen zeigte sich der Chronist schockiert über die Nacktheit der Sklavinnen in der Öffentlichkeit, über die Gewohnheit der Neger, sich in Gegenwart des Herrschers Staub und Asche auf das Haupt zu streuen, über die Rüpelspiele bei Hof und vor allem über die Unsitte der Eingeborenen, verwestes Fleisch sowie Hund und Esel zu verspeisen.

Im Ton der Befremdung schilderte Ibn Battuta ein grausiges Erlebnis: »Der Sultan Mansa Zuleiman empfing eine Abordnung von Kannibalen. Diese Wilden trugen riesige Ohrringe. Der Sultan ehrte diese Männer, indem er ihnen eine Dienerin als Gastgeschenk übergab. Die Neger brachten sie um und fraßen sie auf. Sie beschmierten ihr Gesicht und die Hände mit dem Blut der Sklavin und bedankten sich beim Herrscher … Man erzählte mir, daß diese Kannibalen die Hand und Bruststücke der Frauen als besondere Leckerbissen schätzen …« Das Fleisch von Weißen hingegen, so hieß es, war weniger geschätzt, weil ihm die rechte Würze fehlte.

*

Als ich das erste Mal im Sommer 1956 – mit der Eisenbahn von Luxor anreisend – in der Hauptstadt Ägyptens eingetroffen war, gärte ganz Nordafrika im Fieber des arabischen Nationalismus. Im Jahr 1952 hatten die »Freien Offiziere« den dekadenten König Faruk des Landes verwiesen. Seit November 1954 war der Aufstand der Algerischen Befreiungsfront gegen den Anspruch Frankreichs ausgebrochen, die drei »Départements« Algier, Oran und Constantine zu integrierten Bestandteilen des Mutterlandes zu machen. Es sollte eine durchgehende Nation zwischen Dünkirchen und Tamanrasset entstehen, obwohl sich in diesem nordafrikanischen Atlas-Land jenseits des Mittelmeers acht Millionen »Français musulmans« und eine Million europäischer Kolonisten, die sogenannten »pieds noirs«, unversöhnlich gegenüberstanden. Zur gleichen Zeit war im benachbarten Marokko der Versuch des französischen Generalresidenten Guillaume gescheitert, der Unabhängigkeitsforderung des vom Volk wie ein Kalif verehrten Sultans Mohammed V. durch die Berufung eines schwächlichen Usurpators zu begegnen, der das Protektorat der Vierten Republik weiterhin akzeptiert hätte.

Ich verdankte es Jean Lacouture, einem renommierten Journalisten und Schriftsteller, daß ich in Kairo mit Exilpolitikern aus dem Maghreb, die bei Gamal Abdel Nasser mit offenen Armen aufgenommen wurden, wiederholt im legendären »Café Groppi« am Qasr el Nil zusammentraf und einige Einblicke in deren verschwörerische Aktivitäten erhielt. Es waren durchaus umgängliche Männer. Die Algerier unter ihnen ahnten wohl nicht, daß die Unabhängigkeit ihres Landes, die sie nach acht Jahren eines extrem blutigen Partisanenkrieges erringen sollten, ihnen persönlich zum Verhängnis würde. Um nur zwei Beispiele zu erwähnen, der Schatzmeister des »Front de Libération Nationale« Mohammed Khider wurde in Madrid und der rauhe Kabylen-Führer Belkacem Krim in einem Frankfurter Hotel durch Meuchelmord beseitigt. Sie fielen nicht einem Attentat des französischen Geheimdienstes zum Opfer, sondern den internen Fraktionskämpfen und Rachegelüsten ihrer eigenen Mitstreiter von der Befreiungsfront.

Ein solch tragisches Schicksal blieb dem Führer der marokkanischen Istiqlal-Partei – Istiqlal heißt Unabhängigkeit –, dem gealterten Aristokraten Allal el-Fassi, erspart. Er gehörte einer der berühmtesten Familien des Sultanats an. Mit seinem weißen Bart und den blauen Augen strahlte er eine Autorität aus, der auch der alawitische Hof in Fez Rechnung tragen mußte. Interessant und ambitiös war das politische Programm dieses maghrebinischen Nationalisten, der von den Franzosen ein paar Jahre lang nach Gabun verbannt worden war. Nach der Befreiung von der Bevormundung durch Paris beabsichtigte er, dem Sultanat Marokko und dem in Fez residierenden »Befehlshaber der Gläubigen« jenen Einfluß und jene gewaltige Ausdehnung bis weit in die südliche Sahelzone zurückzugeben, die ihm unter Berufung auf die Geschichte angeblich gebührte. Die legendäre Stadt Timbuktu stand im Zentrum dieses Anspruchs. Im Rückblick auf meinen Abstecher in die gegen Khartum revoltierende Provinz Darfur wurde mir bewußt, daß dieses Emirat tatsächlich weit intensiver durch marokkanischen Einfluß bestimmt wurde als durch die geographisch viel näher gelegene Attraktionsmasse Ägyptens.

Der sunnitische Islam hatte in der ganzen Sahel- oder Sudan-Zone mannigfaltige Variationen entfaltet, aber auch eine profunde Kohäsion bewahrt, wie Ibn Battuta bestätigte. Das Kernland der heutigen Republik Sudan, das Sultanat Funj, war von den aus Kairo anrückenden Mameluken unterworfen und islamisiert worden. Die Mameluken waren ursprünglich als Kriegssklaven vornehmlich aus den kaukasischen Randgebieten des Osmanischen Reiches verschleppt worden, um die Dynastie der Ayyubiden mit einer verläßlichen Elitetruppe auszustatten.

Ähnlich war der Sultan von Istanbul ja auch auf dem Balkan vorgegangen, wo die kräftigsten christlichen Knaben ihren Familien im Zuge der »Devshirme« entrissen wurden, um dem Padischah als hochprofessionelle Heerschar der Janitscharen zur Verfügung zu stehen. Sie blieben entwurzelte Fremdlinge im türkischen Milieu und konnten deshalb keinen Anteil haben an den internen Intrigen und Machtkämpfen der osmanischen Dynastie und des Serail.

Kein Wunder, daß die jeweiligen Häuptlingssippen, die in Darfur die Macht ausübten, tiefschwarze, kraftstrotzende Sklaven aus dem Bahr el Ghazal als Leibgarde zusammentrieben und durch Gewährung beachtlicher Privilegien als Instrument ihrer Hausmacht einsetzten. Die Herrschaft der ehemaligen kaukasischen Sklaven über das Niltal – aufgrund der lockeren Einverleibung Ägyptens in das osmanische Imperium als »Turkiya« bezeichnet – sollte bis zur Landung Napoleons in Alexandria andauern, bis zur epischen Schlacht zu Füßen der Pyramiden, die den Mameluken zum Verhängnis wurde. Im äußersten Westen des Maghreb, in Marokko, vertraut heute noch König Mohammed VI. der von seinen Vorfahren geschaffenen »Garde Noire – der Schwarzen Garde« seine persönliche Sicherheit an, auch wenn diese nicht mehr unter schwarzen Sklaven des Sudan, sondern unter besonders zuverlässigen Berber-Clans des Atlas rekrutiert wird.

Das Sultanat Darfur war schon sehr früh nach seiner Gründung unter den Einfluß des weit entfernten Maghreb geraten. Das lag vor allem an einer ständigen Migration und den Pilgerströmen aus Westafrika, die auf ihrem mühseligen »Haddsch« nach Mekka diese Route durch den Sahel angetreten hatten und sich häufig in der Umgebung von El Fasher niederließen. Aus der koranischen Hochschule von Fez, der Karaouyine, und auch aus der tunesischen Zeituna-Universität wanderten koranische Schriftgelehrte, Ulama und Fuqaha ein, die die islamische Missionsarbeit vertieften und bereicherten.

Die Folge war, daß die heutige Provinz Darfur die Riten der im Maghreb vorherrschenden Rechtsschule oder »Madhhab« der Malekiten übernahm und daß sich später die Bruderschaft oder Tariqa der Tidjaniya durchsetzte, die aus Marokko importiert wurde. Dazu gesellten sich ständige Einfälle oder »Rezzu« der räuberischen Hamiten-Völker – Tuareg, Rgibat, Fulani, Tubu –, die auf ihren Kamelen und flinken Pferden bis in die jüngste Vergangenheit den breiten Sudan-Streifen verunsicherten.

Bevor wir dem leidigen Disput über Darfur den Rücken kehren, soll eine unparteiische Autorität, der nigerianische General Henry

Anyidoho, zu Worte kommen, der in aller Nüchternheit zum Thema der Djandjawid feststellt: »Diese berittenen Nomadenkrieger hat es hier immer gegeben, sie sind in der ganzen Sahelzone Afrikas zu finden, in Niger, in Sudan, im Tschad, in der Zentralafrikanischen Republik. Das aktuelle Problem besteht darin, daß sie die früher üblichen Waffen, nämlich Pfeil und Bogen, durch das mörderische Schnellfeuergewehr AK 47, durch die Kalaschnikow, ersetzt haben.«

Was nun unseren Kronzeugen Ibn Battuta betrifft, so hatte er in Mali eine junge schwarze Sklavin gekauft, die er aber sehr bald gegen eine andere Gefährtin austauschte, die ihm besser gefiel. Er befand sich wohl in der Stadt Agades in der heutigen Republik Niger, als ihn die Weisung seines Sultans erreichte, seinem frommen Wanderleben ein Ende zu setzen und nach Fez zurückzukehren. In der Karawane, der er sich anschloß, befanden sich auch sechshundert schwarze Sklavinnen, die den mörderischen Marsch durch die Wüste und die Steppe in Richtung auf Tripolis und den Maghreb antraten. Die Kolonne war während des Ramadan aufgebrochen, weil selbst die wildesten, verschlierten Wüstenräuber im heiligen Fastenmonat ihre Angriffe auf Reisende einstellten. Im Januar des Jahres 1353 – im Jahr 731 der muslimischen Zeitrechnung – war es Ibn Battuta vergönnt, in der Hauptstadt Fez die Hand des »Amir el mu'minin«, des Sultans Abu'Inan, zu küssen und in dessen »gesegnetes Antlitz« zu blicken. Die Niederschrift seines umfangreichen Reiseberichts beendete er am 13. Dezember 1355.

Auch hier läßt sich ein trauriger Bezug zu unserer Gegenwart herstellen. Wo einst die geraubten Sudanesen im Wüstensand verdursteten und litten, bewegen sich heute brüchige Lastwagenkolonnen, auf denen die illegalen Migranten aus Schwarzafrika – eng gedrängt – der Mittelmeerküste und der erhofften Einschiffung nach Europa zustreben. Von ihren gewissenlosen arabischen Schleusern werden sie nicht nur finanziell ausgebeutet, sondern oft genug dem Tod durch Verdursten und Erschöpfung ausgeliefert, noch ehe diese Verzweifelten die Häfen des Mittelmeers erreichen.

Uransuche in der Sahara

Bei meiner ersten Sahara-Durchquerung zu Beginn des Jahres 1956 bewegte ich mich mit sechshundert Jahren Abstand auf der Route Ibn Battutas. Zu jenem Zeitpunkt war die Revolte der Algerier gegen die französische Militär- und Kolonialpräsenz längst im Gange. Aber Nordafrika war infolge der gewaltsamen französischen »pacification« wesentlich sicherer als das heutige Afghanistan im Zeichen der amerikanischen »counter insurgency«. Ich werde oft gefragt, wie sich denn während des halben Jahrhunderts, in dem ich die Welt in allen Himmelsrichtungen durchstreifte, die Beziehungen unter den Menschen verändert hätten. Nun neigt jeder im hohen Alter dazu, die Vergangenheit zu verschönern und ihr nachzutrauern. Der englische Schriftsteller Evelyn Waugh hat das mit dem Buchtitel ausgedrückt: *When the going was good.*

Bei meinem Fortkommen durch Fels und Staub, von Oase zu Oase, war ich damals auf das Wohlwollen arabischer und kabylischer Lastwagenfahrer angewiesen, die mir gegen geringes Entgelt einen Sitz in ihrer Kabine anboten. Sie konnten davon ausgehen, daß ich eine gewisse Summe an Dollars oder Francs bei mir trug. Ich wäre ihrer Raublust hilflos ausgeliefert gewesen. Aber diesen rohen Männern, die auch ihren Proviant brüderlich mit mir teilten, war ein solcher Gedanke offenbar gar nicht gekommen. Wenn gegen Mittag die Sonne stechend wurde – Klimatisierung gab es ja nicht –, legten wir uns, um Schatten zu finden, unter die mächtige Karosserie, und bei Erreichen unseres jeweiligen Etappenziels verabschiedeten wir uns in aller Herzlichkeit.

Die Sahara ist ein strenger Zuchtmeister. Nirgendwo fühlt sich der Mensch so klein und verloren wie in der Unendlichkeit der Wüste. Aber nirgendwo fühlt er sich auch so groß, so einmalig auserwählt, wie in der leblosen Einöde. Kein Wunder, daß in dieser Einsamkeit die monotheistischen Religionen entstanden. Soweit die rauhe Piste mit einer gewissen Regelmäßigkeit durch Fahrzeuge befahren wurde, formierte sich der Lateritboden aufgrund der Motorvibration zu einer Art Wellblech, auf dem sich bei achtzig Kilometer Geschwindigkeit ohne allzu schmerzliche Erschütterungen zügig fahren ließ. Aber der Sand machte zu schaffen, der trotz des schützenden »Schesch«, den ich mir um den Kopf gewunden hatte, in die Haare, zwischen die Zähne, in die Augen drang. Die Oasen Ghardaya und El Golea hatte ich hinter mich gebracht. Doch nach Erreichen des Wüstenfleckens In Salah – zu deutsch »Quelle des Heils« – mit seinem schütteren Palmenhain wäre ich beinahe beim Vorstoß auf das südlichste algerische Verwaltungszentrum Tamanrasset steckengeblieben. Es fand sich kein Gefährt, das die extrem schwierige Strecke in Richtung auf die noch ferne Sahelzone unternehmen wollte.

Ein glücklicher Zufall kam mir zu Hilfe. Nach gutem Zureden gelang es mir, mich einer geologischen Mission anzuschließen, die von der französischen Regierung zu Forschungszwecken in Richtung auf die heutige Republik Niger ausgeschickt worden war. Die kleine Gruppe war mit zwei Landrovern und einem Lastwagen unterwegs. Die jungen Wissenschaftler waren fröhliche, handfeste Burschen, die jede Gesteinsbildung instinktiv auf ihre mineralogische Zusammensetzung musterten. Je mehr wir uns dem Hoggar-Gebirge näherten, desto unwirklichere, phantastischere Formen nahmen die Steilhänge zu beiden Seiten der Piste an. Wie Atompilze ragten die Felsen auf. Tektonische Erschütterungen und der unermüdliche Wüstenwind hatten die seltsamsten Gebilde an den Horizont gezaubert, Kathedralenumrisse, die in rötliches Licht getaucht schienen, Moschee-Kuppeln, die bläulich widerstrahlten, erstarrte Saurier aus Granit. Dazwischen zogen sich nackte, schwarze Steinsträhnen, die wie Wegweiser zu einem Ort der Verdammung wirkten.

Am späten Abend erreichten wir Tamanrasset. Der Ort bestand damals aus roten Lehmhütten, auf deren Wänden die Maurer – vielleicht aus irgendeinem Aberglauben – langgezogene Fingerspuren hinterlassen hatten. Der französische Offizier für Eingeborenenfragen empfing uns in weiten Pluderhosen und einem prächtig bestickten maurischen Umhang. Er lebte in seinem befestigten Bordsch mit einer kleinen Garde von Tuareg, Angehörigen des geheimnisvollen Wüstenvolkes, die in früheren Abenteurerberichten als stolze, kriegerische Kamelreiter geschildert wurden. Ihr Antlitz verhüllten sie stets durch einen dunklen Schleier. Den Capitaine konnten die malerischen Figuren nicht beeindrucken. In seinem Verwaltungsbereich lebten noch sechstausend dieser »Fürsten der Sahara«.

»Seit sie unter dem Zwang der ›pax franca‹ ihre Raubzüge gegen Karawanen und Oasen einstellen mußten und nicht mehr die seßhaften schwarzen Völker am Niger terrorisieren«, so meinte er, »ist eine seltsame Form der Resignation, ja der Apathie über sie gekommen. Sie finden sich mit den neuen Verhältnissen schwer zurecht. Ihre ehemaligen schwarzen Untertanen sind geschickter und beweglicher, wenn es gilt, sich den Errungenschaften unserer Modernisierung anzupassen.« Ein paar Kilometer entfernt halte sich übrigens der »Amenokal«, der Oberhäuptling oder König der Tuareg, auf. Aber der trete nur noch als pittoreske Repräsentationsfigur auf, die er gelegentlich offiziellen Besuchern aus Paris vorführe.

Tamanrasset liegt 1400 Meter hoch und die Nacht war kalt. Im Gästehaus wurde uns Kamelfleisch serviert. An diesem Abend wurde sogar unter offenem Himmel ein Film gezeigt, eine Klamotte, die im achtzehnten Jahrhundert am Hof Ludwigs XV. spielte. Der Anblick der weißen Puderperücken und des höfischen Mummenschanzes löste bei den Tuareg- und Negerkindern, die trotz der Kälte halbnackt über die Lehmmauer spähten, unbändige Heiterkeit aus. Auf dem Heimweg zu unserer bescheidenen Bleibe begegneten wir einer Gruppe bewaffneter Tuareg. Sie spazierten wie Statisten zwischen den mageren Ethelbäumen, die wie verkrüppelte Trauerweiden aussahen und von den Franzosen mit viel Mühe gesetzt worden waren. Beim abendlichen Gespräch erfuhr ich, in welcher vertraulichen Mission die französischen Geologen nach Süden strebten, in Richtung auf das Air-Gebirge, wo reiche Uraniumvorkommen geortet worden waren.

Am nächsten Morgen fuhr mich der Capitaine zu einem ärmlichen Bau am Rande der Ortschaft, der mir seltsam bekannt vorkam. Um die Jahrhundertwende hatte hier der ehemalige französische

Kavallerieoffizier Charles de Foucauld ein Eremitendasein geführt. Als Schüler unseres frommen Collège Saint-Michel war uns einst ein erbaulicher Film über Leben und Tod dieses ungewöhnlichen Mannes vorgeführt worden, der die Chronik der *Gesta Dei per Francos* bereichert hätte. Der Offizier Charles de Foucauld hatte ein Leben in Saus und Braus geführt und an allen Genüssen der »belle époque« teilgehabt, bevor er – als jüdischer Rabbi verkleidet – nach Marokko eingeschleust wurde, um die französische Eroberung dieses Sultanats vorzubereiten. In den Gassen der maghrebinischen Medinas, im Kontakt mit der intensiven Frömmigkeit des Islam überkam ihn die göttliche Gnade. Er trat in den Trappisten-Orden ein und zog sich später in das Herz der Sahara nach Tamanrasset zurück, um dort als Einsiedler und Büßer zu leben. Er hegte wohl auch die Hoffnung, den Nomaden der Wüste durch das Vorleben christlicher Tugenden den Weg zum Heil zu weisen.

Dieser fränkische »Marabut« hatte bei den ortsansässigen Stämmen offenbar hohe Achtung genossen, auch wenn natürlich kein Moslem daran dachte, der Lehre des Propheten seinetwegen den Rücken zu kehren. Während des Ersten Weltkrieges, als Afrika von französischen Truppen weitgehend entblößt wurde, drangen 1916 die fanatischen Derwische der Senussi-Bruderschaft aus der Cyreneika in das Hoggar-Gebirge ein und gewannen die Tuareg-Stämme für ihre kämpferische Gemeinschaft. Nun schlug die Stunde des Martyriums für Charles de Foucauld. Ein Trupp verschleierter Wüstenkrieger besetzte seine ungeschützte Klause und erschoß ihn. An der Lehmwand seiner Einsiedelei stellte eine vergilbte Photographie den Père de Foucauld dar, einen kargen, ausgezehrten Mann, auf dessen weißem Burnus ein Kreuz mit dem Herz Jesu aufgenäht war. Aus dem Blick des Eremiten sprach eine Mischung aus Verzückung und schmerzlicher Ergebenheit. Er muß den Tod durch die Senussi als Erlösung empfunden haben.

Zu unserem nächsten Reiseziel, dem Karawanen-Treffpunkt Agades, führte keine Piste mehr, nicht einmal ein Hinweis. Von nun an sanken unsere Fahrzeuge immer wieder zwischen Steinbrocken und tiefem Flugsand bis zur Achse ein. Wenn eines der Autos sich festfuhr, legten wir kurze Leitern unter, zogen mit vereinten Kräften, setzten im äußersten Fall die Winde des LKWs in Gang.

Die Sonne rötete unsere Gesichter. Der Wind war eiskalt. Das Fortkommen wurde fast unerträglich, bis schließlich die europäische Ungeduld unmerklich von uns abfiel und wir in den Bann der zeitlosen Landschaft gerieten. Wir gelangten zu einer Folge von Wanderdünen. Damit die Reisenden nicht völlig die Orientierung verloren und elend verdursteten, waren in regelmäßigen Abständen Holzpfosten in den Sand gerammt. Aber die Pfähle waren so weit voneinander entfernt, gelegentlich verschwanden sie auch ganz in den Dünen, daß wir häufig auf die Motorhaube des Lastwagens klettern mußten, um den nächsten Wegweiser anzupeilen. Ich mußte an den »Llano Estacado« aus den Wildwest-Erzählungen Karl Mays denken.

Nach einigen strapaziösen Tagen ging die Wüste allmählich in eine platte, dürre Steppe über. Wir näherten uns der Ortschaft Agades. Dieser Umschlagplatz zwischen Wüste und Sahel hatte sich seit der Präsenz Ibn Battutas wohl nicht sonderlich verändert. Zwischen pechschwarzen Sudanesen verhielten sich die Viehzüchter des Peul- oder Fulbe-Volkes unter ihren bunt geflochtenen Strohhelmen fremd und abweisend, als trauerten sie einer gar nicht so fernen heroischen Vergangenheit nach. Unermüdliche »Griots«, halb Gaukler, halb Bänkelsänger, lauerten den vornehmen Stammesherren oder den zahlungskräftigen Fremden auf, schmeichelten ihnen mit improvisierten, plumpen Lobliedern und steckten ein paar Münzen ein. Auch ich hatte als ferner »Franke« Anspruch auf eine solche Huldigung. Die grell kostümierten Haussa-Händler breiteten ihre Waren aus.

Das weißgetünchte Hotel mit den dicken Lehmmauern, in dem wir Unterkunft fanden, verfügte über einen stilvollen Kuppelsaal, der – wie der französische »patron« berichtete – zur Zeit des Senussi-Aufstandes im Ersten Weltkrieg dieser eifernden Sekte als Hauptquartier bei ihren Razzien bis nach Gao und Timbuktu gedient hatte.

Der französische Administrateur, der von den häufigen Fieberanfällen seines Kolonialdienstes gezeichnet war, verstand es offenbar vorzüglich, die ererbte Feindseligkeit der unterschiedlichen Rassen – Hamiten, ehemalige schwarze Sklaven und arabisierte Sudanesen – auszugleichen. Er lebte mit einer bildhübschen jungen Frau aus dem Volk der Tuareg zusammen, die die elegante Schlankheit ihrer Rasse bewahrt hatte. Aischa bediente uns bei Tisch mit anmutigen Gazellenblicken. »Die Bindung an eine eingeborene Konkubine ist für mich überaus nützlich«, erklärte der Kolonialbeamte. »Da Aischa mir gegenüber eine gewisse Zutraulichkeit entwickelt hat – von Liebe sollte man in dieser Region besser nicht reden –, erfahre ich von ihr vieles über die ethnischen Konflikte, die Sippenzusammenhänge, auch über eventuelle Verschwörungen, die einem Weißen sonst verschlossen bleiben.« Diese profunde Kenntnis des indigenen Milieus würde seinen Nachfolgern wohl kaum zugute kommen, da es neuerdings in der Pariser »Ecole Coloniale« Mode geworden war, die jungen Administrateurs mit ihren französischen Gattinnen in die fernen Besitzungen Frankreichs zu entsenden.

Agadez ist heute im Herzen der Republik Niger gelegen und leitet bereits zum Tschad-See über. In der Umgebung dieses Handelszentrums hatten sich die Tuareg ihre Ursprünglichkeit erhalten. Ihre Stammesstrukturen waren weitgehend intakt. Innerhalb der Kaste der Edlen sorgte die matrilineare Erbfolge dafür, daß die Negrifizierung der hellhäutigen Hamiten begrenzt blieb. Die jungen Frauen, die das goldbraune Antlitz unverhüllt trugen, zeichneten sich oft durch Anmut und Schönheit aus. Hier hatte sich die Sitte erhalten, die Mädchen, wenn sie heiratsfähig wurden, in Käfige zu sperren, wo sie unbeweglich kauerten und mit Kamelmilch pausenlos gemästet wurden, bis sie so fett waren, daß sie kaum noch gehen konnten. Dann war das urwüchsige Schönheitsideal dieser Nomaden erreicht, vergleichbar mit den Fruchtbarkeitsidolen, die uns aus der Steinzeit überliefert sind. Die Tuareg-Männer, diese hageren Wölfe der Wüste, die nur aus Haut, Sehnen und Knochen bestehen, verzehrten sich in Sehnsucht nach den dickbäuchigen weiblichen Amphoren.

Nach einem fröhlichen Gelage trennte ich mich von den französischen Uran-Prospektoren. Regelmäßige Verbindungen nach Süden gab es nicht, und so vertraute ich mein Schicksal einem Haussa-Chauffeur an, einem lieben Kerl, dessen Lastwagen mit Erdnußsäcken überfrachtet war. Jenseits von Zinder, wo ich die Nacht in einem Frachtraum auf Erdnußsäcken schlafend verbrachte, passierten wir die Grenze zur ehemals britischen Kolonie Nigeria. Sehr bald sollte ich feststellen, wie sehr sich die von den Franzosen in West- und Äquatorialafrika praktizierte »administration directe« von der britischen Methode der »indirect rule« unterschied. In den Emiraten Nord-Nigerias hat unter dem Union Jack eine fast mittelalterlich anmutende Form des islamischen Feudalismus überdauert.

Bevor ich für meine Reise nach Lagos einen relativ komfortablen Zug bestieg, hatte ich mich bei der britischen Garnison von Kaduna einquartiert, die mich mit großer Gastlichkeit aufnahm. Die Offiziere Ihrer Majestät erlebten die rapide Auflösung ihres Kolonialbesitzes. Die frühere »Goldküste« am Golf von Guinea stand gerade im Begriff, unter der Führung Kwame Nkrumahs als erster afrikanischer Staat ihre Unabhängigkeit unter dem Namen »Ghana« zu vollziehen, obwohl das mythische Land Ghana vor tausend Jahren im Raum der heutigen Republiken Mali und Mauretanien situiert war und den Ruf unermeßlichen Reichtums genoß. London hatte den Zweiten Weltkrieg gewonnen und das Empire verloren. Dessen war man sich in Kaduna schmerzlich bewußt, auch wenn die weißen Sergeants fortfuhren, ihre nigerianischen Haussa-Soldaten im strengen britischen Exerzierreglement zu drillen, das die Afrikaner mit dem ihnen angeborenen Sinn für Rhythmus mit der Perfektion eines Balletts nachahmten.

Ich weiß nicht mehr, aus welchem Grunde am Abend vor meiner Abreise nach Lagos ein großes Fest im Casino veranstaltet wurde. War es Galgenhumor oder Trotz? Mit zunehmendem Genuß von Whisky und Gin gerieten die Offiziere, die mit ihren angetrauten englischen Frauen im komfortablen militärischen Compound lebten, außer Rand und Band. Sie verzichteten auf die ihnen anerzogene »stiff upper lip«, führten wilde Tänze auf, hoben ihre ebenfalls entfesselten Frauen auf die Schultern, täuschten Reiterkämpfe vor. Das Ganze vollzog sich bei dröhnendem Gesang. Diese Männer gehörten einem Regiment an, das die Italiener aus Äthiopien vertrieben hatten. Sie waren durch die Verteidigungslinie Marschall Rommels bei El Alamein hindurchgestoßen und hatten in Italien gekämpft. Am folgenden Morgen würden sie ihre steife Korrektheit und ihre unterkühlte Arroganz wiedergefunden haben.

El Qaida bei den Tuareg

Es ist durchaus nicht meine Absicht, die Sahelzone als »Schlachtfeld der Zukunft« zu bezeichnen, aber es hat seit geraumer Zeit zu rumoren begonnen im ganzen Sudan-Gürtel. Diese ersten tektonischen Erschütterungen im weiten Umfeld der Sahara nimmt man in Washington, in Paris, in London viel hellhöriger auf als in Berlin, wo das lautstarke Bekenntnis zum globalen Engagement mit einer betrüblichen Provinzialisierung der außenpolitischen Wahrnehmung einhergeht. Die deutsche Öffentlichkeit hatte diese Region nur kurzfristig wahrgenommen, als eine Gruppe von deutschen Abenteuertouristen sich in die grandiose Felslandschaft vorgewagt hatte, wo die Grenzen Algeriens, Libyens und Nigers sich überschneiden. Sie wurden dort von islamistischen Glaubenskämpfern gefangengenommen, wohl in der Erwartung, daß für die Befreiung dieser Geiseln aus der Bundesrepublik ein sattes Lösegeld bezahlt würde. Mit Ausnahme einer Frau, die den Strapazen des Gewaltmarsches durch Sand und Geröll erlag, sind alle anderen unbeschadet davongekommen und haben berichtet, daß sie von den Guerilleros der Sahara in keiner Weise mißhandelt oder gedemütigt wurden. Die Partisanen, die mit dem erpreßten Geld Waffen kaufen wollten, beabsichtigten wohl auch, den aufkeimenden Tourismus in den Sahel-Staaten zum Schaden der dortigen Regierungen zum Erliegen zu bringen.

Die Kidnapper operierten unter einem schwer verständlichen Namen. Sie bezeichneten sich als »salafistische Bewegung für Predigt und Heiligen Krieg«. Die »Salafiya« der Altvorderen, die zu Beginn des zwanzigsten Jahrhunderts von dem allseits geschätzten Religionslehrer Scheikh Mohammed Abduh die Rückführung des Islam von wild wuchernden Fehlinterpretationen auf den koranischen Urtext gepredigt hatte, wurde in der Zwischenzeit zu einer gewalttätigen Ausweitung mißbraucht und zunehmend von radikalen Eiferern in Anspruch genommen.

Die Sahara und die schutzlose Steppenlandschaft des Sahel bieten geringe Möglichkeiten, sich zu tarnen und der Aufspürung durch Aufklärungsflugzeuge zu entziehen, so daß die Salafisten sich in kleine »Kataeb« aufspalten mußten. Um internationale Wirkung zu erzielen, haben sie sich umbenannt und treten neuerdings unter dem ominösen Begriff »El Qaida des islamischen Maghreb« auf. Damit geben sie zu erkennen, daß sich ihre umstürzlerische Tätigkeit nicht nur gegen die mehr oder weniger despotischen Regime ihrer Region richtet, sondern gegen alle Diktaturen Nordafrikas, die sich von Mauretanien und Marokko über Algerien, Tunesien und Libyen bis nach Ägypten aneinanderreihen.

Daß diese »Gotteskrieger« überleben und sich allmählich sogar verstärken konnten, verdanken sie vor allem dem neu erwachten kriegerischen Instinkt der Tuareg und den Subsidien des libyschen Diktators Qadhafi. Diese Nomaden waren mit der Gründung postkolonialer afrikanischer Staaten neuen schwarzen Führungsschichten aus Völkerschaften unterworfen, die ihnen einst als Sklaven gedient hatten. In den Republiken Mali, Niger und Tschad entstanden am Rande der Wüste völlig autonome, von den Behörden in Bamako, Niamey oder Ndjamena unkontrollierte Zonen, wo die verschleierten Kamelreiter eine unbegrenzte Autorität ausübten. Wir sehen, daß die Probleme, denen sich die Republik Sudan von Khartum in der Darfur-Provinz ausgesetzt sieht, in ähnlicher Form eine umfassende kontinentale Zone in Frage stellen.

Nach dem Verzicht Frankreichs auf sein afrikanisches Kolonialreich übte Paris weiterhin einen beachtlichen kulturellen, politischen und militärischen Einfluß aus, ja garantierte häufig das Überleben von frankophilen Staatschefs. So waren im Jahr 1986 im sogenannten Toyota-Krieg die Panzer Qadhafis, die bei ihrem Eroberungszug leichtsinnig bis Ndjamena, der Hauptstadt der Republik Tschad, vorgedrungen waren, durch eine kombinierte Aktion der französischen Luftwaffe und des gefürchteten, niemals voll unterworfenen Kriegervolkes der Toubou zum schmählichen Rückzug selbst aus dem Grenzstreifen von Aouzou gezwungen worden. Angeblich waren die wilden Toubou auf ihren Jeeps und Pickups, mit Milan-Raketen ausgerüstet, mit solcher Geschwindigkeit durch die libyschen Minenfelder gerast, daß diese erst hinter ihnen explodierten. So entstehen heldische Legenden, aber so zerrann auch das militärische Prestige des unberechenbarsten Diktators im arabischen Raum, des Oberst Muammar el-Qadhafi.

Es konnte gar nicht ausbleiben, daß die sogenannte maghrebinische El Qaida, die unter dem vagen Befehl des Algeriers Abdelmalek Droukdal steht, mit den französischen Interessen in Konflikt geriet. Es kam zu einer Reihe von Entführungen europäischer Wirtschaftsexperten und Ingenieure sowie zu gezielten Gegenschlägen französischer Spezialeinheiten, die aus dem mauretanischen Raum operierten. Gleichzeitig benutzte die französische Luftwaffe die Rollbahnen von Niamey, Bamako, Timbuktu und Ouagadougou, der Hauptstadt der Republik Burkina Faso.

Die bisherigen Zwischenfälle mögen – an anderen Krisenherden gemessen – minimal erscheinen. Aber in Washington ist man beunruhigt, zumal neuerdings die Sahara als Durchgangsschleuse für den Drogenschmuggel aus Lateinamerika benutzt wird. Um einer Ausweitung des militanten Islamismus auf dem schwarzen Kontinent entgegenzuwirken, sind – gelegentlich in Kooperation, meist in Konkurrenz zu den Franzosen – kleine Kommandos von U. S. Special Forces aufgetaucht, während, wie in so manchen anderen Weltgegenden, amerikanische Ausbilder sich um die Ertüchtigung der einheimischen Regierungsarmeen bemühten. Amerika wäre nicht Amerika, wenn die großen Konzerne aus Übersee nicht versucht hätten, bei der Ausbeutung der dortigen Mineralien die europäischen Bündnispartner aus dem Feld zu drängen.

Die französischen Ingenieure und Techniker des großen Areva-Konzerns, der bislang mit der Firma Satom über eine Monopolstellung bei der Schürfung des Urans in der entlegenen Wüstensiedlung Arlit verfügte, sahen sich unterdessen ganz anderen Gefahren ausgesetzt. Ein Dutzend ihrer Mitarbeiter wurden durch Aufständische, die sich als Mitglieder der weltweiten El-Qaida-Verschwörung darstellten, entführt und in die unzugängliche Tuareg-Hochburg in Nord-Mali verschleppt. Die meisten von ihnen dürften inzwischen ermordet worden sein, nachdem Sarkozy sich geweigert hatte, auf die exorbitanten Forderungen – unter anderem die Freilassung von dreißig »Terroristen« – einzugehen, die in algerischen, französischen und mauretanischen Gefängnissen einsitzen.

Statt einen bescheidenen »Deal« vorzuschlagen, überraschte der selbsternannte Chef der »El Qaida des islamischen Maghreb« Abdelmalek Droukdal mit der abstrusen Erklärung, allein Osama Bin Laden komme bei den mit Paris geführten Geheimverhandlungen als kompetenter Gesprächspartner in Frage. Droukdal, das war gewiß, war überhaupt nicht in der Lage, mit dem mythischen Gründer von El Qaida irgendeine Verbindung aufzunehmen. Mit Sicherheit war er auch nicht gewillt, diese abenteuerliche Gespenstergestalt aus dem fernen Afghanistan als Schiedsrichter einzuschalten. Der Verweis auf die angebliche Autorität Osama Bin Ladens klang wie eine gezielte Verhöhnung der französischen Nachrichtendienste. »Er wollte uns nur verarschen – il voulait se foutre de nous«, soll ein Offizier der »Direction générale de la Sécurité extérieure« auf das Angebot reagiert haben.

In Paris ist inzwischen ein strategischer Raum umrissen worden, wo die islamistische Untergrundbewegung zur ständigen Gefahr heranwachsen könnte. Fast ganz Mauretanien gehört dazu sowie das Staatsgebiet von Mali nördlich der Niger-Schleife. Auch Teile der Republik Niger und die westliche Hälfte des Tschad sind von dieser Verschwörung betroffen, die weit in die algerische Sahara, aber auch bis in die Hauptstadt Algier hineinreicht. Die Geiselnahmen drohen sich auszuweiten, so daß sich die Hoffnung des malischen Staatschefs Amanou Toumani-Touré zerschlägt, sein malerisches, immer noch von geschichtlichem Glanz gezeichnetes Land der gewaltigen Lehm-Moscheen zu einem Anziehungspunkt für europäische Urlauber zu machen. Der Quai d'Orsay warnt sämtliche Franzosen, die sich in dieser romantischen Welt des oberen Niger bewegen, vor allem die Stadt Timbuktu aufzusuchen, die schon im frühen Mittelalter einen magischen Ruf genoß. »As far away as Timbuktu« hieß es einst bei den englischen Geographen, wenn sie ratlos dieses unerforschte Herzland Afrikas erwähnten.

Nach dem erzwungenen Verzicht auf den vulgären Urlaubsbetrieb hat Timbuktu ein wenig von seiner geheimnisvollen Aura zurückgewonnen, nähert sich wieder jenem Zustand an, den ich im Sommer 1956 vorgefunden hatte. Diese erhabene Zitadelle islamischer Gelehrsamkeit und Kultur, die die arabischen Chronisten des Mittelalters gefeiert hatten, befand sich längst im steilen Niedergang, reduzierte sich, wie ein enttäuschter Reisender schrieb, auf zwei Drittel Legende und ein Drittel Lehm.

Dennoch war ich mit großen Erwartungen am Anliegeplatz Gao an Bord des altertümlichen Schaufeldampfers »Archambault« gegangen. Daß sich hinter den massiven, schmucklosen Erdmauern von Gao die Hauptstadt jenes Songhai-Reiches befand, dessen Einfluß um 1500 vom heutigen Nord-Nigeria bis zum Atlantik reichte, würde man am liebsten ins Reich der Fabel verweisen. Aber die Sahelzone kann tatsächlich auf hohe staatliche Entfaltungsformen verweisen, die historisch belegt sind. So soll schon im fünften Jahrhundert das Reich Ghana entstanden sein, dessen Name von der britischen »Goldküste« usurpiert wurde, als sie 1956 als erster postkolonialer Staat in die Unabhängigkeit entlassen wurde. Das historische Ghana hatte sich nicht im Hinterland des Hafens Accra erstreckt, sondern am oberen Niger und am Senegal. Die ganze Region besaß schon in früher Zeit eine beachtliche Bedeutung als Umschlagplatz für den Handel mit Gold und Elfenbein, mit Salz und Sklaven, die quer durch den Kontinent in Richtung Mittelmeer und Orient transportiert wurden.

Der Untergang des alten Ghana soll um das Jahr 1070 stattgefunden haben, als die muslimischen Berber Mauretaniens heranstürmten und eine Phase des Niedergangs und der Anarchie für die ganze Sahel- und Sudan-Zone einleiteten. Die eifernde maurische Bruderschaft der Almoraviden, »el Murabitun«, war aus ihren befestigten Klöstern in der West-Sahara aufgebrochen, um die dekadenten, den wahren Tugenden des Islam entfremdeten Herrscher Marokkos zu stürzen. In Marrakesch hatten sie eine neue Dynastie gegründet. Jenseits der Straße von Gibraltar konsolidierten sie die bedrohte Dominanz der Sarazenen über Spanien. Der Name »el Murabitun« leitet sich von dem Wort »Ribat« ab, womit die Trutzburgen koranischer Erneuerung gemeint waren.

Etwas Wohlstand und Stabilität stellten sich erst wieder ein, als auf dem Territorium der ehemaligen Songhai-Fürsten das Reich Mali entstand, dessen Herrscher sich zum Islam bekehrten, während die Masse der unterworfenen schwarzen Bevölkerung ihre animistischen Bräuche beibehielt. Die strenge religiöse Disziplin der Botschaft Mohammeds führte eine gewisse Effizienz der Verwaltung und des Handels ein und erreichte den Höhepunkt ihrer Bedeutung – das war ungefähr die Epoche, als Ibn Battuta die Hauptstadt Niani aufsuchte –, als der Malik Mansa Musa regierte. Unter Mansa Musa vollzog sich der Aufstieg Timbuktus zu einer Stätte der Wissenschaft und kulturellen Blüte, was im wesentlichen der Zuwanderung maghrebinischer und ägyptischer Gelehrter zu verdanken war.

Schon um das Jahr 1400 brach das Mali-Imperium unter dem Druck seiner früheren Songhai-Vasallen zusammen, deren Verwaltung sich angeblich auf eine Berufsarmee und sogar eine Berufsmarine auf dem Niger stützte. Die offizielle Religion war unter den Songhai ebenfalls der Islam, aber die Masse der Bauern und Tagelöhner, die in der Randzone des Flusses und in den Oasen Reis und Hirse anbauten, verharrte in der »Jahiliya«, im Götzenkult der »Unwissenheit«.

Eine klägliche, späte Kopie dieser Regierungsform sollte ich in der Nachbarschaft von Ouagadougou vorfinden, der Hauptstadt von Burkina Faso, das zur Zeit der französischen Kolonisation

»Ober-Volta« genannt wurde. Dort begegnete ich dem König der Mossi, der zum Islam übergetreten war und über die Leibesfülle eines Sumokämpfers verfügte. Durch das Tragen einer vergoldeten Krone und das unbewegliche Verharren seines unförmigen Körpers auf dem niedrigen, ebenfalls goldgefärbten Holzschemel täuschte er vor seinem »Palast« aus Lehm eine Autorität vor, die er längst nicht mehr besaß. Viele seiner Untertanen, die sich im Ersten Weltkrieg als Soldaten der französischen Kolonialarmee bewährt hatten, verharrten noch im angestammten Aberglauben. Der »Malik« war stets umgeben von einer zahlreichen Dienerschaft fast unbekleideter Pagen von zehn bis zwölf Jahren, die – ihrem Verhalten nach – als Diener oder Lustknaben herhalten mußten.

Ich hatte mich nur kurz in Goa aufgehalten. Nach zweitägiger Flußfahrt auf den tiefgrünen Wassern des Niger, aus dem abends die wulstigen Köpfe der Flußpferde wie Felsbrocken herausragten, näherten wir uns der mythischen, fast heiligen Stadt Timbuktu. Der Ruf dieses einstigen Hafens am Niger muß zur Zeit der maurischen Herrschaft über Spanien so groß gewesen sein, daß die »Qibla«, die Gebetsnische, in der Freitagsmoschee von Córdoba, deren herrlicher Säulenwald inzwischen in eine katholische Kirche umgewandelt wurde, nicht – wie vorgeschrieben – in Richtung Mekka ausgerichtet war, sondern nach Timbuktu. So behauptete es jedenfalls der Spanier, der mich begleitete.

Kein Wunder, daß der marokkanische Sultan Abdel Mansur danach trachtete, diesen Ort der Frömmigkeit und des vermutlichen Reichtums unter seine Gewalt zu bringen. Er schickte seine Soldaten quer durch die Sahara, die vor fünf Jahrhunderten noch nicht die heutige Ausdehnung erreicht hatte, in den afrikanischen Sudan. Für diese abenteuerliche Expedition hatte er unter dem Befehl des Pascha Dschaudar eine überwiegend aus christlichen Renegaten zusammengesetzte Truppe aufgeboten, katholische Spanier, die in marokkanischer Gefangenschaft zum Islam übergetreten waren. Der Sultan schenkte diesen Konvertiten offenbar mehr Vertrauen als seinen stets aufsässigen Untertanen aus dem Atlas.

Auf diese kriegerische Epoche stützte sich der Anspruch vom

Groß-Marokkanischen Reich, der noch in jüngster Vergangenheit von der Istiqlal-Partei und ihrem Inspirator Allal el-Fassi erhoben wurde. Die südliche Einflußzone des Scherifischen Reiches sollte bis zum Niger und nach Timbuktu reichen. An die spanischen Renegaten des Sultans Abdel Mansur mußte ich intensiv denken, als ich die Silhouette des festungsähnlichen Turms der Sankore-Moschee entdeckte. Von der imaginären Herrlichkeit des negro-islamischen Songhai-Reiches war nur noch ein Schatten übriggeblieben. Staubige Gassen und trostlose Mauern duckten sich unter die grausame Sonne. Lediglich ein paar kunstvoll geschnitzte Holzpforten zeugten von alter Pracht.

Aus den brüchigen Minaretten der ockerfarbenen Gebetshäuser ragten schwarze Trägerbalken wie eine barbarische Dekoration. Die höchsten Kuppeln und Zinnen waren von Straußeneiern gekrönt. Auf dem Marktplatz erstand ich bei den Bambara-Frauen Hals- und Armschmuck aus Lehm und geflochtenem Stroh, die mit einer goldglänzenden Tinktur überpinselt waren und deshalb von den Franzosen »l'or de Timbouctou – das Gold von Timbuktu« genannt wurden.

Für Dschaudar und seine Männer war der angebliche Reichtum des schwarzen Nigerreiches zu einer schmerzlichen Fata Morgana geworden. Die spanischen Söldner, die ihr »El Dorado« statt in der Neuen Welt im Herzen Afrikas suchten, waren einer mit Raffsucht gepaarten Donquichotterie verfallen. Wie groß muß die Verlorenheit dieser Abenteurer gewesen sein, als die endlose Sahara hinter ihnen lag und sie sich auf ein ruhmloses Garnisonsleben an diesem gottverlassenen Strom einrichten mußten, der sich träge und scheinbar ziellos zwischen den Sandbänken schlängelte. Für die kriegerischen Tuareg hingegen, die mit ihren Mehari und ihren schwarzen Sklaven – verschleiert und unheimlich – bis zu diesen Ufern vordrangen und die nur an die Tümpel ihrer winzigen Oasen gewöhnt waren, wirkte der seichte Fluß wie ein Naturwunder, den sie mit dem arabischen Wort »el bahr« als »Meer« bezeichneten.

Das Gold von Timbuktu

Bis in die Mitte des neunzehnten Jahrhunderts war Timbuktu für Ungläubige eine streng verbotene Stadt. Mancher britische und französische Entdecker hat dort einen gewaltsamen Tod gefunden oder ist den tropischen Seuchen erlegen. Arabische Chronisten bestätigen jedoch, daß eine jüdische Gemeinde eine Zeitlang in Timbuktu toleriert wurde. Wir stoßen hier auf das seltsame Phänomen, daß nach der Eroberung Nordafrikas durch die Feldzüge, die »Futuhat«, des frühen Islam in Algerien und Marokko bis in die jüngste Vergangenheit starke mosaische Glaubensgruppen in ihren abgesonderten Vierteln, den »Mellah«, alle Wirren der Jahrhunderte überdauert hatten und erst nach der Gründung des Staates Israel unter akuter Bedrohung für Leib und Leben die »Alia« ins Land der Väter antraten.

Um so erstaunlicher ist die Tatsache, daß die christlichen Berber oder Numidier des Maghreb, die noch zur Zeit der frühen byzantinischen Kaiser – zumal im heutigen Algerien und Tunesien – die große Mehrheit der Bevölkerung stellten, nach dem siegreichen Einfall der Jünger Mohammeds völlig ausgetilgt wurden. Es hatte also eine sehr unterschiedliche Duldung zwischen den beiden »Schriftbesitzern« stattgefunden. Die Israeliten blieben als »Dhimmi« verschont, die »Nasrani« hingegen wurden wie Gottlose, wie »Kuffar«, behandelt.

Die Historiker des Westens, die allzu gern in den islamischen Chor der Entrüstung gegen die christlichen Kreuzfahrer einstimmen, ignorieren offenbar, daß die »Crusaders« – wie es heute noch in den antiamerikanischen Pamphleten heißt – lediglich jenen Fetzen Palästinas zurückerobern wollten, wo der Gottessohn Jesus gelebt und gelitten hatte, während der immense Raum zwischen Mesopotamien und dem Atlas, der sich einst zur Lehre des Nazareners bekannte, vom unwiderstehlichen Jihad der Korangläubigen im Wirbelsturm überrannt und dem »Dar-ul-Islam« einverleibt wurde.

In der relativ komfortablen Lounge des »Archambault« habe ich beim Sundowner eine französische Übersetzung der Reisebeschreibungen des deutschen Afrika- und Islamforschers Heinrich Barth aus dem Jahr 1852 entdeckt. In den oberen Etagen des Schiffes und den bequemen Kabinen hielten sich nur Europäer auf, vor allem Franzosen aus dem tiefen Sudan, die ihren Heimaturlaub antraten oder in Voraussicht auf die bevorstehende Unabhängigkeit Malis endgültig ins Mutterland zurückkehrten. Auf der breiten, offenen Bugfläche hingegen drängten sich die Einheimischen, bereiteten dort ihre Mahlzeiten und schliefen unter offenem Himmel. Es war ein ziemlich extravagantes Völkergemisch.

Heinrich Barth, so las ich, war unter unsäglichen Strapazen und Gefahren nach Timbuktu gelangt. Dort verlangte Seku Ahmadu, der einflußreiche Sultan der Fulbe oder Peul, die im Begriff standen, ihren Heiligen Krieg in Richtung Tschad und Nigeria auszuweiten, die Auslieferung und Hinrichtung dieses »Kafir«, dieses Ungläubigen.

Barth hatte sich aus dieser kritischen Situation gerettet, indem er sich in langen Gesprächen auf seine theologischen Kenntnisse berief. Die Muselmanen selbst würden doch Mohammed nicht als den einzigen Propheten anerkennen, so argumentierte er. Sie verehrten auch Moses und Jesus. Letzterer besäße sogar eine ganz spezielle Bedeutung, denn ihm falle die Aufgabe zu, das Jüngste Gericht und die Auferstehung der Toten anzukündigen. Im übrigen würden Muslime und Christen zum gleichen Gott beten, ständen sich in vieler Beziehung nahe und sollten gute Freunde sein. Der deutsche Orientalist hatte bei dieser Gelegenheit wohl auch die fünfte Sure des Korans, Vers 82, zitiert, wo es heißt: »… und Du wirst sicher finden, daß diejenigen, die den Gläubigen in Liebe am nächsten stehen, die sind, welche sagen: ›Wir sind Christen‹. Dies deshalb, weil es unter ihnen Priester und Mönche gibt, und weil sie nicht hochmütig sind.« Auf diese Weise war es Barth gelungen, den heiligen Zorn der Fulbe zu besänftigen.

Barth berichtet über eine andere Begegnung mit einem blinden Greis, einem Fulani namens Sambo, der ihn außerordentlich beeindruckte. »Ich hatte nicht im geringsten damit gerechnet«, so notierte er, »in der entlegenen Ortschaft Ghirmi einen Mann zu finden, der mit allen Facetten der arabischen Literatur vertraut war und sich darüber hinaus mit Aristoteles und Plato befaßt hatte, soweit deren Schriften ins Arabische übertragen worden waren. Sambo hatte sich im Orient aufgehalten, als dort der Krieg zwischen Türken und Wahhabiten tobte. Ich suchte ihn täglich auf und unterhielt mich mit ihm über den Glanz des Kalifats – von Bagdad bis Spanien. Er war von Jugend auf mit Astrolaben und Sextanten vertraut. Dieser ungewöhnlich aufgeschlossene Mann muß in seinem innersten Herzen dennoch ein ›Wahhabi‹ gewesen sein.«

Letztere Bemerkung Heinrich Barths verwunderte mich, denn der Wahhabismus war als extrem strenge Ausrichtung des Islam im arabischen Nedjd durch den Prediger Abd el-Wahhab im achtzehnten Jahrhundert ins Leben gerufen und vom Krieger-Clan der Banu Saud als religiöse Leitschnur übernommen worden.

Bei unserer Weiterfahrt auf dem Niger in Richtung Kulikoro sollten uns die gewaltigen Lehmkathedralen von Mopti und vor allem Djenné weit stärker beeindrucken als die abbröckelnden Fassaden von Timbuktu. Der Islam hat in diesem Teil des Sudan seltsame Blüten getrieben. Die Lehre des Propheten war durch maurische Eroberer, Prediger und Kaufleute Schritt für Schritt erst in die Sahelzone, dann bis an die Grenze des tropischen Regenwaldes verbreitet worden. Es vollzog sich ein bizarrer Synkretismus zwischen den krausen animistischen Vorstellungen der Ureinwohner und der strengen Botschaft des Koran. Der afrikanische Islam organisierte sich in Bruderschaften, in »Turuq« – das arabische Wort »Tariqa« heißt »der Weg« in der Übersetzung.

Das Tariqa-Wesen Schwarzafrikas erscheint deshalb den arabischen Soziologen von heute oft als eine Degeneration der spiritualistisch, spekulativ und meditativ ausgerichteten Sufi-Bewegung, die an Euphrat und Nil bereits im hohen Mittelalter florierte und sich in Auflehnung gegen die selbstgerechte, versteinerte Wissenschaft der offiziellen Schrift- und Rechtsgelehrten der Sunna, gegen die »Ulama«, entfaltete. Immerhin hatten sich zur Zeit der arabischen und dann türkischen Kalifen die Derwisch-Orden – den Turuq durchaus verwandt – auch im eigentlichen Orient verbreitet und beim kleinen Volk wachsenden Anklang gefunden. Wenn im Maghreb der Berber wie im Sahel-Gürtel der Sudan-Afrikaner die wundertätigen Marabuts eine so ungewöhnliche und unorthodoxe Bedeutung erlangten, so ist das nicht zuletzt mit der permanenten Kampf- und Missionsrolle des Islam in diesem Erdteil zu erklären.

Die »Tariqa« oder »Zawiya«, wie man in Nordafrika sagt, waren Instrument der kriegerischen Expansion, aber auch der erfolgreichen Assimilation des Islam im afrikanischen Neuland des Südens. Die stärkste dieser Bruderschaften, die vom Senegal bis zum oberen Nil über eine zahllose Anhängerschaft verfügt, ist die »Qadiriya« geblieben, und deren Ursprung geht auf einen arabischen Sufi, Abdel Qadr el-Jilani, zurück, der im Bagdad des zwölften Jahrhunderts predigte. Die zweitwichtigste Richtung, die »Tidjaniya«, entstand erst im Marokko des achtzehnten Jahrhunderts unter der Inspiration des Marabuts Sidi Ahmed el-Tidjani und stellte ein Aufbäumen maghrebinischer Frömmigkeit gegen den Verfall islamischer Macht im äußersten Westen dar.

Als die Franzosen mit der systematischen Eroberung und Kolonisation West- und Äquatorialafrikas begannen, stießen sie auf den bewaffneten Widerstand der »Khuan« – eine Verballhornung des arabischen »Ikhwan« – oder Brüder. Sie mußten die Banden von El Hadj Omar, einem Angehörigen der Tidjaniya, im heutigen Senegal und Mali unterwerfen, verfolgten den Mandingo Samory Touré bis ins Gebirge des Fouta-Djalon und prallten schließlich am Tschad um die Jahrhundertwende mit den Reiterheeren des streitbaren Rabah zusammen.

Unter den Reisenden der »Luxusklasse« der »Archambault« war mir als einziger Einheimischer ein Imam aufgefallen, der sich von den Europäern absonderte und in aller Gelassenheit seine Gebete verrichtete. Da meine Arabischkenntnisse ziemlich frisch waren, wandte ich mich in der Sprache des Propheten an ihn, was er zu schätzen wußte. Er drückte sich allerdings auch in vorzüglichem

Französisch aus. Bei der Erwähnung Ibn Battutas, dessen herablassende Schilderung der damals noch weitverbreiteten »Jahiliya« sowie der barbarischen Bräuche der Eingeborenen wies er mich zurecht: »Der Islam hat ihnen alle Würde und Gesittung gebracht sowie das Gefühl einer Zugehörigkeit zu einer weltweiten Brüderlichkeit im Schatten Allahs. Vergleichen Sie doch nur das gesetzte, ehrbare Auftreten eines afrikanischen Muslims mit der Zügellosigkeit, der geistigen Verwirrung, den Lastern, die so viele Christen oder Animisten dieses Erdteils kennzeichnen.«

Am Ufer des Niger waren drei Tuareg auf ihren Kamelen aufgetaucht. Sie verharrten reglos in ihrer indigofarbenen Verhüllung und betrachteten unseren Schaufeldampfer durch die Sehschlitze ihres Turbans mit königlicher Gelassenheit. Unendlich könnte man spekulieren über die diversen Aspekte des Islam im schwarzen Afrika. Ich mußte an einen Abend in Ost-Guinea denken. Das lag sehr lange zurück. Ich war von Conakry aus zwölf Stunden lang über verrostete Schienen mit dem Triebwagen durch das Fouta-Djalon-Gebirge nach Kankan am Oberlauf des Niger gerattert. Kankan galt auch unter der Herrschaft des Marxisten Sekou Touré, der sich nach der Unabhängigkeitserklärung persönlich mit de Gaulle heftig überworfen und ein repressives marxistisches Regime eingeführt hatte, weiterhin als heilige Stadt des Islam. Der Name dieser trägen Sahel-Ortschaft gemahnte an den schwarzen Mali-Herrscher Kankan-Musa, der im vierzehnten Jahrhundert an der Spitze einer gewaltigen Karawane nach Mekka aufgebrochen war. Seine Kamele waren angeblich so reich mit Gold beladen, daß der jäh gestürzte Kurs des Edelmetalls im Suq von Kairo nach Durchreise Kankan-Musas lange brauchte, um sich zu erholen. Von der Herrlichkeit dieses Mandingo-Königs war in Kankan nichts mehr zu spüren.

Auf den flachen Dächern kauerten Aasgeier. Am Flußbett des Niger fiel mir eine Gruppe schwarzgekleideter Knaben auf. Sie waren vor kurzem beschnitten worden und verrichteten unter Leitung eines frommen Greises das Abendgebet. Im Freilichtkino wurde ein ägyptischer Film gezeigt. »Zuhur el Islam – Blumen des Islam« lautete der Titel. Das Martyrium der ersten Gefährten und Anhänger des Propheten in Mekka wurde auf der flackernden Leinwand dargestellt. Das Kino war bis an die Außenmauer zum Brechen gefüllt. Die ausschließlich afrikanischen Zuschauer erbauten sich staunend an der wundersamen Frühgeschichte ihrer Religion. Sie brüllten vor Freude, als die frommen »Ansar« aus Medina endlich über ihre Verfolger siegten. Völlig außer Rand und Band geriet die Zuschauermasse, wenn Bilal auftrat, jener Negersklave, den der Prophet Mohammed freigelassen und auf Grund seiner mächtigen Stimme zum ersten Gebetsrufer, zum Muezzin, berufen hatte. Die Taten Bilals – er zeichnete sich auch durch herkulische Kraft aus – lösten Stürme der Begeisterung aus. In der Figur Bilals, dieses orientalischen Spiritual-Sängers aus der Zeit der Hijra, vollzogen die einfachen Seelen von Kankan die Identifizierung ihrer schwarzen, stets unterdrückten Rasse mit der Gleichheitsbotschaft des gesandten Gottes aus dem fernen Arabien.

Islamische Négritude

DAKAR, SEPTEMBER 1977

Zur Zeit meiner Afrika-Berichterstattung hatte ich den Schwerpunkt meiner Tätigkeit neben Leopoldville, das heute Kinshasa heißt, auf Dakar, die Hauptstadt des Senegal, an der extremen Westspitze Afrikas ausgerichtet. Dieses frühere Zentrum des französischen Sklavenhandels hatte seinen tribalen afrikanischen Ursprung auf recht harmonische Weise mit den Neuerungen der gallischen Kolonisation vermengt. Ich fühlte mich wohl am Cap Verde. In diesem zu 90 Prozent islamischen Staat übte in der ersten Phase der »Indépendance« der katholische Christ Leopold Sedar Senghor die Präsidentschaft aus. Der tiefschwarze Afrikaner zählte zu den brillantesten »Académiciens« und Dichtern Frankreichs, hatte gemeinsam mit dem Antillen-Politiker Aimé Césaire den Begriff der »négritude« zu einem Ruhmestitel erhoben und in herrlichen Oden eine Kulturüberlagerung zelebriert, für die er folgende Formel gefunden hatte: »Toute civilisation est métissage – Jede Zivilisation ist die Frucht einer rassischen Vermischung.« Tatsächlich war noch unlängst den schwarzen Schulkindern Französisch-Westafrikas in ihren Lehrbüchern eine Geschichtsdeutung beigebracht worden, die mit den Worten begann: »Nos ancêtres les Gaulois – Unsere Vorfahren die Gallier«.

Ich war mehrfach mit Senghor zusammengetroffen, der auch in deutscher Literatur außerordentlich bewandert war. Trotz seines kleinen Wuchses imponierte seine Persönlichkeit. In dem Gedicht »Masque nègre« hat Senghor seinen poetischen Höhepunkt erreicht.

Von Dakar aus schwärmte ich oft nach Osten aus und bewegte mich auf der roten Laterit-Piste, die längs der Bahnlinie nach Bamako, der Hauptstadt von Mali, verläuft. Der Sahel erstreckte sich hier in flacher, ermüdender Monotonie. Die Hecken rings um die Dörfer aus Lehm- und Strohhütten waren mit gelbem Staub verkrustet. Die Baobab-Bäume verstellten mit runden Leibern, mit nackten, weißen Ästen, die sie wie drohende Arme ausstreckten, als befremdliche Wesen den blaßblauen Horizont. Je weiter die Fahrt ins Innere ging, desto häufiger wurden die hohen Erdnußpyramiden, die unermüdliche Scharen von Wolof-Bauern säuberlich aufschichteten. Die Erdnuß war die Haupternte und die wesentliche Einnahmequelle der Republik Senegal. Die schwarzen Menschen, die sich wie Ameisen mit der Ernte und Lagerung der »Cacahouètes« beschäftigten, folgten einem religiösen Gebot, verrichteten eine Allah gefällige Tat.

Der Senegal war zur Heimstätte einer ganz bizarren Frömmigkeit geworden. Unter dem Volk der Wolof griff Anfang des zwanzigsten Jahrhunderts die Sekte der »Muriden« – »Anwärter« oder »Willige« – um sich, die der ketzerische Marabut Amadu Bamba gegründet hatte. Der gewöhnliche Muride war dazu verurteilt, als Erdnußbauer sein Leben zu fristen und seine Gottgefälligkeit durch einen möglichst hohen Ernteertrag zu beweisen. Seine religiöse

Verpflichtung beschränkte sich auf die Feldarbeit. Eine ganze Struktur von Marabuts überwachte diese überaus profitable Geschäftigkeit. Sie gingen anstelle der einfachen Muriden den rituellen Pflichten des Islam nach. Sie entlohnten die Erdnußbauern entsprechend ihren geringen Bedürfnissen, erwarben mit dem Gewinn der Ernte weitere Ländereien, nahmen die Vermarktung der »Arachides« in die Hand und herrschten als geistliche Potentaten, mit magischen Kräften ausgestattet, über eine kollektivistisch organisierte, ziemlich armselige Gemeinschaft.

Amadu Bamba hatte bis zu seinem Tod im Jahr 1927 bereits 400 000 Gläubige um sich geschart. Der »Große Serigne« oder »Höchste Khalifa« ließ sich zuletzt als Inkarnation Gottes auf Erden feiern. Er wurde in der monumentalen Moschee von Tuba begraben. Angehörige seiner Sippe folgten ihm an der Spitze der Muridiya. Sie verfügten über den Segen Allahs, die »Baraka«, nahmen die Sünden ihrer Gefolgsleute auf sich und verbürgten sich für deren Seelenheil. Die demütigen Erdnußbauern – Talibé genannt – gaben sich ihrer fröhlich-kindlichen Gläubigkeit hin. Der »Grand Khalifa« fuhr in einem schwarzen Cadillac durch die jubelnde Menge. Das feiste Gesicht war von der eigenen Würde durchdrungen. Er warf ein paar Münzen und Geldscheine unter das Volk. Die Talibé balgten sich um die bescheidenen Gaben, die den Wert von Amuletten besaßen. Auch die anderen Marabuts dieser Sekte zeichneten sich durch Fettleibigkeit und Arroganz aus. Sie verbargen ihre Augen hinter mächtigen Sonnenbrillen und rollten ebenfalls in stattlichen Limousinen. Häufig saßen junge, schwarze Konkubinen im golddurchwirkten Bubu neben den heiligen Greisen. Eine Truppe halbnackter, wilder Gesellen mit verfilztem Haar ließ schwere Keulen wirbeln und sorgte für Ordnung. Der Islam war hier zweifellos in ausbeuterischen Aberglauben abgeglitten.

Natürlich stieß diese Pervertierung der koranischen Lehre bei den zahlreichen jungen Intellektuellen von Dakar auf heftigen Protest. Damals war es noch Mode, marxistischen Ideen anzuhängen. Viele schwarze Studenten trafen sich im bescheidenen Lokal einer linksorientierten »Partei der afrikanischen Unabhängigkeit«, das

– mit Bildern von Lenin und Ho Tschi Minh geschmückt – mitten im billigen Bar- und Bordellviertel der Rue de Bayeux unterge- bracht war. Da einige dieser jungen Leute beim senegalesischen Rundfunk arbeiteten, wo ich meine Kommentare ins Mikrophon sprach, fand ich Zugang zu ihnen und gewann schnell ihre Sympa- thie. Die Revolutionäre bezeichneten den Präsidenten Senghor als einen »Affen der französischen Kolonisation«. Aber ihre wütendste Kritik richtete sich gegen die Marabuts, ihr System der »Turuq«, gegen die Verblendung ihrer unterwürfigen Ikhwan. Für sie prä- sentierten sich diese religiösen Scharlatane wie Medizinmänner im trügerischen Gewand des Islam.

Die Zauberkunst des »Gris-Gris« oder des »Ju-Ju«, wie man im benachbarten Gambia sagte, der wundertätigen Amulette, die sich aus Tierknochen, Haaren, Wurzeln und Dreck zusammensetzten, sei ihnen vertrauter als die Suren des Korans. In gewissen Savan- nengegenden sei es noch üblich, Schiefertafeln mit Koransprüchen zu beschreiben, die Kreide dann abzuwaschen und das gewonnene Getränk als Heilmittel gegen alle möglichen Krankheiten zu ver- kaufen. »Es wird Zeit, daß diese Volksbetrüger mit ihrer Verdum- mungslehre vom wissenschaftlichen Materialismus verdrängt wer- den«, betonte ein zwei Meter hoher, gazellenschlanker Student der Soziologie.

Inzwischen hat der Marxismus mit dem Zusammenbruch der Sowjetunion sein Prestige und seine Anziehungskraft verloren. Aus dem arabischen Raum – aus Marokko, Ägypten und Saudi-Ara- bien – eilen neue Missionare an das Cap Verde und in den Sahel, um der negroiden Verirrung des Marabutismus und der wild wuchern- den Bruderschaften einen orthodoxen Riegel vorzuschieben. Die Bewegung der Ulama hat vor allem bei jenen senegalesischen »Tul- lab« Fuß gefaßt, die in den Universitäten von El-Azhar in Kairo oder in der Qarawiyin von Fez die Scharia studieren. Sie besitzen neuerdings in der Medina von Dakar prächtige Moscheen, die von den Gönnern aus Maghreb und Maschreq nicht ohne politische Hintergedanken gestiftet werden. Vor allem die Agitatoren des wahhabitischen Rigorismus finden Zuspruch bei den aufbegehren-

den Gläubigen. Sie verfügen über schier unerschöpfliche Finanz-
mittel, um ihre unduldsame Lehre zu verbreiten, die Saudi-Arabien
trotz der engen Bindung der dortigen Dynastie an die USA zu
einem geheimen Hort des Terrorismus und der Verschwörung werden läßt.

Aber ich habe auch erlebt, wie in einer Runde von Journalisten
ein senegalesischer Kollege große Heiterkeit und Zustimmung
auslöst, als er seine Skepsis gegenüber den Arabern äußert: »Früher haben sie uns auf ihren Sklavenmärkten verkauft, und heute
kaufen sie uns mit ihren Petrodollars.«

Der Heilige Krieg der Fulani

KANO, MÄRZ 2000

Mehr als ein halbes Jahrhundert hat es gedauert, bis die seit Gründung des unabhängigen Sudan von Khartum vorprogrammierte
Spaltung in eine arabisierte islamische Republik im Norden und
einen überwiegend animistischen oder christianisierten Separat-
staat der Niloten-Stämme im Süden sich tatsächlich realisieren
sollte. Ähnliche Erwartungen richten sich seit Dekaden auf jene
disparat strukturierten postkolonialen Gebilde, die sich in krampf-
haftem Überlebenstrieb an die von den Kolonialmächten gezoge-
nen Grenzen klammern.

Das wirkliche kontinentale Problem stellt die gewaltige Föderation Nigeria mit ihren 150 Millionen Menschen dar, die im ganzen
westafrikanischen Raum als Führungsmacht auftritt, im Innern jedoch durch erbitterte tribale und religiöse Verfeindungen in ihrer
Existenz bedroht ist.

Im Mai 1967 hatte der Ibo-General Ojukwu, von Frederic Forsy-
the in seinem Roman *The dogs of War* als afrikanischer Held gezeichnet, die Sezession des Biafra-Staates proklamiert, nachdem es im
Norden der Föderation zu fortgesetzten Pogromen gegen seine

Stammesbrüder gekommen war. In mancher Beziehung ließe sich eine Parallele zum jetzigen Bürgerkrieg im Sudan feststellen: Nord gegen Süd, Islam gegen Christentum hieß es auch damals. Aber so einfach verhielten sich die Dinge nicht bei diesem bei weitem volkreichsten Giganten Afrikas. Bemerkenswert war nicht nur der tollkühne Selbstbehauptungswille des im katholischen Glauben geeinten Ibo-Volkes gegen eine erdrückende Übermacht und eine weltweite Verschwörung. In den Sümpfen des Nigerdeltas, vor allem im Umfeld von Port Harcourt, waren unermeßliche Vorkommen an Petroleum entdeckt worden. Dieser Reichtum wurde den Ibos zum Verhängnis. Auch in dieser Hinsicht läßt sich eine Parallele zu den blutigen Vorgängen im heutigen Sudan konstruieren.

Was die ethnischen Divergenzen betrifft, die die Föderation Nigeria zu spalten drohten und heute wieder brisante Aktualität gewinnen, so konnte ich damals schon auf den vorzüglichen Lehrplan des Pariser Instituts für politische Wissenschaften zurückgreifen. Dort war uns beigebracht worden, daß die Masse der Haussa-Stämme im Norden Nigerias, die im neunzehnten Jahrhundert durch den Jihad des Nomadenvolkes der Peul unterworfen und zur koranischen Lehre bekehrt worden waren, sich alsbald in Sultanaten und Emiraten strukturierten. Andererseits hatten sich vor der Ankunft der britischen Kolonisatoren vor allem in der Westregion die heidnischen Stämme der Yoruba zu beachtlichen Fürstentümern zusammengeschlossen. Unter Beibehaltung ihrer bluttriefenden Zeremonien hatten sie die großartige Bronzekultur von Benin entwickelt und mit ihren faszinierenden, oft furchterregenden Masken manche europäische Bildhauer inspiriert.

In den undurchdringlichen Regenwäldern der östlichen Küstengebiete am Guinea-Golf schließlich verharrte bis zur Besitznahme durch das britische Empire die Ethnie der Ibo in primitiver Sippen-Anarchie, entfaltete jedoch nach ihrer Bekehrung zum Christentum eine verblüffende Dynamik. Schon bald galten die Ibo als eines der anpassungsfähigsten und tüchtigsten Elemente Schwarzafrikas. Der Versuch jedoch, ihre Unabhängigkeit von Lagos in einem kriegerischen Kraftakt durchzusetzen, ist gescheitert. General Ojukwu setzte sich nach Abidjan an der Elfenbeinküste ab, wo Präsident Houphuet-Boigny, wohl der bedeutendste Staatsmann im frankophonen Afrika, die Ibo als »einzige authentische Nation des Kontinents« pries. Durch Massaker und Hunger hatten die Ibo bis zu ihrer Kapitulation Anfang 1970 mehr als eine halbe Million Menschen eingebüßt. Wenige Jahre später standen sie schon wieder im Begriff, durch ihre rastlose Energie und hohe Intelligenz eine beachtliche Rolle im wirtschaftlichen und kulturellen Gefüge der neu gegliederten Föderation Nigeria zurückzugewinnen.

Aber die Wunden sind nicht geheilt. Auch das im Südwesten lebende Volk der Yoruba mit seiner Vielzahl christlicher Sekten verwehrt sich gegen die Einführung der Scharia, der koranischen Gesetzgebung, die in den meisten der neu gegliederten Bundesstaaten des Nordens stattgefunden hat. Während sich die eingeborene Oligarchie längs der Guinea-Küste an den gewaltigen Erdölvorkommen des Nigerdeltas bereichert, steht die Verteilung des finanziellen Aufkommens zur Debatte. Gier nach Petroleum und konfessionelle Gegensätze, die beiden Sprengsätze, die heute im ehemals anglo-ägyptischen Sudan explodieren, üben auch in Nigeria ihre zersetzende Wirkung aus.

Wer den Ernst der Lage erkennen will, sollte sich nach Kano, der Hauptstadt des gleichnamigen Bundesstaates im Norden, begeben. Die Bevölkerung ist auf drei Millionen angeschwollen, darunter viele Zuzügler aus den Haussa-Dörfern, denen die progressive Austrocknung des Sahel-Bodens die landwirtschaftliche Lebensgrundlage entzieht. Neben der Hafenstadt Lagos ist Kano die größte Metropole Nigerias. Der Fäulnisgeruch des Mülls, die stinkenden Abwässer, die in der erdrückenden Hitze zur Brutstelle aller möglichen Krankheiten werden, das chaotische Durcheinander von Slums und Betonbauten, von Blechhütten, Ställen und schmutzspeiender Industrie beherbergen eine Bevölkerung, deren Mehrzahl mit einem bis zwei Euro pro Tag überleben muß. Etwas abgesetzt von diesen erbärmlichen »Bidonvilles« hat eine korrumpierte Elite ihre palastähnlichen Villen errichtet, die von angeheuerten Sicherheitskräften geschützt werden. Der unerträgliche Lärm des

Straßenverkehrs wird in regelmäßigen Abständen übertönt von den Lautsprechern der zahllosen Moscheen und den Gebetsrufen der Muezzin.

Versetzen wir uns um ein halbes Jahrhundert zurück, zu den Eindrücken, die ich während meines ersten Aufenthalts in Nigeria sammeln konnte. Die Altstadt von Kano, von den Villen der Engländer durch einige Meilen getrennt, wurde in den Reiseführern als »Marrakesch des Südens« beschrieben. Das war eine grobe Übertreibung. In den offenen Marktbuden wurden mit Blech beschlagene, grell bemalte Brautbetten und ähnlich verzierte Sättel angeboten. Bei den Geldwechslern lagen die Maria-Theresien-Taler in hohen Rollen. Daneben wurden noch die alten Muschelmünzen, die Cowries, gezeigt, von denen 350 000 für eine Frau gezahlt wurden. Dicke Zinnreifen galten einst ebenfalls als geläufige Währung, um auf dem benachbarten Sklavenmarkt Arbeitskräfte und Konkubinen zu kaufen.

Hinter einem Haufen von toten Krähen und Igeln, von Rattenfellen, Affengliedern und seltsamen Wurzeln saßen bunt kostümierte Wunderdoktoren. Antimon zum Schwärzen der Augenlider, Henna zum Röten der Hände und Füße, Seife aus Pottasche, Colanüsse als Stimulans, Salzkugeln aus den Salinen von Bilma wurden hier feilgeboten. Die Stoffe, die noch nicht aus China stammten, kamen meist aus Manchester oder Osaka. Die örtliche Kunst beschränkte sich auf die Anfertigung rauchgeschwärzter Kalebassen oder unansehnlicher Silberarbeiten.

Durch die eng gewundenen Gassen zwischen Lehmhäusern, deren Zinnen wie Zebu-Hörner geschwungen waren, zerrten halbnackte Schwarze ihre Lastkarren und spornten sich selbst mit rhythmischen Schnalzlauten an. Die Aasgeier, deren Tötung mit 10 Pfund Strafe geahndet wurde, hatten die Zutraulichkeit von Haustieren. Die Fliegen verdichteten sich auf dem Fleischmarkt zu Klumpen. Der Gesundheitsbericht erwähnte 200 000 Blinde in Nord-Nigeria und eine Fülle endemischer Krankheiten. Die Zahl der Aussätzigen wurde nie statistisch erfaßt. Unweit des Sultanspalastes, der hinter mächtigen Laterit-Mauern verborgen war, spiegelten sich hoch über den flachen Gassen von Kano die weißen Minarette der neuen, großen Moschee in der Glasur einer blau-grünen Kuppel. Das Gebetshaus kündete von der Neubelebung des Islam in diesem afrikanischen Raum.

Jenseits der Lagerhallen mit den steilen Erdnuß-Pyramiden, gleich neben den Bazar-Schuppen der Libanesen, erstreckten sich die Wellblechdächer von Sabongari. In diesem Stadtviertel hatten sich die christlichen Zuwanderer aus dem Süden niedergelassen, meist Ibo und Yoruba. Sie zeichneten sich gegenüber den muslimischen Haussa des Nordens, die sich als wandernde Händler bewährten, durch größere Anpassungsfähigkeit an die westlichen Gesellschaftsformen aus und hatten fast sämtliche Angestellten- und Schreiberstellen inne.

Mit den »Leuten aus dem Süden«, wie man sie in der Nordregion nennt, ist der große Gegensatz der nigerianischen Politik bis tief in das Herz des Emirats Kano getragen worden. Die Unabhängigkeitsbewegung, die vor allem in der Küstengegend von Lagos und im Umkreis von Enugu ihren Ursprung nahm, führte damals zu einem Zweifrontenkrieg: gegen die Überbleibsel der britischen Kolonialverwaltung gewiß, aber beinahe mehr noch gegen die konservative Feudal-Opposition der Muslim-Sultanate des Nordens.

Die Ibo aus dem Südosten entfalteten eine überschwengliche Vitalität. Während abends die Moslem-Stadt schweigsam und ein wenig bedrückt in ihren Lehmwänden schlummerte, erwachte Sabongari zu lärmendem Leben. Aus allen Häusern drang Radiomusik. Die Frauen trafen sich zu kreischenden Runden, während die Männer, in eine Phantasietracht – halb Pyjama, halb Pierrot-Kostüm – gekleidet, zu Fuß oder zu Fahrrad einem Kabarett unter freiem Himmel zustrebten, das den anspruchsvollen Namen »Rendez-vous des Aristocrates« trug.

Kein Wunder, daß die Korangläubigen sich gegen soviel Sittenlosigkeit, soviel Geschäftigkeit, gegen diesen unverhohlenen Unterwanderungs- und Überflügelungsversuch der Christen zur Wehr setzten. Die Feudalherren und die Höflinge der Sultane hatten erkannt, daß es nicht länger ausreichte, mit bodenloser Verachtung auf diese eben dem Götzenkult entronnenen »Kuffar« herabzublicken. Die Abwehr des Nordens gegen die Agitation aus dem Süden hatte zu einer islamisch ausgerichteten Kampagne geführt, die in mancher Hinsicht an die Loslösung Pakistans von Indien im Jahre 1947 erinnerte und eine konfessionelle Zerrüttung nach dem Muster des indischen Subkontinents nicht mehr ganz ausschloß. In Kaduna hatte sich die Regierung des Nordens unter Vorsitz des designierten Nachfolgers des Fulani-Sultans von Sokoto, des Sardauna Ahmadu Bello, niedergelassen.

Die britische Kolonie Nigeria war 1914 entstanden, als die Engländer ihre Protektorate in Nord und Süd administrativ zusammenschlossen. Man zählt insgesamt mehr als vierhundert Ethnien. Ausschlaggebend bleiben jedoch die Hausa, Fulbe, Yoruba und Ibo, die in tief eingefleischtem Mißtrauen und teilweise offener Gegnerschaft nebeneinanderleben. Mehr als die Hälfte der rund 150 Millionen Nigerianer, die die Föderation heute zählt, bekennt sich zum Islam, 40 Prozent bezeichnen sich als Christen und 10 Prozent hängen weiterhin ihren Naturreligionen an.

Im Jahr 1960 hat Nigeria seine Unabhängigkeit erlangt. Im Westen wurden damit große Hoffnungen verbunden, daß hier ein für Afrika richtungweisendes Modell entstehen könne. Föderalismus und Demokratie standen auf dem Programm dieses mit reicher Landwirtschaft und unermeßlichen Mineralvorkommen gesegneten Giganten des schwarzen Kontinents. Aber schon unmittelbar nach seiner Gründung wurde Nigeria die Beute korrupter Politiker und brutaler Militärs. Die Präsidentschaft wurde fast durchgehend von ehrgeizigen Generalen usurpiert. Die politische Macht wurde vorrangig von den im Norden lebenden Haussa oder Fulbe ausgeübt. Im Süden, wo die christlichen Ibo 1967 die kurzlebige Republik Biafra ausriefen, verbreitete sich eine beispiellose Bestechlichkeit und Sittenlosigkeit.

1970 wurde das riesige Land in 36 Bundesstaaten unterteilt. Seitdem wird Nigeria – vor allem in der Grenzzone der unterschiedlichen Konfessionen – fast täglich von mörderischen Überfällen, von Pogromen, sogar von Massakern heimgesucht. Die Gewalttätigkeit wird von beiden Seiten – von Jüngern des Kreuzes und des Halbmondes – ausgeübt, so daß in den klimatisierten, komfortablen Clubs, wo sich die Geschäftsleute und Spekulanten aus den USA und Europa treffen, wieder einmal Wetten darüber abgeschlossen werden, wie lange die Einheit der Föderation, die im Zentrum des Landes die künstliche Hauptstadt Abuja in die Savanne verpflanzte, diese Animositäten überleben kann oder ob sie nicht einer unweigerlichen Spaltung entgegentreibt.

*

Im Mai 2001 habe ich zu ergründen versucht, wie es der Viehzüchter-Rasse der Peul etwa hundert Jahre vor dem Eindringen britischer und französischer Kolonialarmeen in Westafrika gelungen war, ganze Völkerschaften zwischen Senegal-Fluß und Tschad-See zu unterwerfen. Vom Taumel islamischer Frömmigkeit erfaßt, waren die Peul über immense Territorien ausgeschwärmt. Die Nachfahren dieser Eroberer leben weiterhin in Erinnerung des grandiosen Jihad. In der Republik Guinea haben sich etwa zwei Millionen Fulani im festungsähnlichen Gebirge des Fouta-Djalon niedergelassen, das von den Geographen als »Wasserturm Westafrikas« bezeichnet wird. Dort entspringen die wichtigsten Flüsse der Region, Niger, Senegal und Gambia.

In dieses Réduit wollte ich vorstoßen. Meist ertrinkt das Plateau des Fouta-Djalon in dichten Nebelschwaden und Wolken. Aber an diesem Tag wölbte sich blauer Himmel. Nachdem wir von der Hauptstraße in Richtung Kankan nordwärts abgebogen waren, nahm uns eine eindrucksvolle Landschaft auf, grünbewaldete Hänge und schwarze Basaltschluchten, die sich zwischen Tafelbergen schlängelten. Nach dem Waschküchenklima Conakrys genossen wir die angenehme Frische. Die Gendarmerie-Kontrollen, die zwischen Kindia und Mamou so zahlreich waren, als befände sich Guinea im Belagerungszustand, waren seltener geworden. Normalerweise hielten die Militärs sämtliche Wagen an, um sie nach Waffen zu durchsuchen und eine Bestechungssumme zu kassieren.

Mein Fahrer Barry, der stets auf die Präsenz eines weißen Fahrgastes verwies, blieb unbehelligt.

Die Dörfer des Fouta-Djalon sind nicht ansehnlicher als die des Tieflandes. Die Moscheen mit den bizarren weißen Türmen sind jedoch viel zahlreicher. Viele Höfe mit pilzförmigen »Tukul« liegen abseits verstreut. Der Aufstieg war irgendwie feierlich, als bewegten wir uns auf eine afrikanische Gralsburg zu. Oder habe ich nur zuviel gelesen über diese Nomadenstämme, die in mancher Beziehung an die ostafrikanischen Tutsi in Ruanda und Burundi erinnern? Der bedeutendste deutsche Afrikaforscher, Heinrich Barth, sah in den Fulani die »intelligentesten Afrikaner«. Sie waren wohl auch die hochmütigsten. Der Engländer Mungo Park, der schon um 1800 dem Lauf des Niger folgte und dabei den Tod fand, stellte fest, daß die Peul oder Fulani sich durch kupferfarbene Haut, schmale Nasen und Lippen von den übrigen Sudanesen unterschieden und sich stolz der weißen Menschheit zurechneten.

Ein Marabut namens Cerno Abdurrahman Bah hat ihre Entstehungsgeschichte unlängst in einem Gedicht besungen: »Zur gesegneten Epoche des Propheten Moses, des Erhabenen, sind die ersten Peul in unser Land am Fouta-Djalon gepilgert. Aus dem fernen Ägypten waren sie mitsamt ihren Familien und ihren Viehherden aufgebrochen. Dort bekehrten sie sich zum Islam und schwärmten im ganzen Sudan aus«, so beginnt das Epos. Im Norden Nigerias, wo die Fulani heute mit fünf Millionen am stärksten vertreten sind, gab ein Wesir des Sultans von Sokoto eine andere Herkunft an. Er sah in seinen Stammesbrüdern die Nachkommen Abrahams, Isaaks und vor allem Esaus. Phantasiebegabte Exegeten der bizarren Fufulde-Sprache wollen herausgefunden haben, daß es sich um einen verlorenen Stamm Israels handele oder gar um eine Legion des alten Rom, die sich nach Schwarzafrika verirrte.

Generell nehmen die Ethnologen an, daß die Fulani in ferner Zeit nach endlosen Wanderungen im weiten Bogen über den nordafrikanischen Atlas und die Oasen Mauretaniens bis in die Gegend des Senegalflusses gelangten. Dort bildeten sie ihren ersten Siedlungsschwerpunkt Fouta-Toro, der heute noch besteht. Da es sich ursprünglich um »hamitische« Viehzüchter handelte, breiteten sie sich bei ihrer Suche nach Weidegründen vom elften Jahrhundert an im sudanesischen Korridor aus. Im Süden begrenzte der Regenwald ihr Vordringen. Heute findet man die Ballungszentren der Peul in Senegambia, im Fouta-Djalon, am mittleren Niger, in Nord-Kamerun sogar und vor allem in den Emiraten der nigerianischen Föderation. Ihr Nomadenleben haben sie allmählich zugunsten seßhafter Staatsgründungen aufgegeben.

Die Bekehrung der Fulani zum Islam begann im Umkreis des Senegal, bei den sogenannten Toucouleurs oder Tekruri. Erst allmählich durchdrang die Lehre des Propheten das Fouta-Djalon-Gebirge. Aber dann setzte dort im siebzehnten Jahrhundert eine bemerkenswerte Entwicklung ein. Mit eifernder Inbrunst wandten sich die Fulbe der koranischen Offenbarung zu. Ihre religiösen Lehrer, »Muallam« genannt, die sich durch Sittenstrenge, ja Askese auszeichneten, bewährten sich als Prediger und Anführer des Heiligen Krieges gegen die Heiden, die »Muschrikin«. Die Götzenanbeter bekamen die ganze Härte der Scharia zu spüren. Nach und nach formierte sich ein islamischer Gottesstaat, dessen oberster Befehlshaber – Imam oder Almamy genannt – weltliche und religiöse Macht in einer Hand vereinigte.

Von den übrigen Muslimen der Sahelzone, die dem Zauberglauben der Vorväter längst nicht entsagt hatten und ihrem magischen Zeremoniell weiter huldigten, unterschieden sich die Korangelehrten der Peul durch ihre strikte Buchstabentreue, ihre guten Arabischkenntnisse und einen fast puritanischen Lebenswandel. Sie waren geborene »Fundamentalisten«. Drei Jahrhunderte sollte diese seltsame Hierarchie des Almamy-Reiches dauern. Die beiden bedeutendsten Sippen lösten sich in der Regierungsausübung ab. Aber dann rückten um 1890 französische Kolonialtruppen von der Küste heran. Nach einem letzten Aufbäumen unter dem frommen »Alim« El Hadj Omar und dessen Sohn Ahmadou am mittleren Niger vollzogen dieses stolze Volk und seine Imame eine widerwillige Unterwerfung unter die ungläubigen Eroberer.

Nur ein Jahrhundert zuvor war es im Herzen der Sahelzone jedoch zur Gründung eines Großreichs der Fulani unter ihrem streitbaren Scheikh Osman Dan Fodio gekommen, der im Ruf koranischer Heiligkeit stand und seine Herrschaft über die im Norden des heutigen Nigeria lebenden Haussa-Stämme etablierte. Bei diesen Feldzügen trugen die Befehlshaber der Fulbe-Kavallerie Rüstungen, die jenen der fränkischen Kreuzritter oder den Kettenhemden der Mameluken ähnelten. Das Modell dazu war offenbar aus Ägypten in die Umgebung des Tschad-Sees gelangt. Bis nach Ilorin im Yoruba-Land sollte Osman Dan Fodio seinen siegreichen Jihad vorantreiben. Seine Kavallerie wäre mühelos bis zur Küste des Guinea-Golfs vorgedrungen und hätte auch die dortigen Völkerschaften zum Islam bekehrt, wenn die Pferde nicht im versumpften Dschungelgelände des Südens der Plage der Tsetsefliege erlegen wären, wodurch der Eroberungszug im Morast steckenblieb.

Osman Dan Fodio proklamierte sich zum Kalifen, aber dann zog er sich in frommer Abgeschiedenheit nach Sokoto zurück. Sein Reich wurde von inneren Zwistigkeiten zerrüttet, so daß die aus Süden vorrückenden Engländer ein relativ leichtes Spiel hatten. Ab 1901 verleibte London den Norden des heutigen Nigeria dem Empire ein, überließ jedoch den örtlichen Emiren und Scheikhs, vor allem auch dem mächtigen Sardauna von Sokoto weitgehende Selbstverwaltung und Autorität über ihre muslimischen Untertanen, die Elite der Fulani und die mit ihnen in Harmonie lebende Mehrheitsbevölkerung der Haussa.

Mein Ziel ist die Stadt Dalaba, deren einziges bemerkenswertes Bauwerk die riesige Moschee ist, die mit ihren schlanken Minaretten und der grünen Kuppel die Richtung weist. Das Gebetshaus ist erst im Jahr 1999 von einem reichen Peul-Kaufmann gespendet worden. Aber hier konzentriert sich inzwischen – weit mehr als in Labé oder Timbo – das politisch-religiöse Leben. Die Frauen sind nicht verschleiert, und wir begegnen zahlreichen Schulklassen beider Geschlechter. Zur Zeit der Franzosen wurde Dalaba, das auf 1300 Meter Höhe liegt, als Erholungsort geschätzt.

Es ist Mittagszeit, und ich suche die Moschee auf. Der Muezzin hat zum Gebet gerufen, und eine Gruppe von etwa fünfzig Männern aller Altersklassen hat sich in dem weißgekachelten Gebetsraum in Richtung Mekka versammelt. Ich habe natürlich meine Schuhe ausgezogen, und als zwei junge Männer mich nach meinem Begehren fragen, rezitiere ich auf gut Glück die erste Sure des Korans, die Fatiha. Da stehe ich auf einmal im Zentrum einer herzlichen Freundschaftsbekundung. Obwohl ich betone, daß ich kein Moslem, sondern Christ sei, werde ich in die erste Reihe der Betenden geleitet.

Der stellvertretende Imam, ein gütig blickender Greis mit spärlichem weißem Bart nimmt sich meiner besonders an, während wir uns im vorgeschriebenen Rhythmus aufrichten oder zu Boden fallen lassen. Das Ritual ist mir bekannt, aber der »Na'ib« legt Wert darauf, daß ich die Verneigungen exakt nach Vorschrift durchführe. Für jemanden, der diese fromme Gymnastik nicht gewohnt ist, beginnen die Gelenke sehr schnell zu schmerzen. Wenn ich nicht gerade mit Stirn und Nase den Teppich berühre, schaue ich mir meine Gefährten genau an. Ein besonders stark ausgeprägter ethnischer Typus, wie ihn die frühen Reisenden beschrieben, ist kaum noch zu erkennen. Vermutlich haben die Angehörigen anderer afrikanischer Stämme dafür einen schärferen Blick. Aber negroid sehen die wenigsten Gesichter aus. Der Teint ist heller, die Lippen schmal und die Nase oft gebogen.

Nach dem Gebet kommen wir im Vorhof der Moschee unter einem weit ausladenden Baum zusammen. Der Mufti stellt mich einer imponierenden Persönlichkeit vor. El Hadj Ticero Habib Sow steht der islamischen Liga von Dalaba vor. Der mächtig gewachsene Mann spricht perfekt Französisch und unterrichtet als Geschichtsprofessor an einer nahen Hochschule. Bei diesem »Ustaz« hat sich die ursprüngliche Physiognomie der Fulani sehr rein erhalten. Das kahlgeschorene Antlitz wirkt fast römisch, und er bewegt sich mit den Allüren eines Kurienkardinals. Ich werde aufgefordert, zwischen dem Imam und dem Professor auf einer Steinbank Platz zu nehmen, während die Gläubigen zu unseren Füßen hocken.

El Hadj Ticero kennt sich gut aus in der Historie seines Volkes. Er belastet sich nicht mit unnötigen Legenden. »Gerade in Deutschland sind eine Reihe von klugen Veröffentlichungen über uns erschienen, und der kundigste Entdecker war Heinrich Barth«, belehrt er mich. »Nein, einen Kalifen haben wir nie gehabt«, antwortet er auf meine Frage, »der Almamy, die höchste weltliche und geistliche Autorität, wurde von den großen Sippen kooptiert. Ein Ältestenrat stand ihm zur Seite, und alle zwei Jahre wurde er ausgewechselt.« Heute gebe es keinen Almamy mehr. An seine Stelle seien die Imame der großen Moscheen des Fouta-Djalon getreten, und die regelten neben religiösen Fragen auch ganz alltägliche Probleme mit großer Autorität.

Zu meiner Überraschung erfahre ich, daß nach der düsteren Epoche des marxistischen Diktators Sekou Touré die weitgestreute Föderation der Fulani die Verbindung untereinander wiederaufgenommen hat. Eine Art Renaissance sei im Gange, die sich auch auf die Pflege der gemeinsamen Fufulde-Sprache erstrecke. »Wir veranstalten Konferenzen mit unseren Brüdern aus Senegal, Mali, Kamerun und Nigeria.« Der Ustaz ist ein schrifttreuer Moslem, der den Abweichungen der Sufi-Bruderschaften skeptisch gegenübersteht. Der Vorrang der malekitischen Rechtsschule in Dalaba deutet auf alte Verbindungen zum Maghreb hin. Neuerdings sei bei den Jüngeren eine Hinwendung zum strengen hanbalitischen Ritus festzustellen, und der Einfluß der Wahhabiten nehme zu. Für einen guten Moslem gelte jedoch nur der Koran und der Hadith, die Überlieferung aus dem Leben des Propheten. Eine Rückkehr zur Reinheit der ursprünglichen Lehre, zur »Salafiya«, sei das Gebot der Stunde. Die Zuhörer sind neugierig auf das, was ich aus Deutschland zu berichten habe. Daß dort inzwischen mindestens vier Millionen Korangläubige leben, erfüllt sie mit großer Freude.

*

Der britischen Kolonialpraxis des »indirect rule« ist es zu verdanken, daß das höfische Zeremoniell der Emire und Sultane Nord-Nigerias erhalten blieb. Bei den großen Festlichkeiten, die seine Königliche Hoheit Alhaji Ado Bayero, der wichtigste dieser Fürsten, veranstaltete, glaubte man sich fast zurückversetzt in die Reisebeschreibungen Ibn Battutas. Das Protokoll dieser Entfaltung medievaler Pracht geht tatsächlich auf einen gewissen Mohammed el-Maghili zurück, der, den Annalen zufolge, im Januar 1493 aus der Sahara nach Kano kam. Der heutige Malik, ein hochbetagter Mann, übt zwar keine unmittelbare Regierungsgewalt aus, ist aber die höchste religiöse Autorität, und im traditionellen Islam sind Staat und Religion nun einmal nicht zu trennen. Ado Bayero entstammt dem Volk der Fulbe, aber für seine Untertanen, die überwiegend den Stämmen der unterworfenen Haussa angehören, ist er »der Mond, der den nächtlichen Himmel erleuchtet«. Das Volk huldigt ihm als dem »unbesiegbaren Löwen«, dem Regenspender in Perioden exzessiver Dürre und Trockenheit.

Bei den jährlichen Feierlichkeiten wird vor allem des großen Eroberers und Marabut Osman Dan Fodio gedacht, und das armselige Gewirr schäbiger Hütten und verschmutzter Gassen füllt sich plötzlich mit majestätischem Glanz. Die offizielle Staatsverwaltung wird zwar von einem Gouverneur ausgeübt, den die Regierung in Abuja ernennt. Aber sehr schnell hat dieser Außenseiter erkannt, daß der angestammte König weit mehr darstellt als eine folkloristische Kuriosität. Der Beauftragte der Föderation bestätigt, was in Kano und in anderen Emiraten des Nordens das Gebot der Stunde sei. Auch er fordert »mehr Islam« im täglichen Leben, läßt grüne Plakate anbringen mit der Aufschrift »Fürchte Allah, wo immer du bist«, und er respektiert die Anwendung der koranischen Rechtsprechung. Schon lehnen sich die Ungläubigen in der sündigen Hafenmetropole Lagos gegen diesen Rückfall auf und verspotten die Stadt Kano als »Schariapolis«.

Bevor der Emir aus seinem Palast ausreitet, einem kolossalen Lehmblock mit zehn Meter dicken Mauern, der fünfhundert Jahre alt ist, ertönt das Getöse der Trompeten und Trommeln. Hunderttausende seiner Untertanen drängen sich am Straßenrand, um ihm zuzujubeln. An der Eskorte zu Ehren des großen Jihad vor 200 Jahren und zur Sicherung des Sultans nehmen 2000 Edle auf Pferden und Kamelen teil sowie 30 000 treue Anhänger zu Fuß, die mit

Pfeil und Bogen bewaffnet sind. Alhaji Ado Bayero ist seinerseits einem strengen Ritual unterworfen. Er muß stets Abstand halten zum gewöhnlichen Volk. Sein Gesicht ist meist durch einen Schleier verborgen. Sein Antlitz soll abwechselnd Strenge und Milde ausdrücken. Zu seinen Untertanen spricht er nicht direkt, sondern läßt seine Weisungen durch einen Herold verkünden, ein Brauch, der übrigens bei den meisten afrikanischen Stämmen, auch den Heiden, üblich ist.

Die feierliche Prozession schillert in allen Farben. Der Emir – hoch zu Roß – ist ganz in Weiß drapiert. Seine Palastwache ist hellrot uniformiert, und dazwischen mischen sich tiefgrüne Fahnen des Islam. Die Vornehmen seiner Umgebung hüllen sich in gold-durchwirkte Gewänder, mit Varianten von smaragdgrün, hellblau, violett und schwarz. Pferde wie Reiter sind mit Eisenrüstungen, Helmen und Kettenpanzern ausgestattet, wie sie einst die Kreuzrit-ter oder die Mameluken im Kampf um das Heilige Land trugen. Gegen die Sonne ist der Herrscher durch einen prächtigen Schirm und Büschel von Straußenfedern geschützt. Bei seinen Auftritten wird er auch oft von einem buckligen Hofnarren begleitet.

Bei seinem Festzug durch die Stadt vermeidet der Emir, um seine Toleranz zu beweisen, auch das kleine Christenviertel nicht, das als »red light quarter« verschrien ist. Die meisten Einwohner sind aus Angst vor Pogromen nach Süden abgewandert. Die Christen im Emirat Kano machen nur noch ein Prozent der Bevölkerung aus. Aber auch hier stimmt das Volk ein Gebrüll von Lobpreisungen des Herrschers an. Ein Symbol der Unnahbarkeit soll der Emir bleiben, aber er will auch als höchster Schlichter den Schwachen zur Seite stehen und Toleranz üben. Andererseits kommt ihm zugute, daß sich das Gerücht hält, er habe den übelsten Militärdiktator Nige-rias beseitigt, indem er ihm vergiftete Viagra-Pillen zukommen ließ.

In seinen jungen Jahren soll der Sultan bei seinen Aufenthalten in England ein höchst unkonventionelles, frivoles Leben geführt haben. Aber die Geheimnisse des Serail, des Palastes von Kano, sind wohlgehütet. Dort soll der große Alhaji Ado Bayero über vier Ehefrauen und zwölf Konkubinen verfügen, die unter zweitausend

»königlichen Sklavinnen« ausgewählt wurden. Vor kurzer Zeit heiratete er die Tochter des neben ihm mächtigsten Fürsten des Nordens, des Sardauna von Sokoto, die gerade neun Jahre alt geworden war.

Seit dem Jahr 2000 ist es in Nord-Nigeria fast täglich zu schweren interreligiösen Ausschreitungen gekommen. Zahlreiche Kirchen, aber auch Moscheen wurden abgebrannt. Der Haß zwischen den Konfessionen löste regelrechte Massaker aus, die in der Provinz Maiduguri und Sokoto zur systematischen Verdrängung der christlichen Minderheit führten. Mit Sorge blickt nicht nur die Regierung von Abuja auf die islamistischen Terroristen des Geheimbundes »Boko Haram«, was man mit »westlicher Lebensstil ist Sünde« übersetzen könnte. Boko Haram möchte ganz Nigeria der koranischen Rechtsprechung unterwerfen. Nach diversen Attentaten gegen Polizeistationen und Gefängnisse begann man diese Gruppe mit El Qaida und den Taleban zu vergleichen. Jedenfalls gewinnt sie ständig an Zulauf und rekrutiert ihre Anhänger – wie in so manchem anderen Land des Dar-ul-Islam – unter den Studenten und Arbeitslosen.

Der Emir von Kano hat sich von diesen Extremisten deutlich distanziert und ließ es zu, daß im Juli 2009 das Hauptquartier von Boko Haram umzingelt und mehrere hundert Jihadisten getötet wurden. Der Nachfolger des achtzigjährigen Alhaji Ado Bayero könnte den Zeitpunkt erleben, an dem die Föderation Nigeria einer ähnlich dramatischen Spaltung entgegentreibt, wie sie im Sudan von Khartum gerade eingeleitet wurde. Der Sahel-Gürtel Afrikas wartet noch mit manch schmerzlicher Überraschung auf. »Ex Africa semper aliquid novi«, sagte man einst. »Aus Afrika kommt stets etwas Neues auf uns zu.« Nach einer langen Phase ahistorischer kontinentaler Lethargie hat in den letzten Monaten die alte lateinische Erkenntnis brennende Aktualität zurückgewonnen.

»... mild wie der Tod«

Der Beduinenführer Sayed el-Wali hat ein großes schwarzes Zelt in der Wüste aufschlagen lassen, weit von den Frauen, den Kindern und deren Lärm entfernt. Der Generalsekretär der Widerstandsbewegung Polisario empfängt uns, auf Teppichen gelagert, in einem Kreis von Stammesältesten und ehrwürdigen Greisen. Zwei davon hatten der Notabeln-Versammlung von El Ayun, der »Dschemaa«, angehört, die noch die spanischen Kolonisatoren ins Leben gerufen hatten. Im Zelt Sayed el-Walis geht es feierlich zu. Die Jugend dieses Mannes verblüfft mich – er ist erst 26 Jahre alt. Ich empfinde für ihn eine spontane Sympathie. Er ist im Gegensatz zum Indigo-Blau seiner Umgebung in ein weißes, wallendes Gewand gehüllt und trägt einen schwarzen Turban. Die Haare wachsen buschig und zerzaust. Der kurze Backenbart umragt ein hageres, kühnes Gesicht. Seine Stimme – er spricht fließend Französisch – klingt unerwartet hell, und jedes Mal, wenn er das Wort ergreift, spiegeln sich naive Verwunderung und verschmitzte Heiterkeit in den Augen dieses ungewöhnlichen Partisanenführers.

Die Nomaden der West-Sahara haben seit Menschengedenken keine dauerhafte Bleibe besessen. Sie waren mit ihren Herden den Wolken gefolgt in der Hoffnung, daß ein gnädiger Regenguß die Dürre und Öde vorübergehend mit spärlichem Grün überziehen würde. Diese Menschen gehören überwiegend dem Stamm der Rgibat an, für den der Krieg ein männliches Alltagsgeschäft war; sie schwärmen am Lagerfeuer von Überfällen, »Rezzu« und Scharmützeln. »Männer der Wolken« nennt man die Rgibat. Die Mauren der West-Sahara, die seit ihrer Bekehrung zum Islam und dem Eindringen versprengter arabischer Gruppen im Gegensatz zu den meisten Algeriern und Marokkanern ein fast reines Arabisch, den Hassania-Dialekt, sprechen, bewegen sich in ihren blauen Gewändern wie biblische Gestalten.

Es ist keine gewaltige Heerschar, die Sayed el-Wali vorzustellen hat, aber die Beduinen, die sich zwanglos um ihn scharen, sind Krieger aus Leidenschaft und Veranlagung. Der islamische Glaube und seine Gottergebenheit verleihen ihnen unbegrenztes Beharrungsvermögen. In dieser vegetations- und menschenleeren Einöde wird der maoistische Lehrsatz des Volksbefreiungskrieges, dem zufolge der Partisan in der Bevölkerung zu leben habe wie der »Fisch im Wasser«, scheinbar ad absurdum geführt. Doch die Männer lauern in der Sahara wie der Skorpion im Wüstensand.

Der Konflikt um diesen Gebietsstreifen längs der Atlantikküste dauert seit Jahrzehnten an. Zwischen Algier und Rabat ist man sich in der Zwischenzeit keinen Schritt nähergekommen. Gegen die Unabhängigkeitsbewegung Frente Polisario, die sich gegen die Annexion der einst spanischen Sahara durch Marokko zur Wehr setzt, hatte die Armee des Königs Hassan II., dann dessen Sohn Mohammed VI. einen hohen Sandwall errichtet, dessen Minenfelder feindliches Eindringen erschweren. Die Thesen, auf die sich die Kämpfer der Polisario stützen, sind auf zahlreichen internationalen Tribünen hinreichend vorgetragen worden. Vor ihrem Abzug aus der West-Sahara hatten die Spanier der maurischen Bevölkerung des Sakhiet el Hamra und des Rio de Oro zugesagt, daß Madrid sich auf das demokratische Selbstbestimmungsrecht berufen und – je nach Ausgang des Referendums – für die staatliche Unabhängigkeit der »Sahrawi« einsetzen würde. So lautete auch eine Geheimabsprache, die General Franco in seinen letzten Herrschaftstagen mit Präsident Boumedienne von Algerien getroffen hatte.

Statt dessen hatte die spanische Armee ihre ehemalige Besitzung überstürzt geräumt, als König Hassan von Marokko breite Massen seiner Untertanen zum »Grünen Marsch« nach Süden mobilisierte. Rund 350 000 Marokkaner – Junge und Alte, Männer und Frauen – hatten sich im November 1975 zunächst mit Lastwagen und Bussen, dann zu Fuß in Bewegung gesetzt. Es war zu einem Sturm nationaler und religiöser Begeisterung gekommen, und der umstrittene Monarch von Rabat hatte aus dieser Atmosphäre patriotischer Einstimmigkeit politisches Kapital geschlagen. Er erschien seinen Untertanen plötzlich wieder als »Amir el Mu'minin«, als Befehlshaber der Gläubigen, in dessen Namen die Freitagspredigt in den Moscheen gehalten wird.

Über den waffenlosen Kolonnen des »Grünen Marsches« flatterten die roten Fahnen mit grünem Stern in der ockergelben Wüste. In den Händen hielten die eifernden Bekenner, diese frommen Expansionisten des Groß-Marokkanischen Reiches, das Buch der Offenbarung, den Heiligen Koran. Alle Parteien, sogar die erbittertsten Gegner des Königs, hatten sich um den Thron geschart. Selbst die kleine Schar des Kommunistenführers Ali Yata äußerte sich militant zugunsten des Anschlusses der West-Sahara an das Scherifische Mutterreich. Was konnten die spanischen Sahara-Truppen, was konnten die Elitesoldaten des »Tercio«, der spanischen Fremdenlegion, anderes tun angesichts der menschlichen Sturmflut, die sich ihren Stacheldrahtverhauen, Bunkern und Minenfeldern unaufhaltsam und opferbereit entgegenschob, als ihr den Weg freizugeben. Damit wurden all jene Zusagen zunichte gemacht, die die Regierung von Madrid und die lokale Kolonialverwaltung ihren Schutzbefohlenen gemacht hatten.

Sayed el-Wali lädt mich zu einer kurzen Besichtigungsfahrt ein. Er setzt sich selbst ans Steuer des Jeeps. Plötzlich ist er wieder ein ausgelassener Jüngling. Er gibt voll Gas, und das Fahrzeug vollführt waghalsige Kapriolen. Ich muß mich an den Sitz klammern, um nicht in den Sand geschleudert zu werden. Für die Nomaden des Polisario haben Jeeps und Pickups die Kamele ersetzt. Ihren Spaß am waghalsigen Reiterspiel, an der »Fantasia«, haben sie auf diese Benzinrösser übertragen.

Der Beduinenführer trägt unterdessen seine Überzeugungen vor, die mir recht bekannt vorkommen. Als islamische Revolutionäre seien die Polisario-Partisanen durchaus nicht auf die westlichen und atheistischen Denkmodelle des Marxismus-Leninismus angewiesen. Es genüge, zum Kern der muselmanischen Offenbarung zurückzukehren. Der reine, der ursprüngliche Islam sei sozialistisch und absolut egalitär gewesen. Diese Idealvorstellungen, wie sie der Prophet Mohammed und die ersten Kalifen vorgelebt hatten, gelte es heute neu zu beleben. Der Aufstand der Sahara gegen

den marokkanischen Thron trage nicht nur arabisch-nationalisti-
sche Züge, er beschränke sich auch nicht auf die radikale Ablehnung aller Annexionsansprüche der Alawiten-Dynastie, sondern
ihm liege zutiefst die Forderung nach religiöser Erneuerung zugrunde.

»Sie kennen sicher die Geschichte der Almoraviden, el Murabitun, wie wir sie auf arabisch nennen«, fährt der junge Guerillero
fort, und plötzlich breitet sich ein Hauch von Verzückung über sein
Gesicht. »Es waren fromme Männer der Wüste, die sich in ihren
Klöstern, den ›Ribat‹ nördlich des Senegal, verschanzt hatten,
ehe sie die Stämme der West-Sahara, vor allem die verschleierten
Sanhadscha, sammelten und wie ein Wirbelsturm nach Norden
aufbrachen, wo die damaligen Fürsten Marokkos sich in Bruder-
kriegen erschöpften, dem wahren Islam den Rücken kehrten, dem
Aberglauben und dem Sittenverfall erlagen. Die Almoraviden haben nicht nur die inneren Verhältnisse Marokkos total verändert
und revolutioniert, sie sind als Mujahidin des Islam über die Straße
von Gibraltar nach Spanien übergesetzt, haben in Andalusien die
Herrlichkeit der arabischen Herrschaft wiederhergestellt und die
christliche Reconquista um Jahrhunderte verzögert. Ähnlich wie
vor 900 Jahren die Murabitun, diese strengen Krieger Allahs, po-
chen auch wir heute an die südlichen Pforten des Scherifischen
Reiches. Wir wollen nicht nur unsere Unabhängigkeit von Rabat
erkämpfen, sondern in Marokko selbst einen morschen Thron
stürzen, um auf seinen Trümmern den Gottesstaat der koranischen
Gerechtigkeit zu errichten.«

Er erzählt mir, wie es seiner kleinen Truppe tatsächlich einmal
gelungen war, bis in die reichen Phosphatgruben von Bu Kraa vorzustoßen und die Steilküste des Atlantik zu erreichen. Ich stelle mir
vor, wie diese Wüstenkrieger am Steuer ihrer Geländewagen stolz
und triumphierend auf das unendliche Meer zu ihren Füßen blickten, vergleichbar mit jenem fernen Eroberer Oqba Ben Nafi, der
im siebten Jahrhundert den ganzen Maghreb in einem einzigen
Eroberungsritt dem Islam unterworfen hatte und der, am Ufer des
Atlantiks angelangt, das Pferd bis zur Brust in die Brandung trieb,

den Säbel zum Himmel hob und, der Überlieferung zufolge, ausrief: »Im Namen Allahs, wenn der Ozean mich nicht daran hinderte, würde ich die Botschaft des Propheten noch weiter nach Westen tragen!«

Auf Anweisung Sayed el-Walis erhalten wir endlich die Genehmigung, eine Gruppe Sahrawi auf ihrem Streifzug in das ehemals spanische Gebiet zu begleiten. Das Unternehmen ist improvisiert, und es stimmt uns gar nicht fröhlich, daß unser Landrover zusätzlich zu unserem Kameragerät mit einem riesigen Benzinfaß befrachtet wird. Im Falle eines marokkanischen Tieffliegerangriffs wären wir in Form einer lodernden Fackel in die Gärten Allahs eingegangen. Bevor wir in unterschiedlichen Richtungen auseinanderstreben, läßt Sayed el-Wali durch einen schwarzen Diener – das arabische Wort »Abid« bezeichnet hier weiterhin den Neger und den Sklaven – grünen Tee servieren, den er in winzigen Tassen persönlich ausschenkt. Dreimal müssen wir sie leeren. Der erste Trunk, so wird uns erklärt, sei »bitter wie das Leben«, der zweite »süß wie die Freundschaft«, der dritte »mild wie der Tod«.

Die Sonne nähert sich dem Horizont, als wir das Zeltlager verlassen. Wir fahren auf die gelbe Scheibe zu, vor der sich der Führungs-Jeep wie ein Scherenschnitt abzeichnet. Nach ein paar Kilometern müßten wir die Grenze überschritten haben. In der Dämmerung erkennen wir Militärlager jenseits der Dünen und unendliche Schatten im Sand. Die Stunde ist feierlich, und die Dunkelheit fällt schnell. Früher als erwartet – wir müssen uns im Umkreis des marokkanisch besetzten Forts Mahbes befinden – machen unsere Sahrawi-Gefährten halt. Sie errichten ein provisorisches Lager. Gemeinsam mit den Nomaden drängen wir uns um das Feuer, das mit Akazienzweigen und Kameldung gespeist wird.

Ein Schwarzer, der seine Kalaschnikow nicht aus der linken Hand läßt, reicht uns Tee, und dann essen wir aus einer Emailleschüssel unser Nachtmahl: kalte Nudeln, mit Ölsardinen vermischt. Das schmeckt sogar. Die Kälte schneidet uns ins Fleisch, und wir sind dankbar für die zusätzlichen Decken, die man uns bringt. Unter den Sahrawi beginnt eine endlose Beratung. Schließlich teilt uns ein bärtiger Hüne zögernd und verlegen mit, daß wir unser Unternehmen hier abbrechen müßten. Auf seiten der Gegner seien unerwartet Verstärkungen eingetroffen, die unserem weiteren Vordringen den Weg versperrten.

Ich habe mich abseits in eine Mulde gekauert und ergebe mich dem Zauber der Wüstennacht, der totalen Einsamkeit des Menschen zwischen Erde und Firmament. Wo anders als in der Wüste hat der Glaube an den Einzigen Gott seinen Ursprung nehmen können? Hier gibt es keine frivole Ablenkung, keine Versuchung, anthropomorphe Nebengötzen zu errichten, hier drängt sich der Monotheismus geradezu als mathematischer Zwang auf, und im Dornbusch, dessen helle Zweige sich vom Sternenhimmel abhoben, hatte sich dem Moses der Juden, dem Musa der Muselmanen, der Unaussprechliche offenbart. Der Sternenhimmel entfaltet sich mit magischer Klarheit. Die Venus leuchtet besonders hell. Mir fällt eine Legende der Tuareg ein. Demnach hatte eine Fürstentochter vor grauen Zeiten auf Anraten eines bösen Magiers ihren Vater als Sklaven verkauft, um vollkommene Schönheit zu erlangen. Zur Strafe sei sie als Gestirn, als Venus, in die eiskalte Flimmerferne des Weltalls verbannt worden.

Sayed el-Wali sollte allzubald das Opfer der Sahara-Tragödie, seines eigenen Ehrgeizes und seines grenzenlosen Mutes werden. Wenige Tage nach unserer Begegnung unter dem Nomadenzelt stieß er mit einer Handvoll Krieger schnurstracks durch die Wüste 500 Kilometer nach Süden in Richtung auf Nouakchott vor. Er hatte die Hauptstadt Mauretaniens, die er wohl im Handstreich erobern wollte, mit Granatwerfern beschossen. Seine Truppe war von der französischen Luftaufklärung jedoch vorzeitig erkannt und durch eine marokkanische Interventionseinheit aufgerieben worden. Er selbst kam bei diesem Husarenritt ums Leben. Möge der Tod ihm ebenso mild erschienen sein wie der Tee, den er uns gereicht hatte.

ÄGYPTEN

Enttäuschung am »Tahrir-Platz«

Die Zufallsverschwörer der Computerwelt

KAIRO, 1956–2010

Den ägyptischen Aufbruch, der am 25. Januar 2011 auf dem Tah-rir-Platz explodierte, habe ich aus der Ferne, vor dem Fernsehapparat in Paris, miterlebt. Auch die ausführliche und insgesamt ausgewogene Berichterstattung des Senders »El Jazeera«, der im Emirat Qatar über eine erstaunliche Ausdrucksfreiheit verfügt, konnte natürlich die persönliche Präsenz an Ort und Stelle nicht ersetzen. Aber wem ist schon die Gabe der »Ubiquität« verliehen?

Als kurioser, geradezu anachronistischer Höhepunkt dieses Tumults erschien mir das plötzliche Auftauchen einer Gruppe von Berittenen auf Kamelen und Pferden, die in die angestaute Masse der Protestierenden hineinpreschten und mit Stockschlägen auf sie eindroschen. Lange hat diese Episode nicht gedauert, denn die Konterrevolutionäre wurden schnell aus ihren Sätteln gerissen und von der erzürnten Menge verprügelt. Mir war gleich die Vermutung gekommen, daß es sich bei dieser seltsamen Kavalkade nur um die Fremdenführer handeln könnte, die im Umkreis der nahen Pyramiden von Gizeh den Touristen auf die Tiere helfen und mit dem Geschäft als »Guide« ihr tägliches karges Brot verdienen. Seit es in Kairo und Alexandria brodelte, war der Zustrom ausländischer Urlauber versiegt, und die verzweifelten Fremdenführer waren über die jungen Unruhestifter aufgebracht, die sie um ihr bescheidenes Einkommen brachten. Zusätzlich ermutigt wurde diese »Fantasia« durch großzügige Geldspenden, die von Agenten des gefürchteten Sicherheitsdienstes an die Gegner des »Arabischen Frühlings« verteilt wurden.

Was nun die Mentalität dieser einfältigen Männer betrifft, die sich bereitwillig in den Dienst der Polizei und des Diktators Mubarak stellten, so fiel mir eine Anekdote aus früheren Jahren ein. Als ich bei der ägyptischen Botschaft in Bonn – so lange liegt das zurück – ein Visum beantragte, war ich mit dem stark okzidentalisierten Kulturattaché ins Gespräch gekommen. Er berichtete mir von einem auch für ihn befremdlichen Vorfall, als er seinen Kindern die Zeugnisse pharaonischer Größe zeigen wollte und mit dem Kameltreiber von Gizeh ins Gespräch kam. »Du bist doch Ägypter?« hatte der Fremdenführer gefragt, »und Muslim bist du auch?« Als der ägyptische Diplomat dies bejahte, wurde er vorwurfsvoll darauf verwiesen, daß es einem Jünger des Propheten Mohammed nicht anstehe, seine Söhne mit diesem heidnischen Götzenwerk, mit den gigantischen Zeugnissen aus der Zeit der »Unwissenheit«, der Gottlosigkeit, der »Jahiliya«, vertraut zu machen, wo doch das Heil der Menschheit erst mit der Verkündung des Heiligen Korans begonnen habe.

Nur ein paar Monate vor den inzwischen legendären Ereignissen am Tahrir-Platz hatte ich mich in Kairo aufgehalten. Obwohl diese Metropole an ihrer Einwohnerzahl geradezu erstickt, hat sie ihre Anziehungskraft, ihren magischen Charme nicht verloren, auch nicht in jenen Vierteln zwischen El Azhar und dem Nil, wo es an Elektrizität und fließendem Wasser mangelt, wo der Stuck von den Häuserfassaden bröckelt, die kurz vor dem Zusammenbruch zu stehen scheinen. Viele Prachtbauten aus der Khedive-Zeit, mächtige Etagenhäuser im orientalischen Jugendstil sind wie von Lepra befallen, wecken eine pathetische Untergangsstimmung. Aber selbst an diesen Stätten des Elends, wo die Ärmsten auf der Suche nach einer Unterkunft sich in den Mausoleen einquartieren, die die Mameluken einst zu ihrem Ruhm und im Widerspruch zur muslimischen Regel, dem Toten eine bescheidene Grabstätte zuzuweisen, errichteten, ist bei mir niemals das Gefühl persönlicher Unsicherheit aufgekommen.

Die Ägypter sind wohl das liebenswerteste und gastlichste Volk, das mir im ganzen Orient begegnet ist. Im marmorglänzenden Luxushotel am Nil mit seiner Klimaanlage und den verchromten Fahrstühlen kehrt man vom städtischen Ausflug in einen Bunker des Komforts, in eine Fluchtburg des Wohlstands zurück. Mir war allerdings aufgefallen, daß die Polizeikräfte – in engsitzenden schwarzen Uniformen, mit Stahlhelm und aufgepflanztem Bajonett ausgestattet – in den letzten Wochen verstärkt worden waren, ganz zu schweigen von den Agenten der allgegenwärtigen Geheimdienste, der »Mukhabarat«, die jede Oppositionsregung gegen die pharaonische Präsidentschaft des Generals Hosni Mubarak im Keim ersticken sollten.

Beim Bankett, das an einem jener Abende eine Reihe einheimischer Intellektueller versammelte – deren gibt es viele und durchaus bemerkenswerte in Kairo –, kommt unweigerlich das Gespräch auf die Stabilität eines Regimes, das den Staatschef bei jedem Urnengang mit dem phantastischen Ergebnis von 92 bis 97 Prozent im Amt bestätigt, während dessen Gefolgschaft, die »National-Demokratische Partei«, über ein Quasi-Monopol im Parlament verfügt. In letzter Zeit wurde viel über den kritischen Gesundheitszustand des »Rais« gemunkelt, der sich unter anderem in Deutschland behandeln ließ. Es hieß auch, daß er bereits als Nachfolger seinen Sohn Gamal auserkoren habe und sich dabei auf eine hochbegüterte Oligarchie stützen konnte, die man die »fetten Katzen« nannte.

Die gebildeten Ägypter zögern nicht, ihre politische Meinung und ihren Überdruß an der Militärdiktatur zu äußern, die nunmehr dreißig Jahre andauert. Nur die wenigsten der Anwesenden vertraten die Ansicht, daß das Land, das zu seiner alten Bezeichnung »Misr« zurückgefunden hat, am Vorabend einer revolutionären Auflehnung stände. Im Jahr 2004 war es zwar zu einer Protestbewegung unter dem Namen »Kifaya« – mit anderen Worten »es reicht jetzt« – gekommen, die aber beim Volk mehr wegen des sinkenden Lebensstandards stattfand als aus demokratischem Antrieb. Außer ein paar Universitätsprofessoren, die einen großen »Showdown« voraussagten, äußerten die erfahrensten Ägyptenkenner, die teilweise über eine jahrzehntelange Kenntnis des Niltals verfügten und beinahe »ägyptisiert« waren, die Überzeugung, daß die kleinen Leute, die sich mit dem Nationalgericht aus Bohnen, mit dem »Ful«, zufriedengaben und für das Wort »Brot«, das im übrigen arabischen Raum »Chubz« genannt wird, den Überlebensausdruck »Esch«, das heißt »Leben«, gefunden haben, in einer Unterwürfigkeit verharren würden, die auf eine fünftausendjährige Geschichte zurückblickt.

Auf diesem uralten Kulturboden verflüchtigen sich alle Gewißheiten. Seit das Niltal zum bevorzugten Ferienziel von Millionen europäischen Touristen wurde, findet die Welt der Pharaonen in den westlichen Medien eine Aufmerksamkeit und Bewunderung, wie sie nur in der »Ägyptomanie« nach dem orientalischen Feldzug Napoleon Bonapartes in Frankreich aufgekommen war. Diese hatte sich sogar im Empirestil jener Epoche – man denke nur an die deutsche Botschaft in Paris, das Palais Beauharnais – manifestiert. Heute bewirkt eine ganze Serie von mehr oder weniger gelungenen Spielfilmen und Fernsehdokumentationen, daß die Namen Tuthmosis, Echnaton, Ramses II. dem breiten Publikum vertrauter sind als die Namen abendländischer Dynasten. Elizabeth Taylor in der Rolle der tragischen letzten Pharaonin Kleopatra hat vermutlich mehr dazu beigetragen als alle Ägyptologen, daß diese ferne, magische Welt solche Popularität genießt, obwohl sie bereits als letzte Herrscherin einer griechischen Dynastie, der Ptolemäer, vergeblich versuchte, die Einverleibung des Niltals in das Römische Weltreich zu verhindern.

Es soll hier nicht der chaotische Ablauf geschildert werden, der nach der römischen, dann byzantinischen Fremdherrschaft die blühende Kulturmetropole Alexandria in einen Schauplatz konfessioneller Gegensätze verwandelte. Im Jahr 451 gipfelte der Dogmenstreit in einem kirchlichen Schisma zwischen der orthodoxen

Staatskirche Konstantinopels und der christlich-koptischen Urgemeinde des Niltals. Wie damals üblich, hatten sich die gnostischen Differenzen an der gott-menschlichen Natur Christi und der Deutung der Dreifaltigkeit entzündet. Bis zum heutigen Tag bilden die Kopten, die der Autorität eines eigenen Papstes unterstehen, etwa ein Zehntel der achtzig Millionen Menschen zählenden ägyptischen Gesamtbevölkerung. Die Verwaltung des Niltals hatte nach der Spaltung des Römischen Imperiums so ausbeuterische und repressive Züge angenommen, daß es um 640 unserer Zeitrechnung einem kleinen, viertausend Mann starken Heer arabischer Beduinen gelang, die weit überlegene Streitkraft Konstantinopels zu besiegen. Die Mehrzahl der christlichen Kopten hatte sich in dem Kampf neutral verhalten, teilweise sogar für die arabischen Invasoren Partei ergriffen.

Das Niltal unterstand von nun an den sukzessiven sunnitischen Kalifaten, genoß jedoch unter den jeweiligen Gouverneuren ein beachtliches Maß an Selbstverwaltung. Die muslimischen Eroberer waren von den Ureinwohnern nicht nur ohne jede Feindseligkeit empfangen worden, man begrüßte sie sogar als positive Alternative zu den Schikanen und der Raffsucht der Byzantiner. In einer späteren Chronik berichtete ein koptischer Christ, daß die koranische Verwaltungspraxis als Befreiung von der Grausamkeit, der Hinterlist, der unerträglichen Belastung empfunden wurde, die durch den Bevollmächtigten des Basileus von Konstantinopel ausgeübt wurde. Sogar die den Christen und Juden speziell auferlegte Kopfsteuer, die »Jiziyat«, war zunächst weniger erdrückend als die fiskalischen Auflagen Ost-Roms.

Schon sehr früh müssen massenhafte und freiwillige Bekehrungen zur Lehre Mohammeds stattgefunden haben. Diese friedliche Koexistenz der »Familie des Buches« dürfte jedoch nach der Konsolidierung der arabischen Führung schrittweise geschrumpft sein. Von Gleichberechtigung mit Christen und Juden konnte nun nicht mehr die Rede sein. Periodisch fanden sogar Pogrome gegen diese abrahamitischen Schriftbesitzer statt. Immerhin blieb das Niltal im gesamten Nordafrika, das zu Zeiten des byzantinischen Kaisers

Justinian I. zum Christentum bekehrt worden war, die einzige Region, in der die Religion des Nazareners nicht mit Stumpf und Stiel ausgerottet wurde.

*

Der Aufruhr am Tahrir-Platz, der übrigens nur in Alexandria und Suez nennenswerten Widerhall fand, wurde von vielen Beobachtern als Zeitenwende gepriesen. Bisher war es üblich, daß die empörten arabischen Massen, wenn sie sich wirklich einmal zu Kundgebungen zusammenfanden, amerikanische und israelische Flaggen verbrannten und mit dem üblichen Kampfruf »Allahu akbar« antraten. Daß diese xenophobe und religiöse Grundstimmung jetzt nicht den Ausschlag gab, sondern daß die Forderung nach Regimewechsel und vor allem nach Verurteilung des Präsidenten Mubarak und seiner Schergen im Namen der Menschenrechte, der freien Meinungsäußerung, uneingeschränkter Parteiengründung, kurzum im Namen der »Freiheit«, vorgetragen wurde, erschien als sensationeller Umschwung in Richtung Säkularisierung, zumal die Muslime sich brüderlich gegenüber den koptischen Christen verhielten. Schon fragten sich die Optimisten, ob die Welle der koranischen, der salafistischen Rückbesinnung endlich ihren Höhepunkt überschritten hätte und den Weg freigeben würde für eine Staatsdoktrin, die in so manchem Punkt mit der westlichen Demokratievorstellung übereinstimmt. Hatte der Geist der Aufklärung endlich auf Teile der arabischen Nachbarn am Südrand des Mittelmeers übergegriffen?

An gewalttätigen Machtwechseln, an Putschen hat es in der islamischen Welt niemals gefehlt. Aber die treibende Kraft zu solchen Revolutionen waren stets kleine Gruppen von Offizieren, die sich bald um einen autoritären »Rais« scharten. In anderen Fällen handelte es sich um sektiererische Erneuerungsbewegungen des Islam, wie sie bereits Ibn Khaldun im vierzehnten Jahrhundert beschrieben hatte. An der Spitze befand sich in der Regel ein gottgesandter »Mahdi«, ein Befehlshaber der Gläubigen, der sich auf die kriegerische Kraft frommer Stammesstrukturen stützte. Vergeblich hatten die Experten am Tahrir-Platz nach religiös motivierten Aufrührern Ausschau gehalten. Die Verwunderung war groß, als die im ganzen Niltal mit Millionen Anhängern vertretene Organisation der Muslimbrüder zwar Sympathie mit den zornigen jungen Leuten von Tahrir bekundete, von einer aktiven Teilnahme an diesem Tumult jedoch Abstand nahm.

Bis zum »Arabischen Frühling« von Kairo hatte – mit wenigen Ausnahmen – die Regel gegolten, daß ein despotisches Regime, solange es über die Loyalität von Armee und Geheimdiensten oder eine starke tribale Solidarität verfügte, eine quasi unerschütterliche Machtposition behaupten konnte, zumal die Unterdrücker neuerdings über perfektionierte Repressions- und Erkundungsmittel verfügten. Es sei denn, der Tyrannenmord böte sich als letzter Ausweg an, wie das bei Anwar es-Sadat in Ägypten, bei Ceaușescu in Rumänien, bei Präsident Daoud in Afghanistan der Fall gewesen war, um nur diese Beispiele zu erwähnen. Doch seit Beginn des elektronischen Zeitalters und der digitalen Kommunikationssysteme hatten sich auch für den verschwörerischen Untergrund völlig neue Methoden entwickelt. Die Überwachung durch die allgegenwärtigen »Mukhabarat« konnte angeblich schachmatt gesetzt werden durch Internet, Twitter, Facebook und wie die diversen sich ständig überbietenden Formen einer unmittelbaren Kontaktaufnahme heißen mögen. Das Aufspüren durch die Sicherheitsdienste lief hier ins Leere. Hinzu kam die Bevölkerungsexplosion in den meisten orientalischen Ländern, wo die rebellische Jugend unter dreißig Jahren mehr als ein Drittel der gesamten Bevölkerung ausmacht. In Ermangelung akzeptabler Berufschancen und aus Überdruß an der unerträglichen Bevormundung durch eine wenig qualifizierte Schicht von Privilegierten wurden sie an den Rand der Verzweiflung getrieben.

»Facebook-Revolution« wurde der Aufstand der entfesselten Demonstranten genannt, so wie im Jahr 2009 bei den Unruhen in Teheran von einer »Twitter-Revolution« gesprochen wurde. Was die Revolte gegen die Mullahkratie Irans am Ende scheitern ließ, war der Mangel an einem präzisen Programm gesellschaftlicher

Erneuerung und vor allem das Fehlen eines charismatischen Volkstribuns vom Format eines Ayatollah Khomeini. Der farblose,
umstrittene Wortführer der persischen Massenbewegung, Mir
Hussein Mussawi, hatte sich in den frühen Jahren der Islamischen
Republik als religiöser Zelot zu erkennen gegeben. Für seine Gefolgschaft war er zu alt und undurchsichtig. Hinzu kam ein sozialer Gegensatz, der den Reformern zum Verhängnis wurde. Die Demonstranten gehörten mehrheitlich der Oberschicht oder doch
jenem persischen Mittelstand an, der sich stark vermehrt hatte und
den Exzessen des Gottesstaates stets mit Widerwillen begegnet war.
Ihnen gegenüber vertraten die Schlägerbanden der Bassiji, Söhne
der ärmeren Schichten, die von ihren Motorrädern auf die aufsässigen Studenten einprügelten, jene breite Gesellschaftsschicht, die
weiterhin in dürftigen Verhältnissen, wenn auch keineswegs im
Elend lebte und neben einer nationalistisch-schiitischen Grundeinstellung durch Klassenneid motiviert wurde. Die Auswirkung
der Twitter-Konspiration wurde übrigens dadurch reduziert, daß
die Anleitungen zum Widerstand gegen die dubiose Wiederwahl
des Präsidenten Ahmadinejad meist auf englisch ausgegeben wurden. Der Verdacht lag nahe, daß ausländische Dienste an dieser
konzertierten Aktion beteiligt waren.

Was nun Ägypten betrifft, so hatte am 6. April 2008 schon einmal
die sogenannte Jugend-Bewegung über Facebook zu einer breiten
Streikwelle aufgerufen. Diesem Experiment fehlte es jedoch an Organisation und Zielsetzung, so daß es zusammenbrach, noch ehe die
getroffenen Absprachen zur konkreten Aktion auf die Straße übergriffen. Um so eindrucksvoller war die Mobilisierung von Hunderttausenden, die jetzt aus allen Vierteln der Nil-Metropole auf dem
Tahrir-Platz zusammenströmten, ihre Gewaltlosigkeit bekundeten
und sich bereit fanden, für ihre liberalen Vorstellungen das eigene
Leben zu riskieren. Die blutigen Übergriffe der verhaßten Geheimdienste und der Sonderpolizei schweißten die Masse zusammen, der
zugute kam, daß die Führung der ägyptischen Armee das Bestreben
Mubaraks, seinen unbedarften Sohn Gamal als Nachfolger zu in-
thronisieren, nicht zu akzeptieren bereit war. Die Streitkräfte ver-

hielten sich deshalb neutral, aber sie waren durchaus nicht gewillt, ihre dominante Stellung im Staat und die exorbitanten Privilegien, die die höheren Chargen genossen, durch junge, zornige Männer, durch weltfremde Schwärmer in Frage stellen zu lassen.

Ähnlich war es ja auch in Tunis verlaufen, wo die Armee – von dem Diktator Ben Ali wohl aus Selbsterhaltungstrieb jeden Einflusses beraubt – ganz offen mit den Rebellen sympathisierte. Als ich auf dem Bildschirm beobachtete, wie tunesische Offiziere die Leichen getöteter Demonstranten militärisch grüßten, spürte ich, daß für Ben Ali und dessen raffgierige Trabelsi-Sippe die Stunde geschlagen hatte, wenn auch die würdelose Flucht dieses Tyrannen nach Saudi-Arabien überraschend schnell erfolgte.

Es mag schockieren, aber in mancher Beziehung haben mich die Kundgebungen auf dem Befreiungsplatz von Kairo an den Mai 1968 in Paris erinnert, wo die Steinwürfe der Studenten gegen Gendarmerie und Compagnies Républicaines de Sécurité ebenfalls auf ein engbegrenztes Terrain zwischen Place Saint-Michel und Théâtre de l'Odéon begrenzt blieben. Damals hatten die überwiegend marxistischen Gewerkschaften zum Generalstreik aufgerufen und Frankreich wirtschaftlich gelähmt. Als ich jedoch ein mir vertrautes Mitglied des Politbüros der Kommunistischen Partei, Pierre Juquin, fragte, warum denn seine Genossen sich von den Prügeleien mit den Ordnungskräften fernhielten und auf den Barrikaden, die rings um den Boulevard Saint-Germain errichtet wurden, nicht zu sehen waren, hatte er mir mit ironischer Geringschätzung dieser Amateur-Revolutionäre geantwortet: »Für uns kann von Barrikaden nur die Rede sein, wenn dahinter Gewehre im Anschlag liegen.«

Ob Facebook und Twitter wirklich eine grundsätzlich neue und erfolgreiche Strategie des politischen Umsturzes eingeleitet haben und wie etwa die »improvised explosive devices« und andere Tücken des »asymmetric war« die konventionelle Kampfführung einer weit überlegenen Besatzungsmacht lahmlegen können, bleibt dahingestellt. Der elektronische Kontakt, die Aufrufe zur gemeinsamen Zusammenballung der meist jugendlichen Regimegegner – denen sich die Frauen, auch wenn sie tugendhaft weiterhin das Kopftuch tragen, mit besonderem Engagement, mit eindrucksvollem Mut anschlossen – haben doch nur eine Vielzahl von Menschen zusammengebracht, die von »hurriaht« und »dimokratiya« träumten, aber keine Vorstellung davon hatten, wie sie die glorreiche Zukunft gestalten sollten. Die Solidarisierung per Facebook ersetzte keine persönliche Nähe, und es fehlte diesen Zufallsverbündeten, die den Sturz Mubaraks forderten, aber die Streitkräfte von Vorwürfen verschonten, auch der unentbehrliche instinktive Zusammenhalt. Was die politischen Anführer der Revolution betrifft, so verfügte der ehemalige Vorsitzende der Internationalen Atombehörde, der hochangesehene Großbürger Mohammed el-Baradei, nicht über die Nähe zum Volk und jenen Schuß Demagogie, die in solchen Situationen unentbehrlich sind. Auch der führende Vorsitzende der Arabischen Liga, Amr Musa, kam allenfalls als Übergangsfigur in Frage und stieß bei den Revoluzzern auf verständliches Mißtrauen. Die Tahrir-Begeisterung litt unter der Anonymität ihrer Rekrutierung, an einer Fremdheit von Agitatoren, die sich niemals getroffen hatten und keine persönliche Verbindung entwickeln konnten.

Die Amerikanerin Tina Rosenberg schreibt dazu: »Um den Menschen den Mut und den Willen zu verleihen, auf die Straße zu gehen und Gefahren zu trotzen, bedürfen sie des Bewußtseins, von wirklichen Freunden umgeben zu sein (und nicht von den Zufallsverschworenen einer Computer-Welt). Man wird lediglich die Kühnheit und Motivierung aufbringen, Verhaftungen in Kauf zu nehmen, an Tränengas zu ersticken, verprügelt zu werden und Schlimmeres, wenn man sich in Gesellschaft von Gleichgesinnten befindet, die einem persönlich nahestehen. Die Armeen haben stets gewußt, daß die enge regionale Kohäsion einer Einheit die beste Voraussetzung für kriegerischen Zusammenhalt und Effizienz bildet. Warum würde ein Soldat, der möglicherweise seinem Einsatz weder zustimmt noch ihn begreift, die Sicherheit seines Erdlochs verlassen und ins Feuer stürmen? Er wird es für die Kameraden in seiner Grabenstellung tun, die der Krieg sehr schnell in seine Kumpels verwandelt hat.«

Aus diesem Grunde wurden in vergangenen Feldzügen die Einheiten vorzugsweise in engbegrenzten Regionen rekrutiert, die sich charakterlich nahestanden. Dieses Gefüge einer geradezu familiären Verbundenheit hat es übrigens dem israelischen Heer erlaubt, seine erfolgreichsten Kampfhandlungen durchzuführen.

Über Facebook mobilisiert, sind Hunderttausende zum großen Umsturz auf dem Tahrir-Platz zusammengeströmt. Es bleibt kaum vorstellbar, daß der ägyptische Sicherheitsapparat, der aus Amerika mit den modernsten Ortungs- und Spürapparaten beliefert war, dieses Aufgebot nicht rechtzeitig wahrnahm, ebensowenig übrigens wie die ausländischen Abwehrdienste – Israel und USA an der Spitze –, die sonst vorgeben, die Flöhe husten zu hören. Diese Unzulänglichkeit der mit phantastischen Überwachungsmethoden ausgestatteten Spionagedienste – das gleiche galt seinerzeit auch für die Khomeini-Revolution im Iran – gibt manches Rätsel auf und läßt daran zweifeln, ob sie den Herausforderungen eines bevorstehenden Cyberwars gewachsen sind.

Nur in einem Punkt waren sich die Aufrührer einig, nämlich in dem Verlangen, möglichst strenge Verurteilungen, eventuell die Todesstrafe, für Mubarak und seine engsten Verwandten und Komplizen zu erzwingen. Aber der ägyptische Präsident war aus einem anderen Holz geschnitzt als der profitbesessene tunesische Despot Zine el-Abidine Ben Ali. Die Zurückhaltung, auf die sich die ägyptische Armee ausgerichtet hatte, tat der Tatsache keinen Abbruch, daß der General der Luftwaffe Mubarak, der im Yom-Kippur-Krieg von 1973 eine gute Figur abgegeben hatte, bei den Soldaten immer noch über ein gewisses Ansehen verfügte. Viele Militärs dürften mit Entrüstung über das Fernsehen wahrgenommen haben, wie ihr früherer Rais hinter Gittern in der Polizeiakademie von Kairo – bettlägerig und krank – zur Schau gestellt wurde. Seine beiden Söhne versuchten sich vor ihren Vater zu stellen, den Koran in der Hand, um die Indiskretion der Kameras einzuschränken. Die enthusiastischen Schreier von Tahrir nahmen erst allmählich zur Kenntnis, daß zwar bei den Militärs der Wunsch bestand, den gealterten und kranken Mann loszuwerden, der sich an seine Allmacht klammerte,

daß sie jedoch dem entfesselten und unberechenbaren Straßenauf-
ruhr von Möchtegern-Demokraten mit Mißtrauen, ja mit standes-
gemäßem Abscheu begegneten.

Auf dem Platz des Himmlischen Friedens in Peking hatte sich ein
vergleichbares Phänomen vollzogen. Eine Armee ist vor allem auf
die Erhaltung der inneren Ordnung bedacht, und die Rivalitäten
unter den hohen Offizieren werden durch einen anerzogenen
»esprit de corps« in Grenzen gehalten. Bei den sukzessiven Militär-
diktatoren, die seit 1952 in Kairo die Macht ausübten, handelte es
sich ja nicht um die Söhne einer privilegierten Oberschicht oder
eine feudale Adelskaste. Der bedeutendste von ihnen, Gamal Abdel
Nasser, war zwar als Sohn eines Postbeamten in Alexandria geboren, aber seine Familie stammte aus einem ägyptischen Dorf bei
Assiut im Süden des Landes. Anwar es-Sadat war Sohn einer Nu-
bierin, was seine relativ dunkle Hautfarbe erklärt, und wurde von
seiner Großmutter erzogen. Mohammed Hosni Mubarak kam aus
dem ländlichen Milieu der Delta-Provinz Menoufiya. Diese Männer verstanden es, sich in der Sprache des einfachen Mannes aus-
zudrücken und mit ihm wohlwollend umzugehen.

In den geheimen Sitzungen der obersten Truppenführer hatte
anfangs sogar der Chef sämtlicher Abwehrdienste, General Omar
Soliman, ein enger Vertrauter Mubaraks, eine erhebliche Rolle gespielt. Aber dieser Spionagechef, der intensiven Kontakt zum israelischen Mossad gepflegt hatte und sich an der Einzwängung der
Palästinenser des Gaza-Streifens durch Sperrung des Grenzüber-
gangs von Rafah aktiv beteiligt hatte, mußte schnell von der Bühne
abtreten. Um die Vakanz an der Spitze des Staates provisorisch zu
überbrücken, einigte man sich auf keinen Geringeren als den amtierenden Verteidigungsminister und Generalstabschef Feldmarschall Mohammed Hussein Soliman Tantawi, der, wie so viele seiner Kollegen, aus einfachen Verhältnissen stammte und dessen
Bruder, der es ebenfalls zu hohem militärischen Rang gebracht
hatte, auf den schönen Vornamen »Hitler« hört.

Der erste Zwist zwischen den begeisterten Anwärtern der Demokratie auf Tahrir und der Generals-Camarilla, die nach der Abdan-

kung Mubaraks eine kollektive Militärdiktatur ausübte, entzündete sich zunächst an der Forderung der zu Recht empörten Massen, die Hauptverantwortlichen des alten Regimes, deren Folterknechte und Polizeischergen, die etwa achthundert Demonstranten ermordet hatten, vor Gericht zu bringen. Aus guten Gründen hatte während des Krieges »Iraqi Freedom« die amerikanische CIA verdächtige El-Qaida-Mitglieder nach Kairo verfrachtet, wo die vermutlichen Terroristen Folter- oder Verhörprozeduren unterworfen wurden, die selbst den amerikanischen Spezialisten des »water boarding« widerstrebten. Jetzt setzte eine Treibjagd auf die Ordnungshüter, auch die harmlosen unter ihnen, ein, die schleunigst ihre Uniform auszogen und deren Absenz eine ungehemmte Kriminalität auslöste. Die verängstigte Zivilbevölkerung suchte dieser Gefährdung durch Bildung eigener Vigilanten-Trupps zu begegnen und bewaffnete sich mit mächtigen Knüppeln, die auf den Märkten zum Verkauf angeboten wurden.

Zu diesem Wirrwarr gesellten sich der wirtschaftliche Niedergang und vor allem der totale Zusammenbruch des Touristengeschäfts, das bislang zu den Haupteinnahmequellen zählte. Im ohnehin übervölkerten schmalen Agrarschlauch des Nils hatte stets Armut geherrscht. Jetzt kamen aber auch zahlreiche Industriezweige zum Erliegen. Der Preis für Nahrungsmittel, zumal für das tägliche Brot, stieg. Der Tahrir-Platz, der auf Drängen der Armee vorübergehend geräumt worden war, füllte sich wieder mit Unruhestiftern, unter denen in Ermangelung organisierter Oppositionsparteien die unterschiedlichsten Strömungen ihren Überdruß mit der Verzögerung der von ihnen ausgelösten Revolution äußerten. Feldmarschall Tantawi berief als Chef des Hohen Militärrates den ehemaligen Transportminister Esham Sharef zum Ministerpräsidenten, einen farblosen Politiker, der nur den wenigsten bekannt war.

Das Militärregime suchte die ungeduldige »zweite Welle« des Aufruhrs durch die Festnahme besonders belasteter Wirtschafts-Haie und Polizeischergen zu besänftigen. Vor allem versprach Tantawi dem inzwischen verstörten Mittelstand die Wiederherstellung der öffentlichen Ordnung. Auf dem Tahrir-Platz klangen diese Versprechen wenig glaubwürdig. Im übrigen diskutierte man dort mit zunehmender Vehemenz über die Neugestaltung des Staates, über den frühestmöglichen Termin ehrlicher und kontrollierter Wahlen sowie die Ausarbeitung einer neuen Verfassung. Dabei wurde heftig darüber gestritten, ob die Verabschiedung des neuen Grundgesetzes, des neuen »Destur«, Vorrang vor den Parlamentswahlen haben sollte.

Es kam zu Debatten, bei denen die Redner oft nur ihre eigene Meinung vertraten und darüber berieten, ob Ägypten in Zukunft eine Präsidialdemokratie nach amerikanischem Muster oder eine parlamentarische Demokratie nach deutschem Modell werden solle. Inzwischen war die bislang von Mubarak manipulierte National-Demokratische Partei aufgelöst und ihre Büros geschlossen worden. Doch was würde an deren Stelle treten? In einer sehr offenen Diskussion junger, hochgebildeter Akademiker, die von »El Jazeera« ausgestrahlt wurde, fand ich die Bestätigung für die profunden Divergenzen der jungen Idealisten, nahm aber auch ihr Eingeständnis wahr, daß ihnen jede präzise Zukunftsvision fehlte und daß sie mit ihren intellektuellen Kontroversen unendlich weit entfernt waren von den Bedürfnissen und Nöten der Millionenschar bäuerlicher Fellachen in den entfernten Provinzen. Seltsamerweise wurde bei dieser Talkshow das wirklich brisante zentrale Thema ausgeklammert, nämlich wie sich die künftige Republik gegenüber der islamischen Religion und der Scharia verhalten solle. Jedermann wußte doch, daß neben dem starken Kader der Armee die Organisation der Muslimbrüder, der Ikhwan, die über Millionen Anhänger verfügen, als politisches Schwergewicht auftreten würde. Bislang hatten sie eine erstaunliche Diskretion bewahrt und sich klarer Meinungsäußerungen enthalten. Statt dessen kümmerten sich deren fromme Verantwortliche um die Linderung des Elends, die Speisung der Armen, die Pflege der Kranken und Waisen, den Bau von Schulen sowie die Wahrung islamischer Tugend. Sie übernahmen ganz eindeutig die Aufgaben, die normalerweise der staatlichen Administration zugefallen wären.

Schiitische Kalifen in Kairo

Die arabische Welt, so erscheint es heute, ist an einem Punkt ideologischer oder theologischer Turbulenz angekommen, wie sie in ähnlicher Form um das Jahr 1000 den Dar-ul-Islam heimsuchte. Unmittelbar nach dem Tod des Propheten war der Streit um das Kalifat entbrannt, um die Statthalterschaft Gottes auf Erden in einem System, das eine Trennung von Weltlichem und Geistlichem ausschloß. Neben den vier ersten »rechtgeleiteten« Vorstehern der islamischen Gemeinde, den »Raschidun«, zu denen als letzter auch Ali Ibn Abi Talib gezählt wird, riß die Sippe der Omayyaden den Führungsanspruch an sich und eröffnete den unversöhnlichen Disput mit den schiitischen Imamen, den unmittelbaren Nachkommen Alis und der Prophetentochter Fatima, der bis in die Gegenwart oft in tödlicher Feindschaft ausgetragen wird. Während die heute in Persien und Mesopotamien vorherrschende »Schiat Ali« zwölf gottberufene Imame anerkennt, von denen der letzte in der Okkultation weiterlebt, hatte sich der Zweig der Ismaeliten auf sieben Interpreten der koranischen Lehre beschränkt, während die Zaiditen im Norden des Jemen ihre schiitische Mystik auf fünf Imame reduzieren.

In der Epoche zwischen 969 und 1171 haben die Siebener-Schiiten eine historische Bedeutung erlangt und eine zusätzliche Spaltung bewirkt, die weitreichende Folgen hatte. Aus welchem Grunde im westlichen Teil des Dar-ul-Islam, im nordafrikanischen Maghreb, diese ismaelitische Sekte plötzlich die dortigen Berberstämme um sich scharte, in der heiligen Stadt Kairuan im heutigen Tunesien ein Gegenkalifat gegen die zu dieser Zeit in Bagdad residierende und weithin anerkannte sunnitische Dynastie der Abbassiden ausrief, bleibt letztlich ein Mysterium religiöser Inbrunst. Unter ihrem Verkünder, dem aus Syrien stammenden Kalifen Mahdi Ubayd Allah, brachen sie zu einem unwiderstehlichen Sturm nach Osten auf, eroberten Ägypten und schufen dort das neue Zentrum eines Reiches, das sich zeitweise ganz Nordafrika, Sizilien, den arabischen Hedschas, den Jemen und Süd-Syrien einverleibte.

Die Gründung der Stadt Kairo, auf arabisch »el-Kahira«, geht auf diese Eindringlinge aus dem tunesischen Ifriqiya zurück. Die eindrucksvollsten Bauten der ägyptischen Hauptstadt, die großen Moscheen Sultan Hassan und Sultan Hussein, die Weihestätte der Sayyida Zeinab, der Mutter Alis, sowie eine Vielzahl sakraler Monumente sind der schöpferischen Tätigkeit der Fatimiden zu verdanken. Die bedeutendste Leistung erbrachte diese Kalifen-Folge, deren Name sich auf die Prophetentochter Fatima bezog, mit der Gründung der El-Azhar-Universität, die bis heute als weltweit höchste Lehrstätte islamischer Wissenschaft gilt. El-Azhar gibt aber auch Zeugnis von der geringen religiösen Tiefenwirkung, die von diesem schiitischen Glaubenszweig und dessen Kalifen ausging. Die Masse der Untertanen blieb der sunnitischen Glaubensrichtung treu, und das geistliche Oberhaupt, der Scheikh von El-Azhar, betrachtete sich sehr bald als berufenster Interpret der orthodoxen sunnitischen Lehre.

Ansonsten wurde diese glanzvolle Epoche in dem Maße geschwächt, wie ihre Imame, die ihr Antlitz stets hinter einem Schleier verbargen, auf die Rekrutierung türkischer oder kaukasischer Söldner angewiesen waren. Einer dieser fremden Heerführer, der Kurde Saladin, der als Wesir am Kairoer Hof bereits über größten Einfluß verfügte, proklamierte sich nach dem Tod des letzten Fatimidenkalifen zum Sultan. Er verhalf der Sunna wieder zu ihrem Recht und gründete die Dynastie der Ayyubiden.

Von der »Partei Alis« ist seltsamerweise im Niltal nichts übriggeblieben außer ein paar Volksbräuchen, wie die jährliche Feier zur Geburt Alis oder eine Reminiszenz des Aschura-Festes, das hier aber nicht wie in Kerbela oder Nejef mit Trauermärschen und Geißelungen begangen wird, sondern mit der Verteilung von Süßigkeiten an die Kinder. Noch unlängst besaßen die Schiiten Ägyptens – als religiöse Randgruppe – nicht einmal ein gesetzliches Statut. Das stimmt nachdenklich im Hinblick auf die großen Strömungen, die den Islam von heute aufwühlen. Vom gewaltigen ismaelitischen Aufruhr, der zwischen Maghreb und Maschreq im zehnten und elften Jahrhundert toste, von der Herrschaft der Fatimiden, in deren

Namen vorübergehend die Freitagspredigt in Mekka und Medina gehalten wurde, ist am Ende nur die Zerrgestalt jenes geistesgestörten Kalifen Hakim bi Amrillah in die Geschichte eingegangen, der mit seinen blutigen Ausschreitungen gegen Christen und Juden im Niltal sowie im Heiligen Land – er ließ die Auferstehungskirche Christi schänden – dazu beigetragen hat, die Kreuzzugsstimmung des Abendlandes anzufachen.

Eine Zufälligkeit der Geschichte bliebe festzuhalten: Aus Tunesien waren die Heerscharen der Fatimiden aufgebrochen, um im Niltal den strahlenden Mittelpunkt ihres Kalifats zu errichten. Man könnte da eine historische Parallele konstruieren mit der Jasmin-Revolte unserer Tage, die völlig unerwartet im Januar 2011 in Tunis ausbrach und jenseits der Endlosigkeit der libyschen Wüste auf dem Tahrir-Platz von Kairo eine umstürzlerische Brisanz gewann, die heute auf den gesamtarabischen Raum ausstrahlt.

Die »Arabellion«, wie die seltsame Vokabel heißt, die von deutschen Journalisten erfunden wurde, würde am Ende einer längeren »Katharsis« den Weg zur Demokratie zurückfinden und eine friedliche Zivilgesellschaft ins Leben rufen, so hört man in gewissen Kreisen der westlichen Allianz. Als ob jemals in einem der Staatswesen des Maschreq oder Maghreb eine Regierungsform existiert hätte, die der freien Volksentscheidung entsprach oder eine Garantie der Menschenrechte gewährte. Das heißt nicht, daß die Länder außerhalb unseres Kulturraums auf alle Zeiten zu blutiger Tyrannei und ökonomischer Stagnation verurteilt wären. Aber den Staaten des islamischen Gürtels kann man nicht unbedingt empfehlen, den amerikanischen Kapitalismus, die britische Dekadenz oder den deutschen Parteienhader zu übernehmen. Sie werden – ähnlich wie China oder Brasilien – eigene Wege der sozialen Erneuerung finden müssen. Aber hier handelt es sich um ein grundsätzliches Problem, vor dem der Westen – in Verkennung seiner geschwundenen Bedeutung – krampfhaft die Augen verschließt.

Nehmen wir das Beispiel Ägyptens, das sich im Jahr 1922 unter dem wachsamen Auge der britischen Protektoratsmacht zu einem »unabhängigen« Königreich proklamieren durfte. Seit den glorreichen Tagen des Sultans Saladin, dessen Ayyubiden-Dynastie um das Jahr 1200 nach einer Serie kriegerischer Verwicklungen einer mörderischen Verschwörung erlag, hatte sich im Niltal eine Regierungsform entwickelt, die allen abendländischen Vorstellungen absolut fremd war. 280 Jahre lang unterlag Ägypten der Willkür der Mameluken, und bei denen handelte es sich um sogenannte »Militär-Sklaven«. Diese Mameluken wurden überwiegend als Knaben auf den Sklavenmärkten Ostanatoliens von rivalisierenden ägyptischen Beys gekauft, in deren Kasernen zu Elitesoldaten ausgebildet, ja in den Ritterstand erhoben. Aufgrund ihrer soldatischen Sachkenntnis und ihrer Brutalität löste diese neue Herrenschicht bei ihren erschlafften Gegnern Entsetzen und Unterwürfigkeit aus. Diese Emporkömmlinge, von denen einige den Titel eines Emirs oder Sultans beanspruchten, bildeten eine einzigartige Kriegerkaste, die mehrheitlich unter den rauhen Völkern des Kaukasus und den besonders gefürchteten turkmenischen Stämmen Zentralasiens rekrutiert wurde. Als einzige waren sie in der Lage, den mongolischen Horden Hülagüs und Tamerlans, die den ganzen Orient verwüstet hatten, erfolgreich standzuhalten. Der Mameluken-Sultan Baibars vertrieb die letzten Kreuzritter aus dem Heiligen Land.

Die Machtausübung in Ägypten war der alteingesessenen Urbevölkerung längst entglitten und lag in den Händen fremder Minderheiten. Auch nach der Eroberung des Niltals durch den osmanischen Sultan Selim I. – den »Gestrengen«, wie die Türken, den »Grausamen«, wie die Christen ihn nannten – änderte sich nichts Wesentliches am bizarren Feudalsystem der Mameluken. Sie erkannten oberflächlich die Autorität des Padischah von Istanbul an, der inzwischen nach Erlöschen des letzten Schatten-Kalifen der Abbassiden diese höchste Würde des Islam für die osmanische Dynastie usurpiert hatte.

*

Aus meinem Arbeitszimmer in Südfrankreich schweift der Blick über Agaven und Korkeichen auf das Mittelmeer, das durch den Mistral-Sturm in strahlendem Azur aufleuchtet. Beim letzten Abstecher nach Nordafrika wurde mir bewußt, daß Algier vom Flugplatz Nizza aus wesentlich schneller zu erreichen ist als Berlin. Offenbar bedurfte es des maghrebinischen »Frühlings«, damit die Europäer die Bedeutung des Mittelmeeres, das »Mare Nostrum« der Römer als Schicksalsbühne erkannten.

An der Wand neben mir hängt ein einfältiges »Image d'Epinal«, ein Exemplar jener Kollektion napoleonischer Ruhmestaten, die – aus dem Vogesen-Städtchen Epinal stammend – die Franzosen der schmählichen bourbonischen Restauration mit nationaler Nostalgie jener Tage der »gloire« gedenken ließ, als ihnen Europa zu Füßen lag. Die naive kleine Malerei, deren Kopien zu Beginn des 19. Jahrhunderts in unzähligen Ausgaben zirkulierten und heute noch bei den Bouquinisten des Seine-Ufers zu finden sind, stellt in diesem Fall den Sieg Napoleons über die Mameluken bei seinem Ägypten-Feldzug dar. Der Text darunter ist ebenso simpel wie die bildliche Darstellung, die die Grenadiere der Garde Consulaire in trutziger Formation im Gefolge jenes Feldherrn zeigt, der sich wenige Jahre später zum »Empereur des Français« krönen sollte.

So lautet die Legende: »Am 21. Juli 1798 hatten sich 23 Beys der Mameluken mit ihren Kriegsscharen im Dorf Ambabé unweit von Kairo zur Schlacht aufgestellt. Napoleon war zum Kampf bereit und wandte sich – auf die nahen Pyramiden verweisend – an seine bewährten Troupiers: ›Soldaten, von der Höhe dieser Pyramiden blicken vierzig Jahrhunderte auf euch herab. – 1500 Mameluken und ebenso viele Fellachen haben sich mit seltener Unerschrockenheit verteidigt, aber sie fanden den Tod unter dem Ansturm dieser französischen Armee von Helden.‹« Tatsächlich verloren die Ägypter etwa 1600 Mann, die Franzosen nur 29.

In der deutschen Geschichtsschreibung erscheint die Kampagne Bonapartes im Orient als ein sinnloses und gescheitertes Abenteuer. Aber Johann Gottfried Herder hatte diesen Korsen, der die Errungenschaften der Französischen Revolution dadurch verewigte, daß er sie in imperiales Erz goß, zu Recht als »Weltgeist zu Pferde« erkannt. Von der Expedition ins Niltal und in die Levante ging eine Wirkung des Aufrüttelns, der Modernisierung, der Entdeckung eines ägyptischen Staatsbewußtseins aus, von dem die Reformer des Tahrir-Platzes, deren Protestrufe heute als Zeitenwende gepriesen werden, weit entfernt sind.

Napoleon war fasziniert von der Pracht des Orients, auch wenn sich das Osmanische Reich, dem Ägypten weiterhin locker angehörte, auf seinen Niedergang zubewegte. Er soll damals allen Ernstes an seinen Übertritt zum Islam gedacht haben, nahm jedenfalls mit gebührender Andacht an den Dhikr-Übungen diverser Sufi-Orden teil. Die Mameluken waren so geschwächt, daß die Hohe Pforte als Gouverneur beziehungsweise als Vizekönig den albanischen Vasallen Mohammed Ali mit einer Truppe ihm ergebener Skipetaren nach Kairo entsandte, um die osmanische Autorität zu festigen. Schon zehn Jahre nach Napoleons Rückkehr nach Europa setzte Mohammed Ali der Mameluken-Willkür ein grausiges Ende. Er hatte fünfhundert ihrer Beys zu einem Festmahl in die Zitadelle von Kairo geladen und dort abschlachten lassen. Weitere tausend Mameluken-Fürsten wurden in den folgenden Tagen Opfer einer orientalischen Bartholomäusnacht.

Die überlegene Kriegführung Napoleons, die in Frankreich weit fortgeschrittene Industrialisierung, sogar gewisse Vorstellungen der abendländischen Aufklärung hatten die intellektuelle Oberschicht des Niltals, die sich überwiegend aus einem Gemisch von türkischen Effendis, griechischen Kaufleuten, emanzipierten Juden, reichen Kopten, Arabern und Albanern zusammensetzte, tief beeindruckt und den Anstoß gegeben zur arabischen Erweckungsbewegung, zur »Nahda«. Unter Mohammed Ali und seiner Dynastie, deren letzter Monarch erst im Jahr 1952 gestürzt wurde, entstand ein Nationalgefühl, das sich von der Autorität des osmanischen Sultans schrittweise emanzipierte. Unter seinem Sohn Mohammed Said wurde Ferdinand de Lesseps die Konzession zum Bau des Suezkanals erteilt. Die diskriminierende Kopfsteuer für Nichtmuslime, die »Jiziyat«, wurde aufgehoben und der Wehrdienst, bisher das Privileg der Korangläubigen, auf die Angehörigen aller Religionen ausgeweitet. Den einfachen Bauern, den Fellachen, wurde die Offizierslaufbahn geöffnet. In der Armee, die sich auf europäische Modelle ausrichtete, reifte das patriotische Selbstbewußtsein. Bei den Offizieren entstand auch sehr bald das Gefühl, daß die segensreiche Okzidentalisierung ihrer Heimat in eine koloniale Abhängigkeit abzugleiten drohte.

Es waren eine Serie von industriellen Fehlentscheidungen, übertriebene Rüstungsausgaben und eine Folge unsinniger Luxusprojekte, die – unabhängig von einer beachtlichen Fortschrittlichkeit – das Land am Nil zum faktischen Staatsbankrott und in die Abhängigkeit von Großbritannien führten. Britische Truppen bezogen ihre Garnisonen im Niltal. Der Khedive blieb zwar formell ein Vasall des Sultans und Kalifen von Istanbul, mußte sich aber nach Niederschlagung eines politischen Aufstandes gegen die englische Truppenpräsenz den Weisungen des Generalkonsuls Lord Cromer beugen. In der Geheimgesellschaft »the Revival of the Nation« sammelten sich die Kräfte einer dauerhaften antibritischen Konspiration, wobei der damalige Begriff »Nation« in keiner Weise mit der panarabischen Zielsetzung gleichgesetzt werden kann, der Gamal Abdel Nasser später huldigen sollte. Es handelte sich um die Berufung auf eine strikt ägyptische Identität. Das Wort »Araber« hatte damals in Kairo und Alexandrien keinen sonderlich guten Klang. Faruk I., der letzte Nachfolger Mohammed Alis, der ab 1951 den Titel »König von Ägypten und Sudan« trug, war der erste seiner Dynastie, der die arabische Sprache fließend beherrschte.

Was sich nach der festlichen Eröffnung des Suezkanals zu den Klängen der Oper »Aida« in Ägypten abspielte, liegt für einen Menschen meiner Generation gar nicht so weit zurück. Unter Lord Kitchener nahm die britische Unterdrückung des aufkeimenden ägyptischen Widerstands gebieterische Formen an. Die Engländer zögerten nicht, jene Khediven abzusetzen, die sich als Sympathisanten der nationalen Emanzipation erwiesen. Sie wurden durch gefügigere Angehörige der Dynastie abgelöst. Als das Osmanische Reich im Oktober 1914 auf seiten der Mittelmächte in den Weltkrieg eintrat, traf London die längst fällige Entscheidung. Ägypten wurde zum britischen Protektorat. Die letzten lockeren Bindungen an die Hohe Pforte wurden abgebrochen. Aber bei der Bevölkerung, in der ägyptischen Armee, vor allem auch in den zahllosen Moscheen der sunnitischen Gläubigen steigerte sich die Ablehnung Albions zu blankem Haß.

Als nach dem Sieg der Alliierten der ägyptische Sultan Hussein Kamel die Teilnahme einer selbständigen Delegation – auf arabisch »Wafd« – an der Pariser Friedenskonferenz forderte, stieß er auf die strikte Weigerung der Londoner Regierung. Diese Demütigung führte zu schweren blutigen Unruhen. Von nun an sollte die Wafd-Partei unter Zaghlul Pascha sich an die Spitze der Unabhängigkeitsbewegung stellen und eine Verfassung verkünden, die die reale Machtausübung einer einheimischen Oligarchie reicher Großgrundbesitzer übertrug. Hussein Kamel, inzwischen mit dem Titel eines »Königs« ausgestattet, stand bei allem Argwohn gegen die britische Besatzung auch der Wafd-Bewegung kritisch gegenüber und setzte sogar die von ihr entworfene Verfassung außer Kraft.

Zwischen den beiden Weltkriegen verstärkten sich jene profunden Strömungen, die die ägyptische Politik bis auf den heutigen Tag überschatten: die politische Radikalisierung der Armee einerseits, das Erwachen einer fremdenfeindlichen, strengen Religiosität der islamischen Gläubigen andererseits. Die Spannungen, zeitweilig auch die heimliche Komplizenschaft zwischen diesen beiden Urkräften lasten in der heutigen Phase der sogenannten »Arabellion« wie eine Gewitterwolke über dem Niltal.

Große Hoffnung kam bei den ägyptischen Patrioten auf, als das deutsche Afrikakorps Erwin Rommels sich den Weg nach Alexandria und Kairo freizukämpfen schien. Die Wehrmacht wäre mit gewaltigem Jubel empfangen worden. Zwischen gewissen Stäben der ägyptischen Armee und Agenten der deutschen Abwehr bestanden bereits intensive Kontakte. Die Briten sahen dem nicht untätig zu. Am 4. Februar 1942 fand ein dramatischer Vorgang statt, der als »great humiliation« – große Erniedrigung – in Erinnerung bleibt. Der britische Botschafter, besser gesagt der britische Statthalter, ließ den Abdin-Palast von seinen Panzern umstellen und zwang König Faruk, den er verächtlich »the boy« zu nennen pflegte, einen Premierminister zu berufen, der im Gegensatz zu seinem Vorgänger Hassan Sirri-Pascha kein deklarierter Freund der Achsenmächte war. Faruk, der bis dahin eine gewisse Popularität genossen hatte, sah sich von nun an als Marionette Großbritanniens diskreditiert. Nach dem Durchbruch Montgomerys bei El Alamein war an ein deutsches Verbleiben in Nordafrika ohnehin nicht mehr zu denken. Kurz vor Kriegsende erklärte Kairo sogar dem Großdeutschen Reich den Krieg, um sich unter die Gründungsmitglieder der Vereinten Nationen einreihen zu können.

Der nationalen Entrüstung war eine religiöse Erweckungswelle vorausgegangen. Um 1900 hatte Scheikh Mohammed Abduh, Professor an der El-Azhar-Universität, die Schule der »Salafiya« gegründet, die sich eine Reform der islamischen Rechtsprechung zum Ziel setzte. Im Pariser Exil war er Gamal ed-Din el-Afghani, einer anderen bedeutenden Persönlichkeit theologischen Umdenkens, begegnet, der panislamische, antikolonialistische Thesen vertrat. Es ist bezeichnend für den ständigen Wandel, dem sich die Lehre des Propheten in unseren Tagen ausgesetzt sieht, daß zur Zeit meines Islam-Studiums an der Jamiat el-Lubnaniya von Beirut Scheikh Abduh als Hoffnungsträger koranischer Erneuerung galt, der mit seiner Berufung auf die theologische Reinheit der frühen Vorfahren die wahre Lehre von allen Formen pseudo-mystischer Verwirrungen befreien und zur ursprünglichen Quelle der Offenbarung, zur »Salafiya«, zurückkehren wollte. Gleichzeitig betonte er jedoch in seinen Predigten, daß es keinen Widerspruch zwischen dem Islam und der westlichen Wissenschaft geben dürfe. Daß dieser bedeutende und durchaus moderne Vordenker hundert Jahre nach seinem Tod als Künder extremer Intoleranz und jihadistischen Eifers dargestellt wird, daß das Wort »Salafist« heute als Synonym für Gewalt und Blutvergießen benutzt wird, gehört zu den Widersprüchen einer Religion, deren bislang höchste theologische Autorität, der Scheikh von El Azhar, sein Ansehen eingebüßt hat, seit er nicht mehr von den »Ulama« seiner Hochschule kooptiert, sondern vom ägyptischen Staatschef ernannt wird.

Die große Unbekannte unserer Tage bleibt weiterhin die Organisation der Muslimbrüder – »Jam'iyat el Ikhwan el muslimin« –, an deren Massenaufgebot gemessen die Verschwörer von El Qaida sich als irrelevant erweisen. In Ismailia, dem Verwaltungszentrum der Suezkanal-Behörde, der Hochburg imperialistischer Präsenz in Ägypten, ist die Muslimbruderschaft im Jahr 1928 gegründet worden. An ihrer Spitze stand ein religiöser Zelot, der Lehrer Hassan el-Banna. Er verfluchte in seinen Predigten die fremde Kolonialpräsenz, und seine Jünger reihten sich von Anfang an in den Widerstand gegen die britische Besatzung ein. Seine politische Zielrichtung war in keiner Weise auf die Ausrufung einer unabhängigen säkularen Republik in Kairo ausgerichtet, wie sie Kemal Pascha, Atatürk genannt, zur gleichen Zeit in dem von ihm mit eiserner Faust regierten türkischen Reststaat erzwang. Hassan el-Banna suchte das Heil des Volkes in der Rückbesinnung auf die traditionellen koranischen Werte. Seine Parole lautete: »Der Islam ist die Lösung – el Islam hua el hall.« In der kurzen Zeitspanne zwischen 1932 und 1943 – so die offizielle Statistik – schwoll die Zahl der aktiven »Ikhwan« von tausend auf eine halbe Million an.

Wie stark diese Bewegung bei der heutigen Bevölkerung des Niltals vertreten ist, läßt sich nicht abschätzen, aber man hüte sich vor den jüngsten Behauptungen gewisser Experten, die die extreme Zurückhaltung dieser Kampfgruppe beim Aufruhr auf dem Tahrir-Platz als Symptom allmählichen Erlöschens der religiösen Aufwallung auslegen. Schon sucht der Hohe Militärrat unter Marschall Tantawi nach einer Prozedur für die angekündigte Parlamentswahl, die einen islamisch orientierten Durchbruch in Grenzen halten könnte. Ob er sich dabei auf jene jungen Revolutionäre verlassen kann, die in ihren Sprechchören auf den überlieferten Kampfruf »Allahu akbar« verzichten und säkularen Vorstellungen anhängen, bleibt ungewiß.

Hassan el-Banna wurde als revolutionärer Aufrührer 1949 umgebracht, aber seine Gefolgschaft ließ sich nicht ausrotten. Das ursprüngliche Programm der »Ikhwan«: »Allah ist unser Ziel, der Prophet Mohammed ist unser Führer, der Koran ist unsere Verfassung, der Heilige Krieg ist unser Mittel, der Tod im Dienste Allahs unser höchster Wunsch«, klingt nach einem Prozeß der Mäßigung, der sich bei den Ikhwan vollzogen hat, nicht mehr zeitgemäß. Die Stärke dieser Bewegung hatte von Anfang an darin bestanden, daß sie ihre Aktivität auf die Studenten, die Arbeiter und die Kleinbauern ausrichtete. In den Augen des Volkes galten die Ikhwan niemals als ein Verbund von Terroristen. Ihre karitative Aktivität verschafft ihnen bis auf den heutigen Tag eine breite Popularität. Bemerkenswert ist der gesellschaftliche Aufstieg und der Anklang, den die Muslimbrüder bei den bürgerlichen Schichten, beim Mittelstand erzielten. In den frei gewählten Gremien der Handels- und Industrieverbände, auch in den Anwalts- und Ärztekammern konnten sie eine Mehrheit hochgebildeter Anhänger gewinnen. Für das ägyptische Militär, das unter Gamal Abdel Nasser eine national und panarabisch ausgerichtete Machtübernahme vollzog, stellte das islamische Verfügungspotential der Ikhwan einen unberechenbaren Faktor, eine revolutionäre Urkraft dar, die sie zeitweise durch brutalen Zwang, zeitweise jedoch auch durch lockere Konzessionen in Zaum zu halten suchten.

Der gescheiterte Held
des Arabismus

Blicken wir auf den Sommer 1956 zurück, den Zeitpunkt meines ersten Kontaktes mit dem Land der Pharaonen. Vier Jahre zuvor, am 23. Juli 1952, war es zu jenem Militärputsch und zur Abschaffung der Monarchie gekommen, derer die Kairoten längst überdrüssig waren. Der grotesk verfettete König Faruk I., der sich nur noch seinen eigenen Gelüsten hingab und die Staatsgeschäfte anderen überließ, hatte jedes Ansehen verloren. Nach einem kurzen Zwischenauftritt des väterlich wirkenden Generals Mohammed Nagib, der lediglich zwei Jahre als nomineller erster Präsident der

Republik in Erscheinung trat, schlug die Stunde des eigentlichen Inspirators und Drahtziehers der »Freien Offiziere«, des Oberst Gamal Abdel Nasser, der inzwischen das Oberkommando der Streitkräfte übernommen hatte. Nasser hatte seine schmerzliche, unerträgliche Demütigung als junger Offizier erlebt, als die zahlenmäßig weit überlegene ägyptische Armee nach der Gründung des Staates Israel im Jahr 1948 von den kaum bewaffneten Milizen des Judenstaates zurückgeschlagen wurde. Er selbst wurde verwundet. Das Heer des Königs Faruk befand sich in einem erbärmlichen Zustand der Vernachlässigung. Mit veraltetem Material und unzureichender Munitionsversorgung war es überhaupt nicht kriegstauglich. Auf dem Schlachtfeld der Negev-Wüste, die die Israeli ihrem Staat einverleibten, fiel die Entscheidung zum großen Wandel, der Ägypten aus einer unwürdigen Operetten-Monarchie in eine strikte Militärdiktatur verwandeln sollte, ein Zustand, der bis auf den heutigen Tag andauert.

General Nagib hatte die Ausweisung König Faruks mit höfischem Zeremoniell umgeben, ließ Salut schießen, als der gestürzte Monarch seine Luxusyacht bestieg, und verabschiedete sich in strammer Haltung. Von solchen ritterlichen Rücksichtnahmen war unter Nasser nicht mehr die Rede. Im Jahr 1956 war Kairo noch eine kosmopolitische Stadt. Aber schon spürte man die spröde Hand der Revolution. Gamal Abdel Nasser hatte Nationalismus und Sozialismus auf seine Fahne geschrieben. Die Ambitionen dieses hoch und kräftig gewachsenen Offiziers waren immens – panarabisch, panafrikanisch, sogar panislamisch, wenn er auch die konspirativen Zellen der Muslimbrüder unerbittlich zerschlug. Erst sehr viel später sollte man erkennen, daß dieser arabische Revolutionär – bei aller krampfhaften Verweigerung westlicher Vorherrschaft – widerwillig im Einflußbereich abendländischer Ideen-Anleihen verharrte. Sein ägyptischer und panarabischer Nationalismus war ohne die europäischen Denkschulen nicht zu erklären. Sein Sozialismus war – nolens volens – vom Vulgär-Marxismus geprägt. Am Ende sollte eine fortschrittlich schillernde Militärjunta stehen, deren privilegierte Offiziere meist aus dem bescheidenen Kleinbürgertum stammten und deshalb die feudalistische Schicht der Paschas und Effendis, vor allem auch die bislang allgegenwärtige Wafd-Partei radikal bekämpften. Es wurde ein arabischer Sozialismus proklamiert, der sich die stürmische Industrialisierung des Niltals – befördert durch den Bau des Assuan-Staudamms und der Stahlwerke von Heluan – zum Ziel gesetzt hatte. 1956 schwärmte man in Kairo auch von der »Befreiungs-«, der »Tahrir-Provinz«, wo Kanäle in den Sand gezogen und moderne Siedlungen errichtet wurden. Die Schulen wurden nationalisiert und militarisiert. Die Frauen sollten im patriotischen Sinne emanzipiert werden. Daß die orientalische Mediokrität, der levantinische Schlendrian schließlich über diese lyrischen und sehr ehrbaren Ambitionen siegen würden, war damals noch nicht abzusehen und kann auch nicht dem Rais Nasser allein angelastet werden. Der Schlamm des Niltals ist zäh und klebrig. Das vieltausendjährige Land der Pharaonen zu revolutionieren und zu dynamisieren sollte sich als übermenschliche Aufgabe erweisen.

Die rassischen und religiösen Minderheiten von Kairo und Alexandria, die bisher über Einfluß und Macht verfügten, spürten seit dem Umsturz von 1952, daß ihre Zeit zu Ende ging. Es war irgendwie symbolisch, daß Gamal Abdel Nasser seine Brandrede zur Nationalisierung des Suezkanals in Alexandria hielt, in jener alten hellenistischen Gründung, deren Niedergang durch das Roman-Quartett des Engländers Lawrence Durrell mythologisiert und künstlerisch verdichtet wurde. Die Griechen, Juden, Armenier, Libanesen, Italiener, aber auch die ägyptischen Kopten im Niltal witterten mit dem Instinkt ewig bedrohter Minoritäten die eingetretene Wandlung. Hinter den Parolen des arabischen Nationalismus – »Araber« war bisher fast ein Schimpfwort gewesen – verbarg sich eine islamische Rückbesinnung. Es war kein Platz mehr für Justine, für Balthasar und Nessim. Beinahe zwangsläufig endet bei Durrell der Lebensweg der schönen und extravaganten Jüdin Justine, der Gattin des reichen Kopten Nessim aus Alexandria, in einem klösterlich kargen Kibbutz des Staates Israel.

Damals stand Kairo schon im Zeichen des Abschieds vom Okzident. Luxus und Dekadenz der Minoritäten waren noch überall sichtbar. Aber die blühenden ausländischen Kulturinstitute bangten um ihre Zukunft. Die christlichen Schulen sahen sich in ihrer Existenz bedroht, sobald es zur unausweichlichen Kraftprobe käme. Sogar das verruchte Kairoer Nachtleben war bereits vom islamisch-kleinbürgerlichen Puritanismus aufs Äußerste eingeengt. Mit Nostalgie erzählten alternde »Jouisseurs« von orgiastischen Festen, die einst auf den Wohnbooten am Nil veranstaltet wurden.

*

Es lohnt sich, der Person Gamal Abdel Nassers ein paar Zeilen zu widmen, denn er hat das Schicksal des Vorderen Orients – im Guten wie im Schlechten – bis auf den heutigen Tag geprägt. Im Frühjahr 1965 bot sich mir die Gelegenheit, ihm zu begegnen. Der »Rais«, wie man den Präsidenten von nun an nannte, litt weiterhin unter dem Trauma der kläglichen arabischen Niederlage bei der Gründung Israels. Die Bundesregierung unter Ludwig Erhard stand im Begriff, die längst fälligen diplomatischen Beziehungen mit dem Judenstaat aufzunehmen, aber Nasser versuchte, diese zusätzliche Aufwertung des »zionistischen Gebildes«, wie es damals in der Presse Kairos hieß, mit allen Mitteln zu verhindern, auch mit dem Abbruch des bislang freundschaftlichen Verhältnisses zu Bonn. Mit einem umfangreichen Redaktions- und Kamerateam war ich nach Kairo aufgebrochen. Man hoffte wohl im Auswärtigen Amt, den Rais in einem Fernsehinterview zu einer versöhnlichen Aussage zu bewegen. Aber mit einem solchen Einlenken war von Anfang an nicht zu rechnen.

Nasser empfing uns in Heliopolis in einer relativ bescheidenen Villa. Er war kein Freund protziger Repräsentation und lebte nicht nur aus Sicherheitsgründen stets im Umkreis der Kasernen. Als ich dem massiven Mann gegenüberstand, spürte auch ich seine magnetische Wirkung. Der Rais verkörperte das neue und das uralte Ägypten. Es war, als träte uns eine Wiedergeburt Pharaos entgegen. Seine Liebenswürdigkeit war verführerisch, aber daneben ging eine animalische Kraft von ihm aus.

Er erinnerte an die mächtigen Tiergötter seines Landes, an den heiligen Stier, der im Schlamm des Nils für gute Ernte bürgte. Wenn er lächelte, drängte sich der Gedanke an jene heiligen Krokodile auf, denen höchste Verehrung gezollt wurde. Vom fernsten Maghreb bis zum Persischen Golf verfügte dieser ungewöhnliche Offizier über eine Ausstrahlung, die der eines Kalifen gleichkam. Was Gamal Abdel Nasser uns damals mitteilte – von seinem Berater Mohammed Hassanein Heikal sekundiert –, war nicht von besonderem Belang. Wichtig war nicht, was er sagte, sondern was er war. Er führte mit entwaffnender Miene eine ziemlich harte Sprache und drohte bei aller Höflichkeit mit scharfen Sanktionen, falls Bonn und Tel Aviv sich einigen sollten.

Bevor ich mit den Filmrollen des Interviews im Gepäck nach Köln zurückflog, besuchte ich in Begleitung meines Freundes und Kollegen Müggenburg zu später Stunde den deutschen Raketenspezialisten Professor Pilz in seiner Wohnung am Rande Kairos. Pilz war dem Ruf der Ägypter gefolgt und bastelte mit unzureichenden technischen Mitteln am Bau von Trägerwaffen, die von den ägyptischen Streitkräften an Paradetagen stolz vorgeführt wurden, deren tatsächliche Einsatzfähigkeit jedoch fragwürdig blieb. Die Israeli hatten diesem Treiben nicht tatenlos zugesehen. Pilz erhielt ein Paket, das beim Öffnen explodierte und der deutschen Sekretärin des Professors das Augenlicht raubte. Es war ein deprimierendes Gespräch mit diesem enttäuschten Wissenschaftler und seiner entstellten Gefährtin. Der Krieg der Geheimdienste kannte keine Pause und Gnade.

Nasser befand sich auf der Höhe seines Ruhmes. Die Verstaatlichung des Suezkanals im Juli 1956, vor allem aber das Fiasko der britisch-französischen Militäraktion zwischen Port Said und Ismailia hatte einen Sturm der Begeisterung in der ganzen arabischen Welt zwischen Marokko und Irak entfacht. Der Begriff »Nasserismus« wurde zum Synonym eines bislang kaum vorhandenen »Panarabismus«, des kollektiven Bestrebens, eine geeinte mächtige arabische Nation ins Leben zu rufen. Der »Bikbaschi«, der Oberst, wie Nasser an der Themse und an der Seine spöttisch genannt wurde, verstand es bei seinen Kundgebungen, die Zuhörer in einen Rausch der Begeisterung zu versetzen. Er begann seine Reden stets mit ein paar hocharabischen Sätzen und verfiel dann mit demagogischer Wucht in den Dialekt des Niltals. Dieser Tribun, der schon als Kind den englischen Flugzeugen, wenn sie über sein Dorf in Ober-Ägypten herzogen, die geballte Faust gezeigt hatte, war sich seiner Kühnheit wohlbewußt.

Nachdem er sich mit den Amerikanern über den Bau des »Saddel-'Ali«, des gewaltigen Staudammes von Assuan, überworfen hatte, setzte er auf die sowjetische Karte, bezog von den Russen ein gigantisches Waffenarsenal, ließ seine Offiziere auf der Frunse-Akademie ausbilden, was ihn nicht hinderte, die einheimischen Kommunisten Ägyptens auszuschalten und in Konzentrationslager zu sperren. Dieser ungewöhnliche Mann, der so viel Energie und Dynamik entfaltete, könne doch kein richtiger Ägypter sein, so hatten die britischen Intelligence-Experten ursprünglich gemutmaßt und nachgeforscht, ob nicht türkisches, albanisches, kaukasisches Blut in seinen Adern floß. Aber sie hatten sich überzeugen müssen, daß es sich um einen authentischen Sohn des Niltals, Sprößling einer bescheidenen Fellachen-Familie handelte.

In späteren Jahren habe ich am Grab des großen »Rais« über dessen Rolle in der Geschichte meditiert. Man hat ihm kein prachtvolles Mausoleum errichtet, sondern sein Leichnam ruht in einem Annex der El-Geisch-Moschee von Heliopolis. Auf dem schlichten Marmorsarg ist die Formel der Schahada eingemeißelt: »Es gibt keinen Gott außer Gott«. Das grandiose Denkmal, das er hinterlassen hat, ist der mächtige Staudamm am Rande Nubiens, wo sich im langgezogenen Nasser-See eine ungeheure Wassermenge staut. Sollte jemals das Mauerwerk zum Einsturz gebracht werden, würde der schmale, fruchtbare Schlauch der Nilufer mitsamt seinen achtzig Millionen Menschen wie von einer Sintflut hinweggespült.

Daß die Volksmassen Ägyptens weiterhin mit Bewunderung und Sehnsucht auf diesen Pharao der Neuzeit zurückblicken, ist rational nicht zu erfassen. Gamal Abdel Nasser, der die arabische »Umma« zusammenschmieden und die el-Aqsa-Moschee von

1 Die Rebellengruppen im Darfur sind zahlreich und gleichen sich alle.

2 In der Schlacht von Omdurman warfen die Briten 1898 den Aufstand des Mahdi nieder.

Sudan nach der Teilung

Bengasi
Sollum
Alexandria
Mittelmeer
Suez
Kairo □
ISRAEL
SYRIEN
JORDA-
NIEN
Scharm
el Scheich
SAUDI-
ARABIEN
LIBYEN
ÄGYPTEN
Nil
Assuan
Rotes
Meer
Jiddah
Bur
Sudan
TSCHAD
NORD-
SUDAN
Pipelines
Darfur
Abéché
Omdurman
Khartum □
ERITREA
El Fasher
Ölfelder
Kushti
ÄTHIOPIEN
Nyala
Abyei
Kodok
Blauer Nil
Malakal
Grenzverlauf
seit Juli 2011
Addis
Abeba □
ZENTRAL-
AFRIKANISCHE
REPUBLIK
Bahr el Ghazal
Jonglei-Kanal
Weißer Nil
SÜD-
SUDAN
Juba □
DEM. REP. KONGO
UGANDA
KENIA
500 km
Kampala □

3 Der Islam in der Sahel-Zone ist aufgrund einer Vielzahl von Sufi-Orden oder Tariqa oft von afrikanischem Aberglauben begleitet.

MARCHEZ! MARCHAND!

GENERAL JOHN BULL (to MAJOR MARCHAND).—"COME, PROFESSOR, YOU'VE HAD A NICE LITTLE SCIENTIFIC TRIP! I'VE SMASHED THE DERVISHES—LUCKILY FOR YOU—AND NOW I RECOMMEND YOU TO PACK UP YOUR FLAGS, AND GO HOME!!"

4 Am oberen Nil in Faschoda stießen die britischen und französischen Ansprüche auf den Sudan aufeinander. Es kam zu einer heftigen internationalen Krise.

5   Präsident Omar el-Bashir wird als Kriegsverbrecher hingestellt, stimmte jedoch der Loslösung des Süd-Sudan zu.

6   Salva Kiir, der Präsident des neugegründeten Staates Süd-Sudan, gehört dem Volk der Dinka an. Es könnte dort zu Stammeskonflikten kommen.

7   Der islamische Oppositionsführer Hassan el-Turabi hat an der Pariser Sorbonne
einen Doktortitel erworben.

8 Jedes Jahr gedenkt man in symbolischen Tänzen des Jihad, der die Bekehrung Nord-Nigerias zum Islam erzwang.

9 Die Emire und Sultane, die in Nord-Nigeria die höchste geistliche Autorität darstellen, entstammen dem Eroberervolk der Fulani.

10   Im Jahr 1894 entrissen französische Kolonialtruppen den Tuareg die Herrschaft über die mythische Stadt Timbuktu.

11 Die große Moschee von Timbuktu erinnert an die Zeiten, als diese Stadt am Niger ein Zentrum islamischer Wissenschaft war.

12 Die Moschee von Djenne in Mali ist der größte und eindrucksvollste Lehmbau in der für den Sahel typischen Architektur.

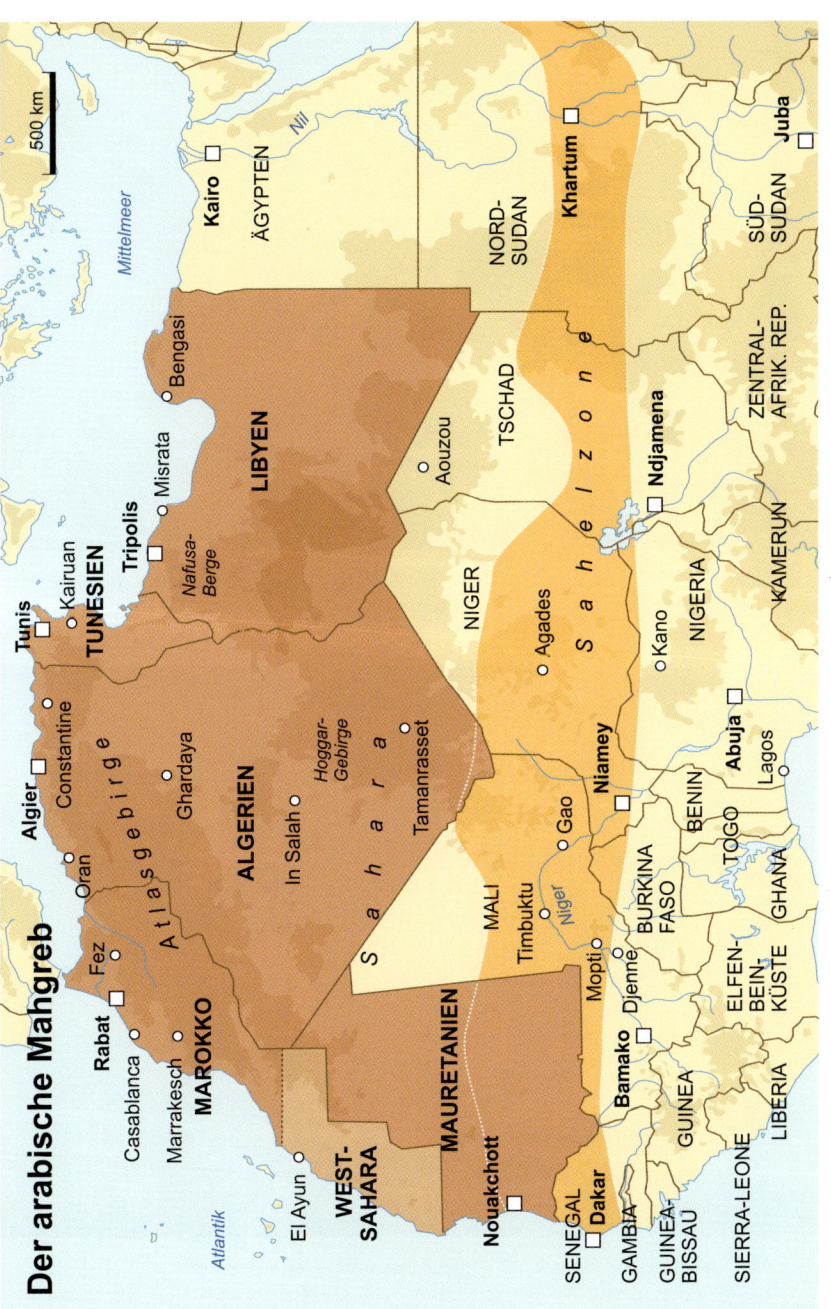

Der arabische Maghreb

500 km

Mittelmeer

Nil

Kairo ÄGYPTEN

Juba

SÜD-SUDAN

NORD-SUDAN

Khartum

Bengasi

ZENTRAL-AFRIK. REP.

LIBYEN

Misrata

Aouzou

TSCHAD

Ndjamena

Tripolis

Nafusa-Berge

Kairuan

Tunis

TUNESIEN

NIGER

S a h e l z o n e

KAMERUN

Agades

Algier Constantine

A t l a s g e b i r g e

Ghardaya

Hoggar-Gebirge

Oran

ALGERIEN

In Salah

Tamanrasset

S a h a r a

Gao

Niamey

Kano

NIGERIA

Abuja

Lagos

BENIN

Fez

Rabat

Casablanca

Marrakesch

MAROKKO

MALI

Timbuktu

Mopti

Djenne

Niger

BURKINA FASO

TOGO

GHANA

ELFEN-BEIN-KÜSTE

Bamako

GUINEA

El Ayun

WEST-SAHARA

MAURETANIEN

Nouakchott

SENEGAL

Dakar

GAMBIA

GUINEA-BISSAU

SIERRA-LEONE

LIBERIA

Atlantik

13 Gegen die Kundgebungen auf dem Tahrir-Platz setzten die Sicherheitsorgane die Fremdenführer von Gizeh mit ihren Kamelen ein.

14 Mit Facebook und Twitter kann man Aufstandsbewegungen entfesseln. Ob beim Einsatz dieser anonymen Medien eine wahre Schicksalsgemeinschaft entsteht, ist noch ungewiss.

15   Die Konsulargarde Napoleons zu Füßen der Pyramiden vor der Schlacht gegen die Mameluken.

16 In der Person Gamal Abdel Nassers verkörperte sich vorübergehend die arabische Begeisterung für eine geeinte Nation.

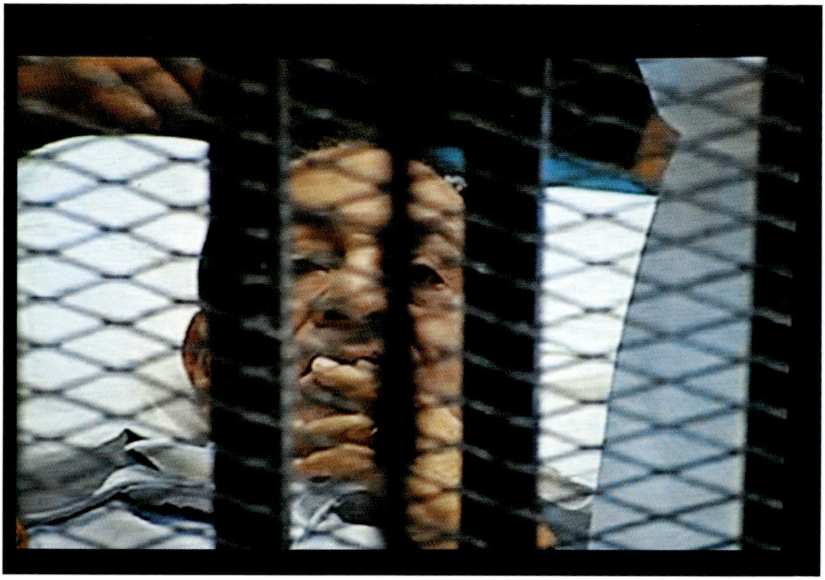

17 Präsident Hosni Mubarak wurde nach seinem Sturz die öffentliche Zurschaustellung auf dem Krankenbett nicht erspart.

18 Muammar el-Qadhafi ließ sich in Zeiten seiner Alleinherrschaft als Gigant darstellen.

19 Die Ruinen von Leptis Magna erinnern an die Größe des römischen Imperiums und auch an die Zeit, als Nordafrika christlich war.

20/21 Im Wüstenkrieg von Libyen ersetzen bewaffnete Pickups die berittenen Attacken von einst.

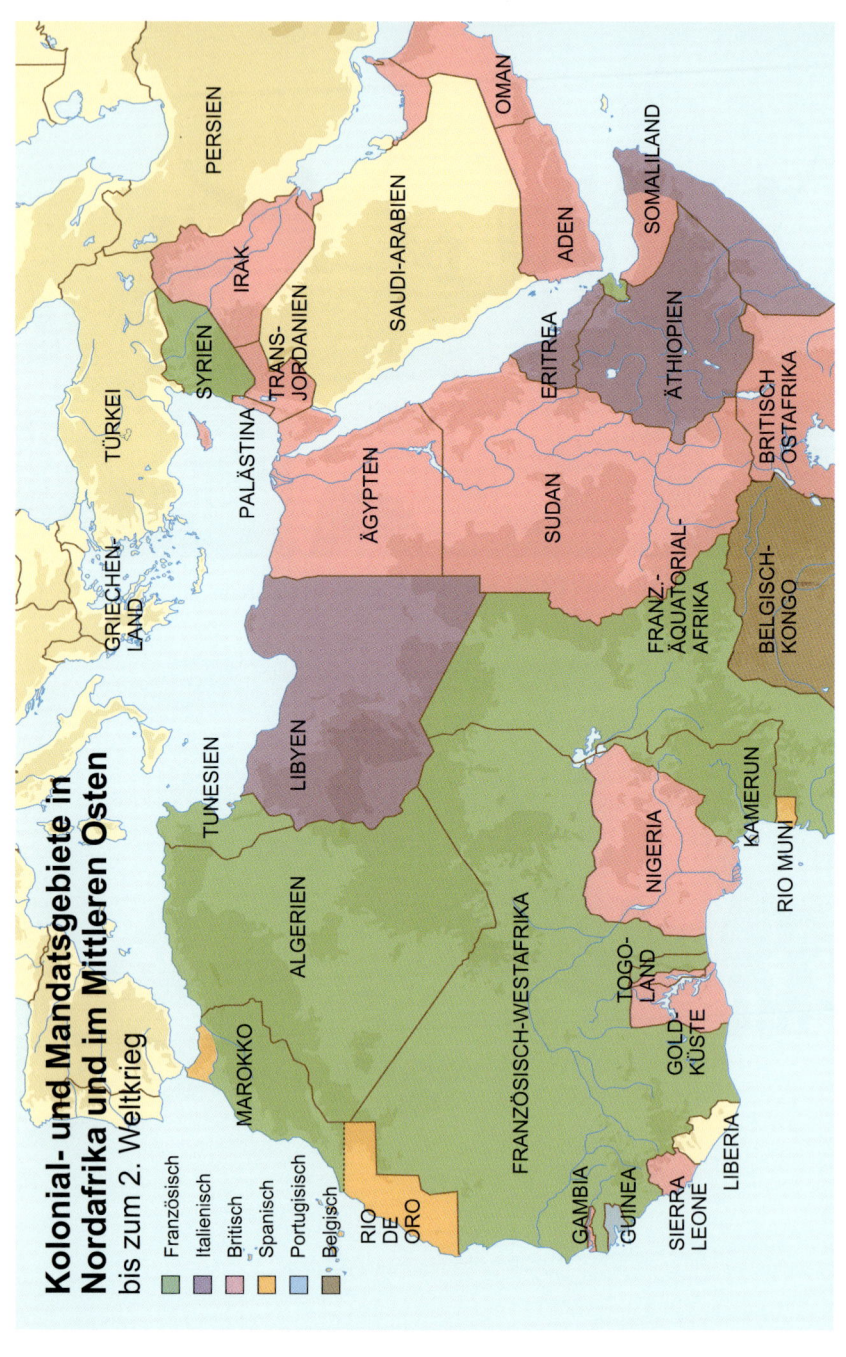

Kolonial- und Mandatsgebiete in Nordafrika und im Mittleren Osten
bis zum 2. Weltkrieg

- Französisch
- Italienisch
- Britisch
- Spanisch
- Portugisisch
- Belgisch

PERSIEN

OMAN

TÜRKEI

IRAK

SYRIEN

TRANS-JORDANIEN

PALÄSTINA

GRIECHEN-LAND

SAUDI-ARABIEN

ADEN

ERITREA

SOMALILAND

ÄTHIOPIEN

ÄGYPTEN

SUDAN

BRITISCH OSTAFRIKA

TUNESIEN

LIBYEN

FRANZ.-ÄQUATORIAL-AFRIKA

BELGISCH-KONGO

ALGERIEN

MAROKKO

RIO DE ORO

FRANZÖSISCH-WESTAFRIKA

NIGERIA

KAMERUN

RIO MUNI

TOGO-LAND

GOLD-KÜSTE

GAMBIA

GUINEA

SIERRA LEONE

LIBERIA

22   Gegen die saudische Unterdrückung bleibt den Schiiten von Bahrein nur die Zuflucht zum Gebet.

23   Über die 22 Kilometer lange König-Fahd-Brücke, die Bahrein mit der arabischen Halbinsel verbindet, rollen die Truppen Saudi-Arabiens zum Schutz der Khalifa-Dynastie ein.

24 In den aus Lehm erbauten Hochhäusern von Hadramaut hat sich ein biblischer Lebensstil erhalten.

25 Der Groß-Ayatollah Ali es-Sistani zeigt sich nie in der Öffentlichkeit, aber auf Plakaten demonstriert er seine geistliche Macht.

26 Groß-Ayatollah Mohammed Taqi el-Mudarissi blickt mit großer Sorge auf die Zukunft des Irak.

27 Scheikh Hussein el-Kubaisy, der Rektor der Abu Hanifa Universität von Bagdad, repräsentiert die bedeutendste Rechtsschule des Islam.

28 Noch werden im Karada-Viertel von Bagdad christliche Heiligenbilder öffentlich angeboten. Wenige Tage später wurden in der der Mutter Gottes geweihten Kirche in unmittelbarer Nachbarschaft zahlreiche irakische Christen durch muslimische Fanatiker ermordet.

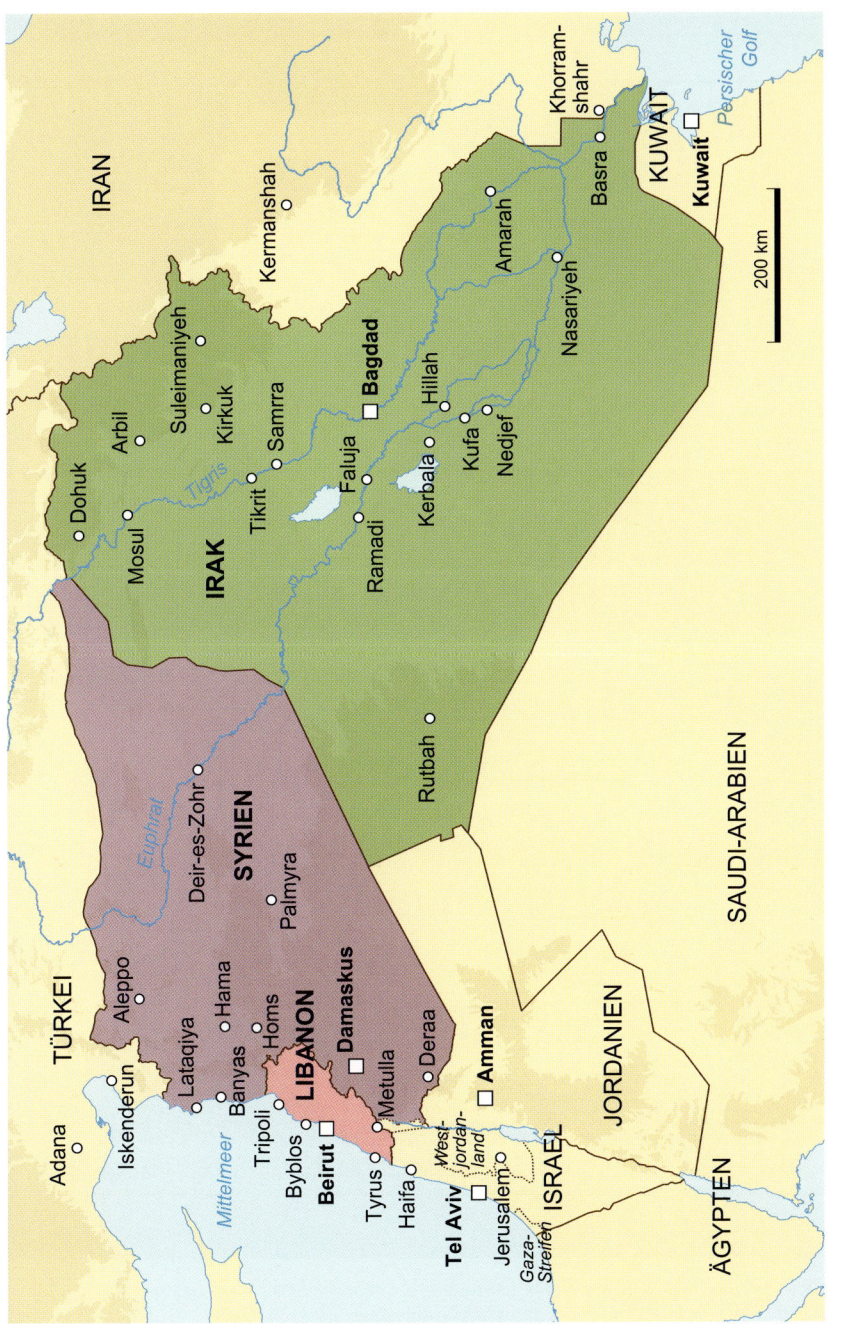

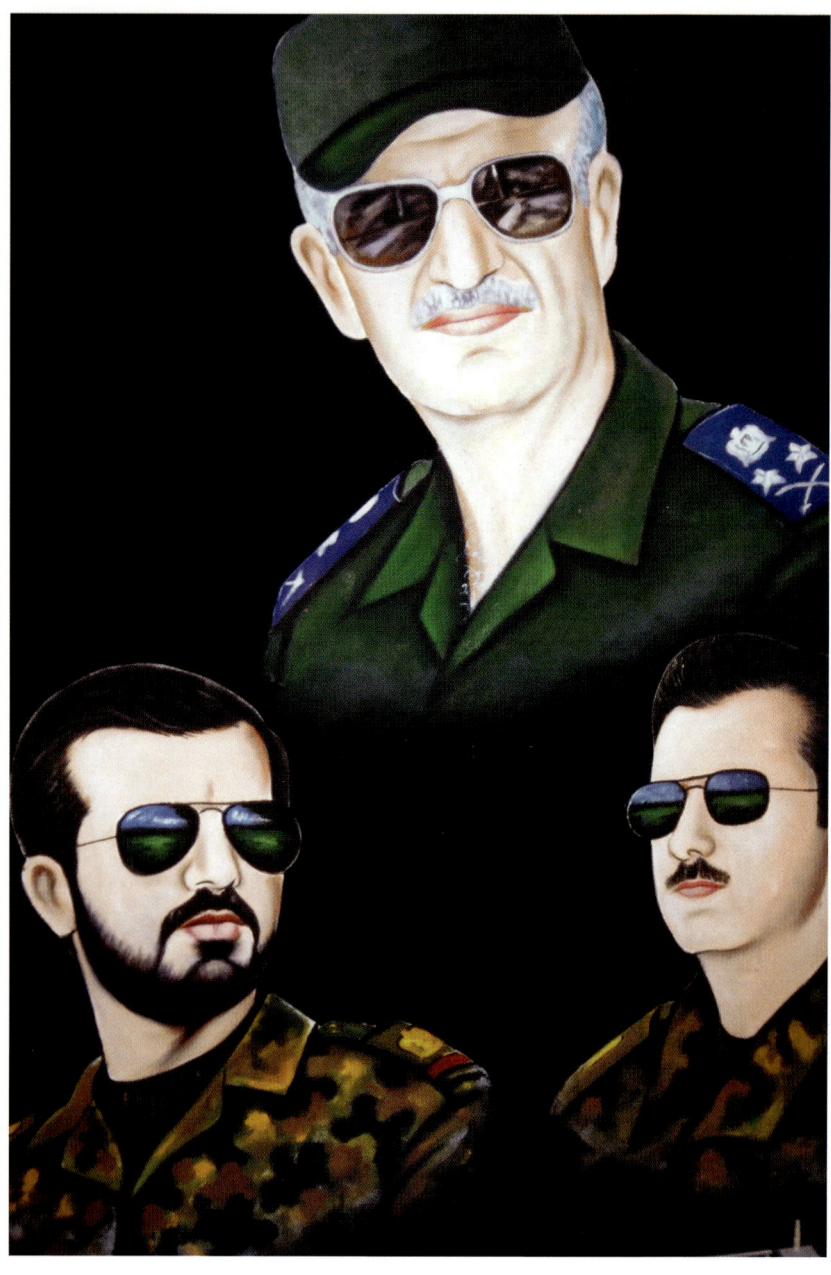

29 Die Dreifaltigkeit der Assad-Familie, so spotten die Syrer über dieses Plakat, das den Vater Hafez mit seinen beiden Söhnen zeigt.

30   Der Jubel seiner Anhänger kann über die schwierige Lage des syrischen Präsidenten
Bashar el-Assad nicht hinwegtäuschen.

31   So sieht Amerika die deutsche Stimmenthaltung im Weltsicherheitsrat.

Jerusalem für den Islam zurückgewinnen wollte, hat bei diesen Unternehmungen nur Rückschläge und Enttäuschungen erlebt. Seine Staaten-Union mit Syrien hat lediglich zwei Jahre gedauert. Der Feldzug, den er im Jemen unternahm, mußte nach einer Serie von Rückschlägen im Partisanenkrieg abgebrochen werden. Die fürchterlichste Niederlage seiner Streitkräfte traf ihn jedoch im Jahr 1967, als es den Israeli binnen sechs Tagen gelang, die von Moskau gekauften Panzerkolonnen in der Sinai-Wüste zu vernichten und auf breiter Front bis zum Suezkanal vorzustoßen. Gleichzeitig waren den Syrern die strategischen Golanhöhen entrissen worden. Zahal feierte seinen größten Triumph, als seine Fallschirmjäger das Westufer des Jordans – Judäa und Samaria, wie man in Tel Aviv sagt – eroberten und sich der heiligen Stadt Jerusalem, »el Quds« auf arabisch, bemächtigten, wo der Prophet Mohammed in einem mythischen Ritt auf dem Fabeltier Buraq in den höchsten Himmel erhoben wurde, mit seinen Propheten-Vorgängern sprach und die eisige, ehrfurchtgebietende Nähe Allahs verspürte.

Dieses für alle Araber katastrophale Gottesgericht von 1967 hat seltsamerweise nicht den Nimbus Nassers vernichtet, wohl aber den Traum einer panarabischen nationalen Einheit. Der Islam wurde auf seine ursprüngliche theozentrische Essenz zurückgewiesen, während die Juden Israels in ihrem Siegestaumel glaubten, der Gott der Heerscharen, Zebaoth, habe auf wundersame Weise ihren Anspruch auf das Land der Väter bestätigt. Nach diesem Desaster wollte Nasser seine Präsidentschaft aufgeben. Aber eine tosende Menge forderte ihn auf zu bleiben. Die Ägypter konnten offenbar auf diese souveräne Vatergestalt nicht verzichten. Als der Rais als gebrochener Mann im Herbst 1970 starb, drängten sich fünf Millionen verzweifelte Trauernde hinter seinem Sarg.

Gamal Abdel Nasser war nicht nur ein arabischer Patriot gewesen, sondern auch ein frommer Muslim. Dennoch war es bald zur offenen Konfrontation mit der zweiten Macht im Staat, mit der eifernden Masse der Muslimbrüder, gekommen. Seine relativ moderne Staatsvorstellung ließ sich nicht vereinbaren mit der Vision des Gottesstaates, der islamischen Theokratie, wie sie Hassan el-Banna gelehrt hatte. Nach dem Verbot der Ikhwan im Januar 1954 entging Nasser mit knapper Not einem Attentat. Als im August 1965 ein weitverzweigtes Komplott der Muslimbrüder aufgedeckt wurde, verschärfte sich die Repression des Militärregimes. Die führenden religiösen Oppositionskader wurden hingerichtet. Der einflußreichste Fanatiker, Sayyid Qutb, der bis auf den heutigen Tag von den Salafisten als geistliche Autorität verehrt wird, starb am Galgen. Tausende Verdächtige wurden in Wüstencamps eingesperrt. Erst nach dem Tod Nassers sollte sich der eiserne Griff der staatlichen Sicherheitsdienste lockern.

Pharaonen in Uniform

Wie Anwar es-Sadat von der in Kairo versammelten Militärjunta berufen wurde, die Nachfolge Gamal Abdel Nassers anzutreten, ist nicht bekannt. Böse Zungen behaupten, die Generale hätten den Unbedeutendsten unter ihnen zum Präsidenten gemacht, um ihre eigenen Ambitionen zu festigen. Dieser dunkelhäutige Offizier war nie aus dem Schatten seines Jugendfreundes Nasser herausgetreten, und manche belächelten ihn als einen gefügigen Botengänger des Rais, ja als eine Art »Bawab«, einen Türsteher. Niemand hätte ihm zugetraut, daß der stets lächelnde, elegant gekleidete Mann in seiner Regierungszeit weit mehr bewirken würde als sein Vorgänger, der Volksheld.

Im Hinblick auf die Muslimbrüder schlug er einen anderen, toleranten Kurs ein. Sadat hatte mit Sorge beobachtet, wie ein paar marxistische Ideologen Einfluß auf die Ministerien gewannen und sich mit den sowjetfreundlichen Nasseristen verbündeten. Also räumte er den frommen Ikhwan einen gewissen Bewegungsraum ein und entließ die meisten von ihnen aus der Haft. Keiner hätte vermutet, daß er im Herbst 1973 zum sogenannten Ramadan- oder Yom-Kippur-Krieg gegen Israel antreten würde, daß er in einer

Überraschungsoffensive die Bar-Lev-Linie am Suezkanal nieder-
walzen und in die von Zahal besetzte Sinai-Halbinsel vorstoßen
würde. Die Bar-Lev-Linie, nach einem israelischen Kommandeur
benannt, hatte ich ein Jahr zuvor besichtigt. Unmittelbar am Wasser des Kanals hatten die Israeli eine Anzahl Sandburgen aufgebaut
und mit Drahtgeflechten befestigt. Von dort konnte man in aller
Deutlichkeit das militärische Treiben auf dem ägyptischen Westufer beobachten. Es mutete beinahe lächerlich an, daß die Pioniere
Anwar es-Sadats hochgespannte Tücher an langen Stangen entfalteten, um dem zionistischen Gegner den Einblick in das eigene
Dispositiv zu verwehren.

Noch heute bleibt es ein Rätsel, wie der israelische Nachrichtendienst und die israelische Luftwaffe jenseits dieser primitiven Tar-
nung nicht erkannt hatten, daß die ägyptische Armee sich in dichten Kolonnen zum Sturm vorbereitete und zur Nivellierung der
Sandbunker der Bar-Lev-Linie riesige Saugapparate in Stellung
brachte. Mindestens ebenso unverständlich bleibt es, daß der intensive Funkverkehr zwischen den ägyptischen und den syrischen
Stäben, mit denen das simultane Vorrücken am Suezkanal und auf
den Golanhöhen koordiniert wurde, vom Mossad nicht wahrgenommen wurde.

Sobald die Stäbe von Tel Aviv sich gefaßt hatten, holten sie zum
vernichtenden Gegenschlag aus. Sadats Truppe hatte den Suezkanal überwunden, doch allzu tief trauten sie sich in die Sinai-Wüste
nicht vor. Der syrische Staatschef Hafez el-Assad stieß zwar mit seinen Panzerkolonnen über die Golanhöhen hinweg nach Galiläa hinein, aber dann erlitt auch er verheerende Verluste. Dem robusten
Truppenführer Ariel Scharon war es in einem Gewaltakt und gegen den Willen seiner Vorgesetzten gelungen, durch ein kühnes
Manöver am »Déversoir« die Dritte Ägyptische Armee einzukrei-
sen. Es bedurfte härtesten amerikanischen Drucks, um die Vernichtung dieser Kerntruppe des ägyptischen Heeres zu verhindern.

Immerhin war es den Ägyptern durch die Rückeroberung eines
schmalen Streifens östlich des Suezkanals vergönnt, die Rolle der
ewig Besiegten abzuschütteln, während die Strategen Israels zum

ersten Mal die Erfahrung machten, daß ihre Hybris sie ein paar Tage lang an den Rand des Abgrundes gedrängt hatte. Während des Yom-Kippur-Krieges hatte ich mit allen Mitteln versucht, die Stadt Kairo und das nahe gelegene Schlachtfeld zu erreichen. Nur auf dem Umweg über Bengasi und am Ende einer trostlosen Taxifahrt durch die Wüste – an Tobruk, Sollum und El Alamein vorbei – gelang es mir, nach Kairo zu kommen. Die ägyptischen Flugplätze waren gesperrt. Im »Hilton-Nile« fand ich Kohorten von Journalisten vor, und wir alle litten unter den gleichen Frustrationen. Die Ägypter ließen uns nicht an die Front. Meine wenigen Kommentare zur Lage rezitierte ich auf dem Balkon des Informationsministeriums. Eine freundliche Beamtin, die des Deutschen mächtig war, stand hinter der Kamera und hörte sich als Zensorin meinen Text genau an. Dann nahm sie mit gewichtiger Miene die Filmrolle mitsamt Tonband und Verschickungssack in Empfang und versicherte uns, daß das Material mit einer nächtlichen Sondermaschine nach Europa verfrachtet würde. In Wirklichkeit landete alles in einer Schublade nebenan. So begnügten wir uns damit, die dickbäuchigen sowjetischen Antonow-Maschinen zu zählen, die ununterbrochen Kriegsmaterial ins Niltal schafften.

Zwei Jahre später bin ich im Gefolge des französischen Präsidenten Giscard d'Estaing wieder nach Ägypten gereist. Es war bemerkenswert, mit welcher Sicherheit und Leutseligkeit der neue Rais Sadat sich neben der betonten Hoheitlichkeit des französischen Staatschefs behauptete. Ich löste mich bald aus dem offiziellen Konvoi und fuhr unter Militäreskorte auf einer Pontonbrücke über den Suezkanal. Dort hatte Anwar es-Sadat seine Offiziere zu einer Gedenkfeier auf dem nunmehr wieder ägyptisch verwalteten Ostufer versammelt. Die Dämmerung lag noch grau über der Wüste, als der Ruf des Muezzin ertönte und der Rais sich in der Uniform eines Feldmarschalls in den Ruinen von El Qantara zum Frühgebet nach Mekka verneigte. Inmitten seiner Offiziere war Sadat leutselig und gut gelaunt. Hier fühlte er sich in seinem Element. Muslim und Soldat zu sein war für ihn wohl der wahre Lebensinhalt. Als Präsident blieb er Dilettant, zog sich gern in sein Landhaus zurück und erschien zu später Stunde in seinem Büro, wogegen Gamal Abdel Nasser sich zu Tode geschuftet hatte. Die Abkehr Sadats vom rigorosen Staatssozialismus, die sogenannte Infitah-Politik, entsprach dem lässigen Temperament dieses Bonvivant, der die Russen aus irgendeinem Grunde verabscheute, die sowjetischen Ratgeber zu Tausenden nach Hause schickte und nunmehr voll auf Amerika setzte. Die ökonomische Liberalisierung ging mit gesteigerter Korruption, Vertiefung der ohnehin sozialen Gegensätze und dem Hochkommen einer Schicht von skrupellosen, inkompetenten Geschäftemachern parallel. Der »Held von Suez« geriet allmählich ins Zwielicht.

Die Masse seiner Landsleute brachte Anwar es-Sadat endgültig gegen sich auf, als er sich am 19. November 1977 zu einer Reise nach Jerusalem aufraffte und vor der dortigen Knesset eine Rede hielt. Es folgte kurz danach – unter Ermutigung des amerikanischen Präsidenten Jimmy Carter – das Abkommen von Camp David, das praktisch den Kriegszustand zwischen Ägypten und Israel beendete.

Dieser Rais entschloß sich nach Abschluß der Camp David-Vereinbarung nicht zu einer umfassenden Repression der militanten Islamisten, wie das sein Vorgänger Gamal Abdel Nasser praktiziert hätte. Mochten zahlreiche Ägypter auch verblüfft, anfangs sogar erleichtert gewesen sein, die ewige Kriegsdrohung von sich abgewendet zu sehen, so hatte er in den Augen der Fanatiker mit dem »Verrat« an der Sache der Palästinenser sein eigenes Todesurteil unterschrieben. Sadat glaubte sich als frommer, praktizierender Muslim irgendwie gefeit, trug doch seine Stirn das dunkle Mal, das nur der eifrige Beter im Laufe langer Jahre durch ständige Verbeugung bis zum Boden erwirbt. Um die muslimischen Fundamentalisten zu besänftigen, stand er sogar im Begriff, das islamische Recht, die Scharia, zur maßgeblichen Gesetzgebung Ägyptens zu machen. Die islamische Agitation flackerte jedoch im ganzen Lande heftig auf, vor allem in jenen Städten und Dörfern Ober-Ägyptens, wo die Kopten zahlreich sind. In Kairo kam es im Juni 1981 zu mörderischen Ausschreitungen fanatisierter Muslime gegen die Christen des Viertels Zawiya el-Hamra.

Bislang hatte Sadat in Privatgesprächen immer wieder die Meinung vertreten, der Schah von Persien sei nur gestürzt worden, weil er sich mit den Mullahs des schiitischen Glaubenszweiges angelegt hatte. Jetzt sah er im eigenen Niltal die Drachensaat aufgehen. An den Universitäten betonten bärtige Studenten ihre Zugehörigkeit zur militanten Bruderschaft. Mehr und mehr Frauen – auch unter der Intelligenzia – legten den Schleier an. Prediger und Volkstribune erhoben die Stimme gegen die angebliche Verbrüderung mit den Zionisten. Im Umkreis der großen Muslimbruderschaft wucherten extremistische Randgruppen eiskalter Fanatiker. »Takfir wal-higra« hieß die eine, was mit »Verfluchung und heilige Abkehr von der Welt« übersetzt werden könnte. Eine andere nannte sich kurzum »Gihad – Heiliger Krieg«. Ähnlich wie die frühchristlichen Anachoreten der thebaischen Wüste oder der wirre Fatimiden-Kalif Hakim zogen sich diese jugendlichen Derwische nach Bruch aller Familienbande in die Einöde zurück, kehrten der verfaulten Gesellschaft den Rücken, bildeten klösterliche Gemeinschaften. Aus ihren Reihen sollten die Mörder Sadats hervorgehen. Bei einer großen Militärparade am 6. Oktober 1981 bot sich den Attentätern die gewünschte Gelegenheit. Mit nachtwandlerischer Sicherheit feuerte der junge Leutnant Islambuli seine tödlichen Schüsse auf den Staatschef ab. »Ich habe Pharao getötet«, rühmte sich dieser »Schahid«, ehe er zum Galgen geführt wurde.

Die Übernahme der Präsidentschaft durch den General und Vizepräsidenten Mohammed Hosni Mubarak, der dreißig Jahre lang über das Niltal herrschen sollte, vollzog sich reibungslos. Mit einer traumhaften Zustimmung der Bevölkerung von 98,5 Prozent wurde seine Berufung zum Staatschef bestätigt. Diese groteske Manipulation des Urnenganges wiederholte sich in den Jahren 1987, 1993, 1999 und 2005. Als er im Jahr 2011 eine ähnliche Farce erneuern und seinen Sohn Gamal als Nachfolger installieren wollte, brach endlich der Volkszorn aus und der Tahrir-Platz von Kairo wurde – vorübergehend zumindest – seinem Namen »Platz der Befreiung« gerecht.

Die Kairoten hielten nicht viel von diesem neuen Militärdiktator, und in den Augen des Volkes war er ein unbeschriebenes, manche meinten ein leeres Blatt. Vermutlich war die »vox populi« ungerecht, wenn sie dem Luftwaffengeneral, der in jeder Hinsicht ein schweres Erbe übernahm, mit Skepsis, ja mit Spott begegnete. Unmittelbar nach meiner Ankunft in Kairo wurde mir seinerzeit einer der zahllosen Witze erzählt, die über den neuen Rais im Umlauf waren.

»Hosni Mubarak«, so berichtet die typisch ägyptische »Nokta«, »ist ohne Paß und Ausweis nach Kairo von einer Auslandsreise zurückgekehrt. Dem Polizeibeamten, der seine Papiere prüfen will, antwortet der Präsident entrüstet: ›Ich bin der Staatschef von Ägypten, ich habe es nicht nötig, mich auszuweisen.‹ Der Polizist schüttelt den Kopf. Er habe seine Vorschriften, und denen müsse er sich beugen. Aber er möchte gern dem Einreisenden entgegenkommen. Unlängst sei Frank Sinatra auch ohne Paß und Visum angekommen, und dem habe er gesagt: ›Zeig, was du kannst. Singe uns etwas vor, und dann werden wir dich erkennen.‹ Sinatra habe ›Strangers in the Night‹ vorgetragen und sei natürlich ins Land gelassen worden. Ähnlich sei es Yehudi Menuhin ergangen, obwohl der Jude sei und auch keine Papiere besaß. Er habe gefiedelt, und dann habe man ihm die Grenzformalitäten erleichtert. ›Wenn du Präsident Mubarak bist‹, so fuhr der Beamte fort, ›so zeige auch du, was du kannst, und wir lassen dich durch.‹ – Der Rais überlegte eine Weile. ›Ich kann überhaupt nichts‹, sagte er dann resigniert. – Der Polizist machte das Gitter weit auf. ›Willkommen in der Heimat!‹ rief er aus. ›Jetzt hast du tatsächlich bewiesen, daß du Hosni Mubarak bist.‹«

Auch in Ägypten wächst der Mensch offenbar mit seinen höheren Zwecken, und ein Fliegergeneral sollte über einige Fähigkeiten verfügen. In seiner ersten öffentlichen Erklärung hatte er die Prinzipien seiner Regierung bekanntgegeben: Unwiderrufbarkeit des Friedensvertrages mit Israel, Reform der Wirtschaft, Kampf gegen Korruption und religiösen Fanatismus. Mubarak hatte seine Pilotenausbildung in Frunse – heute Bischkek – in der zentralasiatischen Sowjetrepublik Kirgistan abgeschlossen, aber das hinderte ihn nicht, seine Diplomatie auf eine enge Verbindung mit den USA auszurichten. Nach Israel war Ägypten der Staat, dem die höchsten Subventionen aus Washington zuflossen. Diese Milliardensummen wurden im wesentlichen für den Aufbau der Streitkräfte und das Wohlergehen des hohen Offizierskorps verwendet.

Im Zeichen einer weitgehenden Privatisierung der Wirtschaft, Infitah genannt, konnte von der verheißenen Bekämpfung der Bestechlichkeit nicht mehr die Rede sein. Gegenüber der Muslimbruderschaft, die der offiziellen, durch Wahlbetrug zur dominierenden politischen Bewegung beförderten »National-Demokratischen Partei« des Rais als einzige dynamische Kraft hätte entgegentreten können, hielt Mubarak an der von Anwar es-Sadat praktizierten Duldung fest, ohne sie jedoch als Partei zuzulassen.

Seit der Ermordung ihres Gründers Hassan el-Banna und der Hinrichtung ihres Chef-Ideologen Sayyid Qutb hatte bei den Ikhwan ein Prozeß der Mäßigung und der politischen Verantwortlichkeit eingesetzt. Ihre Führungsgremien distanzierten sich energisch von den extremistischen Terrorgruppen, darunter die »Gamat el-Islamiya«, deren Mordanschlag Mubarak bei einem Kongreß in Addis Abeba nur knapp entronnen war. Ob der Präsident tatsächlich den sagenhaften persönlichen Reichtum angehäuft hat, den ihm die erregten Reformer von Tahrir-Platz zum Vorwurf machten, ist nicht voll erwiesen. Sicher ist, daß sein Familienclan sich auf skandalöse Weise schadlos hielt. Persönlich habe ich den Rais bei einem Staatsbesuch in Hamburg kennengelernt, wo ich im Rathaus bei Tisch neben ihm saß. Ich gewann den Eindruck eines soliden, unprätentiösen, soldatisch und etwas borniert wirkenden Mannes. Unsympathisch war er nicht. Aber selbst Saddam Hussein soll einst fähig gewesen sein, einen gewissen Charme zu entwickeln.

Was mich an den Forderungen der jungen ägyptischen Revolutionäre störte, war ihre leidenschaftliche Rachsucht gegen die Unterdrücker von gestern, ihr Wunsch, die Verantwortlichen für die blutige Polizei-Repression, aber auch ihre prominenten Gegner – Mubarak an der Spitze – am Galgen oder vor dem Hinrichtungs-

Peloton zu sehen. Pragmatische Vorschläge jedoch, die Ägypten aus seiner wirtschaftlichen Misere, einer zunehmenden Kriminalität und religiösen Spannungen heraushelfen könnten, standen dem durch den Hohen Militärrat eingesetzten Ministerpräsidenten Essam Sharaf nicht zur Verfügung. Auch den Veteranen der verdienstvollen Wafd-Bewegung oder dem Vorsitzenden der liberalen Ghad-Partei fiel kein Erneuerungsplan ein. Nach den ersten Enttäuschungen, die sich sehr bald einstellten, war bei den Eiferern von Tahrir bereits die Forderung nach einer zweiten revolutionären Welle laut geworden. Schon richteten sich massive Vorwürfe gegen den Feldmarschall Tantawi, der angeblich nicht zulassen wollte, die Macht der Armee durch ein parlamentarisches Zufallssystem beeinträchtigen zu lassen. Es wäre verfrüht, eine Prognose über die Austarierung der widerstreitenden Tendenzen, der wirren Vielzahl neu gegründeter Parteien und über den Unmut des Oberkommandos anzustellen. Aber eine Frage stellt sich den Anführern schon heute in aller Dringlichkeit: »Wie haltet ihr es mit der Religion?«

Der »Arabische Frühling«, der sich so schnell in einen »Arabischen Herbst« zu verwandeln droht, hat die Meinung aufkommen lassen, die militante Form des aggressiven Islamismus, wie sie von Sayyid Qutb vertreten wurde, gehöre nunmehr der Vergangenheit an. Unter Recep Tayyip Erdoğan haben die Türken einen Weg gewiesen, der die koranische Lehre mit den Vorstellungen westlicher Demokratie versöhnen könnte, nachdem der kemalistische Laizismus durch die vorsichtige und bislang moderate Islamisierung der AKP-Partei verdrängt wurde. Es war mir im Dezember 1998 gegeben, den Führer der AKP in Istanbul zu treffen, kurz bevor er aus einem nichtigen Vorwand eine Gefängnisstrafe antrat. Der extrem energisch wirkende Politiker unterbrach unser Gespräch, um sein Gebet in Richtung Mekka zu verrichten. Er ließ keinen Zweifel aufkommen, daß der Islam für alle Zeit Bestandteil der türkischen Identität bleiben werde. Da seine Töchter, die auf das Tragen des Kopftuchs nicht verzichten wollten, zu jener Zeit in keiner türkischen Hochschule Aufnahme gefunden hätten, schickte er sie zum

Studium in die USA, wo – bei aller Islamophobie – niemand auf die Idee gekommen wäre, einer orientalischen Studentin diese Form der Verhüllung zu untersagen.

Wie würde sich der ethnische Konflikt zwischen Türken und Kurden je überwinden lassen, so hatten wir damals diskutiert, wenn nicht in der brüderlichen Gemeinsamkeit der koranischen Lehre? In Ankara hatten die hohen Militärs seit Atatürk mindestens soviel Macht ausgeübt wie heute in Kairo. Niemand hätte geglaubt, daß es einem ehemaligen Schüler der religiösen »Imam Hatip«-Schulen gelingen würde, die Streitkräfte in ihre Kasernen zu verweisen. Unter Erdoğan werden Erinnerungen an den Glanz und die Macht des Osmanischen Reiches wach. Dieser einzige wirtschaftlich und gesellschaftlich stabilisierte Staat zwischen Algerien und Zentralasien übt einen ständig wachsenden Einfluß aus, weckt bei manchem sogar die Sehnsucht nach einem neuen Kalifat.

War die Absenz, zumindest das Schweigen der Muslimbrüder auf dem Tahrir-Platz ein Hinweis darauf, daß im Zuge der »Arabellion« die islamische Revolution ihren Schwung verloren hatte, daß die Militärs von Kairo – im Gegensatz zu ihren türkischen Kollegen – gar nicht daran dachten, den geläuterten Ikhwan und ihrem mediokren Generalführer Mohammed Mahdi das Feld zu räumen? Immerhin hatte für die religiösen Extremisten und Terroristen die Stunde der Wahrheit geschlagen, als nach zehnjähriger vergeblicher Suchaktion der Fetisch Osama Bin Laden durch ein Kommando amerikanischer Seals in seinem pakistanischen Versteck zur Strecke gebracht wurde. Es ging kein Schrei der Entrüstung, auch keine Welle der Trauer durch die islamische Umma, als dieser weit überschätzte Inspirator des Anschlags von »Nine Eleven« den Tod des »Schahid« fand. Wenn viele Pakistani über die Hinrichtung Osama Bin Ladens in Rage gerieten, dann war das im wesentlichen auf die Verletzung ihrer nationalen Souveränität durch die US-Aktion zurückzuführen.

Kurz vor der Exekution dieses revolutionären Dilettanten hatte ich bei Kontakten mit Taleban-Vertretern in Kabul die spöttische Verdächtigung vernommen, daß dieser seit zehn Jahren unauffindbare »Mujahid« gemeinsame Sache mit der CIA gemacht habe. »Osama ist der Bruder von Obama, und beide treffen sich bei George W. Bush«, so hatten die bitteren Scherze bei der Gefolgschaft des Mullah Omar oder des »Ingenieurs« Hekmatyar gelautet. Für den angeblichen El-Qaida-Kommandeur war es im Grunde ein Segen Allahs, daß er durch amerikanische Kugeln getötet und somit vom Verdacht des Verrats, der in Teheran kräftig geschürt wurde, reingewaschen wurde.

»Der Islam ist die Lösung«

Wenn in Tunesien und Ägypten bei den angekündigten Wahlen alles mit rechten Dingen zugeht, so ist – den Beteuerungen einer neu geschaffenen Zivilgesellschaft zum Trotz – damit zu rechnen, daß die jeweiligen großen Islamströmungen, die »Nahda« in Ifriqiya, die Muslimbrüder im Niltal, wenn nicht die absolute Mehrheit im zukünftigen Parlament gewinnen, sich doch auf jeden Fall als stärkste politische Fraktion durchsetzen werden. Man sollte sich dem auch nicht in den Weg stellen und froh sein, wenn nicht Extremisten der radikalen Gruppe »Nur« eine Vielzahl von Salafisten um sich sammeln. Ob die jugendlichen Schwärmer für Demokratie und Freiheit eine tragfähige Mehrheit zustande bringen, ob die hektisch konstituierten neuen Parteien, die sich auf einen säkularen Staat berufen, ausreichenden Widerhall beim Volk finden, erscheint mehr als zweifelhaft. Die Ikhwan hingegen verfügen in jeder Fellachen-Siedlung über eine allgegenwärtige Werbeplattform. Von den unzähligen Kanzeln der Moscheen wird der »Khatib«, der Freitagsprediger, die Stimmabgabe zugunsten der koranischen Rechtgläubigkeit anmahnen, auch wenn er sich radikaler Aufrufe zur Gewalt enthielte.

Die Jünger Hassan el-Bannas sind zu Beginn des einundzwanzigsten Jahrhunderts nicht mehr die fanatisierten Hitzköpfe wie zur

Zeit der Gründung der Brüderschaft, als es galt, Front gegen das britische Protektorat zu machen und den verderblichen Versuchungen des »American way of life« die eigene Vorstellung der organischen Einheit von »Religion und Staat – din wa dawla« entgegenzustellen. Die ideologische Wandlung, so diffus sie auch noch sein mochte, hatte ich bereits zu Beginn der achtziger Jahre in dem kleinen »Mamlakat« Jordanien feststellen können. Der Haschemiten-Herrscher von Amman, König Hussein, der sich dem westlichen Lebensstil weitgehend angepaßt hatte, blickte mit starkem Vorbehalt auf die islamischen Fundamentalisten.

Dieser ungewöhnlich kleingewachsene Mann verfügte über stählerne Energie und großen Mut. Ihm kam auch zugute, daß seine Sippe sich als authentische Nachkommen des Propheten bezeichnen konnte. In jenen Jahren lehnten sich die Muslimbrüder Syriens mit Bombenanschlägen und Überfällen gegen das säkulare Baath-Regime des Präsidenten Hafez el-Assad auf. König Hussein stand dem alawitischen Diktator von Damaskus als Todfeind gegenüber. Als Instrument gegen den Machtapparat der Syrer waren ihm die Muslimbrüder halbwegs willkommen unter der Voraussetzung, daß sie sich in Jordanien jeder Agitation und Gewalttat enthielten. Die Ikhwan, die ihrerseits für Hussein nicht viel übrighatten, hielten sich strikt an dieses Gebot.

Der »Rat der islamischen Organisationen und Gesellschaften« diente den Muslimbrüdern als relativ harmlose Fassade in Amman. Ich wurde dort von einem bärtigen Athleten an der Tür erwartet und zum Generalsekretär dieses »Council«, Abdellatif Subeihi, geführt. Das Gespräch verlief fast herzlich. Subeihi trug ein weißes Kopftuch mit Agal. Er war etwa sechzig Jahre alt und wirkte kein bißchen wie ein Terroristenführer. Hingegen besaß er eine profunde Kenntnis der christlichen Religion. Subeihi präsentierte sich als versöhnlicher Fundamentalist und war auf der Suche nach einer zeitgemäßen »Ijtihad« der koranischen Lehre. Er steigerte sich zu der Aussage: »Wenn ich mich in der Welt umsehe, erscheint mir Großbritannien als ein Land, das den muslimischen Idealvorstellungen besser entspricht als manches arabische Land. In England herrscht eine gewisse soziale Gerechtigkeit, die freie Meinung wird geduldet. Wo gibt es das in unserem Raum?«

Unvermeidlich ging das Gespräch auf das Thema Palästina über. Die Juden seien unentbehrlich gewesen für die muslimische Heilsgeschichte, meinte Subeihi. Die hebräischen Propheten seien frühe Künder der monotheistischen Botschaft im Gefolge Abrahams gewesen. Aber jetzt drohe ihnen göttlicher Zorn. Er zitierte einen Hadith, eine Überlieferung aus dem Leben des Propheten. Der zufolge hatte Mohammed angekündigt, daß der Staat der Juden – ehe er zerstört werde – bis zum Jordan reichen würde. Auch die Christen hätten Anteil an der Offenbarung, schweifte Subeihi ab. Isa, der Sohn Miriams, werde eines Tages wiederkehren, so stehe es geschrieben, nicht als neuer Prophet, denn Mohammed sei das Siegel der Verkündung, sondern als »Muslich«, als »Reformer«.

Zwei Jahre später war ich in Irbid, im Länderdreieck Jordanien-Israel-Syrien, mit einem alten Bekannten verabredet. Fauzi war Agronom, überwachte die Bewässerungsprojekte im nahen Yarmuk-Tal und unterrichtete an der neuen Universität. Seine Frau war Deutsche. Wir hatten uns vor Jahren in München angefreundet. Fauzi wies eine gewisse Ähnlichkeit mit Omar Scharif auf. Er sprach mit leiser, weicher Stimme. Er packte mich gleich in sein Auto, und wir fuhren nach Westen auf die Golan-Grenze zu. Wir ließen Irbid mit seinen Betonwänden, seinen Moscheen und Kirchen schnell hinter uns. Die Sonne stand schon tief. Die Straße erkletterte die nackten Höhen von Umm Qeis. »Man braucht hier nur den Boden zu kratzen, und man stößt auf Funde aus der Zeit des Hellenismus und des Byzantinischen Reiches«, erklärte Fauzi. Mehr als zehn Millionen Menschen hätten zur Blütezeit in dieser Kornkammer des Römischen Reiches gelebt, wo heute nur Steine und Sand zu finden sind.

Die Ausgrabungen von Umm Qeis hatten eine stattliche Basilika, Thermen und Stallungen, ausgedehnte Handelsviertel mit gepflasterten Gassen und ein Amphitheater freigelegt, wo für die Patrizier mächtige Sessel in den Basalt gehauen waren. »Wie konnte eine solche Kultur untergehen?« fragte ich und blickte auf die schmutzstarrenden Araberkinder, die vor Lehmhütten spielten. »Es müssen gewaltige Erdbeben stattgefunden haben«, lautete die Antwort. »Das Irrigationsnetz wurde verschüttet.« Das geschah etwa zur Zeit der Omayyaden-Kalifen. Es war schon ein seltsamer Zufall, daß der Untergang ertragreicher Agrarwirtschaft im Orient und im Maghreb, daß der Verfall blühender Siedlungsgebiete – hier wie im Umkreis von Antiochia durch angebliche Naturkatastrophen verursacht – so häufig mit der Ankunft der erobernden Beduinen zusammengefallen war.

Die Felsen von Umm Qeis fielen im syrischen Grenzgebiet steil zum Tal des Yarmuk ab, an dessen Ufern der Kalif Omar die Heere von Byzanz entscheidend geschlagen hatte. Es war einer jener Abende, die auch die sprödeste Landschaft in Glanz und Purpur tauchen. Jenseits des Yarmuk stellte sich abrupt und schwarz ein bedrohliches Massiv quer, der Golan. Auf dem Kamm waren israelische Positionen und Radarsysteme zu erkennen. »So nah sind sie, die ›Vettern – the cousins‹«, scherzte Fauzi. »Die Wasserfläche, die im Westen glänzt, ist der See von Genezareth. Wo die ersten Lichter flackern, liegt Tiberias. Jener Kegel, der den Blick nach Haifa versperrt, ist der Berg Tabor, wo Christus vor seinen Jüngern verklärt wurde und mit den Propheten sprach. Wenn wir uns nach Norden wenden, können wir die Nähe von Damaskus ahnen. So eng, so geballt liegt hier alles nebeneinander. Der Nahostkonflikt wird geographisch im Westentaschenformat ausgetragen.«

Den ganzen Nachmittag über hatte ich versucht, Fauzi zu einer politischen Aussage zu bewegen. Aber der Agronom war beharrlich ausgewichen. Er erging sich in loyalistischen Gemeinplätzen, wenn er vom König sprach. Die Palästinenser, die immerhin siebzig Prozent der Gesamtbevölkerung Jordaniens ausmachten, seien integriert, auch wenn viele Flüchtlinge noch in Lagern lebten. Die gemäßigten arabischen Kräfte seien durch die jüngste Libanon-Krise gestärkt worden, und man könne jetzt ernsthaft an einen Kompromiß mit Israel denken. Im Irak wirke König Hussein tatkräftig mit, die arabische Nation vor den Persern zu schützen.

Ein Panzerspähwagen und zwei Armeelastwagen rollten vorbei.

Auf der Fahrt waren mir die Bunker und Stellungen aufgefallen, die die jordanische Armee ausgehoben hatte. Die Soldaten Husseins, so schien mir, hatten seit 1970 viel von ihrer Disziplin, ihrem britischen Drill verloren. Neuerdings sammelte der König seine verläßlichen Beduinen wohl zum eigenen Schutz rund um Amman. Die Palastgarde bestand immer noch aus Nachkommen jener Tscherkessen, Tschetschenen und anderer Kaukasier, die der türkische Sultan vor dem Ersten Weltkrieg zum Schutz der Hedschas-Bahn aus dem Kaukasus in das damalige Wüstenkaff Amman umgesiedelt hatte. In ihren Paradeuniformen sahen diese Leibwächter wie Don-Kosaken aus.

Fauzi hatte seinen Kebab beendet. Unvermittelt blickte er mich ernst an. »Warum soll ich dir Lügen erzählen? Wir Araber sind so tief gedemütigt, so sehr erniedrigt worden wie nie in der Geschichte. Daran sind unsere Herrscher schuld, die Könige und Präsidenten ohne Ausnahme. Am schlimmsten sind diese Saudis mit ihren müden Augen, aus denen nur Verachtung spricht. An wen sollen wir uns noch klammern, an den Verrückten etwa, ›el Mahbul‹, wie wir hier Qadhafi nennen? Es ist doch lächerlich und unerträglich, daß die riesige arabische Umma durch den israelischen Zwerg terrorisiert und gegängelt wird. Da behaupten unsere Führer immer, die Zionisten würden über das ganze jüdische Kapital des Westens verfügen. In Wirklichkeit kassieren die Saudis astronomische Summen, weit mehr als die Juden-Kollekten einbringen, und wir vermögen nichts. Seit Gamal Abdel Nasser haben wir keinen Staatsmann mehr gehabt, den wir respektieren.«

Auf meiner damaligen Suche nach islamischen Fundamentalisten wurde ich an die Scharia-Fakultät der »Jordan University«, an die koranische Rechtsschule, verwiesen. Auf dem ausgedehnten, schattigen Campus mit schmucken Natursteinbauten traf ich den Professor Alim Ibrahim Zeid el-Keilani, dessen angesehene Familie aus der Gegend von Hebron stammte. In der Scharia-Fakultät trugen die jungen Männer Bärte. Die Mädchen waren verschleiert. Scheikh Keilani überraschte mich mit seinem rötlichen Backenbart und den hellen Augen. Auf Weisung des Königs durfte er nicht länger in den Moscheen predigen. Seine geistlichen Thesen vertrugen sich nicht mit den Weisungen des Hofes. Er erwähnte die Tatsache, daß die Mekka-Pilger in Jordanien immer zahlreicher würden und daß diese »Hujjaj« wesentlich jünger seien als früher.

Zwei Irrwege hätten die Entwicklung des Orients seit Beginn des Jahrhunderts gekennzeichnet, erklärte er. Im theologischen Bereich habe die Ulama-Bewegung eine falsche Richtung eingeschlagen. Die Koran- und Scharia-Gelehrten hätten auf eine strikte Orthodoxie, auf die wörtliche Exegese der Heiligen Schriften und Überlieferungen gedrungen und manchen obskurantistischen Aberglauben, wie er vielerorts vegetierte und die wahre Botschaft verzerrte, ausgeräumt. Aber die Ulama seien fast überall in die Abhängigkeit der weltlichen Herrscher geraten, sie hätten sich als deren Instrumente mißbrauchen lassen. Die Beispiele des religiösen Opportunismus im Dienste verbrecherischer Potentaten seien nicht mehr zu zählen. In Saudi-Arabien hätten die Wächter der Wahhabiten-Gemeinde dem sittenlosen Prinz Fahd auf den Thron verholfen. Das Ende des Lehrmonopols dieser Schriftgelehrten sei gekommen. Auf der Suche nach neuer, spontaner Frömmigkeit wende sich gerade die junge Generation von den alten Turbanen ab.

»Der andere Irrweg«, so fuhr Keilani fort, »war der panarabische Nationalismus.« Seltsamerweise tauchten hier die Argumente Fauzis wieder auf. »Gamal Abdel Nasser gilt weiterhin bei vielen Orientalen als der große Rais.« In Wirklichkeit habe seine Ideologie des arabischen Sozialismus nur Schaden, Spaltung und Verwirrung gestiftet. »Ein frommer pakistanischer Muslim ist wertvoller und gottgefälliger als ein lauer arabischer Muslim. Nicht die arabische Nation, sondern die gesamt-islamische Umma reflektiert den Willen Allahs.« Ob man das Ideal der Identität von Religion und Staat im Rahmen eines Königreichs oder einer Republik verwirkliche, sei relativ unwichtig. Immerhin sei seit Abschaffung des Kalifats durch Atatürk ein Vakuum entstanden, und die geheime Hoffnung bestehe, daß die Statthalterschaft Gottes auf Erden eines Tages in dieser oder jener Form wieder restauriert werden könne.

»Wir Araber waren drauf und dran, uns in den westlichen Schablonen von Nationalismus und Sozialismus zu verstricken, unsere islamische Eigennatur preiszugeben«, grübelte Scheikh Keilani. »Ausgerechnet die Zionisten mit ihrer Berufung auf Abraham und Moses, mit ihrem uneingestandenen, aber zutiefst theokratischen Staatskonzept haben uns auf den rechten Weg zurückgedrängt. Die Juden – wie so oft in ihrer langen Geschichte – sind auch heute noch, auf schwer erklärliche Weise, Instrumente des göttlichen Willens.«

LIBYEN

»… to the shores of Tripoli«

Qadhafis Warnung

BEIRUT, JUNI 2011

Also sprach Muammar el-Qadhafi über die Bedrohung des Abendlandes, nachdem die ersten freiheitlichen Unruhen auch auf Libyen
übergegriffen hatten: »Ihr sollt mich recht verstehen. Wenn ihr
mich bedrängt und destabilisieren wollt, werdet ihr Verwirrung
stiften, Bin Laden in die Hände spielen und bewaffnete Rebellen-
haufen begünstigen. Folgendes wird sich ereignen: Ihr werdet von
einer Immigrationswelle aus Afrika überschwemmt werden, die
von Libyen aus nach Europa überschwappt. Es wird niemand mehr
da sein, um sie aufzuhalten. Osama Bin Laden wird sich in Nordafrika einrichten und Mullah Omar den Kampf um Afghanistan
und Pakistan überlassen. Bin Laden wird an eurer Türschwelle stehen. In Tunesien und Ägypten ist ein politisches Vakuum entstanden. Die Islamisten können heute von dort aus bei euch eindringen. Der Heilige Krieg wird auf eure unmittelbare Nachbarschaft
am Mittelmeer übergreifen. Die Jihadisten werden die Fünfte
Amerikanische Flotte angreifen. Das Piraten-Unwesen wird eure
Gewässer unsicher machen, fünfzig Kilometer von euren Küsten
entfernt. Die Gefolgsleute Bin Ladens werden zu Lande und zur
See Lösegelder von euch erpressen. Man wird in die Zeiten des
berühmtesten türkischen Korsaren Barberousse zurückfallen, die

Zeiten der Seeräuber der Osmanen, die eure Schiffe erbeuteten. Eine weltweite Krise wird sich daraus ergeben und eine Katastrophe, die alle heimsucht. Die Anarchie wird sich von Pakistan und Afghanistan bis nach Nordafrika ausdehnen. Das werde ich nicht zulassen ...« – Der Text ist einem Interview entnommen, das im Februar 2011 im *Journal du Dimanche* erschien.

Zum Zeitpunkt dieser Aussage konnte Qadhafi nicht ahnen, daß Osama Bin Laden am 2. Mai 2011 von einer amerikanischen Sondereinheit der »Seals« auf pakistanischem Boden erschossen würde. Aber in Tunesien hatte bereits die »Jasmin-Revolte« den Diktator Ben Ali vertrieben, und auf dem Tahrir-Platz von Kairo erzwang die aufgebrachte Menge den Rücktritt des Präsidenten Mubarak. In Libyen selbst wurden vor allem im Osten des Landes, in der Cyrenaika, ab Mitte Februar 2011 die ersten Ansammlungen von Demonstranten, die den Sturz Qadhafis forderten, von den Sicherheitskräften zusammengeschossen. Dieser Tyrann, der sich als Künder des wahren Islam darstellte, schockierte die gelehrten »Ulama« zutiefst, als er den Koran in sehr eigenwilliger »Ijtihad« interpretierte und den »Hadith«, die Schilderung aus dem Leben des Propheten, rundweg ablehnte.

Gegen die radikalen Strömungen, die man heute als »Salafiya« bezeichnet, hatte er schon in den achtziger Jahren zu unerbittlicher Repression ausgeholt, zumal gegen die »Partei der islamischen Befreiung« und jene »Partisanen Gottes«, die sich auf ehemalige Afghanistan-Kämpfer stützten. Qadhafi, der den internationalen Terrorismus weltweit betrieben hatte, konnte sich tatsächlich darauf berufen, in unerbittlicher Feindschaft zu El Qaida zu stehen. Vor allem richtete sich seine Verfolgung gegen die Anhänger des Sufi-Ordens, die kriegerische Bruderschaft der »Senussi«, die in der aufsässigen Cyrenaika immer wieder zur Rebellion aufrief. Die Senussi hatten schon vor dem Ersten Weltkrieg gegen die koloniale Eroberung durch die Italiener einen bemerkenswerten Widerstand geleistet und weite Gebiete der Sahel-Zone unter ihre Kontrolle gebracht. Am Ende war die gewaltige Übermacht Mussolinis dieser Streiter Allahs auf grausame Weise Herr geworden.

Nach ihrem Sieg im Zweiten Weltkrieg sollten die Briten in den Reihen der Senussi auf einen achtbaren, aber unfähigen alten »Emir« zurückgreifen und ihn zum König von Libyen unter dem Namen Idris I. ausrufen. Sie glaubten, einen gefügigen Vasallen gefunden zu haben. Nachdem im Jahr 1969 ein junger Offizier namens Qadhafi mit einem Militärputsch die Macht an sich gerissen hatte und sie 42 Jahre lang in unbeschränkter Willkür ausübte, blickten die Nachkommen der Helden des Heiligen Krieges gegen die Italiener mit wachsendem Ingrimm auf diesen Beduinensohn, der dem nicht sonderlich angesehenen Stamm der Khadafa entstammte. Immer wieder war die Tariqa der Senussi unter der Losung angetreten: »La Illaha illa Allah wa Muammar el Qadhafi' adu Allah – Es gibt keinen Gott außer Gott, und Muammar Qadhafi ist ein Feind Allahs.«

Der Führer der »Jamahiriya«, wie er das von ihm konzipierte Staatsgebilde Libyen populistisch nannte, hatte gute Gründe, auf die Nachsicht der westlichen Staatenwelt zu rechnen, als er gegen die Rebellen des Jahres 2011 mit ruchlosen Methoden vorging und seine Luftwaffe einsetzte, um den Aufruhr der Senussi in den »grünen Bergen«, im »Djebl akhdar« der Cyrenaika, zu zerschlagen. Hatte er nicht schon einmal die Charakterlosigkeit der Amerikaner und Europäer ausgenutzt, nachdem er eine Vielzahl von Aufstands- und Terrorgruppen rund um den Erdball finanziert und mit Waffen versorgt hatte? Seine unermüdliche, aber dilettantische Aktivität reichte von Nordirland über das Baskenland und Korsika bis nach Indonesien und den Süd-Philippinen. Das Schwergewicht seiner revolutionären Unterstützung kam jedoch den afrikanischen Unabhängigkeitsbewegungen südlich der Sahara gegen den weißen Kolonialismus zugute. Auf diese Weise infiltrierten seine Agenten sämtliche Sahel-Staaten wie auch die schwarzen Kampfgruppen in Angola, Namibia, Zimbabwe und Südafrika.

Oberst Qadhafi war als junger Offizier ein hemmungsloser Bewunderer des ägyptischen Rais Gamal Abdel Nasser. Sein Wüstenland befand sich zu dessen Lebzeiten mit einer Präsenz von Hunderttausenden ägyptischer Zivilhelfer und Soldaten in einer

Abhängigkeit von Kairo, die Nasser, wenn er – statt sich in Syrien und Jemen zu verzetteln – eine stillschweigende Annexion der benachbarten »Jamahiriya« vorgenommen und dem armen Niltal dank der gewaltigen libyschen Petroleumvorkommen eine solide ökonomische Grundlage verschafft hätte, endgültig zum Führer der Araber hätte aufsteigen lassen. Aber nach dem Tod Nassers entstand bittere Feindschaft zwischen dessen Nachfolger Anwar es-Sadat und dem libyschen »Volksführer«. Durch seine zunehmende Arroganz, durch seine vielfältigen Komplotte und eine ins Unbegreifliche ausgreifende Paranoia stieß der Beduinensohn, der ursprünglich als Einiger der arabischen Welt auftreten wollte, nur noch auf Gegner und Spötter in der Arabischen Liga.

Also entdeckte dieser unberechenbare Mann, der in einem Zelt zu nächtigen pflegte, seine afrikanische Berufung und sollte sich nunmehr mit den gewaltigen Erdölgewinnen, die ihm zur Verfügung standen, als »großer Bruder« all jener inzwischen zur Unabhängigkeit gelangten Machthaber Schwarzafrikas aufführen, deren Völker in totale Mißwirtschaft und Armut abglitten oder mit internen – vom Westen begünstigten – Aufständen zu kämpfen hatten. Wenn zur Stunde zahlreiche afrikanische Staatsoberhäupter eine Verurteilung des libyschen Scharlatans, wie ihn die Araber sehen, ablehnen, wenn zumal die Südafrikaner nicht von ihm abrücken, so ist das auf jene Jahre zurückzuführen, als der »African National Congress« sich auf die Hilfe aus Tripolis gegen die Apartheid der weißen Regierung von Pretoria verlassen konnte. Diverse afrikanische Staatschefs, wie der exzentrische Tyrann Idi Amin von Uganda oder der dem Wahnsinn verfallene »Empereur« Jean-Bédel Bokassa in der Zentralafrikanischen Republik, traten auf sein Drängen zum Islam über.

Im Westen wurde Qadhafi zur Horrorgestalt – weit gefährlicher als später das Schreckgespenst Osama Bin Laden. Am 5. April 1986 explodierte in der Diskothek »La Belle« in Berlin, die häufig von amerikanischen Soldaten besucht wurde, eine Bombe, die drei Tote und zweihundert Verletzte verursachte. Die Spuren der Tat deuteten auf die libysche Botschaft in Ost-Berlin, und Qadhafi hatte wohl

nicht bedacht, daß in Washington Ronald Reagan zu harten Gegen-
schlägen bereit war. Zehn Tage nach »La Belle« bombardierte die
U. S. Air Force den vermutlichen Aufenthaltsort Qadhafis in seiner
Unterkunft Bab el-Aziziya. Durch einen Zufall entging er dem
Tode, aber er versuchte, sich umgehend an all jenen Angehörigen
der Atlantischen Allianz zu rächen, deren er habhaft werden konnte.
Sein Werkzeug war vermutlich der palästinensische Terrorist Abu
Nidal, der sich aufgrund seiner Mordlust mit Yassir Arafat überwor-
fen hatte.

Der lange Arm des Diktators

Von der Rachsucht Qadhafis habe ich einen persönlichen Eindruck
bewahrt. Am Tage nach dem amerikanischen Bombardement von
Tripolis hatte ich einen Flug nach Beirut gebucht, wo der Bürgerkrieg in vollem Gange war. »Wollen Sie denn wirklich zu diesem
Zeitpunkt in den Libanon fliegen?« fragte mich die Stewardess.
Doch der *Geo*-Photograph Thomas Hegenbart war bereits ein paar
Tage zuvor in Richtung Levante abgereist, und ich wollte ihn bei
unserem gemeinsamen Reportageprojekt über die politisch einflußreiche Sekte der Drusen nicht im Stich lassen.

Die Ankunft in Beirut war ungemütlich. Es lag Spannung in der
Luft. Die Paß- und Zollabfertigung verlief reibungslos. Aber von
der üblichen Freundlichkeit war nichts zu spüren. Am Ausgang des
Flughafens Khalde war die entscheidende Kontrolle zu passieren.
Eine kleine Gruppe bärtiger Männer mit grünen Parkas und der
unvermeidlichen Kalaschnikow musterte dort die Einreisenden. Es
waren Partisanen der schiitischen »Partei Gottes«, die in Süd-Bei-
rut die gemäßigte, mit Damaskus eng kooperierende Miliz der
schiitischen Amal-Bewegung verdrängt hatte. Ein dicklicher, sym-
pathischer Araber mit schwarzem Schnurrbart kam eilig auf mich
zu. Er stellte sich als mein Fahrer Mustafa vor.

Das Hotel »Commodore«, das auf dem Höhepunkt des mehr als zehnjährigen Libanonkrieges die Weltpresse beherbergt hatte, war mir wohlvertraut. Auch hier herrschte ängstliche Lähmung. Die Portiers, mehrheitlich Palästinenser, tuschelten untereinander. Man müsse mit libyschen Repressalien rechnen. Doch Thomas Hegenbart, der mich in der Hotelhalle begrüßte, schien von der schleichenden Bedrohung kaum beeindruckt. Er forderte mich unmittelbar nach Bezug meines Zimmers zum Aufbruch ins Drusen-Gebiet auf.

Der Fahrer Mustafa verstand sich trefflich darauf, die kritischen Übergangspunkte der jeweiligen konfessionellen Einflußzonen zu umgehen. Auf Schleichwegen lavierten wir zwischen den Fronten der Syrer, der maronitischen Kataeb, der Amal-Miliz und der Hizbullah. Jenseits der geballten schiitischen Flüchtlingszone im Süden der Hauptstadt wurden wir von schwerbewaffneten Männern in Tarnuniform und rotem Barett lässig kontrolliert. Wir hatten das Einflußgebiet der Drusen erreicht. Von nun an wähnten wir uns in Sicherheit, denn Walid Jumblat, der Warlord und Feudalherr dieser streitbaren religiösen »Taifa«, hatte uns eingeladen. Wir bewegten uns jetzt unter seinem Schutz.

An einem »road block« der Drusenmiliz wurde Mustafa in ein lebhaftes Gespräch verwickelt. Er kam aufgeregt zu uns gelaufen. »In der Umgebung von Bhamdoun sind drei ermordete westliche Geiseln gefunden worden«, berichtete er. Die Drusen hätten uns aufgefordert, dort hinzufahren. Wir kurvten jetzt an Aley vorbei durch jenen Teil des Libanon-Gebirges, der in friedlichen Zeiten vom wohlhabenden Beiruter Bürgertum als sommerliches Ferienressort ausgebaut worden war. Die stattlichen Villen aus Naturstein waren verlassen, teilweise zerstört. Kein Leben rührte sich unter den hohen Nadelbäumen. An einer Biegung stießen wir auf eine Gruppe drusischer Bauern mit den typischen schwarzen Bundhosen und der weißen Kalotte auf dem Kopf. Auch sie hatten von dem Leichenfund gehört und wiesen uns die Richtung.

Am Ende unserer Suche – wir befanden uns auf einem Macchia-bewachsenen Plateau – war das Terrain militärisch abgesichert. Unsere Berufung auf Walid Jumblat verschaffte uns freien Zugang zu einer Art Sanitätsstation, wo die Opfer des Terrors aufgebahrt waren. Es handelte sich um zwei Briten und einen Amerikaner, erklärte der wachhabende drusische Offizier. Man habe die Leichen etwa hundert Meter von der Straße entfernt in einem Dickicht entdeckt. Sie seien gefesselt gewesen und durch Genickschuß aus unmittelbarer Nähe liquidiert worden. Im Moment sei man mit ihrer Identifizierung beschäftigt und habe bereits zu amerikanischen und britischen Dienststellen Kontakt aufgenommen. Wer die Männer seien, darüber konnten die Drusen keine genaue Auskunft geben. Es war anzunehmen, daß die Exekution gegen angemessene Entlohnung im Auftrag libyscher Agenten vorgenommen worden war.

Die drei Leichen waren in Plastikhüllen verschnürt, so daß wir ihren Zustand nicht untersuchen konnten. Nur die nackten Füße blickten heraus. Wir verbrachten zwei Stunden mit dieser Totenwache. Die anwesenden Drusen waren über die feige Bluttat empört. Der Nachmittag war bereits fortgeschritten, da nahte aus dem Küstengebiet ein militärischer Konvoi. Die Überreste der Geiseln wurden auf einen Unimog geladen. Ein leichter Panzerspähwagen mit dem Wappen der Drusenmiliz setzte sich an die Spitze, ein Lastwagen voll Soldaten bildete den Schluß des Trauerzuges, der sich nun in Richtung Beirut bewegte. Wir folgten mit unserem Mercedes, und es bot sich uns ein feierliches, düsteres Schauspiel, als die wilden Gebirgskrieger die ermordeten Angelsachsen durch ihre Dörfer geleiteten. Die Bevölkerung war mit ernsten Mienen vor ihre massiven Steinhäuser getreten und verharrte in respektvollem Schweigen. Im Abendlicht gewann die rauhe Landschaft eine ergreifende Schönheit.

Der Geleitzug erreichte die übervölkerten Vororte der Hauptstadt, wo Plakate mit dem Antlitz des Ayatollah Khomeini und des schiitischen Imam Mussa Sadr von allen Hauswänden blickten. Mussa Sadr hatte schon vor Ausbruch des libanesischen Bürgerkrieges im Auftrag Khomeinis die unterdrückte und armselige Schiiten-Bevölkerung zu neuem Selbstbewußtsein ermutigt und die Grundlage einer schiitischen Miliz geschaffen. Dann verschwand er auf mysteriöse Weise bei einem Besuch in Libyen.

Das Zentrum von Beirut war, wie üblich, durch ein Verkehrschaos blockiert. Der Zugang zum Hospital der »American University«, wo die Leichen einer Autopsie unterzogen werden sollten, schien versperrt. Die Drusen wußten sich zu helfen: Sie feuerten mit ihren Kalaschnikows in die Luft, nahmen eine drohende Haltung an, und schon öffnete sich eine Gasse für unseren Trauerzug.

Vom amerikanischen Krankenhaus brachte Mustafa uns zum »Commodore« zurück. Die Hotelhalle war menschenleer. Schließlich kam ein verschüchterter Portier hinter seiner Theke hervor. Es sei etwas Abscheuliches passiert, berichtete er. Bei der Nachricht vom Mord an seinen Landsleuten hatte der britische Kameramann John McCarthy den nächsten MEA-Flug nach Europa gebucht und war in aller Eile zum Flugplatz geflüchtet. Offenbar war sein Evasionsversuch jedoch aus dem Hotel an eine bewaffnete Bürgerkriegsgruppe gemeldet worden. Zwei Kilometer vom »Commodore« entfernt war das Taxi McCarthys von vermummten Waffenträgern angehalten und der Kameramann entführt worden. An jenem Abend wußten wir natürlich noch nicht, daß unser englischer Kollege mehrere Jahre in der Haft seiner Peiniger verbringen mußte, ehe er nach unendlich zähen Verhandlungen wieder freikam.

Über Beirut brach die Dunkelheit herein. Der Verkehrslärm in der nahen Hamra Avenue verebbte und verstummte dann total. Thomas Hegenbart und ich waren die einzigen Gäste im Hotel. Das chinesische Restaurant im Parterre war seltsamerweise nicht geschlossen. Wir bestellten Frühlingsrollen und Krabben. Dann verzogen wir uns auf unsere Zimmer. Es sollte eine beklemmende Nacht werden. Wir waren jeden Moment darauf gefaßt, daß bewaffnete Unholde gebieterisch an unsere Tür treten würden, um uns in irgendein Verlies zu verschleppen.

Die Nacht im Hotel »Commodore« war ohne Zwischenfall verstrichen. Gegen zwei Uhr war ich durch ein paar Schüsse geweckt worden. Am frühen Morgen beschlossen wir, keine Zeit zu verlieren. Das Hotel umfing uns wie eine tödliche Falle, und wir wollten schleunigst in das Hotel »Summerland« überwechseln, das – an der südlichen Corniche unmittelbar am Strand gelegen – zum Besitz eines reichen Drusen-Clans gehörte und entsprechend geschützt war. Auf der gegenüberliegenden Straßenseite stand Mustafa vor einem kleinen Antiquitätenladen und der ehemaligen Nachtbar mit seinem Mercedes schon parat. Während wir unser leichtes Gepäck verluden, näherten sich zwielichtige Gestalten und fragten nach dem Ziel unserer Fahrt. Um dem Schicksal McCarthys zu entgehen, gab ich eine falsche Richtung an: Wir begäben uns zur deutschen Botschaftskanzlei, antwortete ich und erteilte Mustafa die Weisung, Kurs auf dieses verbarrikadierte und befestigte Gebäude zu nehmen, wo Angehörige des Bundesgrenzschutzes mit Mut und Gelassenheit – die Maschinenpistole stets in Reichweite – ihren Dienst versahen. Kurz vor Erreichen unseres angeblichen Ziels bogen wir abrupt zum »Summerland« ab.

Wir atmeten auf, als uns die bulligen drusischen Posten am Hoteleingang durchwinkten. Im »Summerland« waren wir wie mit einem Zauberstab in eine ganz andere, irreale Welt versetzt. Der orientalische Superluxus der elitären Herberge wirkte in dieser Umgebung geradezu phantastisch. Der Service war perfekt. An der Rezeption standen elegante, hübsche Empfangsdamen. Von meiner Suite, die mit Samt und Seide drapiert war, öffnete sich die Tür auf ein prächtiges Schwimmbad. Dort tummelten sich in Reichweite von Sabra und Schatila – vom Grauen des Krieges und des Mordens scheinbar unberührt – die Angehörigen der libanesischen Oberschicht. Die jungen Männer waren sportlich gebräunt, die Mädchen bewegten sich lasziv in winzigen Bikinis. Das Schiitenviertel, wo fast alle Frauen den Tschador trugen, war nur einen knappen Kilometer von diesem Hort provozierender Permissivität entfernt.

Mustafa quittierte die wiedergewonnene Sicherheit mit einem strahlenden Lächeln. Nur ein paar Meilen hinter dem »Summerland« begann das Einflußgebiet der Drusen. Dorthin setzten wir uns nach einer kurzen Frühstückspause in Bewegung. Unser Fahrer hatte sich bei den drusischen Posten erkundigt, wo deren oberster Chef anzutreffen sei. Sehr viel später erst sollte ich erfahren, daß mein vermeintliches Refugium, das Hotel »Summerland«, wo ich mich sicher wie in Abrahams Schoß gefühlt hatte, eine höchst verletzliche Oase der Geborgenheit war. Potentielle Geiselnehmer wurden zwar längs der Küstenstraße gegenüber den Palästinenser-Slums durch schlagkräftige Drusenkrieger auf Distanz gehalten. Der Strand hingegen und die offene Meerseite blieben völlig ungeschützt. Von dort aus sollten zwei Jahre später jene Entführer kommen, die die beiden deutschen Siemens-Ingenieure Rudolf Cordes und Alfred Schmidt in die Kerker der libanesischen Bürgerkriegsszene verschleppten.

Schurkenstaat

Vollends zum »Schurkenstaat – rogue state« wurde die Jamahiriya Qadhafis, als über dem schottischen Städtchen Lockerbie im Dezember 1988 eine Linienmaschine der PanAm explodierte und 270 Menschen in den Tod riß. Der Verdacht der Täterschaft richtete sich eindeutig auf Agenten des libyschen Geheimdienstes. Ein ähnlicher Anschlag fand ein Jahr später gegen ein französisches Passagierflugzeug der Linie UTA statt, das über der Republik Niger abstürzte. 170 Passagiere kamen dabei ums Leben. Durch Zahlung enormer Entschädigungssummen an die betroffenen Familien – die Scharia sieht in solchen Fällen bei Einverständnis der betroffenen Familien das sogenannte Blutgeld vor – hatte sich der libysche Tyrann noch einmal freikaufen können. Durch seine Auftragsmörder ließ Qadhafi eine Vielzahl von Oppositionspolitikern, die im Ausland Asyl gesucht hatten, in den jeweiligen Zufluchtsorten umbringen. Auf die Opposition im Innern reagierte er mit nacktem Terror.

Die zahlreichen Sanktionen und Embargos, die über Libyen verhängt wurden, konnten dem Machthaber wenig anhaben, verfügte er doch dank der immensen Petroleumvorkommen, die das Land besitzt, über die Möglichkeit, sich immer wieder neue Klienten und Komplizen zu verschaffen. Wirklich ernst wurde es für ihn, als die westlichen Nachrichtendienste feststellten, daß dieser globale Unruhestifter sich über das pakistanische Netzwerk des Wissenschaftlers Abdel Kader Khan anschickte, eine eigene Atombombe zu bauen. Sehr weit ist er damit nicht gekommen. Hingegen entwickelte er seit einiger Zeit ein umfassendes Programm zur Schaffung von chemischen Kampfstoffen. Da die deutsche Firma »Imhausen-Chemie« angeblich an diesem Vernichtungsprogramm beteiligt war, erfuhr der Bundesnachrichtendienst relativ früh von dieser zügig betriebenen Produktion von Giftgasen.

Ich war zu jener Zeit Chefredakteur des *Stern* und wunderte mich, vom damaligen Präsidenten des Bundesnachrichtendienstes in Pullach zum Mittagessen eingeladen zu werden. Es wurden mir bei dieser Gelegenheit detaillierte Pläne und Zahlen über den Industriekomplex Rabta vorgelegt, der seine militärische Zielsetzung unter dem Namen »Pharma 2000« zu tarnen suchte. Absicht des BND war es wohl, auf die libysche Giftgasproduktion und die daraus resultierenden Gefahren aufmerksam zu machen. Der deutsche Nachrichtendienst wollte durch die Veröffentlichung dieses Skandals in einem großen Magazin die deutsche Öffentlichkeit und die verantwortlichen Politiker wachrütteln, ja eventuell wirksame Gegenmaßnahmen anregen.

Daß in Fragen nuklearer und chemischer Aufrüstung die Amerikaner keinen Spaß verstanden, ja teilweise über ihre eigentlichen Ziele hinausschießen könnten, mußte Qadhafi zur Kenntnis nehmen, als George Bush senior den Feldzug »Desert Storm« sowie vor allem sein Sohn George W. seine Offensive »Iraqi Freedom« auslösten. Für Saddam Hussein gab es von dem Moment an keine Überlebenschance, in dem er in den Verdacht nuklearer Aufrüstung geriet. Der Libyer wußte, was ihm blühte, und er kroch zu Kreuze. Den Amerikanern wurde jede Freizügigkeit gewährt, die verdächtigen Produktionsstätten zu durchsuchen und ihre Sprengung oder

Auslagerung zu beaufsichtigen. Um zusätzliche Absolution warb der Diktator von Tripolis, indem er sich auf dem Gebiet der Erdölförderung und -belieferung außerordentlich entgegenkommend zeigte. Kurzum, aus einem »bad guy« wurde im Handumdrehen ein »good guy«.

Die Nachgiebigkeit, ja der plötzliche Schmusekurs des Westens gegenüber einem notorischen Verbrecher, einem Tyrannen, der in Wirklichkeit eine internationale Aburteilung verdient hätte, gehört zu den schändlichsten Kapiteln einer heuchlerischen »Menschenrechtsdiplomatie«. Washington hatte diesen neuen Kurs vorgezeichnet. Libyen wurde von der Liste der den Terrorismus begünstigenden Staaten gestrichen. Die Beziehungen zwischen Washington und Tripolis wurden normalisiert, noch bevor die bulgarischen Krankenschwestern, die aufgrund der unsinnigen Anklage, sie hätten libysche Kinder mit dem HIV-Virus infiziert, aus ihren Kerkern befreit wurden. Die Ölkonzerne aus den USA nahmen ihre Prospektionsarbeit in den Wüstenregionen wieder auf. Die engste Vertraute des Präsidenten George W. Bush, Außenministerin Condoleezza Rice, entblödete sich nicht zu verkünden: »Libyen ist ein wichtiges Vorbild in einer Welt, die von den Regierungen Irans und Nordkoreas eine gründliche Umkehr erwartet. Wir verlangen dringend von den führenden Politikern in Iran und Nordkorea, daß sie strategische Entscheidungen treffen, die dem Einlenken Libyens entsprechen und zudem heilsam für ihre eigenen Völker wären.«

Die Europäer haben sich ebenfalls unter das »caudinische Joch« dieses Erpressers gebeugt, der mit seinem »Grünen Buch« – in Anlehnung an das »rote Buch« Mao Zedongs – eine neue Weltordnung, einen konfusen Sozialismus predigte. Immerhin förderte er das Wohlergehen seiner Untertanen. Er verlangte den Vorrang der Bildung für die Jugend und plädierte für die Gleichberechtigung der Frauen. Das Lebensniveau des Durchschnittseinwohners der Jamahiriya lag weit über dem aller übrigen Länder des schwarzen Kontinents. Die dem System innewohnende Korruption steigerte sich dennoch ins Unermeßliche.

Wieder einmal war es der britische Premierminister Tony Blair, der den Reigen anführte, indem er Qadhafi als »soliden Partner des Westens« lobte. Der deutsche Bundeskanzler Gerhard Schröder, wie so manch andere Regierungschefs, reiste im Oktober 2004 ebenfalls nach Tripolis und gewann dort Einblick in Geschäfte, die ihm wahrscheinlich bei seiner späteren Tätigkeit für den russischen Staatskonzern Gazprom nützlich waren. Nicolas Sarkozy bereitete Qadhafi in Paris einen aufwendigen Staatsempfang. Unter dem Schutz seiner weiblichen Leibgarde in Tarnuniform ließ der Beduinensohn sein riesiges Wohnzelt im Garten des Palais Marigny aufrichten. Sarkozy mußte sehr bald feststellen, daß seine Huldigung an den libyschen Tyrannen ebenso unmoralisch wie ergebnislos war. Nachdem der Revolutionsführer seinen gallischen Gastgeber zudem mit ätzenden Beleidigungen traktiert hatte, war man in Paris fest entschlossen, ihm diese Impertinenz bei der ersten sich bietenden Gelegenheit heimzuzahlen.

Piraten und Derwische

Im Sommer 1958 hatte ich zum ersten Mal Libyen bereist. Mit dem Autobus war ich entlang der tunesischen Südküste gefahren. Als wir die Grenze überquerten, hatte mich ein »Alim« der Zeituna-Universität, der neben mir saß, auf ein paar Betonbunker aufmerksam gemacht, Reste jener Mareth-Linie, mit der die Franzosen im Winter 1939 ihre nordafrikanischen Besitzungen gegen die Divisionen Mussolinis abschirmen wollten. Am Rande der tripolitanischen Asphaltbahn entdeckte ich die verlassenen Siedlungen der italienischen Kolonisten, die das faschistische Regime in die Wüste geschickt hatte, um an die grandiose Agrar-Tradition des antiken Rom anzuknüpfen. Die Felder, die dort unter unsäglichen Mühen der Wüste abgerungen worden waren, versanken längst wieder im Sand. Die schmucken weißen Häuschen waren verlassen, die Türen zerbrochen. Schwarze Ziegen suchten nach spärlichen Grasbüscheln.

Im Juli 1958 war Tripolis noch eine europäisch geprägte Stadt. Das urbanistische Talent der Italiener hatte anspruchsvolle Verwaltungsbauten und vor allem eine herrliche Hafenpromenade hinterlassen. Unter den hochgewölbten Arkaden des Geschäftsviertels ging es fast neapolitanisch zu. Der greise König Idris el-Senussi war ein gefügiges Werkzeug des Westens. Die Briten bildeten seine Armee aus und verfügten über Basen in der Cyrenaika, während die Amerikaner vor den Toren der Hauptstadt den gewaltigen Luftstützpunkt Wheelus Field ausgebaut hatten. Die Franzosen übten im südöstlichen Wüstengebiet die Verwaltung der Provinz Fezzan mit der Hauptstadt Sebha aus. Kein Wunder, daß sich unter den jungen libyschen Offizieren, in der aufsässigen Kaufmannschaft, auch bei den Beduinen der Wille nach tatsächlicher Unabhängigkeit regte und der Wunsch, am großen Aufbruch des Arabismus teilzuhaben.

Im Hotel »Mehari«, dessen Fenster sich auf die tiefblaue Bucht öffneten, erreichte mich die große Nachricht des Tages. Der irakische König Feisal war in der Nacht ermordet worden. Mit der Machtergreifung radikaler arabischer Nationalisten in Bagdad war das gesamte amerikanische Bündnissystem im Nahen und Mittleren Osten ins Wanken geraten. Der alte Gewährsmann der Briten im Zweistromland, Premierminister Nuri Said, wurde bei seinem Fluchtversuch, den er in Frauengewändern unternahm, erkannt und ermordet. Seine verstümmelte Leiche wurde durch die Straßen geschleift. Die Sympathisanten des ägyptischen »Rais« Gamal Abdel Nasser triumphierten an Euphrat und Tigris. Dem haschemitischen Königreich Jordanien, dessen Herrscher Hussein zu seinem Vetter Feisal in Bagdad engste Beziehungen pflegte, drohte ein ähnliches Debakel. Britische Fallschirmjäger wurden unter Benutzung des israelischen Luftraums nach Amman eingeflogen und sorgten dort für Stabilität.

Im Libanon, wo Teile der muslimischen Bevölkerung ebenfalls in den Taumel der nasseristischen Begeisterung geraten waren, rief der christliche Präsident Camille Chamoun die Amerikaner ins Land, weil in Beirut und im Gebirge offener Bürgerkrieg drohte.

Am Tage meiner Ankunft in Tripolis waren die US-Marines, die »Ledernacken«, an der libanesischen Küste angetreten, und der ganze Maschreq, der ganze arabische Orient, vibrierte vor Empörung und Wut. In der libyschen Hauptstadt hatten die Korangelehrten und die panarabischen Nationalisten den Generalstreik ausgerufen. Ich ließ mich zur Altstadt fahren, die jenseits der malerischen türkischen Zitadelle begann. Sämtliche Läden waren geschlossen. Kaum ein Mensch war zu sehen. Während ich einsam durch die verwaisten Gassen schlenderte, dröhnte fast aus jedem Haus eine wohlbekannte Stimme. Gamal Abdel Nasser hatte die Menschenmassen des Niltals zusammengerufen. Der ägyptische Rais stand damals auf dem Höhepunkt seines Ansehens.

Nun donnerte er gegen die amerikanische und britische Intervention im Libanon und in Jordanien. Sein mächtiger Aufruf zum nationalen Widerstand hallte nicht nur durch Ägypten, sondern durch die ganze arabische Welt von Marokko bis zum Persischen Golf. »Saut el Arab«, Stimme der Araber, nannte sich der überall hörbare Rundfunksender von Kairo. Die Libyer hatten ihre Radiogeräte auf maximale Lautstärke gestellt und vernahmen gebannt die Worte des großen Volkshelden vom Nil.

Ich mußte an die Szene im Film »Der große Diktator« denken, wo Charlie Chaplin durch die verödeten Straßen einer Provinzstadt hetzt, verfolgt von der Stimme des entfesselten und tobenden Tyrannen. Eine ähnliche Psychose herrschte in den vereinsamten Gassen von Tripolis. Ganz unbedenklich wäre es nicht gewesen, in dieser Stunde anti-imperialistischer Aufwallung als westlicher Ausländer erkannt zu werden. Als ich auf einem stillen Platz im Schatten einer kleinen Moschee schließlich eine Gruppe Männer entdeckte, die, um das Radio geschart, der Botschaft aus Kairo lauschten und dabei ihren Kaffee schlürften, ging ich schnurstracks auf sie zu und setzte mich zu ihnen. Auf die Frage, woher ich käme, gab ich an, ich sei Druse, ein »Darsi« aus dem Libanon. Das reichte aus, um mich akzeptabel zu machen, obwohl sicher keiner der Anwesenden über die geheimnisvolle und recht abseitige Sekte der Drusen auch nur annähernd Bescheid wußte.

Man bot mir eine Tasse Kaffee an, und schon war ich einbezogen in die brüderliche Stimmung islamisch-arabischer Frontstellung gegen die verderblichen Machenschaften der westlichen Aggressoren. An jenem Tag im August 1958 hatte ich geahnt, daß dem Regime des Königs Idris, der der stolzen Überlieferung seiner Vorfahren den Rücken gekehrt hatte, ein baldiges Ende gesetzt würde, auch wenn ich nicht wissen konnte, daß eine Gruppe junger Offiziere der libyschen Armee, angeführt von einem Beduinensohn namens Qadhafi, bereits fieberte, dem nasseristischen Beispiel zu folgen, und den Putsch vorbereitete, der in der folgenden Dekade das Schicksal der Senussi-Dynastie besiegeln sollte.

*

Wer vor den grandiosen Ruinen von Leptis Magna steht, wird daran erinnert, daß das heutige Libyen einst zu den Kornkammern des Römischen Reiches zählte. Er muß feststellen, daß nach den Stürmen der Vandalen und der Wiederherstellung der byzantinischen Herrschaft durch den General Belisarius der Einbruch immer neuer kriegerischer arabischer Beduinenstämme die blühende landwirtschaftliche Produktion zugunsten einer kargen Nomadengesellschaft von Hirtenvölkern reduziert hat. Etwa zweihunderttausend Familien der Beni Hilal und Beni Sulaim hatten um das Jahr 1000 nicht nur den arabischen Sprachgebrauch, sondern eine gründliche Islamisierung eingeleitet.

Hatte der Malteserorden noch versucht, einige Küstenstädte als Vorposten des Abendlandes zu halten, setzte die osmanische Eroberung jeder europäischen Präsenz am Golf von Sirte ein Ende. Ab 1500 verwandelten sich die Mittelmeerhäfen von Tripolis, Algier und Tunis zu gefürchteten Bastionen muslimischer Korsaren. Das hemmungslose Piraten-Unwesen, das die christliche Schiffahrt in Geiselhaft nahm, sollte bis ins späte neunzehnte Jahrhundert andauern. In der heutigen Hauptstadt Libyens hatte – im Auftrag des Sultans und Kalifen von Istanbul – die albanische Dynastie Karamanli die Oberhoheit über die Seeräuber an sich ge-

rissen, während im Hafen und im Hinterland von Algerien die türkische Dominanz durch eine Rivalität zwischen einem Kontingent
von Janitscharen, also zwangsrekrutierten Christen, und dem
Kommandeur der Kaperflotte, des »Amir el-Riyasat«, der nomi-
nellen Statthalterschaft des osmanischen »Dey« einen prekären
Vorrang sicherte.

Zur Zeit des Pascha Yussef Karamanlis kam es im Jahr 1801 zu
einem denkwürdigen Zwischenfall. Um den eben gegründeten Vereinigten Staaten von Amerika die Sicherheit ihrer Schiffahrt zu ga-
rantieren, hatte dieser Piratenhäuptling einen jährlichen Tribut von
250 000 Dollar verlangt, aber Präsident Jefferson fand sich allenfalls
zu einer Zahlung von 18 000 Dollar bereit. Darauf folgte die Verwüstung des amerikanischen Konsulats in Tripolis. Als die USA die
Fregatte »Philadelphia« ausschickten, um mit ihren 44 Kanonen
die libysche Küste zu beschießen, strandete die Strafexpedition in
den seichten Gewässern, und dreihundert US-Sailors gerieten in
Gefangenschaft. Drei Jahre später ging eine Truppe von Amerikanern, verstärkt durch örtliche Söldner, in der Cyrenaika an Land
und eroberte die Stadt Derna. Nach schwieriger Verhandlung kamen Jefferson und der Pascha schließlich überein, daß die gefangenen Matrosen gegen die Zahlung eines Lösegeldes freigekauft wurden. Dieses nicht sonderlich ruhmreiche Abenteuer wird in dem
flotten Marschlied der U. S. Marines bis heute verewigt. »From the
hills of Montezuma to the shores of Tripoli ...«, beginnt diese
Hymne: »Von den Hügeln des Aztekenherrschers Montezuma bis
zum Strand von Tripolis ...«

Von dauerhafter Bedeutung war die Expansion der strenggläubi-
gen Senussi-Bruderschaft, die – 1837 in Mekka gegründet – ihren
Schwerpunkt im Djebl Akhdar in der Cyrenaika etablierte und von
dort aus mit ihren Kultstätten der »Zawiya« in Tripolitanien und
auch jenseits der Sahara auf die diversen Emirate der Sahelzone
übergriff. Der französische Oberst Ordoni hatte in seinen Me-
moiren folgendes über die Senussiya festgehalten: »Die Bedeutung
dieser bedrohlichen Bruderschaft ist bemerkenswert. Sie zählt mindestens 150 weit verstreute Zawiya, und die Lehre dieser ›Tariqat‹

läßt sich wie folgt resümieren: ›Reinigung des islamischen Glaubens und Befreiung sämtlicher muslimischer Länder, zumal in Afrika, von der Herrschaft der Ungläubigen.‹«

Die Besitzungen des Osmanischen Reiches im Maghreb – das Sultanat Marokko wurde nie unterworfen – wurden ab 1830 von den Franzosen erobert. Nachdem der Dey von Algier den französischen Konsul, der sich wegen flagranter Piraterie bei ihm beschwerte, mit seinem Fächer geschlagen hatte, war die Armee des Bürgerkönigs Louis-Philippe in Sidi Ferruch gelandet und hatte in langen Kämpfen gegen die Krieger des Emir Abd el-Kader Schritt für Schritt das heutige Algerien erobert. Der Bey von Tunis, dem Paris eine frei erfundene Invasion des Stammes der Krumir in Ost-Algerien anlastete, mußte seinerseits das Protektorat Frankreichs akzeptieren.

Blieb also noch das heutige Libyen als locker verwalteter osmanischer Besitz. Dem setzten die Italiener ein Ende, die ihren Anteil an der nordafrikanischen Beute haben wollten und 1911 einen Krieg gegen die Hohe Pforte vom Zaun brachen. Die türkische Armee und die libyschen Wüstenkrieger, denen der spätere Gründer der modernen Türkei, Kemal Pascha oder Atatürk, als Befehlshaber zur Seite stand, wehrten sich verbissen. Erst Mussolini gelang es, im Jahr 1931 den Widerstand der Senussi zu brechen und deren legendären Führer, Scheikh Omar el-Mukhtar, der seitdem als Nationalheld gefeiert wird, gefangenzunehmen. Während die Franzosen seinerzeit den Emir Abd el-Kader nach Damaskus ins Exil schickten, endete Omar el-Mukhtar am Galgen. Die Hälfte der Bevölkerung der Cyrenaika wurde von den Faschisten in öde Landstriche deportiert.

Das italienische Joch endete mit der Niederlage Mussolinis im Zweiten Weltkrieg. Doch trotz der Unabhängigkeitserklärung am 1. Januar 1951 verharrte das Königreich der Senussi in quasi kolonialer Abhängigkeit. Der Militärputsch von 1969, als dessen Führer sich sehr bald der junge Offizier Muammar el-Qadhafi durchsetzen sollte, wurde von der Masse der arabischen Bevölkerung als Befreiungsschlag empfunden. Etwas Grundsätzliches hatte sich in dieser bettelarmen Wüstenfläche, deren Einwohner damals zu 94 Prozent Analphabeten waren und deren einzige staatliche Einnahme in der Pacht bestand, die Araber und Briten für ihre Stützpunkte zahlten, geändert, als im Jahr 1966 die Libyan American Oil auf immense Reserven an Erdöl und Erdgas stieß. Binnen kurzer Zeit wurde Libyen zu einem der wichtigsten Petroleum-Exporteure, verfügte bei einer Bevölkerung, die von damals drei Millionen auf heute 6,5 Millionen angewachsen ist, über die Möglichkeit, den rückständigen Nomadenstämmen und den Städtern der Küste eine wesentliche Verbesserung ihrer Lebensbedingungen zu verschaffen.

Qadhafi hatte vergeblich versucht, die panarabischen Pläne Nassers fortzuführen, ohne jeden Erfolg. Dieser blendend aussehende junge Oberst, der sich gegen eine ganze Serie von Verschwörungen behauptete, verwandelte sich in den vier Jahrzehnten seiner bizarren Alleinherrschaft zu einem Schreckgespenst für jede Opposition im Innern und eine Vielzahl seiner Nachbarn, die er zu unterwandern, teilweise sogar – wie die Republik Tschad – zu annektieren suchte. Der Beduinensohn aus Sirte sah sich als Imperator einer permanenten Revolution, erklärte sein »Grünes Buch« und dessen Grundthesen zur Basis allen politischen Denkens und den Islam zur Staatsreligion, die Scharia zur offiziellen Gesetzgebung. Qadhafi gebärdete sich als eifernder Muslim, aber gegenüber den islamischen Fundamentalisten, den Anhängern einer koranischen Theokratie, den Salafisten, wie man heute sagt, ging er auf Distanz, betrachtete sie sogar – insbesondere die El Qaida Osama Bin Ladens – als persönliche Todfeinde. Er stellte sie paradoxerweise als »Knechte des Imperialismus« dar, als Gegner des Fortschritts, des Sozialismus und der arabischen Einheit.

Die europäischen Medien waren anfangs fasziniert von diesem Sohn der Wüste, wenn er auf einem weißen Hengst angeritten kam und schwärmende Journalistinnen zum Tee in sein Zelt einlud. Die arabischen Staatschefs hingegen hatten ihn von Anfang an als gefährlichen Gaukler und Querulanten entlarvt. Da Qadhafi sich selbst die Rolle eines »Imam« anmaßte und den Koran sehr eigen-

willig interpretierte, setzte er sich der Empörung der »Rechtgläu-
bigen« aus. Von König Hassan II. von Marokko wurde er sogar als
»Abtrünniger« geschmäht. Die politischen und gesellschaftlichen
Schachzüge des Gründers der »Jamahiriya« nahmen im Laufe der
Zeit so wirre und blutrünstige Formen an, daß der ägyptische Rais
Anwar es-Sadat, ein Intimfeind des libyschen Revolutionsführers,
die Vermutung aussprach, er sei als Kind vom Kamel gefallen, mit
dem Kopf aufgeprallt und habe sich davon nie erholt.

Brüskierung des Vatikans

Meine persönliche Begegnung mit Muammar el-Qadhafi geht auf
das Jahr 1974 zurück. Da war dieser Heißsporn, der sich weigerte,
den Titel eines Staatspräsidenten oder Regierungschefs anzunehmen, erst 34 Jahre alt. Ich war von der libyschen Vertretung in
Bonn zu einer christlich-islamischen Konferenz in Tripolis eingeladen worden, die von Qadhafi angeregt und mit dem Vatikan vereinbart worden war. Sogar der italienische Kurienkardinal Sergio
Pignedoli, Leiter des Vatikanischen Sekretariats für die nicht-
christlichen Religionen, hatte sich auf den Weg nach Libyen gemacht.

Pignedoli war in die Falle gegangen, und Oberst Qadhafi verstand sich auf das Geschäft der Geiselnahme. Die päpstliche Verwaltung und der libysche Staatschef hatten vereinbart, einen Dialog zwischen Muselmanen und Christen zu führen. Die beiden
monotheistischen Religionen sollten einander näherkommen, sich
auf ihre gemeinsamen Ursprünge besinnen, Front machen gegen
eine Welt der Gottlosigkeit, die sich im Osten dem »wissenschaftlichen Materialismus« marxistischer Obedienz, im Westen der Verehrung des Goldenen Kalbes und der permissiven Konsumgesell-
schaft ergeben hatte. Politische Hintergedanken waren auf beiden
Seiten vorhanden. Der Araber suchte in Rom Unterstützung für

seine Palästina-Politik und seinen militanten Antizionismus. Die katholische Kirche wollte Qadhafi für eine größere Toleranz gegenüber den christlichen Minderheiten im Orient gewinnen und hatte vor allem das Überleben der mit Rom unierten Christen des Libanon im Auge.

Im Vatikan hatte man ursprünglich an vertrauliche Kontakte, an ein diskretes Gremium von Theologen gedacht. Doch die Rechnung war ohne den libyschen Wirt gemacht worden. Zur Bestürzung des Kardinals hatte Qadhafi die islamisch-christliche Konferenz zu einer Mammut-Veranstaltung aufgeblasen. Das Theater El Massara in Tripolis, ein moderner Betonklotz von betrüblicher Einfallslosigkeit, lieh dem Unternehmen seinen Rahmen. Die beiden Delegationen sollten wie Akteure auf der Bühne Platz nehmen. Als Zuschauer und Augenzeugen waren rund tausend Gäste aus aller Welt zusammengetrommelt worden. Neben Kohorten von Journalisten, Diplomaten und Klerikern waren auch alle nur denkbaren Vertreter umstürzlerischer und verschwörerischer Bewegungen in Tripolis zusammengeströmt. Vier Tage waren für das Treffen angesetzt, und schon in den ersten Stunden kam es zum offenen Disput. Das äußere Bild, der Habitus der Delegationen, war aufschlußreich. Die muslimischen »Ulama« bewegten sich in ihrer wallenden traditionellen Tracht. Unter den weißen Turbanen blickten ihre bärtigen Gesichter mit dem Ausdruck triumphierender Überlegenheit auf die christliche Gegenpartei am getrennten Konferenztisch zu ihrer Linken. Die Muslime hatten ein Jahrhundert kolonialer Unterwerfung wettzumachen, und das Erdöl, das in ihren öden Siedlungsräumen so reichlich sprudelte, war ein unumstößliches Zeichen für das Wohlwollen Allahs, das wieder auf seinen Gläubigen ruhte.

Demgegenüber gaben die Repräsentanten des Vatikans ein schwaches Bild ab. Kardinal Pignedoli, ohnehin kleingewachsen, schien sich noch mehr zu ducken und war auf eine Taktik permanenter Entschuldigung eingestellt. Was nützte es der katholischen Delegation, daß sie in ihren Reihen mit den Dominikanern aus Kairo über die profundesten Koran-Interpreten verfügte, bei denen gelegentlich sogar die Schriftgelehrten der islamischen Universität El Azhar Anregungen suchten. Die Mehrzahl der römischen Geistlichen war im schlichten Clergyman-Anzug erschienen, und die Auswirkungen des Zweiten Vatikanischen Konzils hatten ihr festgefügtes dogmatisches Gebäude in mehr als einem Punkt erschüttert. Den Muslimen fiel es leicht, ihren christlichen Brüdern und Kontrahenten vorzuwerfen, sie hätten den Pfad der wahren Religiosität verlassen und die sittlichen Werte des Christentums, in vieler Hinsicht mit denen des Islam identisch, verkümmern lassen. Die Reinheit der Offenbarung sei durch eine falsche Wissenschaftlichkeit getrübt worden. Die römische Kirche habe schließlich mit Verspätung und schlechtem Gewissen dem Gedankengut der Aufklärung stattgegeben und sogar mit Rücksicht auf das Idol des materiellen Fortschritts die Gewißheiten des Glaubens getrübt. Der Islam hingegen habe die innere Geschlossenheit wiedergewonnen und ordne seine politischen Vorstellungen kategorisch einem religiös orientierten Weltbild unter.

Neben mir saß ein irischer Jesuit, der selbst Orientalist war und lange Jahre im Irak gelebt hatte. Er war dort Zeuge der blutigen Unterdrückung der mesopotamischen Christenheit, deren Gründung auf die Apostel zurückging. »Kann denn dieser Kurien-Prälat nicht begreifen, daß wir als Christen den Muslimen nur Achtung gebieten, wenn wir ihnen militant und fest im Glauben entgegentreten?« fragte der Geistliche erregt. »Kardinal Pignedoli möchte mit seiner Nachgiebigkeit die Duldsamkeit Qadhafis für die Christen im Libanon einhandeln. Aber wissen Sie, was der libysche Oberst im Kreise seiner Getreuen erklärt hat? Es gebe eine gottgewollte, zwangsläufige Identität zwischen Arabertum und Islam. Jeder Araber müsse Muslim sein, und deshalb sei kein Platz – im Libanon und andernorts – für arabische Christen. Daß die katholischen Maroniten der Levante schon das Kreuz verehrten, als die Beduinen des Hedschas noch Götzen aus Holz und Stein anbeteten, scheint dieser Libyer völlig zu ignorieren.«

Am Nachmittag des zweiten Konferenztages entstand Bewegung in der Versammlung. Die Delegierten und die meisten Beobachter standen auf. Muammar el-Qadhafi – von wenigen Sicherheitsbeamten umgeben – hatte den Saal betreten. Er ging gar nicht bis zur Bühne, sondern nahm mit betonter Bescheidenheit in einer Zuschauerreihe Platz. Da kam der Kardinal bereits auf den libyschen Revolutionschef zugeeilt, nahm ihn bei der Hand und führte den pro forma widerstrebenden Libyer auf die Empore. Ein gewaltiger Applaus brandete hoch. Ein paar italienische und französische Journalistinnen gerieten beim Anblick dieses schönen Mannes mit dem eindrucksvollen Beduinenkopf in Verzückung. Qadhafi wirkte in der Tat wie ein strahlender Filmschauspieler. Eine sympathische Jungenhaftigkeit ging von ihm aus, und nur aus der Nähe fiel die brennende Starrheit seines Blickes auf, die gelegentlich sogar etwas Gehetztes hatte. Qadhafi genoß seinen Triumph. Er war auf das einfachste gekleidet, eine schwarze Hose und ein schwarzer Rollkragenpullover. Neben diesem Krieger der Wüste erschien der beflissene römische Prälat mit seiner roten Kalotte, der roten Schärpe über der Soutane, den roten Socken in den Spangenschuhen wie ein Komödiant.

Alle Augen waren von nun an auf Qadhafi gerichtet. Zu viele Geheimnisse rankten sich um diesen Mann. Die CIA hatte ein ausführliches Psychogramm des libyschen Diktators entworfen. Seine Herkunft als Sohn armer Beduinen habe ihn gezeichnet. Gerade weil er in seinen Knabenjahren stets mißachtet und vernachlässigt worden sei, weil er in der Schule zurückstehen mußte hinter den Söhnen wohlhabender und arroganter Feudalherren, habe sich das brennende Bedürfnis nach sozialer Gleichmacherei in ihm angestaut. Die ersten Knabenjahre in der erbarmungslosen Unendlichkeit der libyschen Wüste hätten ihn mit einem fast prophetischen Sendungsbewußtsein erfüllt.

Jetzt war dieser Beduinensohn zum tätigen Instrument, ja zum Anstifter jeder Form revolutionären Umsturzes geworden. Er hatte versucht, seine eigene Nation von damals nur drei Millionen Menschen in eine egalitäre islamische Gesellschaftsform einzuschmelzen. Zweifellos war es ihm gelungen, seine Mitbürger mit dezenten Lebensbedingungen und mit nationaler Arroganz auszustatten.

Eine Laune der Geologie, der immense Erdölreichtum des tripolitanischen Bodens, verschaffte ihm die Mittel dazu. Aber sein krampfhafter Versuch, aus den Libyern eine geschlossene Vorhut der arabischen und islamischen Wiedergeburt zu machen, die Jugend seines Landes zu kasernieren und das Heldentum zur obligatorischen Staatstugend zu erheben, stieß auf die Trägheit, die Profitsucht und die Bestechlichkeit einer Bevölkerung, die sich zwar bei den offiziellen Kundgebungen hysterisch gebärdete, aber zutiefst pragmatisch blieb.

Gegen Ende der Sitzung verließ Qadhafi als erster das Theater El Massara. Er wechselte ein paar Worte mit den Journalisten. Plötzlich erkannte er in der Menge der Reporter den Korrespondenten der Pariser Zeitung *Le Monde*. Eric Rouleau war als Jude in Ägypten geboren, und Qadhafi wußte das sehr wohl. Dennoch schloß er Rouleau mit brüderlicher Geste in seine Arme. Nächtelang hatte er mit dem prominenten französischen Orientkenner, dessen geschiedene Frau Rosy mich drei Jahre vorher in der sozialistischen Republik Jemen begleitet hatte, über die abrahamitischen Religionen diskutiert. Er hatte versucht, diesen mosaischen Angehörigen der »Familie des Buches« zur koranischen Offenbarung zu bekehren.

In den sechzehn Jahren seit meinem ersten Aufenthalt in Tripolis hatte sich die libysche Hauptstadt auf gründliche Weise verändert. Die Strandpromenade wurde von einem chaotischen Gewirr von Kränen und Lagerhäusern überragt. Die Straßen waren durch eine hupende Autoflut verstopft. Als mein deutsches Kamerateam die Statue des römischen Kaisers Septimus Severus filmen wollte, die nur deshalb nicht vom Sockel gestürzt worden war, weil dieser Imperator libyschen Ursprungs war, wurde es einen halben Tag lang auf einer Polizeistation festgehalten. Die vielen tunesischen Fremdarbeiter, die aus rein finanziellen Gründen nach Tripolis geströmt waren – ganz zu schweigen von den zahllosen ägyptischen Hilfskräften –, klagten über die neureiche Überheblichkeit und die ideologische Verbohrtheit, die die Libyer Qadhafis auszeichneten. Die Stimmung in Tripolis war nicht nur den Fremden gegenüber feindselig und mißtrauisch. Die permanente Verschwörung wurde zum Grundelement dieses Staates, und die Geheimpolizei war allgegenwärtig.

Am vorletzten Tag der islamisch-christlichen Konferenz kam es zur Enthüllung. Qadhafi – wieder ganz burschikos in Schwarz gekleidet – hielt seine große Rede und goß Hohn über das Haupt seines so gefügigen Partners, des römischen Kardinals. Dem Repräsentanten des Vatikan hatte es nichts genutzt, daß er gewissermaßen für die Kreuzzüge Abbitte leistete, daß er den europäischen Kolonialismus verurteilte, daß er die angebliche Mißachtung des Korans durch die Christenheit tadelte, ja Mohammed als Propheten des Islam anerkannte. Pignedoli hatte einem Kommuniqué zugestimmt, das später von römischer Seite widerrufen werden mußte, weil es den Zionismus als rassistische Bewegung disqualifizierte und Jerusalem als arabische Stadt bezeichnete, die weder geteilt noch internationalisiert werden dürfe.

Der »Bruder« Qadhafi, wie er sich nennen ließ, begann seine Ausführungen, indem er Jesus, »Isa« auf arabisch, als Propheten gelten ließ und auf jene Verse des Korans verwies, die nicht nur den christlichen Erlöser, sondern auch dessen Mutter lobend erwähnen. Christen und Muslime verfügten über die gleiche Offenbarung, sie ständen einander nahe, seien eng verwandt, beriefen sich auf die gleiche Urheberschaft, beteuerte der Staatschef und Revolutionär. Es bedürfe nur einiger kleiner Berichtigungen, um die beiden zerstrittenen Zweige der »Familie des Buches« zusammenzuführen. Es reiche aus, wenn die Christen die Verfälschungen der Heiligen Schrift, die ihnen bei der Abfassung der Evangelien und bei deren Interpretation unterlaufen seien, richtigstellten und wenn sie Mohammed als Vollender der göttlichen Offenbarung, als Siegel der Propheten verehrten. Sobald diese Voraussetzungen erfüllt seien, stehe der Einheit zwischen Christen und Muslimen nichts mehr im Wege.

Der irische Jesuit neben mir war vor Verärgerung rot angelaufen. »So tief ist Rom gefallen«, murmelte er. »Jetzt können wir nur noch den heiligen Bernhard von Clairvaux anrufen, daß er einen Funken jenes Geistes wieder anfacht, der damals das Abendland der Kreuzzüge beseelte. Die Christen des Orients werden die ersten Leidtragenden dieser Kapitulation der Kurie sein.« Auch bei den muslimischen Delegierten gab es keine einhellige Zustimmung für den libyschen Führer. Qadhafi hatte sich allzu viele politische Feinde innerhalb der Umma gemacht. Die Thesen seines »Grünen Buches« stießen bei den Schriftgelehrten auf offenen Widerspruch. »Am liebsten möchte er ein neuer Kalif werden«, brummte ein mürrischer Beobachter aus Ägypten.

Den westlichen Geheimdiensten blieb schon damals nicht verborgen, daß der missionarische Ausdehnungsdrang des libyschen Volksführers, der innerhalb der arabischen »Umma« gescheitert war, sich nunmehr nach Süden, auf die afrikanische Sahelzone, richtete. Muammar el-Qadhafi hatte mit der »Weißen Garde« der Senussi-Krieger, die ihrem König in der Cyrenaika die Treue halten wollten, kurzen Prozeß gemacht und diese Tariqat unermüdlich verfolgt. Aber nun überfiel ihn selbst jener revolutionär-religiöse Taumel, der einst die fromme Bruderschaft zu ihren Waffentaten befähigt hatte. Die Propagandisten aus Libyen schwärmten neuerdings in die Sahel-Staaten aus. Die Petrodollars flossen in Strömen. 1976 hatte Qadhafi stillschweigend den Aouzou-Streifen im nördlichen Tschad annektiert, wo Uranium vermutet wurde. Seine Agenten schürten den Aufstand der kriegerischen Nomadenvölker in der Tibesti-Wüste gegen die zu jener Zeit überwiegend christliche Regierung des Tschad.

Vielleicht schwebte dem Oberst von Tripolis schon damals die Schaffung einer weitgezogenen »Islamischen Sahel-Republik« vor. Jedenfalls rekrutierte die libysche Jamahiriya eine »Islamische Legion«, in der sich Freiwillige aus einer Vielzahl schwarzafrikanischer Staaten einfanden. Die algerische Abwehr hatte rechtzeitig erfahren, daß die Werber Qadhafis beim Wüstenstamm der Tuareg aktiv geworden waren und daß sie diesen verschleierten Nomaden libysche Pässe aushändigten. Die Tuareg, so argumentierte der Oberst, seien libyschen Ursprungs, und sie hätten auf dem Höhepunkt der Senussi-Bewegung sich diesem »Jihad« begeistert angeschlossen. Von nun an waren die Algerier hellhörig geworden, denn nicht nur im Norden von Mali und Niger nomadisierten die

Tuareg; auch im südlichsten Algerien lebten versprengte Gruppen dieser einst so gefürchteten Rasse, deren kriegerische Instinkte offenbar wieder erwacht waren.

Afrikanische Ambitionen

In dem Maße, wie der libysche Oberst sich mit seinen arabischen Brüdern überwarf und seine anmaßende Irrationalität unerträglich wurde, wandte er sich also seinen Glaubensbrüdern in Schwarzafrika zu. Seine Extravaganzen erklärte der sudanesische Staatchef Omar el-Bashir mit zunehmender Schizophrenie. Andere sprachen von Neigungen zu Paranoia. Im Laufe der Jahre ging eine fast furchterregende Verwandlung mit diesem einst attraktiven Beduinen vor sich. Man munkelte, daß er sich – um das fortschreitende Alter zu verbergen – chirurgischen Eingriffen unterzog. Wenn dem so war, müssen die Schönheitsoperationen völlig mißlungen sein. Seine kühnen Gesichtszüge wurden schwammig und aufgedunsen, fast abstoßend, so daß der Verdacht aufkam, er habe sich dem Drogenkonsum ergeben.

Die Sucht, in immer neuen, immer bizarreren Verkleidungen aufzutreten, ließen Qadhafi fast als Transvestiten erscheinen. Es ging noch an, wenn er den Burnus oder den Baracan, den braunen libyschen Wollmantel der Nomaden, und zur Abwechslung die Gandura der Beduinen anlegte. Aber mehr und mehr verfiel er auf weiße Marschall-Uniformen mit zahllosen Orden und Tressen. Die Augen verdeckte er durch eine Sonnenbrille. Um seine negroiden Freunde zu beeindrucken, hüllte er sich in knallbunte Boubous und stülpte die bei ihnen übliche goldene Häuptlingskrone auf sein tiefschwarz gefärbtes Kraushaar. Dieser Mann, der zweifellos über eine beachtliche Intelligenz und sogar über eine gewisse Bildung verfügte, nahm offenbar gar nicht wahr, wie lächerlich, ja grotesk seine Kostümierungen wirkten.

In der Folgezeit vermehrte er seine pompösen Staatsbesuche in den Sahel-Staaten, die er mit großzügigen Spenden und Projekten in seine Abhängigkeit brachte. Mit dem Dutzend Offizieren, die 1969 seine Komplizen beim Staatsstreich gegen König Idris waren, hatte er sich überworfen. Sogar sein engster Vertrauter, Oberst Jallud, wurde kaltgestellt. Statt dessen übertrug er die Verwirklichung der ambitiösen Afrikapolitik seinem Sohn Seif el-Islam, »Schwert des Islam« in der Übersetzung. Im Gegensatz zu seinem Vater zeigte dieser sich nur in der britischen Eleganz von Saville Row. Seif el-Islam freundete sich mit Prinz Andrew aus dem Hause Windsor an. Er kontrollierte diverse einträgliche »Holdings«, die in der »Qadhafi-Foundation« zusammengefaßt waren. Besonders enge Beziehungen knüpfte die Jamahiriya zu führenden Politikern aus Südafrika und Burkina Faso.

Die libysche Investitions-Gesellschaft Laaico war in 25 Ländern tätig. In der Republik Mali entstanden fünf Luxushotels. Dank der Gründung eines »joint venture« unter dem Namen Malibya wurden hunderttausend Hektar Savanne zum Anbau von Reis, Zuckerrohr und Mais erschlossen. Auch der Name Timbuktu taucht in dieser Einflußnahme auf, denn dort ließ Seif el-Islam, um den Zugang zum Niger-Strom wiederherzustellen, einen Kanal von vierzehn Kilometer Länge aus dem Sand schaufeln. Der im Westen geschmähte Despot von Zimbabwe, Robert Mugabe, gehörte zu den engsten Freunden des libyschen Regimes. Daß der Revolutionsführer auch an den heillosen Zuständen in der ostsudanesischen Provinz Darfur beteiligt war, wird durch seine enge Bindung an seinen ehemaligen Gegner, den Präsidenten der Republik Tschad, Idriss Déby, verdeutlicht. Déby gehört dem wichtigsten der in Darfur gegen das Regime von Khartum aufbegehrenden Stämme an und hat angeblich ein beachtliches Kontingent seiner Tschad-Soldaten zur Unterstützung des befreundeten Diktators ausgeschickt, als sich 2011 der »libysche Frühling« abzeichnete. Von englischen Studenten nach seinem Urteil über die Massaker in Darfur befragt, hat Qadhafi geantwortet, daß es sich dabei in erster Linie um eine tribale Angelegenheit handele. »Der Ursprung dieses Konfliktes war der Streit um ein Dromedar«, fügte er schnoddrig hinzu, »ein Konflikt, der sich zu einer internationalen Streitfrage steigerte.«

Was nun seine angebliche Absicht betrifft, Europa zum Islam zu bekehren, so beteuerte er vor einem wohlwollenden Forum in Rom, daß er niemals ein solches Vorhaben verfolgt habe. Vor seinen Glaubensbrüdern an der sakralen Stätte des Islam von Timbuktu führte er jedoch eine ganz andere Sprache. »Der Glaube Mohammeds wird über alle anderen Religionen triumphieren, ob das den Christen und Juden gefällt oder nicht«, so äußerte er sich. »Um den Islam zu verbreiten, brauchen wir weder das Schwert noch die Bombe. Fünfzig Millionen Muslime leben bereits in Europa, und binnen weniger Dekaden werden sie Europa in einen islamischen Kontinent verwandeln. Gott wird es fügen, daß die Türkei der Europäischen Union beitritt, und die Zahl der europäischen Muslime wird auf weit über hundert Millionen anwachsen. Das gleiche gilt für Bosnien, dessen Bevölkerung zu fünfzig Prozent muslimisch ist. Die Statistiken zeigen, daß es Tausende von Moscheen in Europa gibt und daß die koranischen Organisationen sich dort rapide vermehren. Europa und die Vereinigten Staaten stecken in einer Falle: Entweder akzeptieren sie, daß sie in Zukunft islamische Nationen werden, oder sie müssen den Muselmanen den Krieg erklären.« Gegen Ende seines »Grünen Buches« behauptet Qadhafi, daß »die Schwarzen eines Tages die Welt beherrschen werden«, wozu der libanesische Autor Alexandre Najjar in einer vorzüglichen Studie ironisch bemerkt, diese Prophezeiung sei bereits in Erfüllung gegangen, seit Barack Obama zum Präsidenten der größten Weltmacht gewählt wurde.

Das Ballett der Geheimdienste

Als die »Arabellion« Mitte Februar auch auf Libyen übergriff, hatte Qadhafi, der »Bruder-Führer«, wie er sich nennen ließ, einen triftigen Grund, der Zukunft mit Gelassenheit entgegenzusehen. Die Unruhen waren vor allem in der Cyrenaika ausgebrochen, und die drittwichtigste Küstenstadt der Jamahiriya, Misrata, war von Aufständischen eingenommen worden. Doch in der Hauptstadt Tripolis wurden die Protestkundgebungen schnell unter Kontrolle gebracht. Wie sich später herausstellte, waren seit dem Jahr 2004 die Beziehungen zwischen der amerikanischen CIA und dem britischen Auslandsgeheimdienst MI-6 einerseits, dem libyschen Mukharabat andererseits so intensiv geworden, diese seltsamen Partner hatten sich so einstimmig auf die Bekämpfung des radikalen Islamismus und »El Qaidas« eingeschworen, daß der Diktator guten Mutes sein konnte. Mit Hilfe seines gewaltigen Waffenarsenals, einer weitgehend loyalen Truppe und eines Aufgebots an schwarzafrikanischen Söldnern, die mehrheitlich aus dem Tschad, Niger und Sudan stammten und ein Drittel seiner Streitkräfte ausmachen sollten, hoffte er, die hier und dort aufflackernde Revolte ersticken zu können.

Es gruselt einen ein wenig, wenn man die Botschaften einsieht, die die angelsächsischen »spooks« mit dem Spionagechef der Jamahiriya austauschten, mit Mussa Kussa, der als einer der mächtigsten und gefährlichsten Männer des Zwangsregimes galt. In Langley betrachtete man den »rogue state« Libyen als einen zuverlässigen Verbündeten im Kampf gegen den Terrorismus. Inzwischen ist aufgrund von Dokumenten, die in der Befehlszentrale von Bab el-Aziziya gefunden wurden, allgemein bekannt worden, daß der damalige Operationschef der CIA, Stephen Kappes, sich mit der Anrede »lieber Mussa« an seinen libyschen Kollegen wandte und mit ihm über die Verhöre mutmaßlicher salafistischer Aufrührer verhandelte. Wie die CIA es mit Marokko, Ägypten, Syrien und leider auch Polen vereinbarte, wurde Tripolis eine Station der sogenannten »Rendition«, der Auslieferung von Verdächtigen an berufsmäßige Folterer, die mit Methoden arbeiteten, die selbst den Spezialisten von Langley widerstrebten.

In diesem Zusammenhang muß erwähnt werden, daß die Amerikaner ihrerseits nicht zimperlich waren, wenn es galt, Torturen durchzuführen. So wurde zur Zeit des Verteidigungsministers Rumsfeld und vermutlich auch danach das sogenannte »water boarding«, das Eintauchen des Gefangenen in Wasser bis an den Rand des Ertrinkens, offiziell genehmigt. Von den sadistischen Exzessen von Abu Ghraib im Irak und Bagram in Afghanistan soll dabei gar nicht die Rede sein. Eine ähnliche Prozedur des Untertauchens war von der Gestapo unter anderem in Frankreich angewandt worden und von der »Résistance« als »baignoire«, als Badewanne, bezeichnet worden. Es soll auch nicht verschwiegen werden, daß in Algerien französische Offiziere, die seinerzeit selbst von den Deutschen auf diese Weise gequält wurden, gegen verdächtige Algerier ähnlich vorgingen. Einer der laut CIA Hauptverantwortlichen für die Attentate von »Nine Eleven«, der Balutsche Khaled Scheikh Mohammed, wurde von den CIA-Experten mehr als hundert Mal dem »water boarding« unterzogen. Schon nach dreimaliger Anwendung dieser Folter würde ein gewöhnlicher Sterblicher gestehen, daß er John F. Kennedy und Martin Luther King ermordet habe.

Bemerkenswert bei dieser schändlichen Kooperation zwischen Washington und Tripolis bleibt der Fall des Libyers Abdulhakim Belhadj, der bereits auf seiten der Mujahidin in Afghanistan gegen die Russen gekämpft hatte und in der Jamahiriya eine revolutionäre »Islamische Kampfgruppe« gründete. Nachdem er von Malaysia an die libyschen und amerikanischen Dienste ausgeliefert worden war, verbrachte er eineinhalb Jahrzehnte in dem schlimmsten Kerker des »lieben« Mussa Kussa, um dann in das berüchtigte Abu-Salim-Gefängnis transferiert zu werden, wo im Jahr 1996 mindestens 1200 Häftlinge erschossen wurden. Während seiner qualvollsten Befragungen, bei denen er mehrfach in Ohnmacht fiel, waren die Agenten der CIA zugegen. Um die Prekarität des »neuen Libyen« zu ermessen, das von Qadhafi befreit wurde, sollte erwähnt werden, daß

Abdulhakim Belhadj nach der Eroberung der Hauptstadt Tripolis durch die »Thuwar« sich als Oberkommandierender der »Freiheitskämpfer« durchgesetzt hat und zweifellos eine entscheidende Rolle bei der Neugestaltung des Landes spielen wird.

Muammar el-Qadhafi hatte nicht damit gerechnet, daß seine angelsächsischen Komplizen nach dem Übergreifen der Rebellion auf Libyen schon am 26. Februar 2011 im UN-Sicherheitsrat die Verhängung von Sanktionen verfügen würden, daß nach der Einnahme der Stadt Bengasi durch die Aufständischen und dem Abfall der Cyrenaika der Westen gegen seine Zwangsherrschaft Stellung beziehen würde. Die dramatischen Ereignisse der ersten Phase des Kampfes um Libyen seien hier nur kurz notiert. In Bengasi bildete sich aus Regimegegnern und Opportunisten ein »Nationaler Übergangsrat« unter dem Vorsitz des früheren Justizministers Mustafa Abdel Jalil. Der ominöse Spionagechef Mussa Kussa war schon in der ersten Stunde des Aufruhrs aus Tripolis geflüchtet und nach London, dann nach Qatar ausgewichen.

Es erwies sich sehr bald, daß die Aufständischen weder über die geeignete Ausbildung noch über die Waffen verfügten, um den gut trainierten Soldaten Qadhafis und seinem schweren Kriegsmaterial standzuhalten. In aller Eile trat der Sicherheitsrat der Vereinten Nationen zusammen, um das Massaker von Zivilisten durch die Loyalisten Qadhafis zu verhindern. Zur Ausschaltung der libyschen Luftwaffe wurde ein »Überflugverbot« verhängt. Dabei kam es zu einer diplomatischen Fehlleistung der deutschen Regierung, die von so unterschiedlichen Politikern wie Helmut Kohl und Joschka Fischer als die verhängnisvollste diplomatische Entscheidung der Bundesrepublik seit ihrer Gründung bezeichnet wurde. Während sämtliche Mitglieder der NATO und der Europäischen Union für die UN-Resolution stimmten, wurde dem sichtlich irritierten deutschen Botschafter bei den Vereinten Nationen die Weisung erteilt, sich der Stimme zu enthalten und sich mit Rußland und China in ein gemeinsames Lager der Zurückhaltung einzureihen. Besagte Resolution verlangte keinerlei aktive Beteiligung an dem »Schutz der Zivilbevölkerung«, und Berlin hätte keinen einzigen Soldaten, kein einziges Flugzeug für diese Aktion aufbieten müssen, ja wäre nicht einmal eine humanitäre Verpflichtung eingegangen. Für Deutschland war dieser 17. März 2011 ein Tag der Scham und einer völlig sinnlosen Brüskierung seiner beiden engsten Alliierten, der Vereinigten Staaten von Amerika und der französischen Republik. Mit einem Schlag war die Bundesrepublik als Bündnispartner diskreditiert, in den Verdacht mangelnder Zuverlässigkeit gerückt worden. Die deutsche Enthaltung wirkte geradezu grotesk, als die Mehrheit der Mitglieder der Arabischen Liga sich mit dem UN-Entschluß solidarisierte.

Zwischen London und Paris hatte – in dem Maße, wie die militärische Zusammenarbeit zwischen Paris und Berlin von deutscher Seite ihres ursprünglichen Elans beraubt worden war – eine strategische Annäherung stattgefunden. Von einer Wiedergeburt der »Entente Cordiale« konnte nicht die Rede sein, aber die Generalstäbe der beiden Bündnispartner des Ersten Weltkriegs versuchten ihre jeweiligen Kampfmittel zu koordinieren und gegenseitig zu ergänzen. Beide Regierungen waren sich voll bewußt, daß ihr kriegerischer Einsatz in Nordafrika auf die logistische Unterstützung, die Koordinationsstränge, auf den Nachschub und auf gewisse Spezialwaffen der Amerikaner angewiesen blieb.

Die westlichen Nachrichtendienste waren schon lange in Libyen am Werk, aber die Kampfkraft Qadhafis und seine Entschlossenheit hatten sie wohl unterschätzt. Auf sich selbst gestellt, hätten die »Thuwar« von Misrata und Bengasi keine Chance gehabt. Die Panzerkolonnen des »brüderlichen Führers« waren dem konfusen Haufen der Rebellen, die sich in der Anfangsphase vor allem als Schreihälse, als Chaoten gebärdeten und die wenige Munition, die sie besaßen, zur Demonstration ihrer Kampfentschlossenheit verfeuerten, weit überlegen. Die Armee Qadhafis stand im Begriff, in die sechshunderttausend Einwohner zählende Hochburg des Aufstandes, in Bengasi, einzurücken. Ein schreckliches Gemetzel war zu erwarten.

Da schlug die Stunde des französischen Präsidenten Nicolas Sarkozy. Während seines Wehrdienstes war er als einfacher Soldat in einer Schreibstube tätig, aber jetzt beugte er sich mit seinen Militärberatern unablässig über die Landkarten. Die NATO tagte in Paris und diskutierte noch über ihren Einsatz, da erhielten die französischen »Mirages« den Befehl, die Qadhafi-treuen Brigaden aus der Luft zu vernichten. Die Aktion war ein voller Erfolg. Ein paar hundert gepanzerte Fahrzeuge und Tanks verglühten im Bombenhagel. Bengasi war gerettet, aber der ursprüngliche UNO-Auftrag, die wehrlose Zivilbevölkerung vor der Soldateska Qadhafis zu schützen, weitete sich automatisch aus. Es ging nun um die Beseitigung des Tyrannen, der sein Land seit zweiundvierzig Jahren zum Objekt seiner Willkür gemacht hatte. Anfangs hatten sich sogar Norweger und Dänen an dieser Erprobung der Atlantischen Allianz mit ein paar Flugzeugen beteiligt. Italien stellte seine Flugplätze zur Verfügung. Die Vereinigten Staaten nahmen eine überraschend zurückhaltende Position ein. Sie übertrugen dem NATO-Oberkommando diese Operation, im wesentlichen ihren französischen und britischen Partnern, und intervenierten, wenn das nötig war, wie bei der Vernichtung der libyschen Luftabwehr. Von nun an sollten die Europäer – so hatte schon der Secretary of Defense Robert Gates argumentiert –, wenn ihre unmittelbare Umgebung betroffen war, auf die äußere Bedrohung mit eigener Kraft reagieren, wobei jedermann wußte, daß die militärischen Kapazitäten der EU für einen sich länger hinziehenden Feldzug gar nicht vorhanden waren. Auch der französische Flugzeugträger »Charles de Gaulle«, der sehr bald aufkreuzte, war nicht für einen sich über Monate hinschleppenden Einsatz geeignet.

Die Aufständischen hatten sich inzwischen in verschiedene Trupps oder »Kataeb«, die arabische Mehrzahl von »Katiba«, zusammengeschart. Auf ihren Pickups meist von der Marke Toyota hatten sie schwere Maschinengewehre und Panzerabwehrwaffen montiert und preschten ohne sinnvolle Planung entlang der Küstenstraße vor, auf der einst das Afrikakorps Rommels versucht hatte, bis Kairo durchzubrechen. Sehr weit kamen sie nicht. Die hohen Verluste in ihren Reihen wurden oft durch elementaren Mangel an Disziplin und leichtsinniges »friendly fire« verursacht.

Die anglo-französischen Luftangriffe, bei denen sogenannte Kollateralschäden möglichst niedrig gehalten werden sollten, richteten sich gegen die Qadhafi-Truppen. Bei Nacht wurden die befestigten Stützpunkte und Befehlszentralen mit großer Präzision bombardiert. Aber diese Aktion war sehr bescheiden im Vergleich zu den gigantischen Mitteln, über die die U. S. Air Force im Irak oder in Afghanistan verfügte. Die Bodenkämpfe zogen sich in die Länge, und schon war die Rede von Geheimverhandlungen, um Qadhafi zu einer Feuereinstellung zu bewegen. Bei Franzosen und Engländern kam zeitweise die Befürchtung auf, das ganze Unternehmen könnte ähnlich kläglich enden wie die Suez-Kampagne der Entente-Mächte des Jahres 1956.

Es schien sich zu bestätigen, daß ein Krieg selbst bescheidenen Ausmaßes nicht aus der Luft allein zu gewinnen war. »You have to put the boots on the ground«, hieß eine Maxime der U. S. Marines. »Man muß die Stiefel auf dem Boden haben.« Doch Sarkozy und der britische Premierminister David Cameron zeigten sich resoluter als erwartet. Sie kümmerten sich nicht um die ursprüngliche Auftragsbegrenzung der Vereinten Nationen. In aller Heimlichkeit waren ihre Elite-Kommandos zu den Thuwar und ihren vierzig Kataeb gestoßen, um ihnen die Grundregeln des infanteristischen Kampfes beizubringen. Der britische »Special Air Service« konnte an eine lange Tradition anknüpfen. Die Franzosen griffen auf naturalisierte und loyale Angehörige ihrer »Forces spéciales« aus Nordafrika zurück, die ohne Aufsehen infiltriert wurden. Die Amerikaner waren mit bewährten Angehörigen ihrer Sondereinheiten zugegen. Um dem Waffenmangel der Rebellen abzuhelfen, warfen französische Transportflugzeuge Munition und Granatwerfer an Fallschirmen ab.

Im Verbund mit den Alliierten des Atlantikpaktes war ein arabischer Verbündeter auf den Plan getreten, der schon öfter für manche Überraschung gesorgt hatte. Scheikh Hamad Ben Khalifa el-Thani, absoluter Herrscher über das winzige, aber im Petroleumreichtum schwimmende Emirat Qatar, hatte sich in die vorderste Front gegen Qadhafi eingereiht. Dieser Ministaat am Persischen Golf verfügt über ein Territorium, das einem Drittel Belgiens entspricht. Die Untertanen der allmächtigen Dynastie el-Thani sind nicht zahlreicher als zweihunderttausend, aber unter dem Sand dieser Halbinsel schlummern unermeßliche Mineralvorkommen. Scheikh el-Thani hat ein halbes Dutzend seiner Mirage-Kampfflugzeuge in den Himmel über Libyen entsandt sowie eine Reihe von angeblichen Militärberatern nach Bengasi. Vor allem griff er dem dortigen »Nationalen Übergangsrat« mit großzügiger Finanzhilfe unter die Arme. Das Engagement des Scheikh el-Thani war für die europäischen NATO-Partner, die immer noch im Geruch des Kolonialismus standen, extrem vorteilhaft. Er war der Garant und das Signal einer arabischen Solidarität. Was nun die wirkliche Tauglichkeit der Armee von Qatar betrifft, so erwies sie sich als absolut unbrauchbar.

Eine präzise Analyse des Einsatzes in Libyen, der der Europäischen Union die eigene Unzulänglichkeit, ihre mangelnde Kapazität zur Selbstverteidigung vor Augen führen würde, ist heute noch nicht erstellt. Die militärische Entscheidung kam nicht aus dem Osten, aus der Cyrenaika, wo die Rebellen im Feuer der Qadhafi-treuen Stämme zwischen Ras Lanuf und Sirte steckenblieben, sondern aus dem Westen, aus den Nafusa-Bergen, unweit der tunesischen Grenze. Die dort lebenden Berber, die dem arabischen Triumphalismus Qadhafis stets mißtraut hatten, bildeten mit Hilfe ausländischer Instrukteure die Kerntruppe des Aufstandes. Wider Erwarten kam es nicht zu verzweifelten und verlustreichen Häuserkämpfen, als die Berber – im Verbund mit anderen Kataeb – in das Zentrum der Kapitale und bis zum »Grünen Platz« vordrangen, auf dem Qadhafi sich Jahrzehnte lang akklamieren ließ. In der Millionenmetropole flackerten sporadische Gefechte auf. Von der Bevölkerung wurden die neuen Herren erleichtert, aber ohne übermäßige Begeisterung begrüßt.

Schon zogen sich die Berber, die nur einen kleinen Bruchteil der libyschen Bevölkerung ausmachen, mit einer Vielzahl eroberter Waffen in die Nafusa-Berge zurück. Von den Städtern, die in dem Verwaltungs- und Überwachungsnetz der von Qadhafi geschaffenen Nachbarschafts- und Revolutionskomitees recht und schlecht eine Normalisierung des täglichen Lebens anstrebten, hatten die Berber keine hohe Meinung. Die Tripolitaner seien Schlangen, behaupteten sie. Sie selbst hätten sechs Monate in den Bergen gekämpft, während die Städter ein bequemes Leben führten. Diese Amateurkrieger seien so hinterlistig, daß sie stets in einer Tasche ihrer Kleidung eine grüne Qadhafi-Fahne, in der anderen die rot-schwarz-grüne Senussi-Flagge der Aufständischen bereithielten.

Es macht wenig Sinn, eine Perspektive für die künftige Regierungsgestaltung Libyens zu entwerfen. Der Vorsitzende des Nationalen Übergangsrats, Mustafa Abdel Jalil, ist frommer Muslim, wie das dunkle Gebetsmal auf der Stirn beweist. Seine westlichen Gesprächspartner bezeichnen ihn als bescheidenen, vernünftigen Unterhändler. Aber unter Qadhafi war er Justizminister, und sein Rücktritt von diesem Amt erfolgte erst, nachdem er dem Todesurteil für die bulgarischen Krankenschwestern zugestimmt hatte, die nur unter ausländischem Druck ihre Freiheit wiedererlangten. Die Amerikaner, die wohl bei der Konstituierung dieser provisorischen, selbsternannten Scheinregierung Pate standen, wollten die fatalen Fehlentscheidungen vermeiden, die ihnen nach der Einnahme von Bagdad unterlaufen waren und die Mesopotamien in Chaos und Bürgerkrieg stürzten. Im Irak war die alles beherrschende und verwaltende Baath-Partei Saddam Husseins aufgelöst und ihre Mitglieder aus sämtlichen öffentlichen Ämtern entfernt worden. Viel administrative Kompetenz blieb danach nicht übrig. Noch törichter war die radikale Abschaffung der irakischen Armee und Polizei, so daß die Zunahme der Kriminalität im Innern nicht verhindert und die Abschirmung der Grenzen illusorisch wurde.

In Libyen konnte man auf die erfahrenen Männer des »ancien régime« noch weniger verzichten. So fanden sich in dem »Transition Council« von Bengasi, der seine Übersiedlung in die Hauptstadt Tripolis aus guten Gründen verzögerte, frühere Säulen der Jamahiriya neben redlichen Opponenten, die der Willkür des Despoten durch Flucht ins Ausland entkommen waren oder im Untergrund einen politischen Umbruch vorbereitet hatten. Daß dieses

Sammelsurium sich auf Dauer behaupten kann, wo die Mehrzahl dieser überwiegend aus der Cyrenaika stammenden Mannschaft ohnehin vom Volk mit Skepsis betrachtet wird, ist höchst unwahrscheinlich. Es war ein erschreckendes Signal, als im Sommer 2011 der provisorische Verteidigungsbeauftragte und Stabschef General Abdul Fatah Yunes, der die unterschiedlichen Milizen unter sein zentrales Kommando bringen sollte, in seinem Auto erschossen wurde. Da Yunes schon unter Qadhafi das militärische Oberkommando ausübte, kamen die unterschiedlichsten Verdächtigungen auf. Man vermutete die Rache von hartgesottenen Islamisten, die hier wie anderenorts im Hintergrund verharren und auf ihre Stunde warten. Wenn über Radio Bengasi ein utopisches Programm der neuen alten Männer der Übergangsregierung verkündet wird – Gleichheit zwischen Arm und Reich, zwischen Männern und Frauen, zwischen Ost- und Westlibyen –, so verliert die Führungsmannschaft zusätzlich an Autorität und Glaubwürdigkeit.

Am Ende wird sich doch alles an den Rivalitäten oder den Übereinkünften der hundertvierzig Stämme und deren Clans entscheiden, die der gestürzte Diktator geschickt gegeneinander auszuspielen verstand. Die wichtigste dieser tribalen Formationen bilden die Warfalla mit einer Million Menschen, die weit über das nationale Territorium verstreut leben. Das heiß umkämpfte Réduit der geschlagenen »Loyalisten« im trostlosen Städtchen Bani Walid, das etwa 170 Kilometer im Südosten von Tripolis gelegen ist und dessen 70 000 Einwohner sich von karger Landwirtschaft ernähren, genießt als Ursprungsort der Warfalla eine besondere Bedeutung. Danach kommen die Qadhafa, denen – wie der Name besagt – Muammar el-Qadhafi angehört. Man schätzt sie auf 125 000 Menschen. Ihr Siedlungs- und Nomadisierungsraum reicht von der Hafenstadt Sirte, dem geographischen Trennungspunkt zwischen West und Ost, zwischen Cyrenaika und Tripolitanien, bis tief in den Süden zur Verwaltungshauptstadt Sebha der Fezzan-Region.

Sirte, der Geburtsort des »brüderlichen Führers«, war in den vergangenen Jahrzehnten in jeder Hinsicht privilegiert worden. Seine Stammesbrüder leisten ja auch den verbissensten Widerstand gegen die »Thuwar«. Ganz anders wiederum waren die Kämpfe um die drittgrößte Stadt der Jamahiriya, um den Hafen Misrata verlaufen. Misrata inszenierte einen fulminanten Aufstand gegen den Tyrannen, wurde dann aber von dessen Truppen wochenlang belagert und nur über die See versorgt. Nach ihrem Einmarsch in Tripolis übten dort die Misrati nach Abzug der Berber die Funktion von Ordnungshütern aus. Sie kamen recht und schlecht mit den lokalen Revolutionskomitees zurecht, die trotz der Urbanisierung weitgehend ihren ethnischen Zusammenhalt bewahrt hatten.

Neben den vielen arabisierten Völkerschaften und den Berbern sind in den Oasen des tiefen Südens die Tubu zu erwähnen, die an die Republik Tschad grenzen und schon unter der französischen Kolonialverwaltung als besonders wilde, kriegerische Rasse gefürchtet waren. Größere Bedeutung haben allerdings die Kamelreiter der Tuareg gewonnen. In ihren indigofarbenen Gewändern, die stets das Gesicht verhüllen, lehnten diese Hamiten sich gegen die von schwarzen Sudanesen regierten Sahel-Staaten Burkina Faso, Niger und Mali auf. Sie bemächtigten sich weiter Territorien und kidnappten eine Anzahl französischer Geiseln. Dank ihrer zunehmenden Bindung an eine salafistische Bewegung, die sich »El Qaida des islamischen Maghreb« nennt, fühlte sich die Militärjunta von Algier unmittelbar herausgefordert. Aus den Reihen der Tuareg hatte Qadhafi paradoxerweise seine zuverlässigsten Söldner rekrutiert, auf die seine Familie sich bei eventueller Flucht durch die Tibesti-Wüste glaubte verlassen zu können.

Der Islam drängt nach Süden

Was hatte nun Frankreich und Großbritannien – die USA verhielten sich zögerlich, und die Bundesrepublik büchste vollends aus – bewogen, sich in den libyschen Wirrwarr so nachhaltig einzumischen? Offiziell ging es um die Rettung der aufbegehrenden Zivilbevölkerung, tatsächlich stand die Rebellion vor dem Zusammenbruch. In Bengasi, Derna und Beida hätten die Berufssoldaten und Söldner Qadhafis ein abscheuliches Blutbad angerichtet, wenn nicht die Luftwaffe der Entente-Mächte den Panzerkolonnen des Diktators das Rückgrat gebrochen hätte. Man sprach überall von »Sarkozys Krieg«, und die französischen Streitkräfte gewannen im Pentagon ein Ansehen, das seit der schändlichen Niederlage von 1940 irreparabel geschädigt schien. Es ging natürlich bei diesem Eingriff auch um Erdöl und Erdgas. Auf den ersten Treffen der großen Petroleumkonzerne lagen jetzt Total und BP besser im Rennen als manche traditionelle Konkurrenten. Doch ganz sollte man nicht ausschließen, daß bei diesem riskanten Einsatz auch heroische Reminiszenzen eine Rolle gespielt haben.

Für die Franzosen verwies der Blick über die unendliche Wüste, die sich von der Mittelmeerküste bis zum Tschad-See erstreckt, auf die erste rühmliche Waffentat, die das kleine Häufchen der »Français libres« des General de Gaulle an ihre Fahne mit dem Lothringer Kreuz heften konnte. Die Episode erscheint marginal, aber für die französische Résistance signalisierte sie Hoffnung und Stolz. Nach der Niederlage von 1940 und Bildung des mit Deutschland kollaborierenden Systems von Vichy hatten sich die meisten französischen Kolonien der Oberhoheit des Marschall Pétain unterstellt und dem unbekannten Brigadegeneral de Gaulle die kalte Schulter gezeigt, mit Ausnahme der französischen Besitzungen in Äquatorialafrika. Kongo-Brazzaville bekannte sich zum Widerstand, und Gabun wurde durch einen Handstreich der »Freien Franzosen« eingenommen. Die Ambitionen eines jungen Kavallerieoffiziers, der sich Leclerc nannte, in Wirklichkeit unter dem adeligen Namen de Hauteclocque in der Normandie geboren war, richteten sich auf die endlose Öde der Tschad-Kolonie, die in Berührung zu den italienischen Afrikatruppen Mussolinis stand. Der Tschad war auf Grund eines seltsamen Zufalls zu de Gaulle übergegangen. Der amtierende Gouverneur in Fort Lamy, das heute Ndjamena heißt, war ein schwarzer Antillen-Franzose namens Félix Eboué. Als Folge der Rassentheorien, die das Pétain-Regime von Vichy weitgehend übernommen hatte, besaß Eboué keine Chance, auf seinem Posten zu verbleiben. Also schloß er sich den Exilfranzosen von London an.

Daß der Major de Hautecloque, der binnen kurzer Frist zum General Leclerc avancieren sollte, es fertigbrachte, eine Kolonne zusammenzustellen, die auf die vorgeschobenste italienische Position in der Oase Kufra vorrückte, war ein gewagtes Bravourstück. Er verfügte über eine begrenzte Zahl französischer Kolonial-Infanteristen, über ein oder zwei Kompanien schwarzer Tirailleurs und ein paar Fremdenlegionäre, als er auf morschen Lastwagen und störrischen Kamelen nach Norden aufbrach. Die Eroberung der Oase Kufra, deren italienische Garnison den Franzosen weit überlegen war, erfolgte im Handstreich am 1. März 1941. Leclerc ließ seine buntgemischte Truppe vor der französischen Flagge antreten und leistete den legendären »serment de Koufra«. Mit diesem feierlichen Eid verpflichtete er sich, den Krieg gegen die Achsenmächte und insbesondere Deutschland so lange zu führen, bis die Trikolore wieder über dem Straßburger Münster wehen würde. Das klang wie eine Geste gallischer Großmannssucht. Aber Leclerc, der im Auftrag de Gaulles auch den Fezzan okkupierte, sollte im Sommer 1944 an der Spitze der »Deuxième division blindée« als erster in das befreite Paris einrücken. General Eisenhower hatte die Eleganz besessen, den Franzosen den Vortritt zu lassen. Im Herbst kampierte die Zweite Panzerdivision auf den Vogesenhöhen bei Phalsbourg, als General Leclerc gegen die ausdrückliche Weisung des amerikanischen Oberkommandos in die Rheinebene vorstieß, die dort stationierten Deutschen buchstäblich aus dem Schlaf riß, sich der Hauptstadt des Elsaß bemächtigte und – tatsächlich am 23. November 1944 – die blau-weiß-rote Trikolore über den Türmen der »Cathrédale de Strasbourg« hißte.

Vielleicht weckte der Einsatz in Tripolitanien auch bei den Briten eine nostalgisch-patriotische Besinnung, konnte man doch des verflossenen Ruhms des Empire gedenken und jener entscheidenden Offensive des Generals Montgomery bei El Alamein, die das Ende der deutschen Präsenz in Nordafrika besiegelte. Es gehört wohl viel Phantasie dazu, und für manche mag es lächerlich klingen, aber eine deutsche Beteiligung am Lufteinsatz über Libyen hätte die Waffenbrüderschaft mit den Gegnern des Zweiten Weltkrieges bekräftigt und einen Feldzug der Wehrmacht unter dem auch von den Briten bewunderten »Wüstenfuchs« Rommel ins Gedächtnis gerufen, der über jeden Tadel erhaben war. Jedenfalls wäre eine solche Präsenz in unmittelbarer Nähe unseres Kontinents sehr viel sinnvoller gewesen als die end- und aussichtslose Stationierung der Bundeswehr am Hindukusch.

*

Der Übergangsrat von Bengasi hatte in einem Aufruf an seine Kämpfer dazu aufgefordert, die Versöhnung mit den »Loyalisten« im Auge zu behalten und deren Gefangene brüderlich zu behandeln. Das ist wohl nur selten der Fall gewesen. Auf beiden Seiten kam es zu abscheulichen Grausamkeiten. Das war auch nicht anders zu erwarten. Die Zahl der Kriegsopfer wird bereits auf dreißigtausend geschätzt. Am schlimmsten waren die Schwarzafrikaner dran, die im Verdacht standen, als Söldner Qadhafis, als eine Art moderne Mameluken, das Zwangsregime des »großen Bruders« verteidigt zu haben, jene zivilen Fremdarbeiter aus der Sahel-Zone, die zu Hunderttausenden in Libyen Arbeit gesucht hatten und nur selten beweisen konnten, daß sie nicht am Kampf beteiligt waren. Die zahlreichen Tunesier, die vor allem in Tripolis relativ gehobene Jobs ausübten, waren als erste in ihre Heimat zurückgekehrt. Viel schlimmer war es um die Ägypter bestellt, die sich in Massen aufgrund der im Niltal grassierenden Arbeitslosigkeit in Libyen verdingt hatten und sich nun an der Grenze stauten und schikaniert wurden. Die Europäer wurden durch ihre Regierungen evakuiert. Am eindrucksvollsten war die Repatriierungsaktion der 35 000 Chinesen, die in Rekordzeit aus der Kriegszone ausgeflogen oder nach Zypern verschifft wurden.

Wird Libyen zu einer geordneten, moderaten Regierungsform finden? Werden die im »Transition Council« vertretenen Intellektuellen sich behaupten können gegen die »Freiheitskämpfer«, die sich im feindlichen Feuer bewährten? Werden die Verfechter einer »Zivilgesellschaft«, was immer damit gemeint sein mag, sich behaupten können gegen die im Volk tief verwurzelte islamische Religiosität? Wird es zu Fehden unter den Stämmen, zum Auseinanderdriften von Tripolitanien und Cyrenaika kommen? Wird ein Bürgerkrieg ausbrechen, oder könnte sogar eine Art somalische Anarchie um sich greifen, wie manche Pessimisten befürchten? Die fromme Antwort lautet: »Allah wahduhu ya'rif – Gott allein weiß es.«

Qadhafi hat seine Getreuen über den Rundfunk zum Partisanenkrieg aufgerufen. Seine Hochburg Sirte hat zum Zeitpunkt dieser Niederschrift noch nicht kapituliert. Ganz eindeutig wird der gestürzte Despot seinen Widerstand, soweit er dazu in der Lage ist, nach Süden verlagern in den Fezzan und die Umgebung von Kufra. In der Gegend von Sebha hofft er offenbar beim Megraha-Stamm Unterstützung zu finden. Einen Teil seiner Familie – seine Frau, seine Tochter Aischa zumal, die jenseits der Grenze eine Tochter gebar, hat er in einem Konvoi gepanzerter Limousinen über Ghadames ausreisen lassen, aber die Algerier haben bereits versichert, daß sie Qadhafi selbst oder seinem Sohn Seif el-Islam kein Asyl gewähren würden. Vorübergehend war offenbar Burkina Faso dazu bereit, obwohl die dortigen Machthaber den Übergangsrat von Bengasi anerkannt hatten. Wird Muammar el-Qadhafi wie der irakische Despot Saddam Hussein nach neunmonatiger Flucht von seinen Verfolgern in einem Versteck aufgestöbert und dem Henker ausgeliefert werden? Oder wird er in einem letzten verzweifelten Aufbäumen den Heldentod als Schahid suchen? Alles deutet darauf hin, daß die Treibjagd auf den gestürzten Despoten keine zehn Jahre in Anspruch nehmen wird, wie das bei Osama Bin Laden der Fall war.

Die libyschen Wirren werden unweigerlich auf die Nachbarstaaten des Sahel übergreifen. Dort verschärfen sich die ethnischen und religiösen Spannungen. Die Sahara erscheint längst nicht mehr als unüberwindliche Barriere, die das weiße vom schwarzen Afrika trennt, sondern wird wie zur Zeit der von Ibn Battuta geschilderten Sklavenkarawanen zum rege benutzten Durchgangsgebiet. Ein mächtiger gepanzerter Konvoi der libyschen Regierungstruppen sei, aus Sebha kommend, in der Republik Niger eingetroffen, wurde berichtet und prompt dementiert. Angeblich habe der mit Qadhafi befreundete Diktator von Burkina Faso, Blaise Campaoré, der im »revolutionären Weltzentrum« Libyens geschult worden war, dem flüchtigen Despoten Asyl angeboten. Aber auch in Ouagadougou ist man auf Distanz gegangen. Die Grenzen, die die europäischen Kolonialmächte vor hundert Jahren im Sand und im mageren Busch des Sahel zogen, haben eine große Durchlässigkeit gewonnen, werden zumal von den Partisanen der »El Qaida des Islamischen Maghreb« gar nicht mehr zur Kenntnis genommen. Voller Sorge blickt der ehemalige Soudan français auf die nach Süden ausweichenden schwarzen »mercenaries«, die schwerbewaffnet und in kriegerischer Stimmung in ihre Heimatländer zurückstreben. Sie könnten die ganze Region ins Wanken bringen.

Sogar auf den Koloß Nigeria hat der militante Islam ja längst übergegriffen in den nördlichen Emiraten und Sultanaten. Diese einst britischen Schutzgebiete stehen in scharfem Gegensatz zum christlich-animistischen Süden Nigerias. Von der Provinz Maiduguri unweit des Tschad-Sees ausschwärmend, hat sich eine fanatisch islamische Kampfgruppe gebildet, die mit Feuer und Schwert gegen die Ungläubigen vorgeht. Die schwarzen Eiferer haben sich unter der Losung »Boko Haram« zusammengerottet, was mit »Verbot allen westlichen Einflusses« übersetzt werden kann. In Bamako, der Hauptstadt von Mali, erschien ein Internet-Artikel unter dem dümmlichen, aber unheimlich klingenden Titel: »Tripolis OK – Sahel KO«.

BAHREIN

Glaubenskampf am Persischen Golf

Die Bunker der Hizbullah

Die Sicherheit Israels sei ein »Teil der deutschen Staatsräson«, hat Bundeskanzlerin Angela Merkel offiziell verkündet. Man kann es also gar nicht vermeiden, den Judenstaat in die Betrachtungen über die sukzessiven Revolten einzubeziehen, die die arabische Welt in Hochspannung halten. Der Antizionismus hat bei den bisherigen Kundgebungen und Protesten zwischen Maghreb und Maschreq keine nennenswerte Rolle gespielt. Aber in Jerusalem ist man hellhörig geworden, seit der Mossad offenbar die Vorboten des »Arabischen Frühlings« nicht rechtzeitig zu erkennen vermochte.

Feldmarschall Tantawi, der provisorische Nachfolger Mubaraks, hat verkündet, daß er den Friedensvertrag mit Israel, den Anwar es-Sadat mit seinem Leben bezahlte, nicht in Frage stellen will. Aber atmosphärisch hat sich doch etwas verändert. Zum ersten Mal haben zwei iranische Kriegsschiffe den Suezkanal passiert, um im syrischen Mittelmeerhafen Lattaqiya anzulegen. Der bislang fest versiegelte Grenzübergang vom ägyptischen Sinai zum palästinensischen Gaza-Streifen hat sich für einen begrenzten Personenverkehr und die Lieferung von Lebensmitteln geöffnet. Im bevorstehenden Wettkampf der Parteien zur Wahl des neuen ägyptischen Parlaments wird mit Sicherheit die im Volk tief verankerte Ablehnung Israels propagandistisch ausgeschlachtet werden. Noch einmal einen verlustreichen Feldzug gegen Zahal zu führen, daran denken wohl die wenigsten, aber es könnten neue Spannungen entstehen, wie in der Zeit, als Gamal Abdel Nasser mit der Sperrung der Straße von Tiran dem Staat Israel den Zugang zum Roten Meer zu blockieren drohte. Das israelische Oberkommando, das bislang im Vertrauen auf die Vernunft und die Mäßigung Hosni Mubaraks seine Südfront am Sinai von Truppen weitgehend entblößen konnte, wird in Zukunft auch in der Negev-Wüste auf alles gefaßt sein müssen. Vor zwei Jahren war ich bei El Qantara über die neue, hochgeschwungene Brücke, die auch Schiffen großen Volumens die Passage durch den Suezkanal erlaubt, auf die Sinai-Halbinsel gefahren. Mein Ziel war die umstrittene Stadt Rafah, wo das ägyptische Territorium an den palästinensischen Gazastreifen grenzt.

Nachdem ich von der ägyptischen Seite der sogenannten Philadelphia-Achse einen Blick auf die blau-weiße Flagge mit dem Davidstern geworfen habe, lasse ich mir von einem ägyptischen Major das Netzwerk der unterirdischen Tunnel auf dem Bildschirm erklären, durch die die arabischen Einwohner von Gaza einen prekären Kontakt mit der Außenwelt aufrechterhalten. Die Hamas-Bewegung schmuggelt über diese Schläuche, für die nur eine Breite von höchstens acht Kilometer zur Verfügung steht, zweifellos auch Waffen ein. Dabei muß ich an eine Episode aus dem Jahr 1982 denken, die ein bezeichnendes Licht auf den unermüdlichen und ergebnislosen Friedensprozeß im Heiligen Land wirft.

*

Es war ein Jahr nach der Ermordung des Präsidenten Sadat. General Mubarak hatte dessen Nachfolge angetreten. Kairo lag im frühen Dämmerlicht. Neben einem österreichischen Studenten saß ich ziemlich verlassen auf der Bank eines sandigen Hinterhofs, der seinen anspruchsvollen Namen »Sinai Terminal« nicht verdiente. Ich traute meinen Augen nicht. Um die Straßenecke kam ein rot-weiß lackierter Reisebus mit hebräischen Inschriften und israelischem Nummernschild. Im Hotel war mir schon aufgefallen, daß die *Jerusalem Post* am Zeitungsstand aushing. Aber daß die Busse der »Egged Tours« aus Tel Aviv so demonstrativ durch die ägyptische Hauptstadt fuhren, wirkte fast wie eine Provokation. Die Normalisierung nach Camp David hatte sich also doch auf erstaunliche Weise konkretisiert.

Es gesellten sich ein paar zusätzliche Passagiere zu uns, sieben insgesamt: Israeli, die einen Ausflug nach Kairo gemacht hatten, und zwei ägyptische Frauen, die wohl aus familiären Gründen nach Gaza wollten. Die beiden stämmigen Chauffeure aus Tel Aviv traten sehr selbstbewußt auf. Es nahmen zwei muskulöse Ägypter in dem Egged-Bus Platz, und man sah ihnen an, daß sie irgendeinem Sicherheitsdienst angehörten. Während der Ausfahrt durch Kairo bis jenseits des Suezkanals begleitete uns ein kleiner weißer Polizeiwagen und bot einen sehr theoretischen Schutz. Die israelischen Fahrer sprachen nicht Arabisch. Ihr Umgang mit den beiden ägyptischen Schutzengeln war ausgesprochen jovial. Die Ägypter boten Zigaretten an, und man versuchte, auf englisch ein wenig zu scherzen. Längs der Autobahn nach Ismailia zog die Wüste vorbei mit Panzeransammlungen, exerzierenden Soldaten, Radarstationen. Am Kanal bogen wir nach Norden ab und überquerten den Wasserweg auf einer Fähre. Wir wurden vor den wartenden ägyptischen Fahrzeugen bevorzugt eingewiesen. Jenseits von El Qantara, das von Kriegsspuren gezeichnet blieb, erinnerte eine verblichene arabische Inschrift, »Zehnter Tag des Ramadan«, an die erfolgreiche Kanalüberschreitung unter Sadat. Hier verabschiedeten sich die beiden ägyptischen Sicherheitsbeamten von den israelischen Chauffeuren mit dem Gruß »Schalom«.

Die Sinai-Wüste nahm uns auf. Immer noch lagen vernichtete Panzer weit verstreut. Daneben kampierten Beduinen unter Zelten und in Blechhütten. In der Stadt El Arish hatte Präsident Mubarak das Aufbauwerk seines Vorgängers zügig fortsetzen lassen. Am weißen Mittelmeerstrand wurde eifrig am »Sinai Beach Hotel« gearbeitet. Es folgten noch einige Armeecamps der Ägypter. Auch die blaue Fahne der Vereinten Nationen war gelegentlich zu sehen.

Wir durchquerten die militärisch verdünnte Zone, die der israelischen Grenze vorgelagert ist und von den Amerikanern überwacht wird. Der Grenzübergang vollzog sich ohne Dramatik, zügiger als erwartet. Die Zoll- und Sicherheitsüberprüfung entbehrte jeder Schikane. Sehr bald setzte sich die Tour nach Norden fort. Im Gaza-Streifen gingen die Frauen verschleiert. Die Siedlungen der Palästinenser wirkten nach 35jährigem Lagerleben immer noch improvisiert und dürftig. Aber so sehen auch ganz normale Dörfer in Syrien, Jordanien oder Ägypten aus.

Mit der Überschreitung der alten Staatsgrenze Israels änderte sich plötzlich das Bild. Wir fuhren durch ein nahöstliches Kalifornien mit Zitrusplantagen, so weit der Blick reichte. Die jungen Menschen trugen bunte, leichte Sommerkleidung. Grelle Reklameschilder verstellten die Landschaft. So banal ging es also heute zwischen Ägypten und Israel zu. Ich erinnerte mich an das Jahr 1968, als ich zwischen den Bunkern der Bar-Lev-Linie – die ägyptischen Stellungen jenseits des Suezkanals im Rücken – einen Fernsehkommentar über die zwangsläufige Feindschaft zwischen Pharao und Israel formuliert hatte. Wie unberechenbar der Orient doch war! Wie sehr der politische Beobachter doch immer wieder Gefahr lief, gerade anhand von analytischen Betrachtungen und geschichtlichen Parallelen zu falschen Schlüssen zu kommen. Mit meinen Kassandrarufen kam ich mir plötzlich etwas lächerlich vor angesichts dieser friedlichen Grenze bei Rafah.

In Tel Aviv endete die Fahrt auf dem chaotischen Bus-Bahnhof, ein Stück Galizien unter der Mittelmeersonne, wo fromme Juden mit schwarzen Hüten und Bärten achtlos an kessen, braungebrannten Mädchen in Hotpants vorbeisahen. Nichts deutete darauf hin, daß zwei Tage zuvor Verteidigungsminister Ariel Scharon den Befehl zum Großangriff nach Norden erteilt hatte, daß die Panzer Zahals in Richtung Beirut vorpreschten und die palästinensischen »Fedayin« zu Paaren trieben. Ein Taxi fuhr mich zu den felsigen, kühlen Höhen von Judäa. Jerusalem lag bereits im rosa Abendlicht. War meine ganze Berichterstattung über die Lage im Nahen und Mittleren Osten nicht von einem übertriebenen Hang zur Dramatisierung geprägt? Das fragte ich mich beim späten Drink in der Hotelbar. War ich nicht an den unwägbaren Realitäten des Friedens und des menschlichen Versöhnungswillens vorbeigegangen? Um drei Uhr nachts würde ich mit dem Mietwagen schon wieder nach Norden in Richtung Libanon unterwegs sein.

Als ich nach kurzem Schlaf – benommen und müde – auf den Nachtportier zuging, um meinen Zimmerschlüssel abzuliefern, war der hellwach und aufgeregt. »Es wird nicht einfach für Sie sein, nach Beirut zu kommen«, sagte er. »Soeben ist im Radio gemeldet worden, daß der gewählte libanesische Präsident Beshir Gemayel durch ein Sprengstoffattentat getötet wurde. Wird denn das Morden hier nie ein Ende nehmen? Werden wir Israeli denn niemals in Frieden mit unseren Nachbarn leben können?« Verflogen war jetzt die friedliche Vision von Rafah, der Schalom-Gruß zwischen Israelis und Ägyptern, die beiden Fahnen, die einträchtig über den Grenzanlagen wehten. Im Libanon war mit dem 35jährigen Beshir Gemayel, diesem hemdsärmeligen, resoluten Maroniten-Führer, nicht nur eine steile politische Karriere ausgelöscht worden. Alle mühsamen Verhandlungsresultate zwischen Washington, Fez, Riyad, Jerusalem und Amman waren in Frage gestellt. Neues Sterben kündigte sich an. Für Wunschdenken war kein Vorwand mehr vorhanden. Die politische Wirklichkeit dieser Region offenbarte sich wie ein Gorgonenhaupt, bluttriefend, gnadenlos und ziemlich widerwärtig.

In Begleitung des Hauptmanns Schlomo, der sich durch Kipa und Vollbart als orthodoxer Jude zu erkennen gab, fuhr ich im Jeep durch die menschenleeren Dörfer des Südlibanon. Schlomo lauschte unentwegt der Rundfunksprecherin in Tel Aviv, die mit nervöser Stimme einen Lagebericht verlas. Ich verstand nur ein einziges alttestamentarisches Wort: »Tohuwabohu«. Auf Umwegen über christliche Dörfer erreichten wir den von Maroniten bevölkerten und verteidigten Stadtteil Aschrafiyeh in Ost-Beirut, wo ich mich im Hotel »Alexandre« einquartierte.

Aus meinem Zimmer trat ich auf die Terrasse hinaus. Zu meinen Füßen lag Beirut. Seit wir uns der Hauptstadt genähert hatten,

waren die Explosionen und Einschläge nicht verstummt. Im West-
sektor wurde weiter gekämpft. Die israelischen Sturm-Komman-
dos durchkämmten einen Straßenzug nach dem anderen. Der Widerstand war sporadisch. Nur ein paar halbwüchsige Freischärler
feuerten noch ihre Kalaschnikows und Bazookas auf die vorrückenden Panzerkolonnen Zahals ab. Die Israeli gingen kein Risiko ein.
Sie wollten ihre eigenen Verluste niedrig halten. Ihre schweren
Tankgranaten rissen gewaltige Löcher in die Etagenhäuser, wo die
Zivilbevölkerung – im Keller zusammengedrängt – das Ende des
Alptraums herbeisehnte. Das »Alexandre« lag wie ein Feldherren-
hügel über der levantinischen Metropole. Rauchwolken verdunkel-
ten den strahlenden Abendhimmel. Die gewaltigen Erschütterungen dröhnten bis Aschrafiyeh, wenn ein Munitionsdepot hochging.
Nach Einbruch der Dunkelheit wurden die Westviertel taghell an-
gestrahlt. Die Leuchtraketen pendelten an Fallschirmen langsam
herunter.

*

Das Schicksal Israels werde sich an der Nordfront entscheiden,
hört man neuerdings in den Redaktionen von Jerusalem und Tel
Aviv. Diese Einsicht ist aufgekommen, seit die jüdischen Streitkräfte sich im Jahr 2000 auf Befehl des Regierungschefs Ehud Barak auf die Grenze Galiläas zurückzogen. Das neue »Great Game«
ist bereits in dem weiten Raum zwischen dem schiitisch bevölkerten Südlibanon und der mehrheitlich schiitischen Insel Bahrein im
Persischen Golf in Gang gekommen. Hier prallen alle nur denkbaren Gegensätze aufeinander. Jenseits der brodelnden Ungewißheiten Ägyptens ruht das Regime des syrischen Präsidenten Assad
offenbar nur noch auf den Spitzen der Bajonette. Im Irak entzün-
den sich immer wieder die konfessionellen Feindschaften. Dazu gesellen sich die Schachzüge der saudischen Dynastie, die Präsident
Obama unverblümt aufforderte, doch endlich mit der Bombardierung der Islamischen Republik Iran zu beginnen, um deren Einfluß
am Persischen Golf einzudämmen. Beim Rückblick sollten wir
einen seinerzeit wenig beachteten Vorfall erwähnen, der im Jahr

1977 eine gründliche Umschichtung der Zedernrepublik eingeleitet hatte.

Am Anfang stand die Erlösergestalt des Imam Musa Sadr, eines Lieblingsjüngers des Ayatollah Khomeini. Ganz unerwartet, in den frühen siebziger Jahren, war dieser grünäugige Hüne bei der unterdrückten Schiitengemeinde aufgetaucht, die seit osmanischen Zeiten im Südlibanon und in der Bekaa-Ebene als Pächter und Tagelöhner gieriger Feudalherren ein erbärmliches Dasein führte. Musa Sadr predigte soziale Gerechtigkeit für die »Mahrumin«, diese Benachteiligten und Ausgeschlossenen der opulenten Gesellschaft in der Zedernrepublik. Im Namen der »Partei Alis« forderte er Aufstiegschancen, politische Mitsprache und Solidarität für die »Enterbten und Entrechteten«. Musa Sadr löste ein Erdbeben aus, denn die Schiiten bildeten bereits ein Drittel der libanesischen Gesamtbevölkerung. Heute dürften sie die Hälfte ausmachen.

Der Schüler Khomeinis sammelte seine Glaubensbrüder in der Kampforganisation Amal, ein Akronym, das sich auch mit »Hoffnung« übersetzen läßt. Die Bedeutung dieses begabten Redners und Politikers ging weit über die eines lokalen »Erweckers« hinaus. Im Umkreis von Amal fanden die islamischen Revolutionäre des Iran zusammen, übten sich in den Schluchten des Südlibanon in Partisanenkampf und Agitation. Damals bereitete sich die religiöse Umsturzbewegung Persiens in aller Diskretion vor, und aus dieser Zeit rührt jene enge, brüderliche Verbindung zwischen den Schiiten des Iran und des Libanon, jene sakrosankte Verpflichtung zur gegenseitigen Hilfe, die durch gemeinsam vergossenes Blut besiegelt war. Diese tiefempfundene Schicksalsgemeinschaft sollten all jene Vermittler vor Augen haben, die eines Tages – in der Perspektive einer hypothetischen Friedensregelung – den gordischen Knoten in Nahost ohne Konsultation und Mitwirkung der Teheraner Mullahkratie entwirren möchten.

Im Sommer 1978 reiste Imam Musa Sadr, der inzwischen internationale Statur gewonnen hatte, auf Einladung von Oberst Qadhafi nach Libyen. Von dort ist er nie zurückgekehrt. Welchem Komplott er zum Opfer gefallen ist, wurde nie geklärt. Nicht einmal sein Tod wurde bestätigt. Das Gerücht hält sich hartnäckig, daß die PLO die Beseitigung Musa Sadrs gefordert habe, weil dessen wachsende Autorität die wirren palästinensischen Aktivitäten im Südlibanon, damals noch als »Fatah-Land« bezeichnet, zu lähmen drohte. Die Trauer um diesen Verlust dauert bis heute an. Die Erben Khomeinis haben dem libyschen Staatschef Qadhafi seine Untat niemals verziehen, und die meisten Palästinenser genießen einen zweifelhaften Ruf in Teheran. Alte Feindschaften leben wieder auf. Wenn der Libanon beim Aufstand der libyschen Rebellen gegen Oberst Qadhafi im Frühjahr 2011 besonders dringlich auf den Sturz und die Beseitigung des Diktators von Tripolis gedrängt hat, ist das zweifellos als Racheakt für die heimtückische Ermordung des Imam Musa Sadr zu werten.

Die Organisation Amal ist seit dem Verschwinden Musa Sadrs seltsame Wege gegangen. Die syrischen Geheimdienste, die schon zur Zeit des libanesischen Bürgerkrieges von General Kanaan mit starker Hand koordiniert wurden, nahmen sich der schiitischen Fraktion an und gängelten sie in ihrem Sinne. Zweifellos kam dieser Opportunismus den schiitischen Gemeinden des Südlibanon und in der Bekaa zugute, deren Armut zum Himmel schrie. Der weiterhin gepflegte Musa-Sadr-Kult verschaffte Amal den Ruf schiitischer Rechtgläubigkeit. In Wirklichkeit wurde diese Partei zu einem Bestandteil der chaotischen politischen Manövriermasse in der Zedernrepublik. Ihr Parteichef Nabih Berri avancierte zum Parlamentspräsidenten. Er geriet durch persönliche Bereicherung und durch Nepotismus ins Zwielicht.

Die strengen, glühenden Anhänger der »Schiat Ali« hingegen formierten sich inzwischen in einem anderen, glaubensstarken und opferbereiten Männerbund. Unter der Anleitung ihres geistlichen Mentors, Scheikh Abbas Mussawi, kristallisierte sich ihr harter Kern in der »Hizbullah«. Die »Partei Gottes« erschreckte zunächst durch ihr unerbittliches Auftreten im libanesischen Machtkampf, durch ihre antiamerikanischen Exzesse, die mit politischem Mord und willkürlichen Geiselnahmen einhergingen. Die gezielte Grausamkeit brachte ihr den Ruf ruchlosen Terrorismus ein. Erst ganz allmählich ist es diesen finsteren Partisanen gelungen, das negative Image abzustreifen und sich in das parlamentarische Leben des Libanon zu integrieren. Die Hizbullah verfügt weiterhin über die einzige Bürgerkriegsmiliz, die nicht entwaffnet wurde, weil sie den Kampf gegen Israel in dem umstrittenen Grenzstreifen von Merjayoun und Djezin auf sich nahm. In dieser Rolle als Vaterlandsverteidiger und Mujahidin haben sie sogar beachtliches Ansehen bei den anderen Konfessionsgruppen gewonnen, wenn sie dem durchschnittlichen Levantiner auch heimliches Entsetzen einflößen.

Wie es mir gelungen ist, im Herbst 1997 direkten Kontakt zur Führung der Hizbullah aufzunehmen, will ich hier nicht schildern. In einem ramponierten Mercedes älteren Datums wurde ich zum südlichen Hafen Tyros oder Sur gesteuert. Vor einer verwahrlosten Ansammlung mehrstöckiger Betonhäuser kamen wir zum Stehen. Ein düsterer Eingang nahm uns auf, und der ächzende Fahrstuhl transportierte uns in die zweite Etage. Dort öffnete sich eine anonyme Wohnungstür. Mit einem Schlag befanden wir uns in einer anderen, lautlosen Welt. Als luxuriös konnte man den großen, rechteckigen Raum nicht bezeichnen, dessen Fenster verdunkelt und vermutlich durch Bleiplatten geschützt waren. An den Wänden hingen vertraute Gesichter: Ayatollah Ruhollah Khomeini natürlich, der große Inspirator, und neben ihm Ali Khamenei, sein unbedeutender Nachfolger als geistlicher Führer des heutigen Iran. Als libanesische Zugabe war Scheikh Abbas Mussawi unter schwarzem Turban porträtiert, jener Generalsekretär der Hizbullah, der mit mehreren Familienangehörigen von isrealischen Kampfflugzeugen in seinem Auto durch Bordwaffenbeschuß getötet wurde. Eine eindrucksvolle Gestalt trat auf mich zu. Scheikh Nabil Qaouq empfing mich mit großer Freundlichkeit. Ich war sofort fasziniert von seinen blauen Augen. Qaouq war ein recht junger Mann, aber er strahlte bereits die Würde und das Selbstbewußtsein eines Prälaten aus. Die schwarz-weiße Mullah-Tracht erinnerte mich an die Mönchskutten der Dominikaner, und das blasse, von einem schwarzen Bart eingerahmte Gesicht hätte einem Großinquisitor gut angestanden.

»Sie kommen an einem besonders günstigen, an einem gesegneten Tag«, sagte er in gepflegtem Hocharabisch. »Unsere Kämpfer haben heute einen beachtlichen Erfolg mit Allahs Hilfe davongetragen. In dem von den Zionisten besetzten libanesischen Südstreifen, nur zweihundert Meter von der Nordgrenze Israels entfernt, haben wir unsere Sprengladungen gezündet, als der Feind in Markaba eine Lagebesprechung abhielt. Wir erfahren soeben, daß fünf unserer Gegner getötet und mindestens neun verletzt worden sind.« Die Exaktheit dieser Meldung sollte ich am folgenden Tag in den internationalen Medien bestätigt finden. »Wir haben große Fortschritte gemacht«, rühmte sich der »Dominikaner«. »Wir fügen den Israeli nicht nur Nadelstiche, sondern schmerzliche Verluste bei, wie Ihnen die Lektüre der amerikanischen Zeitungen bestätigen kann. Wir haben die im Durchschnitt fünfzehn Kilometer breite Okkupationszone zwischen Litani-Fluß und Nordgaliläa zu einem für die jüdischen Streitkräfte höchst gefährlichen Terrain gemacht. Noch heute morgen haben wir bewiesen, daß wir überall zuschlagen können. Auf der anderen Seite ist man nervös geworden. Sie haben vielleicht vernommen, daß wir unsere Sprengladungen perfekt zu tarnen verstehen. Neuerdings beherrschen wir auch die Technik der Fernzündung, und alle Versuche der Israeli, uns durch Störfunk lahmzulegen, sind gescheitert.«

Ich bildete mir bei allem zur Schau getragenen Wohlwollen nicht ein, daß mir in dieser lila-weißen Kommandozentrale irgendein Geheimnis anvertraut würde. Über den Friedensprozeß im Heiligen Land hatte der junge »Großinquisitor« sich bereits kategorisch geäußert. »Für uns gibt es keinen Unterschied zwischen Peres und Netanjahu«, sagte er, »die Divergenzen sind allenfalls taktischer Natur. Die Strategie ist die gleiche.« Ob es mir wohl vergönnt sei, den Schauplatz des Zusammenstoßes mit den Israeli, der sich am Morgen abgespielt hatte, zu besichtigen, fragte ich ohne große Hoffnung auf Zustimmung. Doch Scheikh Nabil zögerte keine Sekunde. Er griff zum Handy, und zwei Minuten später fand sich ein bärtiger, knapp vierzigjähriger Mann ein, der durch seine seriöse Gelassenheit beeindruckte. »Sie haben den Befehlshaber des Sek-

tors Majdel-Selm vor sich. Er hat sich hier gerade zur Berichterstattung eingefunden und wird Sie begleiten«, stellte Scheikh Nabil den Neuankömmling vor, dessen Tarnname Abu Hussein lautete.

Wir haben Tyros in einem alten Peugeot verlassen. Die Straße
schlängelte sich schmal und abschüssig. Abu Hussein taute langsam
auf. Er hielt an einer Haarnadelkurve, um mir israelische Positionen und Radarstationen zu zeigen. Um die Mittagsstunde hatte Zahal mit Artilleriebeschuß auf den Sprengstoff-Anschlag von Markaba reagiert. Nennenswerter Schaden war dabei nicht entstanden.
Die schiitischen Dörfer am Rande des Kampfgebietes waren von
einem Teil ihrer Einwohner verlassen worden. Dennoch ging das
Leben in erstaunlicher Normalität weiter. Die jungen bärtigen
Männer in Zivil dürften sich bei Nacht in »Gotteskrieger« verwandeln. Bei Tage war ihnen nichts Militärisches anzumerken. »Wir
führen nur amerikanische Waffen«, berichtete Abu Hussein, »bei
uns finden Sie keine Kalaschnikows, sondern nur M-16-Sturm-
gewehre.« Der Partisanenführer, dessen Befehlsbereich sich von
der extrem vorgeschobenen Hizbullah-Hochburg Majdel-Selm bis
Rachat erstreckte – das war der heikelste Abschnitt –, gab recht offen Auskunft über die Bewaffnung seiner Mujahidin: Granatwerfer
verschiedensten Kalibers, panzerbrechende Raketen vom Typ Taw,
leichte Artillerie und natürlich die unvermeidlichen Katjuschas
sowjetischer Herkunft, von denen Abu Hussein nicht allzuviel hielt.
»Immerhin überwinden sie eine Entfernung von 22 Kilometern«,
sagte er. »Im März 1996 haben wir allein aus unseren Stellungen
300 Katjuscha-Raketen auf die nordgaliläische Ortschaft Kiryat
Shmoneh abgefeuert«, brüstete er sich, räumte aber ein, daß die
Wirkung bescheiden war. Ob er mir verraten dürfe, wo er seine
militärische Ausbildung erhalten habe, fragte ich. Aber da lachte er.
»Jedenfalls nicht im Südlibanon.«

Der Abend senkte sich über dem Gebirge. Die Entfernungen zwischen den Fronten waren lächerlich gering. Die umstrittene Besat-
zungszone war zum Greifen nah. In der zentralen Kampfstellung
war kaum eine Spur von Krieg zu entdecken. »Sehen Sie dort ein

Gehölz aus Korkeichen zwischen zwei Höhen«, fragte Abu Hussein, »erkennen Sie das quadratische weiße Gebäude nebenan? Dort haben wir heute Morgen unsere Sprengladungen hochgehen lassen. Unmittelbar dahinter verläuft die Staatsgrenze Israels.« Bevor wir uns trennten, lud mich Abu Hussein in ein Imbißlokal amerikanischen Zuschnitts zum Fruchtsaft ein. Immer wieder klangen israelische Granatabschüsse herüber. Die Geschosse schlugen irgendwo in Kilometerabstand ein. Niemand nahm Notiz davon. Unter der blauen UNO-Fahne versahen kleine Kontingente von Fidschi-Insulanern, Iren, Norwegern, Franzosen und Ghanaern Routinedienst. In Nordgaliläa bewegten sich die Gegner auf eine seltsame Pattsituation zu, stellten die Militärbeobachter in Beirut fest: Die Schiiten würden zusehends besser, und der Kampfwert der Israeli ließe nach. Der Judenstaat solle achtgeben, daß er nicht – *toutes proportions gardées* – in ein »Mini-Vietnam« hineinschlitterte.

Von der Terrasse unserer Snackbar fiel das Gebirge steil zum Meer ab. Die scheußlichen Neukonstruktionen lösten sich gnädig in der Dämmerung auf. Der Blick verlor sich im violettfarbenen Himmel des Heiligen Landes, ruhte auf den grauen Felskuppen, die einer gigantischen, erstarrten Schafherde ähnelten. Ganz unten leuchtete ein Fetzen Meer wie eine Blutlache. Auf halber Höhe zeichneten sich die Konturen einer Kreuzritterburg ab, und gleich daneben wurde eine in allen Farben schillernde Gebetshalle der Schiiten, eine »Husseiniyeh«, hochgezogen. Dazu hallten die Granateinschläge wie dumpfe Schicksalsklänge.

Zweimal sollte ich noch mit Scheikh Nabil Qaouq zusammenkommen. Er hatte seine Bleibe in dem dürftigen Vorort von Tyros beibehalten. Ich wunderte mich, daß die israelische Luftwaffe, die den Südlibanon unter permanenter Beobachtung hält, dieses Zentrum der Hizbullah noch nicht plattgemacht hatte. Es war Ramadan, aber Qaouq hatte mit dem Fastenbrechen geduldig gewartet, obwohl wir mit einiger Verspätung nach Sonnenuntergang bei ihm eintrafen. Der Befehlshaber der Südfront der Hizbullah hatte allen Grund, zufrieden zu sein. Seine Techniker hatten das System der »improvised explosive devices«, der geballten und geschickt getarnten Sprengladungen am Straßenrand, das inzwischen der ISAF-Truppe in Afghanistan die meisten Verluste zufügt, so perfektioniert, daß Israel – stets bedacht, die eigenen Verluste so niedrig wie möglich zu halten – unter Regierungschef Ehud Barak, dem höchstdekorierten Offizier von Zahal, sich zur Räumung des Grenzstreifens entschlossen hatte, den es immer noch zwischen Merjayoun und Bint Jbeil besetzt hielt. Die israelische Armee war den Tücken des »asymmetrischen Krieges«, wie man von nun an sagte, gewichen.

Der Rückzug wurde in der arabischen Welt gebührend bejubelt. In Europa nahm man von dieser strategischen Wende kaum Notiz, und ich selbst wurde erst darauf aufmerksam gemacht, als auf dem Kurfürstendamm von Berlin die Fahrer von einem Dutzend Personenwagen – ununterbrochen hupend und libanesische Fahnen schwenkend – mir mitteilten, daß sie die »Befreiung« des südlichsten Streifens der Zedernrepublik feierten. Neun Jahre später geleitete mich ein Vertrauensmann der schiitischen »Partei Gottes« in das gleiche Quartier, wo Nabil Qaouq zu einem ausführlichen Gespräch bereit war. Inzwischen, im Sommer 2006, hatte Israel nach einer Provokation der Hizbullah eine großangelegte Strafaktion durchgeführt. Den Anhängern des Scheikh Nasrallah sollte ein für allemal das Rückgrat gebrochen werden. Mit den schwersten »Bunker-Bustern«, die aus den USA geliefert wurden, ging die israelische Luftwaffe gegen die Stellungen der Hizbullah vor. Gleichzeitig rollten Kolonnen der angeblich unverwundbaren Merkava-Panzer nach Norden.

Wie es geschehen konnte, daß die israelischen Vorposten an der Nordspitze von Metullah nicht wahrnahmen, daß ihre schiitischen Feinde Tunnelsysteme und ausgeklügelte Tarnstellungen bis zu hundert Meter tief in den felsigen Boden gebohrt hatten, wo doch jede Regung am Boden aus unmittelbarer Nähe und aus der Luft hätte erkannt werden müssen, bleibt weiterhin ein Rätsel. Ebensowenig verfügte der Mossad offenbar über ausreichende Kenntnis der eingebunkerten Abschußrampen, aus denen nach Ausbruch der Feindseligkeiten Hunderte von Katjuscha-Raketen über den Ortschaften Galiläas bis zum Hafen Haifa niedergingen. Diesen Geschossen fehlte es an Präzision und Reichweite, aber auf die Verwendung von Fajr-Raketen, die nur aus Iran geliefert werden konnten, hatte man verzichtet, um die Waffenhilfe aus Teheran nicht allzu deutlich zu enthüllen. Katjuschas konnte man ja auf allen Waffenmärkten der Welt ohne große Umstände erwerben.

Die Militärkommentatoren in Tel Aviv haben den mißlungenen Vorstoß der eigenen Streitkräfte, der wohl bis zum Litani-Fluß geplant war, in aller Härte kritisiert. Die angebliche Fähigkeit der Air Force, eine Schlacht zu entscheiden, war wieder einmal sträflich überschätzt worden. Den Minen der Hizbullah hielten auch die Stahlwände der Panzer nicht stand. Vor allem gelang es der israelischen Infanterie nicht, im Nahkampf gegen die extrem beweglichen Schiiten nennenswerte Geländegewinne zu erzielen. Um die Ortschaft Bint Jbeil, weniger als zehn Kilometer von der Grenze entfernt, wurde drei Wochen lang gekämpft, ohne daß die schiitischen »Gotteskrieger« aus diesem »orientalischen Douaumont« vollends vertrieben wurden. Angesichts steigender Verluste und eines sich verdichtenden Raketenhagels entschloß sich die Regierung von Jerusalem, ihre Offensive einzustellen und – dank Vermittlung der Vereinten Nationen – den Rückzug auf die eigene Ausgangsstellung zu befehlen.

Ein israelischer Kollege hat mir später mitgeteilt, daß die Aktion im Südlibanon, die von langer Hand vorbereitet war, als Generalprobe für ein militärisches Vorgehen gegen die Islamische Republik Iran und deren Atomfabriken vorgesehen war. Den Amerikanern sollte vorgeführt werden, daß ein solcher Vernichtungsschlag durchaus realisierbar und sinnvoll sei. Nach dem Fiasko von Bint Jbeil ging von diesem schlecht geplanten Vorstoß jedoch eine abschreckende Wirkung auf die amerikanische Planung aus.

»Wie haben Sie es denn fertiggebracht, der vorzüglichen israelischen Armee standzuhalten und sie am Ende zu einem von der UNO garantierten Kompromiß auf der Basis des ›Status quo ante‹ zurückzudrängen?« hatte ich Scheikh Nabil Qaouq gefragt. Mit einem Lächeln antwortete er, daß er natürlich keine militärischen

Geheimnisse preisgeben würde. Was jedoch den unmittelbaren infanteristischen Zusammenprall betraf, so hatten die Todesfreiwilligen der Hizbullah die Weisung erhalten, so nah am Feind zu kleben, daß sie von dem Gegner kaum zu unterscheiden seien. Auf diese Weise würden der massive Artilleriebeschuß und der Bombenhagel von Zahal zwangsläufig schwere Opfer in den eigenen Reihen durch sogenanntes friendly fire fordern. Ähnlich, so hatten mir nordvietnamesische Offiziere nach der Eroberung Saigons erklärt, hatten sie beim Zusammenstoß mit der U. S. Army ihre Laufgräben und Stollen bis in die unmittelbare Nachbarschaft der amerikanischen Stellungen vorgetrieben. Bei den verlustreichen Kämpfen bei Dakto im Länderdreieck von Vietnam, Laos und Kambodscha – am sogenannten Hamburger Hill – hatte ich 1972 an Ort und Stelle feststellen können, daß die ungeheuerliche Explosivkraft der U. S. Air Force oft einer Vielzahl eigener Soldaten zum Verhängnis wurde.

Auf der Rückfahrt nach Saida aß ich am alten phönizischen Hafen in einem gepflegten arabischen Restaurant zu Abend. Dort hatten auch die Kreuzritter eine Trutzburg hinterlassen. Zu dem vorzüglichen Fisch bestellte ich eine Flasche libanesischen Ksara-Wein. Dabei kam es zu einem Mißverständnis mit meinem Begleiter und Vertrauensmann der Hizbullah. »Bitte fassen Sie es nicht als Unhöflichkeit auf«, sagte er verlegen, »und ich verstehe, daß Sie als Christ Alkohol nicht verschmähen. Aber ich selbst werde, wenn Sie es mir nachsehen, an einem getrennten Tisch nebenan Platz nehmen, wo kein Wein serviert wird. Haben Sie bitte Verständnis für unsere Vorschriften. Sie sind nicht Ausdruck religiöser Geringschätzung, und ich will Ihnen gestehen, daß bei uns Schiiten des Libanon die Christen höheres Ansehen genießen als die muslimischen Sunniten, die auf uns seit jeher mit Haß und Verachtung herabblicken.«

Ganz verbohrt konnte übrigens die Hizbullah nicht sein, denn bei unserer Fahrt nach Tyros hatte ich festgestellt, daß alle christlichen Kirchen, die bei dem Flächenbombardement der Israeli zerstört worden waren, mit erheblichem Aufwand wieder aufgebaut waren. In den maronitischen Dörfern dieses Grenzstreifens hatte man sogar den etwas kitschigen Madonnen- und Heiligenstatuen wieder ihren alten Platz eingeräumt.

*

Was hat die Erstarkung der Hizbullah mit dem »Arabischen Frühling« zu tun? Im Libanon hatten die anti-schiitischen Sunniten und ein beachtlicher Teil des christlichen Bürgertums schon im Jahr 2005 versucht, eine sogenannte Zedern-Revolution durchzuführen, die den amerikanischen Vorstellungen entsprochen hätte. Es kamen wirklich gewaltige Menschenmengen zusammen auf dem Platz der Märtyrer – früher »El Borj« oder »Place des Canons« genannt – und schwenkten unzählige Fahnen mit der Zeder auf rotweißem Grund. Die Unterstützung der USA und Saudi-Arabiens war ihnen gewiß. Aber diese pro-westlichen Kräfte hatten die Autorität des Scheikh Nasrallah, des Führers der Hizbullah, und die Entschlußkraft seiner gottesfürchtigen Anhänger unterschätzt. Zudem waren viele Christen die Clan-Herrschaft ihrer reichen Oligarchie leid. Gestützt auf die neue Formation des General Aoun, hatten sie sich damit abgefunden, gemeinsame Sache mit der »Partei Allahs« zu machen. Die Kraftprobe ging zugunsten der Schiiten aus. Ministerpräsident Saad Hariri, Sohn des ermordeten Milliardärs Rafik Hariri, der aufs engste mit Saudi-Arabien verbunden war, mußte dem nachgiebigen Politiker Najib Mikati weichen, der sich auf die parlamentarische Abstimmung mit den schiitischen Parteien einließ.

In den letzten Monaten der Präsidentschaft George W. Bushs, als die Hardliner in Washington die israelische Regierung Netanjahu fast bedingungslos unterstützten, wurde allen Ernstes mit der Möglichkeit gerechnet, daß die Verbündeten in Jerusalem grünes Licht erhielten, um zum »Präventivschlag« gegen die iranische Atomindustrie und eventuell die persischen Ölhäfen auszuholen. »All options are on the table«, hatte Außenministerin Condoleezza Rice mehrfach versichert.

Warum wollte Israel mit allen Mitteln die Islamische Republik Iran zum Ziel einer Vernichtungsaktion machen? Die Experten des Mossad wußten doch, daß im Fall einer solchen Attacke mit unkalkulierbaren Folgen zu rechnen wäre, daß die iranischen Pasdaran mit ihren Schnellbooten in der Lage wären, den gesamten Schiffsverkehr mit Petroleum im Persischen Golf – vierzig Prozent des Weltaufkommens – lahmzulegen. Zudem hätte bekannt sein sollen, daß bei den schiitischen Mullahs Persiens weniger Haß gegen die Zionisten bestand als bei den meisten arabisch-sunnitischen Ulama. An einen iranischen Atomschlag gegen den Judenstaat war gar nicht zu denken. Er wäre einem kollektiven Selbstmord gleichgekommen. Was zudem den exaltierten iranischen Präsidenten Ahmadinejad betrifft, so stand er im Begriff, das Wohlwollen der höchsten Instanz, des geistlichen Führers Ayatollah Ali Khamenei, zu verlieren. Die iranischen Revolutionswächter wären zudem in der Lage, auf die Vernichtung der industriellen Einrichtungen ihres Landes mit hochentwickelten Lenkwaffen – auch ohne jede nukleare Komponente – gegen den schmalen Landstreifen zwischen Tel Aviv und Haifa zu reagieren.

Aber da war die Achillesferse der israelischen Verteidigung, eine Schwachstelle der militärischen Überlegenheit Zahals, sichtbar geworden, seit sich im Südlibanon die geographisch begrenzte, aber in ihrer Kampfkraft formidable Bastion der Hizbullah konstituiert hatte und das ganze israelische Staatsgebiet unter Beschuß nehmen konnte. Diese vorgeschobene Position der libanesischen »Partei Gottes« erlaubte es der schiitischen Expansion, die bereits im Irak das Übergewicht gewonnen hatte, bis zum Ufer des Mittelmeers und in die unmittelbare Nachbarschaft Israels vorzurücken. Scheikh Nasrallah genoß seit seinem Waffenerfolg im Jahr 2006 selbst bei vielen sunnitischen Arabern ein größeres Prestige als der zu ständiger Flucht und zur Asylsuche verurteilte Osama Bin Laden.

Der Verweis auf die libanesischen Wirren erscheint unentbehrlich im Hinblick auf die blutige Revolte, die seit Monaten im benachbarten und eng verwandten Syrien ausgebrochen ist. Während in dem kleinen Königreich Jordanien bislang nur sporadische Protestforderungen der Jugend nach Meinungsfreiheit und kontrollierten Wahlen aufgeflackert sind, wurde Damaskus zum Testfall in der Auseinandersetzung zwischen Saudi-Arabien und der Islamischen Republik Iran um die Vorherrschaft am Persischen Golf. Zu etwa siebzig Prozent setzt sich die Bevölkerung der haschemitischen Monarchie Abdullahs II. aus palästinensischen Flüchtlingen und deren Nachkommen zusammen, und auch in Amman warten die gut organisierten Muslimbrüder auf ihre Stunde.

In der Arabischen Republik Syrien hingegen geht es um mehr, denn über deren Territorium führen die unentbehrlichen Verbindungs- und Versorgungswege der libanesischen Schiiten mit ihren Glaubensbrüdern in Irak und Iran. Ob Präsident Bashar el-Assad sich gegen die interne Revolte behaupten kann oder ob am Ende Armee und Sicherheitsdienste ihre systematische Repression der sunnitischen Bevölkerungsmehrheit einstellen müssen, ist zum Zeitpunkt dieser Niederschrift noch nicht entschieden.

Der Westen hat sich über das brutale Vorgehen der syrischen Streitkräfte gegen unbewaffnete Zivilisten zu Recht empört, aber gerade die Amerikaner legten zu Beginn eine Zurückhaltung an den Tag, die man bei ihnen nicht gewohnt war. Der Sturz der Diktatur von Damaskus müßte dem amerikanischen Bestreben, den Iran in die Isolation zu zwingen, nur gelegen kommen. Aber da kommt die Frage auf, welche Kräfte nach dem Sturz des Assad-Clans am Orontes die Macht an sich reißen würden. Ähnliche Überlegungen stellen sogar die Israeli an, die sich zwar mit Syrien immer noch im Kriegszustand befinden, bei der regierenden Baath-Partei in Damaskus jedoch davon ausgehen können, daß an der Demarkationslinie auf den Golanhöhen, die nach dem Waffenstillstand des Yom-Kippur-Krieges gezogen wurde und nur von einem spärlichen Kontingent der Vereinten Nationen bewacht wird, kein Übergriff und keine Aggression der Syrer stattfände. Die Familie Assad ist ein ungeliebter, aber verläßlicher Nachbar.

Um zu beweisen, daß die Situation sich sehr schnell ändern und dramatisieren könnte, falls die eiserne Faust der jetzigen Machthaber durch andere, unberechenbare Kräfte abgelöst würde, er-

teilte die Regierung von Damaskus geballten Gruppen von palästinensischen Flüchtlingen die Order, ihre Lager zu verlassen und
gegen die israelische Grenze vorzudringen. Durch tödliche Schüsse der israelischen Grenztruppen wurden sie gestoppt. Was würde
geschehen, falls sich nach dem Sturz Bashar el-Assads ein salafistischer Flügel sunnitischer Fanatiker in Damaskus durchsetzen
und weit über die Grenzen der syrischen Republik ein nahöstliches
Tohuwabohu veranstalten würde?

Am Beispiel Syriens läßt sich in aller Objektivität feststellen, daß
Amerika seinem militärischen »overstretch« und der damit ver-
bundenen Finanzbelastung nicht mehr gewachsen ist. Ein zusätzlicher Orient-Feldzug kommt für Washington nicht in Frage. Die
rhetorische »Betroffenheit« über die Menschenrechtsverletzungen
Bashar el-Assads, die die europäischen Staaten – mit der Bundesrepublik an der Spitze – zur Schau stellen, ihre Forderungen nach
Sanktionen gegen Damaskus erweisen sich angesichts der militärischen Bedeutungslosigkeit unseres Kontinents als Bestätigung der
eigenen Ohnmacht. Da besitzt eine Stellungnahme des türkischen
Regierungschefs Erdoğan ein ganz anderes Gewicht, und im Weltsicherheitsrat verfügen Rußland und China mit ihrem Vetorecht
über die entscheidende Mitsprache.

Saudische Panzer in Bahrein

Die amerikanische Regierung habe sich in das Bett des Teufels begeben, könnte der frühere CIA-Agent Robert Baer, ein erwiesener
Kenner der islamischen Welt, schreiben. In seinem Buch *Sleeping
with the devil* übt er bittere Kritik an der engen Bindung und Komplizenschaft, die zwischen den Vereinigten Staaten von Amerika
und dem Königreich Saudi-Arabien bestehen. Für Baer ist die ra-
dikal-islamische Doktrin, die von einer Legion wahhabitischer
Haßprediger rund um die Welt propagiert und mit dem Überfluß

von Petrodollars ihres Königreichs finanziert wird, eine weit größere Bedrohung für den Westen und die moderaten Muslime als die Islamische Republik Iran, die man als den fünften Reiter der Apokalypse darzustellen sucht. Ausgerechnet der Staat, dessen unversöhnliche Interpretation des Korans und dessen grausame Anwendung der Scharia die Terrorjustiz der afghanischen Taleban übertreffen, ist der Vorzugsverbündete der USA und jetzt offenbar auch der Bundesrepublik Deutschland geworden. Was immer in Teheran angestiftet wird, es handelt sich bei der »Khomeini-Revolution« allenfalls um den Versuch, den numerisch und geographisch begrenzten Glaubensflügel der Schiiten zu stärken und von seinen sunnitischen Unterdrückern zu befreien. Eine unbegrenzte Expansionsmöglichkeit ist der »Partei Alis« nicht geboten, während der intolerante Extremismus von Salafiya und Wahhabismus rund um den Erdball Widerhall findet.

Als ein jüdischer Orientexperte der mächtigen Rand Corporation, mit dem ich mich gelegentlich in Washington traf, die These vertrat, man hätte die Operation »Desert Storm« besser gegen die unberechenbare und erpresserische Prinzengarde der saudischen Dynastie vorgetragen als gegen den waidwunden irakischen Diktator Saddam Hussein, wurde er umgehend entlassen. Ein Hinweis des saudischen Königs Abdullah, eines greisen Sohnes des imponierenden Staatsgründers Abdul Aziz Ibn Saud, man könne zwischen Juden und Palästinensern eventuell zu einem Kompromiß kommen, in dem Israel sich auf die »grüne Linie«, auf die Grenzen von 1967, zurückzöge, wurde als grandioser Beitrag zum Frieden im Heiligen Land gepriesen. Dabei hatte der Gründer der palästinensischen Hamas-Bewegung, der gelähmte Scheikh Yassin, mir in Gaza kurz vor seiner Tötung durch eine israelische Rakete als Voraussetzung für die Ausrufung eines unbegrenzten Waffenstillstands, einer »Hudna«, ein ähnliches Konzept vorgetragen. In beiden Fällen wäre das Schicksal, die Zugehörigkeit der heiligen Stadt Jerusalem weiterhin der unüberwindbare »Skandal«, der Stein des Anstoßes geblieben.

Hat sich überhaupt etwas Wesentliches geändert in der amerikanischen Orient-Strategie, seit George W. Bush durch Barack Obama abgelöst wurde? Zu Beginn seiner Amtszeit hatte der neue Präsident mit seiner begeisternden Rede von Kairo große Hoffnungen geweckt. Heute kann man über ihn den amerikanischen Starjournalisten Seymour Hersh zitieren, der am 21. Mai 2007 im Sender CNN seine Enthüllungen preisgab. Hersh stand noch unter dem Eindruck des »orientalischen Vietnam«, das Zahal im Sommer 2006 bei seinem Vorstoß gegen die schiitische Hizbullah des Libanon erlitten hatte, als er bemerkte: »Die Schlüsselrolle spielt Saudi-Arabien. Was ich (Hersh) beschrieb, war eine Art Privatübereinkommen, das zwischen dem Weißen Haus – wir reden hier von dem Vizepräsidenten Dick Cheney und Elliott Abrams, einem wichtigen Berater des US-Präsidenten – und Prinz Bandar bin Sultan (dem nationalen Sicherheitsberater Saudi-Arabiens und früheren Botschafter in Washington) abgeschlossen wurde. Deren Idee war es, verdeckte Hilfe von den Saudis zu erhalten, um verschiedene Jihad-Hardliner aus dem sunnitischen Lager vor allem im Libanon zu unterstützen, die im Falle einer Konfrontation mit der Hizbullah, der schiitischen Gruppierung im Südlibanon, als Aktivposten eingesetzt würden. So einfach war das. Wir sind im Geschäft, wenn es darum geht, wo auch immer möglich, die Sunniten gegen die Schiiten zu unterstützen, gegen die Schiiten im Iran, gegen die Schiiten im Libanon und gegen deren Führer Nasrallah. Das ist Bürgerkrieg. Wir sind daran beteiligt, in einigen Gegenden, insbesondere im Libanon, konfessionelle Gewalt zu erzeugen.«

Die seltsame Assoziation zwischen Washington und Er-Riyad setzt sich auch in Syrien fort. Die wenigsten hatten erwartet, daß Präsident Bashar el-Assad, ein in England ausgebildeter Augenarzt, mit ähnlicher Ruchlosigkeit gegen seine politischen Gegner, gegen die »Freiheitskämpfer«, vorgehen würde wie sein verstorbener Vater Hafez el-Assad. Obama hat, wie so viele andere Staats- und Regierungschefs, den Machthaber von Damaskus zum Einlenken, zur Beendigung des Blutvergießens aufgefordert. Daß er aber diese drängende Mahnung in einem gemeinsamen Appell mit König Abdullah von Saudi-Arabien vortrug, konnte dort nur als zusätzliche

Solidarisierung mit dem übelsten arabischen Unterdrückungs-
system ausgelegt werden, einem Regime, das den christlichen Ungläubigen nicht einmal erlaubt, mit einem Kreuz oder dem Evan-
gelium in sein Land einzureisen, geschweige denn, dort einen
Gottesdienst abzuhalten. Gemessen an der heuchlerischen Tyrannei des Hauses El Saud erschien selbst das autoritäre Unterdrük-
kungssystem der Baath-Partei von Damaskus mit all seinen Tücken
als eine schwer erträgliche, aber relativ säkulare Form der Despotie.

*

Immer wieder werden wir auf die fundamentale Gegnerschaft zwischen Saudi-Arabien und Iran verwiesen. In diesem Zusammenhang kommt der kleinen Insel Bahrein im Persischen Golf eine
überdimensionale Bedeutung zu. Wer redet denn noch vom Aufbegehren der »Arabellion«, von den »Märtyrern der Freiheit«, von
der Masse der Unterdrückten in diesem Mini-Staat von 1,2 Millionen Einwohnern, dessen Emir Hamad Ibn Isa Salman el-Khalifa sich
selbst zum König, zum »Malik«, ausgerufen hat? Die schiitische
Gemeinde stellt auf Bahrein siebzig Prozent der Bevölkerung dar.
Deren massives Aufgebot stand im Begriff, die sunnitische Unterdrückung durch das Herrscherhaus el-Khalifa abzuschütteln. In
seiner Bedrängnis rief der Malik die benachbarten Saudis zu Hilfe.
Mit diskreter amerikanischer Zustimmung rollten die Panzer König Abdullahs über die 26 Kilometer lange Brücke – »King Fahd
Causeway« genannt –, die sich in eleganten weißen Bögen über das
tiefblaue Golfwasser zum arabischen Festland spannt. Die seit
zweihundert Jahren regierende Dynastie stand kurz vor dem Zusammenbruch, die Aufständischen hatten den zentralen Perlen-
Platz erreicht, aber niemand schien ihren Ruf nach Menschenrechten und Demokratie zu vernehmen. In Washington wogen wohl
die Erfordernisse der strategischen Realpolitik schwerer als die
ständige Berufung auf die »human rights«.
   Im Februar 1997 habe ich an der Grenze auf halber Strecke zwischen den beiden Ufern feststellen können, wie sich dort die

schweren amerikanischen Limousinen wohlhabender saudischer Ausflügler und Urlauber stauten. Was sie im Suq, im malerischen, schon indisch anmutenden Marktviertel von Manama, der Hauptstadt von Bahrein, suchten, waren nicht nur vorteilhafte Warenangebote. An der Prüderie des Wahhabiten-Regimes von Riyad gemessen, erschien die kleine Insel »der beiden Meere« wie ein Sündenpfuhl. Die saudischen Touristen fanden in Manama, was ihnen zu Hause streng verboten war, Whisky à gogo und russische Huren.

Nach einer flüchtigen Überprüfung durch Polizei und Zoll steuerten wir damals auf die sandige Strandlinie Arabiens zu. Der Fahrer Abbas, der sich nach einigem Zögern als bahreinischer Schiit zu erkennen gab, machte mich auf eine massive, etwa zehnstöckige Gruppe von Appartementhäusern aufmerksam, die sogenannten Khobar Towers, die sich unmittelbar ans Meer drängten. Hier hatte sich im vergangenen Sommer eine gewaltige Explosion ereignet. Die Fassade des getroffenen Gebäudes wurde zum Trümmerhaufen. Die Türme von el-Khobar wurden in aller Eile wiederaufgebaut und in hellgrünlicher Tönung verputzt. Nichts sollte an den Akt des Terrorismus erinnern. Die US-Garnison, die bei dem Anschlag schwere Verluste erlitten hatte, war aus dieser exponierten Unterbringung evakuiert und irgendwo in der Wüste – auf halbem Weg zur Hauptstadt – logiert, besser gesagt, versteckt worden. Der religiöse Eifer der Wahhabiten hatte sich mit der Präsenz ungläubiger Soldaten, mit der Stationierung bewaffneter »Kuffar« auf diesem heiligsten Boden des Dar-ul-Islam, südlich der sogenannten Omar-Linie, nicht abgefunden.

Erschwerend kam hinzu, daß unweit der supermodernen Ortschaft el-Khobar die reichsten Erdölvorkommen der Halbinsel im Umkreis von Dhahran und Damman aus dem Sand sprudeln. Diese östliche Provinz el-Ahsa war dem Königshaus von Riyad ohnehin nie geheuer gewesen. Hier lebt auf saudischem Boden eine geballte schiitische Minderheit, die politischer sowie religiöser Diskriminierung ausgesetzt ist. Der schleichende Fluch des Erdöls hat das Haus El Saud heimgesucht. Die Abkehr der Herrscher und so vieler privilegierter Prinzen von den strengen koranischen Tugenden, ihr Hang zur Ausschweifung, zum Alkoholgenuß und zur Unzucht, brachten ihnen den Ruf von »munafiqun«, von Heuchlern, ein. So hatte der Prophet die verhaßten falschen Gläubigen gegeißelt.

Die Solidarisierung Amerikas mit der saudischen Dynastie bleibt weiterhin unerschüttert. Kein System in der arabischen und islamischen Welt tritt die Menschenrechte und die elementarsten demokratischen Vorstellungen so systematisch mit Füßen wie dieser »Cornerstone« der US-Diplomatie und des amerikanischen Erdölgeschäfts. Nur selten entdecken die Kommentatoren in New York die wahre Natur dieser Alliierten. So ermannte sich der Kolumnist Abraham M. Rosenthal, folgendes königlich-saudische Dekret zu zitieren: »Freiheit der Religion existiert nicht. Der Islam ist die offizielle Religion und alle Staatsangehörigen müssen Muslime sein. Die Regierung verbietet die Ausübung aller anderen Bekenntnisse.« Während des Ersten Golfkrieges empörte sich die *New York Times:* »Alle Amerikaner, die meinen, daß die saudischen Behörden den US-Bürgern mehr Respekt zollen als den wehrlosen Fremdarbeitern aus der Dritten Welt, sollten folgendes wissen: Die US-Truppen, die sich während des Krieges gegen Saddam Hussein in Saudi-Arabien aufhielten, durften nicht das geringste Symbol ihres christlichen oder mosaischen Glaubens zur Schau stellen.« Wann wird für Saudi-Arabien die Stunde der Wahrheit schlagen? Die Frage wird seit dreißig Jahren gestellt, und niemand weiß eine Antwort.

*

In Manama und im Umkreis der Luxushotels von Bahrein hatte die lange britische Kolonialpräsenz ein trügerisches Klima der Toleranz, ja eine gewisse Frivolität hinterlassen. Seit Albion nach den Prüfungen des Zweiten Weltkrieges – zwar siegreich, aber extrem geschwächt – der neuen Hegemonialmacht Amerika die Wacht am Persischen Golf und den Löwenanteil der dortigen Erdölproduktion überließ, traten die Konturen der unterschiedlichen Religiosität in aller Schärfe zutage. Schon der persische Schah Pahlevi hatte einen territorialen Anspruch auf Bahrein angemeldet und mit allen Mitteln zu realisieren versucht. Spätestens mit der islamischen Revolution des Ayatollah Khomeini wurde die schiitische Wiedergeburt zur Schicksalsfrage in dieser Region. Die USA haben auf der Insel Bahrein in der Person des Malik Isa Ibn Salma el-Khalifa einen gefügigen sunnitischen Statthalter gefunden. Sie wachen darüber, daß in dieser Zone keine äußere Bedrohung aufkommt, die sich mit dem gescheiterten Zugriff Saddam Husseins auf das Öl-Scheichtum Kuweit vergleichen ließe. Um den arabischen Reichtum an Petroleum am Persischen Golf wurde eine Art Cordon sanitaire gezogen. Die Kriegsschiffe der Fünften US-Flotte kreuzen im südlichen Küstengebiet von Bahrein und verfügen dort über eine Sperrzone, die für Außenstehende schwer zugänglich ist.

Zur Zeit meines Aufenthalts im Februar 1997 gehörten noch kleine Trupps amerikanischer Marines zum Straßenbild von Manama. Für ihren kurzen Landurlaub hatten sie Zivil angelegt und mengten sich ungeniert unter die gemischtrassige Bevölkerung, in der das indische Element stark vertreten war. Die Hauptstadt von Bahrein ließ sich natürlich nicht mit den Sexparadiesen, den Sündenpfuhlen Südostasiens vergleichen, die den »Rest and recreation«-Urlaubern des Vietnamkrieges zur Entspannung verhalfen. Aber das koranische Alkoholverbot wurde hier nicht eingehalten. Prostitution wurde geduldet.

Trotz des hemmungslosen Einkaufs modernsten Rüstungsmaterials wären die winzigen Vereinigten Emirate wie auch die Insel Bahrein oder das Scheikhtum Kuweit nicht in der Lage, sich länger als zwei Tage zu verteidigen. Die im Ölrausch schwelgenden Beduinen haben die kriegerischen Tugenden ihrer Vorfahren, die sich ja oft genug auch nur in überfallähnlichen »Rezzu« erschöpften, längst abgestreift. Deshalb wurden überwiegend pakistanische Söldner angeworben, die in den Armee-Einheiten und in der Nationalgarde, »Haras-el-watani«, des Emirats Bahrein dienten, aber nicht tauglich waren, den schiitischen Volksaufstand von 2011 niederzuwerfen.

Kurz nach meiner Abreise aus der Golfregion hatte der Befehlshaber der US-Flotte restriktive Anordnungen für seine 20 000 Matrosen und Marine-Infanteristen erlassen. Landausflüge für Kurz-
urlaube in Manama wurden streng untersagt. Die einschlägigen
Lokale »The Hunter's Lodge« oder »Tabasco Charles« verloren
von einem Tag zum anderen ihre Stammkunden. Es wurden Mordanschläge auf die Repräsentanten der Pax Americana befürchtet.
Ganz aus der Luft gegriffen waren diese Sorgen wohl nicht. Dieser Inselstaat steckt voller Widersprüche. Jenseits des harmlosen
Bazarbetriebs, unbemerkt von den meisten Gästen der strahlenden
Nobelhotels und weitab von der ministeriellen Arroganz duckt sich
nämlich eine Vielzahl unansehnlicher, ärmlicher Dörfer, die am
Wohlstand der Industrie und der führenden sunnitischen Kaste keinen Anteil haben. In grauen und braunen Lehmhütten haust dort
die schiitische Urbevölkerung – viele Perser sind darunter –, die
durch die Oberschicht vom aktiven politischen Leben, von der Mitwirkung am Staat und vom einträglichen Geschäftsleben ausgeschlossen bleibt. Die wenigsten Schiiten verfügen über eine Auf-
stiegschance. Bei ihnen grassiert Arbeitslosigkeit, seit sie sich
zwecks Anhebung ihrer erbärmlichen Entlohnung durch die örtlichen Großgrundbesitzer gewerkschaftlich zu organisieren suchten
und deshalb durch indische Tagelöhner ersetzt wurden.

Die Sicherheitsbehörden von Bahrein hatten vermutlich mit
Argwohn wahrgenommen, daß ich mich in diesen armseligen Ballungszentren der Unzufriedenheit und des potentiellen Aufruhrs
gründlich umsah. Immerhin waren schon in den neunziger Jahren
zahlreiche der Regierung nahestehende Bahreini Opfer von Attentaten geworden. Nach der Auflösung des örtlichen Parlaments
wurde Kriegsrecht über das Emirat verhängt. Ein spezielles Sicher-
heitstribunal nahm seine Tätigkeit auf, verfügte zahlreiche Todes-
strafen und langjährige Haft. Immer wieder wurden Schiiten eingekerkert unter der Anklage, sie hätten mit Hilfe Irans eine
Islamische Republik ausrufen wollen, was von den Betroffenen
energisch und sogar glaubhaft bestritten wurde. Die Serie politisch
motivierter Brandstiftungen riß nicht ab. Auch die Polizei verwies

eilfertig auf die Urheberschaft religiöser Extremisten, auf die verschwörerischen Umtriebe der schiitischen Mullahs.

Die erdrückende Militärpräsenz der USA wurde dadurch nicht ernsthaft tangiert. Doch es stimmte nachdenklich, daß sämtliche Hauswände in den kümmerlichen schiitischen Dörfern von oben bis unten mit politischen Protestparolen bepinselt waren. Da ging es nicht so sehr um die Vertreibung der »landesfremden« sunnitischen Herrscherfamilie der Khalifa. Auch vom schiitischen Gottesstaat war nicht die Rede, und sogar von der andernorts gängigen Hetze gegen die Yankees und die Zionisten fehlte jeder Hinweis. Unaufhörlich wurde hingegen die Einberufung des aufgelösten Parlaments, die Wiederherstellung von demokratischen Verhältnissen, kurzum die Freiheit gefordert. Bei Abhaltung ehrlicher Wahlen – so konnte sich die Opposition ausrechnen – würden es die schiitischen Parteien automatisch zu einer eindeutigen Mehrheit der Abgeordneten bringen. Die Regimegegner des »Bahrein Freedom Movement« schickten Tag um Tag – zwischen vier und sechs Uhr morgens – unmittelbar nach dem ersten Weckruf des Muezzin ihre Aktivisten aus, um die Forderung nach Menschenrechten und Menschenwürde in aller Eile mit weißer Farbe an die Mauern und Wände zu malen. Im Morgengrauen nahten auch schon die offiziellen Sicherheitskräfte, um diese Spuren der Aufsässigkeit zu tilgen. Dabei kam es häufig zu Hausdurchsuchungen, Plünderungen und willkürlichen Verhaftungen. Am folgenden Tag ging das Spiel von neuem los. Unter den aufsässigen Jugendlichen befanden sich zahlreiche Mitglieder der »harakat el Bahrayn el islamiya«, aber zu meiner Verwunderung verzichteten diese Propagandisten auf antiamerikanische oder antizionistische Deklamationen. Wie früher schon auf dem Tahrir-Platz von Kairo waren sich die Freiheitsbewegungen offenbar bewusst geworden, daß man im Westen mit dem Ruf nach Wiederherstellung der politischen Rechte und bürgerlicher Toleranz mehr Sympathie gewinnen würde als mit Schmähungen des Uncle Sam oder mit religiösen Bekenntnissen.

*

Im Pentagon wird man erleichtert aufgeatmet haben, als die Kriegsmaschine Saudi-Arabiens die Demokratiebewegung auf Bahrein niederwalzte. Der Erfolg einer »Jasmin-Revolte« auf dem zentralen Perlen-Platz der Hauptstadt Manama hätte für die amerikanische Orientstrategie verheerende Folgen gehabt. Eine auf die Schiiten-Mehrheit Bahreins gestützte Volksvertretung hätte die Insel zum Vorposten der Islamischen Republik Iran in unmittelbarer Nachbarschaft der gewaltigsten Erdölvorkommen Saudi-Arabiens und Kuweits gemacht. Die Fünfte Amerikanische Flotte wäre auf Dauer ihrer unentbehrlichen Basis im Persischen Golf nicht mehr sicher gewesen. Der Meerbusen des Indischen Ozeans, den die Araber den »Arabischen Golf« nennen, hätte sich in ein von Persien strategisch überschattetes Gewässer verwandelt.

Realpolitik läßt sich mit humanitärem Idealismus eben schlecht vereinbaren. Aber wie kam es, daß die Bundesrepublik Deutschland, deren Politiker – in törichter Überschätzung der eigenen Bedeutung – der chinesischen Weltmacht und dem russischen Koloß unaufhörlich mit ihren Ermahnungen zu mehr Demokratie und Rechtsstaatlichkeit in den Ohren liegen, mit dem Zwangsregime von Er-Riyad engen Schulterschluß übte und gegen die Niederschlagung des freiheitlichen Aufruhrs in Bahrein durch die Panzer Saudi-Arabiens kein Wort des Tadels äußerte? Es war ja bezeichnend, daß der tunesische Staatschef Ben Ali nach seinem Sturz in Tunesien Zuflucht bei den Saudis fand.

Im Sommer 2011 kam es immerhin zu einem Parteienstreit im Bundestag, als die Nachricht durchsickerte, die Bundeswehr solle zweihundert ihrer modernst aufgerüsteten Leo-II-Panzer an Saudi-Arabien liefern. Diesen Kriegsgeräten könnte doch nur die Aufgabe zufallen, eventuelle Umsturzversuche niederzukämpfen und jede Revolte zu ersticken. Eventuell hätten sie auch noch für die Repression eines Volksaufstandes in Jordanien getaugt. Natürlich würde auch Europa in eine verhängnisvolle Energiekrise gestürzt, wenn aufgrund unkontrollierbarer Unruhen in Saudi-Arabien die dortige Erdölproduktion zum Erliegen käme. Was die Waffenlieferungen an eine Vielzahl fremder Staaten betrifft, kann man der deutschen

Rüstungsindustrie auf Dauer nicht zumuten, auf die Geschäfte zu verzichten, die sonst andere einheimsen würden. Auch Berlin unterliegt gewissen Zwängen des nationalen deutschen Interesses. Aber man verschone uns in Zukunft mit der ständigen Beteuerung deutscher Tugendhaftigkeit.

Die Regierung Merkel/Westerwelle hat sich mit dieser massiven Aufrüstung einer finsteren arabischen Tyrannei – ganz wie der große amerikanische Verbündete – damit abgefunden, »mit dem Teufel zu schlafen«. Zweifellos entsprach diese deutsche Anbiederung an das reaktionärste Regime der arabischen Welt den Wünschen Washingtons. Die deutsche Außenpolitik hatte da einiges gutzumachen, nachdem sie die unerklärliche Torheit begangen hatte, als einziges Mitglied der Europäischen Union und der Atlantischen Allianz sich im Weltsicherheitsrat bei der Abstimmung über das Überflugverbot Libyens, das die revoltierende Zivilbevölkerung vor Luftangriffen des Oberst Qadhafi schützen sollte, der Stimme zu enthalten.

Ein »arabisches Kuba«

Von der Insel Bahrein ist die Republik Jemen durch die ganze Breite der arabischen Halbinsel und deren endlose Wüsten getrennt. Wer einen sinnvollen Zusammenhang herstellen möchte zwischen den nordafrikanischen Wirren der »Arabellion« und den revolutionären Vorgängen in jenem südlichen Hochland, das einst »Arabia felix« hieß, wäre völlig falsch orientiert. Eine Gemeinsamkeit mit dem Mamlakat Bahrein kommt allenfalls durch den Umstand zustande, daß im Persischen Golf der freie Durchlaß durch die Meerenge von Hormuz bedroht wäre, während zwischen Jemen und Somalia der schmale Durchlaß des Bab el-Mandeb am südlichen Ausgang des Roten Meers zum ernsten Problem werden könnte. Der jemenitische Staatschef Ali Abdullah Saleh, der seit dem Jahr 1978 seine diktatorische Macht ausübt, war bei einem Attentat im Juni 2011 schwer verwundet und zur Behandlung nach Saudi-Arabien ausgeflogen worden. Inzwischen ist er nach Sanaa zurückgekehrt, um seine geschrumpfte Autorität zu festigen.

Alles ist ungewiß in diesem Staat Jemen, der bis 1990 in zwei unversöhnliche Hälften geteilt war: eine konservative Stammes-Föderation im Norden, die aus dem schiitischen Imamat der Zaiditen hervorgegangen ist, und eine marxistisch orientierte Volksrepublik im Süden. Letztere – ehemaliger Bestandteil des britischen Empire – hatte bis zum Zusammenbruch der Sowjetunion aufs engste mit Moskau und Ost-Berlin paktiert. Südjemen wurde damals als »arabisches Kuba« bezeichnet. Die Vereinigung der beiden Landesteile vollzog sich unter schweren Geburtswehen und blutigen Kämpfen. Die psychologische Kluft dauert fort und hat sich sogar in letzter Zeit vertieft. Wer könnte schon eine Prognose formulieren zu einem Zeitpunkt, da die Arabische Republik Jemen in ihrem äußersten Norden dem schiitischen El-Houthi-Aufstand, im äußersten Süden einem Rückfall in sozialistische Nostalgie ausgesetzt ist? Dazwischen tragen die diversen Stämme ihre uralten Fehden aus. Das politische Vakuum, das um sich greift, begünstigt die Proliferation islamistischer Kampfgruppen, die sich in diesem Raum unter dem Etikett »El Qaida der Arabischen Halbinsel« zu erkennen geben.

Wer vermöchte schon ein Urteil über die diversen Stammes- und Rädelsführer zu fällen, die sich den Rang ablaufen, ob sie sich nun Tariq el-Fadhli, Anwar el-Awlaki, Abdul Majid, Herrid el-Ahmar oder Abdullah el-Raimi nennen? Soll sich die amerikanische CIA in diesem »Schlangenknäuel«, wie Präsident Saleh seine Gegner und Gelegenheitspartner bezeichnet, zurechtfinden. Da gibt es die zum Märtyrertod entschlossenen Fanatiker auf der einen und die auf materiellen Vorteil bedachten Opportunisten auf der anderen Seite. Der amerikanische Geheimdienst hat trotz der notorischen Unzulänglichkeit seiner »human intelligence« erkannt, daß der Jemen zum Sammelpunkt jener Kriegshaufen geworden ist, die aufgrund der saudischen Nachbarschaft und des günstigen Rekrutierungsbodens im wahhabitischen Königreich den Namen »El Qaida« mit mehr Berechtigung für sich beanspruchen können als so manche andere diffuse Terrorzelle.

Es gibt kaum einen Flecken des Jemen, den ich nicht besucht hätte, von Saada, der religiösen Hochburg der »Fünfer-Schiiten« im äußersten Norden bis zu den faszinierenden Hochhäusern aus Lehm in der Oase Sheban von Hadramaut. Ein »Völkerfrühling« ganz anderer Art hatte in dem ehemals britischen Teil der Arabischen Halbinsel Jemen ja bereits in Form des Marxismus-Leninismus stattgefunden. Es lohnt sich, auf diese Periode zurückzublicken, als Hammer und Sichel den traditionellen Halbmond, den »Hilal« des Islam verdrängten. Ich war aus Addis Abeba in Aden eingeflogen und besaß keinen südjemenitischen Sichtvermerk im Paß. Aber es kam gleich ein ölig wirkender Zivilist mit lauernden Augen auf mich zu. »Sie sind angekündigt«, sagte er und führte mich durch eine Serie versandeter Holzschuppen an finster blickenden Uniformierten vorbei zum Ausgang. Bevor er mich in einen Dienstwagen setzte, versuchte er sogar zu lächeln: »Welcome in Socialist Yemen!« sagte er. Meine Kollegen seien bereits im Land und würden mich im »Crescent Hotel« treffen. Bei diesem sympathischen Kamerateam handelte es sich um die Französin Marie Claude und den Luxemburger Gordian. Schlüsselfigur dieses Unternehmens war jedoch Rosy, eine aus Kairo gebürtige blonde Jüdin, Frau eines der besten Pariser Orientexperten. Ihre politischen Überzeugungen bewegten sich links von Marx, wie Marie Claude spöttelte. Gleichzeitig war sie als Sympathisantin des militantesten Flügels des arabischen Nationalismus bekannt. Rosy hatte uns die seltene Drehgenehmigung für Südjemen beschafft. In unserem bunt gemischten Team betätigte sie sich als Tontechnikerin und trug schwer am Gewicht der Nagra.

Auf meinem Weg zum »Crescent« wies ich den Fahrer an, einen Umweg durch die Gassen des »Kraters« zu machen. Die schwarzen Lavafelsen bildeten eine beklemmende Kulisse und ließen dem blauen Himmel Südarabiens nur einen Spalt. Hier war ich im Sommer 1962 in einem arabischen Hotel vor Hitze halb umgekommen

und hatte den Zusammenprall zwischen arabischen Revolutionären und britischer Ordnungstruppe beobachtet. Der Krater war
jetzt wie ausgestorben. Der Chauffeur setzte mich aus eigener Ini-
tiative vor dem Night Club des »Aden Rock«-Hotels ab, wo eine
speckige ägyptische Bauchtänzerin von schweigenden Keffieh-Trä-
gern gierig angestarrt wurde. Lange würde diese Frivolität im
puritanisch-sozialistischen Staat wohl nicht mehr dauern. Die marxistischen Behörden hatten sogar die Lieder der berühmten ägyptischen Sängerin Umm Kalthum aus ihrem Rundfunkprogramm
verbannt.

Warum hatte sich ausgerechnet der Südjemen dem Marxismus-
Leninismus verschrieben? Auf welchen Umwegen war Aden zum
Angelpunkt der sowjetischen Flottenstrategie im Indischen Ozean
geworden? Warum hatte die islamische Immunität gegen die kommunistische Ideologie in diesem Falle versagt? Die Engländer hatten am Bab el-Mandeb besonders ungeschickt taktiert. Sie hatten
viel zu lange versucht, die rückständigen Feudalherren in den winzigen Emiraten des Hinterlandes gegen das Aufbegehren der Ha-
fenarbeiter und Halbintellektuellen der Hauptstadt auszuspielen.
Als der arabische Nationalismus nicht mehr zu hemmen war und
Gamal Abdel Nasser ägyptische Truppen im Nordjemen zu einem
aussichtslosen Feldzug einsetzte, hatten die Engländer jener
extremistischen, straff organisierten Untergrundorganisation »Nationale Befreiungsfront – Jibhat-el-tahrir el watani« – in die Hand
gespielt, die unter Leitung von traditionellen Bandenführern,
Dorflehrern und ein paar Berufsrevolutionären den Aufstand der
Pächter und Kleinbauern gegen ihre fürstlichen Ausbeuter vor
allem in der unzugänglichen Gebirgszone von Radfan schürte. Am
Ende stand die Machtergreifung eines roten, quasi-kommunisti-
schen Regimes an der Südwestspitze Arabiens, die Schaffung eines
Herdes umstürzlerischer Agitation.

Gordian und Marie Claude erwarteten mich an der Bar des
»Crescent«. In der unheimlichen vulkanischen Gebirgsgegend von
Beiha hatten sie den damaligen Staatschef Salim Rubaya Ali beglei-
tet. Die beiden hatten lange im Orient gelebt und wußten, was von

den Begeisterungsstürmen der Massen zu halten war. Sie waren dennoch beeindruckt. Im Gegensatz zum arabischen Nationalismus Gamal Abdel Nassers, der von den jemenitischen Ideologen der NLF – später wurde daraus die »Sozialistische Einheitspartei« – als kleinbürgerlich belächelt wurde, war in diesem äußersten Winkel der »Arabia felix« offenbar ein gesellschaftlicher Umbruch von seltener Konsequenz in die Wege geleitet worden. Der frühere Lehrer Salim Rubaya Ali, der sich gern mit seinem Kriegsnamen Salmin anreden ließ, bewegte sich auf einer diplomatischen Gratwanderung zwischen Moskau und Peking, neigte offenbar dem Maoismus zu, was ihm später zum Verhängnis wurde. Denn die Russen verfügten über Sympathien und Einfluß bei den jemenitischen Streitkräften. Mit deren Hilfe sollte Präsident Salmin durch einen pro-sowjetischen Offizier, Ali Abdullah Saleh, endgültig an die Wand gespielt und schließlich als »Verräter« hingerichtet werden. Die sozialistische Tugendhaftigkeit blühte auch hier im Schatten des Galgens. In einer für den Orient durchaus üblichen Kehrtwende war Ali Abdullah Saleh später ein treuer Gefolgsmann der USA geworden. Trotz seiner Verwundung im Juni 2011 versucht er krampfhaft, sich gegen die zentrifugalen Kräfte seines Staates als Präsident des Vereinigten Jemen mit der Hauptstadt Sanaa zu behaupten.

Ich hatte mich Gordian und Marie Claude angeschlossen, um endlich einen Blick auf Hadramaut werfen zu können, um jene langgestreckte Oasenkette im Süden des endlosen Wüstenquadrats des »Rub' el-Khali« zu entdecken, die schon zu Zeiten der Königin von Saba und des Himyariten-Reiches den Weihrauch-Karawanen Schutz vor Sandsturm und Räubern bot. Eine klapprige Iljuschin hatte uns auf der staubigen Rollbahn abgesetzt. Der Schuppen, in dem die Sicherheitsbehörden amtierten, war mit revolutionären Inschriften bepinselt, die den »wissenschaftlichen Sozialismus« priesen sowie die Befreiung Arabiens von den reaktionären Feudalherren, den Verbündeten des Zionismus und des US-Imperialismus forderten. Ein Märtyrer des Befreiungskampfes war in grellen Farben wie ein indischer Heiliger abgebildet.

Sobald wir unsere Fahrt durch Hadramaut antraten, verloren die offiziellen Parolen des Marxismus-Leninismus jeden Wirklichkeitsbezug. Die kuriosen jemenitischen Wolkenkratzer waren mir aus dem nördlichen Landesteil bekannt. In der Wüstenleere Hadramauts muteten diese braunen, mit weißen Kalkmalereien dekorierten Burgen archaisch, urfremd, verwirrend an. Ur und Ninive mögen ähnlich in Lehm geknetet gewesen sein. Die Etagenhäuser erreichten solche Höhen, daß der Gedanke an Babylon sich aufdrängte, an jenen Turm, den die Menschen erbauten, um den Himmel zu berühren.

Die Paläste der Emire und der reichen Kaufleute von Hadramaut standen zu jener Zeit verwaist. Sie waren zu Museen geworden, durch die man die Oasenbauern und Nomaden führte, um ihnen die Verschwendung und den Luxus der früheren Ausbeuterklasse vor Augen zu führen. Die Besitzenden von gestern waren meist ins Ausland geflüchtet. Es waren geniale, wagemutige Händler, die aus der Oasenlandschaft aufbrachen, den Islam nach Malaya und Insulinde brachten und dabei immensen Reichtum anhäuften. Der Sklavenhandel mit der afrikanischen Ostküste hatte sich einst im Hafen Mukalla konzentriert, wo immer noch die Schwarzen die mühseligsten Arbeiten verrichten.

Im Innern Hadramauts tat sich die marxistische Revolution schwer mit der stockkonservativen Bevölkerung. In Tarim gab immer noch die erstaunlich zahlreiche Gemeinde der »Sayyid«, der Nachkommen des Propheten, den Ton an. Diese »Schurafa«, über deren Stammbaum sich streiten ließ, waren am bunt bestickten Tarbusch unter dem weißen Turban zu erkennen. In der Gesellschaftsstruktur hatte sich hier eine kastenähnliche Pyramide erhalten, an deren Spitze natürlich die Sayyed standen. Als wir das Freitagsgebet filmen wollten, lösten wir den Zorn der Propheten-Nachkommen aus. Der Mob rottete sich zusammen. Nur das energische Eingreifen unserer bewaffneten jemenitischen Begleiter, die den Frömmlern von Tarim mit progressistischer Geringschätzung begegneten und sie mit Kolbenschlägen auseinandertrieben, verhinderte unsere Steinigung.

Die Oase Sheban war von Verfall und Untergang gezeichnet. Die Palmenhaine waren verdorrt. Die meisten Bewohner dieser einst blühenden Handelsstation waren abgewandert. Zwischen den rostbraunen Wohntürmen aus Lehm, deren Fensterornamente abbröckelten, spielten Schwärme von zerlumpten Kindern. Tief verschleierte Frauen drückten sich in die Torbögen, als wir vorbeikamen. Diese Tristesse von Sheban wurde am späten Nachmittag durch eine politische Kundgebung zusätzlich akzentuiert. Die »Volksfront für die Befreiung Palästinas« – PFLP in der Abkürzung –, die marxistisch-kommunistische Kampforganisation des christlichen Arztes George Habash, hatte zu einer Demonstration gegen Zionismus und Imperialismus aufgerufen. Schafiq, der zuständige Delegierte der PFLP für Südjemen, ließ eine kleine Tribüne aufbauen und warb über Lautsprecher um Teilnahme. Schafiq war ein blendend aussehender Palästinenser mit dezidiertem Auftreten. Es kamen fast nur neugierige Kinder zu der Veranstaltung. Die Frauen verharrten schamhaft am Rande des großen, sandigen Platzes. Ein paar Greise hatten sich vor dem Rednerpult hingekauert. Man merkte diesen Qat-kauenden Männern Skepsis und Gelassenheit an. Schafiq tat uns ein bißchen leid. »Es ist ein mühseliger Kampf, den wir führen«, gestand er am Ende.

Im Regierungs-Gästehaus von Tarim saßen wir bis in die späte Nacht mit dem Palästinenser zusammen. Er sympathisierte sofort mit Rosy und fand in der ägyptischen Jüdin eine aufgeschlossene Gesprächspartnerin. Es berührte uns angenehm, daß Schafiq – im Gegensatz zu den uns begleitenden einheimischen Jemeniten – nicht einen Teil des Tages mit dem Kauen von leicht betäubenden Qat-Blättern verbrachte. Ein Diener hatte uns trüben Palmschnaps eingeschenkt, dessen Wirkung in jeder Hinsicht verheerend war.

Der ewige Streit um die arabische Erneuerung wurde auch in dieser Nacht nicht gelöst, aber wir erfuhren immerhin, daß die Regierung von Südjemen die Befreiungsfront des marxistischen Arztes Habash eindeutig gegenüber der Fatah-Organisation Yassir Arafats begünstigte. Schafiq hatte angeblich ein paar seiner Leute auf der Insel Perim mitten im Bab el-Mandeb am südlichen Flaschenhals des Roten Meeres installiert, von wo sie die israelische Schiffahrt aus Eilath bedrängen sollten. Aber Moskau wußte das zu verhindern.

Immer wieder diskutierten wir über das Rätsel, warum ausgerechnet in Aden der revolutionäre Nationalismus der Südjemeniten in das kommunistische Fahrwasser geraten war. Marie Claude, die sich wie stets mit soziologischer Gründlichkeit dieses Themas angenommen hatte, hielt eine Erklärung bereit, die einigermaßen plausibel klang. In den entlegenen Felsschluchten von Radfan, wo die marxistischen Agitatoren besonders aktiv waren, so hatte sie herausgefunden, lebten versprengte Reste jener Qarmaten-Sekte, die im zehnten Jahrhundert den Islam zu einer frühkommunistischen, total egalitären, jeden Besitz verneinenden Gesellschaft umformen wollten. Die Qarmaten waren Bestandteil jenes großen schiitischen Aufbegehrens, das parallel zu den Fatimiden-Kalifen von Kairo damals die gesamte islamische Umma erschütterte. Ausgangspunkt dieser Extremisten war die Insel Bahrein. Die Qarmaten hatten sogar Mekka gestürmt, zum Entsetzen der Rechtgläubigen die heiligen Stätten rings um die Kaaba verwüstet, den schwarzen Meteoriten entführt und besudelt. Sie waren dann besiegt und weitgehend ausgerottet worden bis auf jene Restgruppen im jemenitischen Gebirge, deren Nachfahren schließlich am Bab el-Mandeb mit tausendjähriger Verspätung die klassenlose Gesellschaft zu verwirklichen suchten. So lautete wenigstens die These der französischen Soziologin. Von Bahrein nach Jemen? Man kann immer nur staunen über die geistige Permeabilität der arabisch-islamischen Welt.

Schon wenige Jahre nach Beginn ihres Afghanistan-Feldzuges haben die amerikanischen Dienste festgestellt, daß neben Pakistan, dessen zunehmende Anarchie die schlimmsten Befürchtungen weckt, sich in der Arabischen Republik Jemen das härteste Potential salafistischen Terrors zusammenbraut. Es fehlt nicht viel, und Jemen würde – ähnlich wie Somalia, das jenseits des Bab el-Mandeb in Grauen und Elend versinkt – als »failed state« bezeichnet. Die jugendlichen Reformer von Sanaa, die in Massendemonstrationen die Übernahme einer liberalen Staatsform, ja der Demokratie fordern, werden ihre Wunschvorstellungen nur schwerlich verwirklichen können.

Die Republik Somalia, eine ehemals italienische Kolonie, die seit dem Sturz des Diktators Siad Barre in diverse Bruchstücke zerfällt und sich der Intervention der äthiopischen Armee sowie der multinationalen Kontingente der Afrikanischen Union ausgeliefert sieht, wurde – das sollte man in diesem Zusammenhang nicht vergessen – als Mitglied der Arabischen Liga anerkannt. Hier wie im nahen Jemen hat die CIA längst eine Serie von gezielten Anschlägen gegen angebliche El-Qaida-Anführer ausgeführt und bedient sich dabei unbemannter Drohnen – zumal vom Typ »Predator« –, deren Vernichtungspräzision einem technischen Wunder gleichkommt. Aber an eine Landung von U. S. Marines ist hier nicht zu denken. Die U. S. Army wäre überhaupt nicht in der Lage, am Horn von Afrika und an den Gestaden des Gegenufers einen zusätzlichen Feldzug zu führen und auch nur den Anschein einer Pax Americana zu erzwingen.

Was nun die afrikanische Hilfstruppe betrifft, die mit dem Segen der Vereinten Nationen aus Uganda, Kenia, Äthiopien und Ruanda eingeflogen wurde, um ein Minimum an Ordnung zwischen Mogadischu und Berbera zu gewähren, so gebe man sich keinen Illusionen hin. Somalia ist der Hungersnot, hemmungsloser Plünderung und der Vergewaltigung seiner Frauen ausgeliefert. An diesen Greueln, so stellten neutrale Experten vor Ort fest, sind die Truppen der von Amerika unterstützten Scheinregierung, die Banden der diversen Warlords, die Schabaab, aber auch die Friedensstifter der Afrikanischen Union beteiligt.

Der Hafen von Aden war noch im Zweiten Weltkrieg eine maritime Trutzburg des Empire, errichtet nach dem Prinzip: »Britannia, rule the waves«. Wer hätte sich damals vorgestellt, daß somalische Fischer mit ihren primitiven Dhaus zu Beginn des einundzwanzigsten Jahrhunderts in der Lage wären – allen High-Tech-Aufklärungspotentialen der U. S. Navy und ihrer Verbündeten zum Trotz –, das Meer von Oman und die Arabische See bis weit in den Indischen Ozean durch zahllose Piratenakte heimzusuchen? Arabi-

scher Frühling? Arabische Freiheit? Arabisches Erwachen? Die
Worte haben hier bereits jeden Sinn verloren. Am strategischen Be-
rührungspunkt zwischen der arabischen Halbinsel und dem Ost-
horn Afrikas, in Somalia, beginnt – durch das mächtige äthiopische
Hochland unterbrochen – jener breite, spröde Sahel-Gürtel, der
sich über die Niger-Schleife bis zum Atlantik hinzieht. Die dortigen Staaten und Völker – so scheint es – gleiten bereits in den heillosen Wirrwarr ab, der bei ihren arabischen Nachbarn und Glaubensbrüdern um sich greift. Auch der Sahel wartet auf seine Stunde
der Wahrheit.

IRAK

Freude am Martyrium

Betonmauern und Bodyguards

BAGDAD, OKTOBER 2010

Der Irak ist aus den Schlagzeilen verschwunden. Zum Zeitpunkt dieser Niederschrift wird die Schnellebigkeit, aber auch die Oberflächlichkeit unserer Welt an Tigris und Euphrat bloßgestellt. In den westlichen Regierungskreisen täuscht man vor, der Kampf um Mesopotamien, der die Welt drei Jahrzehnte lang in Aufregung, in Empörung und trügerische Zuversicht stürzte, sei bereinigt, sei ausgestanden. Das Gegenteil ist der Fall. Der Irak kann jederzeit von neuem Blutbad und von internationalen Verwicklungen heimgesucht werden.

An den üblichen Warnungen hatte es nicht gefehlt. Die normalen europäischen Geschäftsleute und Diplomaten – von den Amerikanern ganz zu schweigen – lassen sich von hochbezahlten Bodyguards schützen, die ihnen für tausend US-Dollar pro Tag zur Verfügung stehen und bereits am Flugplatz mit gepanzerten Limousinen warten. Der Aufenthalt dieser Ausländer, der meist kurz befristet ist, bleibt im allgemeinen auf die sogenannte Green Zone beschränkt, wo sich neben der riesigen US-Botschaft sämtliche irakischen Ministerien und das Parlament hinter einem festungsähnlichen Schutzsystem eingebunkert haben. Das Hotel »Palestine«, in dem die ausländischen Medienvertreter durch Betonwälle abgeschirmt waren, wird in diesem Herbst 2010 einer längst fälligen Sanierung sowie zusätzlichen Sicherheitsmaßnahmen unterzogen und ist uns nicht zugänglich.

Es gibt auch andere Möglichkeiten zu überleben. Man muß sich auf ein paar zuverlässige irakische Kollegen verlassen. In diesem Fall kann ich auf Angestellte einer angelsächsischen Nachrichtenagentur zurückgreifen. Am besten läßt man sich von einem unauffälligen Fahrer in einem schäbigen Auto am Airport abholen und über die Strecke »Irish«, die angeblich feindlichem Mörserbeschuß ausgesetzt ist, ins Zentrum der irakischen Hauptstadt fahren. Mit Murad haben wir ein Erkennungszeichen vereinbart. Er steuert – an zahllosen Straßensperren und Kontrollen vorbei – zu unserem Ziel. Vom Hotel »El Rimal«, das von libanesischen Christen geführt wird und wo der Gast sogar Alkohol bestellen kann, war uns lebhaft abgeraten worden. Seit Saddam Hussein – in einer für ihn ungewöhnlichen Toleranz – nicht mehr seine schützende Hand über die in vielfältige Konfessionen aufgespaltene uralte Christenheit Mesopotamiens hält, sind diese Glaubensgemeinschaften Überfällen und Erpressungen ausgesetzt, für die man Mitglieder der ominösen El Qaida verantwortlich macht. Jedenfalls ist der Exodus der »Massihin«, der Christen, nach Europa und Amerika in vollem Gange.

Murad, der sunnitischer Muslim ist, setzt uns nicht im Hotel »Safir« ab, das uns ursprünglich als relativ verläßliche Unterkunft empfohlen wurde. Er steuert uns zum »Funduk El Andalus«, das vertrauenswürdiger sei. Mit dem Namen »El Andalus«, der in jedem Land des Orients anzutreffen ist und mit dem auf arabisch ganz Spanien gemeint ist, wird die Trauer über den Verlust dieses einstigen Bestandteils des Dar-ul-Islam an die Ungläubigen wach gehalten. Von außen macht das »El Andalus« einen recht kläglichen Eindruck und entbehrt des Stacheldrahtverhaus und der Zementblöcke, die aus dem Straßenbild Bagdads sonst nicht wegzudenken sind. Die Empfangshalle oder Lobby ist jedoch von prächtigen Ausmaßen, wölbt sich wie eine Kathedrale und ist mit kunstvollen blauen und grünen Kacheln gewandet.

Meiner Mitarbeiterin Cornelia Laqua, die hier wie so oft ihre Unerschrockenheit unter Beweis stellt, wird eine luxuriöse, wenn auch verstaubte Suite zur Verfügung gestellt. Jenseits davon, im obersten Stockwerk, logiere ich in einem ähnlichen Appartement. Wir sind offenbar die einzigen Gäste in dieser verwunschenen Karawanserei, in der sich der Schmutz von Monaten angesammelt hat. Das Personal scheint sich auf einen gebrechlichen alten Rezeptionschef zu reduzieren, der schon einmal bessere Tage erlebt hat. Unsere irakischen Kollegen haben uns davor gewarnt, mehr als vier sukzessive Tage am gleichen Ort zu nächtigen, sonst wäre ein Übergriff, eventuell eine Entführung nicht auszuschließen. Ich bilde mir ein, im Verlauf meiner langen Krisenberichterstattung einen Instinkt für akute Gefahren entwickelt zu haben. Bagdad offenbart sich schon beim ersten Kontakt als heimtückisches, unheimliches Revier, viel bedenklicher als die afghanische Hauptstadt Kabul, die ich wenig später aufsuchen will.

Es kann nicht die Rede davon sein, in den Straßen von Bagdad mit einem deutschen Fernsehteam zu arbeiten. Es würde sehr bald zum Ziel eines Scharfschützen, und niemand würde uns erklären können, welcher politischen oder konfessionellen Richtung dieser Meuchelmörder angehört. Zur verabredeten Stunde trifft Murad mit der einheimischen Mannschaft ein. Qais, der Kameramann, ist ein gelassener, kräftiger Schiit, Zeuge zahlloser Bombenanschläge. Von den Mullahs seines Glaubenszweiges, der »Partei Alis«, hält er nicht viel. Die Sprengstoffattentate, räumt er ein, seien in den vergangenen Wochen seltener geworden. Die Terroristen seien dazu übergegangen, wichtige Gegner mitten im Menschengewühl mit einem Genickschuß zu beseitigen. Dabei bedienten sie sich eines Schalldämpfers. Die Zahl der täglichen Opfer könne niemand zählen, denn wie ich schon bei meiner Anfahrt feststellen konnte, haben die beiden verfeindeten Fraktionen der koranischen Gemeinschaft, Sunniten und Schiiten, das gewohnte Miteinanderleben aufgegeben. Die Angehörigen der jeweiligen Konfession haben hinter hohen Mauern getrennte Wohnviertel bezogen und kommunizieren kaum noch miteinander.

Es gibt wohl nur noch eine Ausnahme dieser Abkapselung, das Geschäftsviertel Karada, wo Elektrogeräte und minderwertige Waren jeder Art angeboten werden. Dort genießen angeblich sogar die Christen eine gewisse Duldung. Die ausländischen Korrespondenten, die von der Stadt Harun el-Raschids ein kontrastreiches Bild vermitteln wollen, konzentrieren denn auch ihre Tätigkeit auf die relativ friedliche Enklave, wo neben Teppichen mit der Abbildung Alis, des Schwiegersohns und Vetters des Propheten Mohammed, auch kitschige Darstellungen des Jesus von Nazareth und der Jungfrau Maria feilgeboten werden. In Karada sind sogar junge Frauen anzutreffen, die sich weigern, das ansonsten obligatorische Kopftuch zu tragen.

Zu unserer Vorbesprechung in der pompösen Empfangshalle des »Andalus« hat sich auch der Chef des Nachrichtenbüros, Sabah Hassan Ahmed, gesellt. Dieser ruhige und sachliche Kollege flößt Vertrauen ein und ist bestens informiert, was in dem politischen Wirrwarr, dem sich der Irak ausgeliefert hat, keine Selbstverständlichkeit ist. In seiner Begleitung befindet sich ein junges, dunkelblondes Mädchen, das ich auf vierzehn Jahre schätzen würde. Aber in Wirklichkeit ist sie mindestens zwanzig Jahre alt und kompensiert ihren winzigen Körperwuchs durch eine emanzipatorische Energie, wie ich sie selten bei einer Muslima angetroffen habe. Von ihren Kollegen wird sie »JoJo« genannt, trägt knappe Jeans und ein enges T-Shirt. Sie denkt gar nicht daran, ein Kopftuch oder gar einen Hijab überzuwerfen. Ich vermute, daß sie die Tochter einer gehobenen, säkular ausgerichteten Familie osmanischer Herkunft ist, die über erheblichen Einfluß verfügt. JoJo ist uns als »Fixer« zugeteilt, wie es im angelsächsischen Presse-Jargon heißt, und sie erledigt ihren Job mit einer an Dreistigkeit grenzenden Effizienz.

Was bleibt uns am ersten Abend anderes übrig, als im gemischten Bazar von Karada ein paar Bilder zu machen. Bei den irakischen Kollegen gilt – wie das bei einer Patrouille des britischen Lancashire-Regiments in Basra einst vorgeschrieben war – das lebenserhaltende Prinzip »keep moving«, in ständiger Bewegung bleiben, um nicht unberechenbaren Heckenschützen ein leichtes Ziel zu bieten. Ich errege deshalb etwas Unruhe, als ich unbeweglich ein paar Minuten am Straßenrand verharre, um mir die Schuhe putzen zu lassen.

Im »Andalus« wird nur ein spärliches Frühstück serviert. Unsere Mahlzeiten müssen wir uns andernorts besorgen. Im Karada-Viertel bietet ein orientalisches Restaurant vorzügliches Kebab, Kefte mit Humus und Tahine an. Dazu gibt es importiertes alkoholfreies Bier, das durchaus genießbar ist. Jojo hält offenbar nicht viel von den heimischen Gerichten. Sie bestellt eine riesige Portion Pommes frites und übergießt das Ganze mit einer Flut Ketchup und Mayonnaise.

Auf der Heimfahrt streifen wir das elegante Villenviertel Adhamiya, wo früher die Privilegierten des Saddam-Regimes ihr Luxusleben genossen. In Mansur sichten wir den exklusiven »Hunting Club«, wo zu Beginn des Feldzuges »Iraqi Freedom« die CIA gehofft hatte, den verhaßten Diktator mit einem Cruise Missile zu erledigen. Jetzt fällt mir auf, was ich im Straßenbild vermißt habe: Wir sind keinem einzigen amerikanischen Soldaten begegnet. Die noch im Lande verbliebenen Instrukteure und Spezialisten aus den USA, etwa 50 000 Mann, verlassen ihre streng isolierten Unterkünfte nur im äußersten Notfall, während die von ihnen aufgestellte neue Nationalarmee des Irak ihrer Aufgabe als Ordnungshüter noch keineswegs gewachsen ist.

Bei zunehmender Dämmerung stellt sich ein Gefühl der Unsicherheit ein. Die Vielzahl der Panzerfahrzeuge, der Betonwälle und Militärstreifen verstärkt den Eindruck des Ausnahmezustandes. Für den gewöhnlichen Iraker und schon gar nicht für einen Fremden ist es ratsam, nach Einbruch der Dunkelheit die eigene Behausung zu verlassen. In Kreisen unserer einheimischen Informanten wird recht offen über die politische Sackgasse diskutiert, in die der Irak sich manövriert hat. Nach der Parlamentswahl vom 7. März 2010 ist keine eindeutige Regierungsmehrheit zustande gekommen. Das Ergebnis dieser Volksbefragung hatte die meisten Beobachter überrascht.

Ich will hier nicht das Kapitel Irak zu einer ausführlichen Be-

schreibung der innenpolitischen Querelen ausweiten. Als maßgebliche Figur in diesem Spiel behauptet sich trotz mangelnden Cha-
rismas der schiitische Politiker Nuri el-Maliki, obwohl seine Da'wa-
Partei durch seinen Rivalen Ayad Allawi, einen abtrünnigen
Schiiten, der eine säkulare Verfassung anstrebt, um ein paar Prozent
überrundet wurde. Maliki, ein konsequenter Gegner Saddam Husseins, war seinerzeit nur durch die Flucht nach Syrien, dann nach
Iran der Hinrichtung durch den Tyrannen entkommen. Allawi hingegen war einst engagiertes Mitglied der Baath-Bewegung Saddams, gehörte vermutlich dessen Auslandsgeheimdienst an, ehe er
sich in London vom britischen MI-6 anheuern ließ und mit extremer Not dem Mordanschlag seines früheren Auftraggebers entkam.

Der Erfolg Allawis läßt sich nur dadurch erklären, daß sich eine
beachtliche Zahl von Schiiten, die sich jeder Form von Theokratie
verweigern, diesem energischen, zwielichtigen Mann mit dem Bo-
xergesicht anschloß. Dazu kam das massive Votum der arabischen
Sunniten des Irak, etwa zwanzig Prozent der Gesamtbevölkerung,
die auf seine Kandidatur und seine Bewegung »Iraqiya« setzten.
Daß Maliki dennoch eine Mehrheit der Abgeordneten für sich
gewinnen konnte, verdankte er der starken kurdischen Fraktion,
die sich gegen die zentralistische Straffung von »Iraqiya« stemmte,
und dem überraschenden Bündnis mit seinem früheren Gegner
Muqtada es-Sadr. Letzterer, der über die beachtliche Zahl von vierzig Abgeordneten verfügt, besitzt bei den jungen Leuten und beim
kleinen Volk erhebliches Prestige. Sein Vater, ein außerordentlich
beliebter Großayatollah, hatte den Armen und Entrechteten zur
Seite gestanden, ehe er von den Schergen Saddam Husseins ermordet wurde. Muqtada, der stets mit dem schwarzen Turban der Propheten-Nachkommen auftritt, hatte vorübergehend den bewaffneten Kampf gegen die amerikanischen Besatzer aufgenommen. Im
Gegensatz zu Maliki fordert er den sofortigen und totalen Abzug
der noch in Mesopotamien verharrenden US-Truppen.

Die ersten drei Tage nach Ankunft am Berichterstattungsort sind
die schwierigsten in diesem Metier. Die Wandlungen, die sich seit
dem letzten Aufenthalt vollzogen haben, sind schwer zu deuten.

Man braucht Zeit, um das Gespür den neuen Gegebenheiten anzupassen und die Erkenntnisse zu ordnen. Ich gehöre eben nicht zu jener Kategorie Kollegen, von denen ein sehr prominenter Repräsentant mir einst mit entwaffnender Offenheit entgegenhielt: »Ich lasse mir meine vorgefaßte Meinung doch nicht durch Erkundungen an Ort und Stelle wegrecherchieren.« Allmählich kommt jedoch Klarheit auf, und die Prüfungen, denen sich Mesopotamien weiterhin ausgeliefert sieht, lassen sich auf ein paar grundsätzliche Thesen reduzieren.

Zunächst stellt sich die Frage der amerikanischen Truppenpräsenz. Werden die letzten US-Kontingente, wie Barack Obama, aber auch schon George W. Bush ankündigten, den Irak Ende 2011 geräumt haben? Werden sie in ein paar Stützpunkten verharren? Darüber ist bereits der Streit der Parteien entbrannt. Die Kurden würden sich mit einem solchen Verbleiben durchaus abfinden. Die Mehrzahl der Sunniten, auch wenn sie das niemals öffentlich zugeben würden, sähen in einer Verlängerung des US-Mandats die Garantie, daß sie nicht der Willkür einer schiitischen Regierung, die sich auf das Potential von 65 Prozent aller irakischen Bürger stützen könnte, ausgeliefert wäre. Es hat sich ein bemerkenswerter Wandel vollzogen seit den ersten Jahren des Feldzugs »Iraqi Freedom«, als allein die sunnitischen Widerstandskämpfer sich gegen die U. S. Army im Dreieck Faluja-Ramadi-Mossul, vor allem in der Westprovinz Anbar, behaupteten.

Am Tigris wird gemunkelt, daß in diesem interkonfessionellen Wirrwarr die CIA eine Verbindung zu gewissen Elementen von El Qaida unterhielt, seit es den sunnitischen Freischärlern vorrangig darum ging, die Gläubigen der »Schiat Ali« in Schach zu halten. Der ruchlose Terrorist Abu Mussab el-Zarqawi, der aus Jordanien stammte, hat unter den Schiiten des Irak, deren Mausoleum von Samara er verwüstete, unendlich mehr Opfer verursacht als unter den amerikanischen GIs, die er nur noch beiläufig bekämpfte. Als Zarqawi jedoch im Begriff stand, das Zweistromland in das Chaos eines Bürgerkrieges zu treiben, war es an der Zeit, ihn aus dem Weg zu räumen.

Die religiösen und ethnischen Komponenten der Republik Irak sind innerhalb der eigenen Reihen gespalten. Selbst bei den Kurden stehen sich die Gefolgschaften Massud Barzanis im Westen und Jalal Talebanis im Osten mit tiefem Mißtrauen und gelegentlichen Geplänkeln gegenüber. Dazu hat sich neuerdings noch die kurdische Reformpartei »Goran«, das heißt »Wandel«, gesellt. Bei den Sunniten verläuft die Trennungslinie zwischen den extrem intoleranten Salafisten und Wahhabiten einerseits und den moderaten Kräften der hanefitischen Rechtsschule. Dazu kommen die Derwisch-Orden oder »Turuq«, die man als »Sufi« bezeichnet und die vor allem durch die Qadiriya vertreten sind. Innerhalb der »Partei Alis« vertieft sich der Graben zwischen den Befürwortern einer friedlichen parlamentarischen Machtübernahme, wie sie der jetzige Ministerpräsident Nuri el-Maliki anstrebt, und dem revolutionären Aufbäumen der »Armee des Mehdi«, die sich um den Heißsporn Muqtada es-Sadr schart, ganz zu schweigen von der »Fadila« oder Tugend-Partei, die ihren Schwerpunkt in der südlichen Hafenstadt Basra behauptet.

Der Streit über die künftige zentralistische oder föderative Gestaltung des Staates ist nur bei den Kurden, die bereits über eine weitgehende Autonomie mit eigener Fahne, eigener Armee und eigener Verwaltung verfügen, zugunsten eines an Separation grenzenden Status entschieden. Die Scharmützel, die sich die Peschmerga des kurdischen Regierungschefs Barzani mit den »Sahwa«-Verbänden der Sunniten, gelegentlich auch mit einer auf Ankara ausgerichteten Gruppe von Turkmenen liefern, werden im wesentlichen um den Besitz der Stadt Kirkuk geführt, die inmitten eines gewaltigen Erdölreviers gelegen ist.

Für eine weitgehende Autonomie der Provinzen, die sich regional zusammenschlössen, plädiert die schiitische Bevölkerungsmehrheit des Südens. In den Sümpfen und Sanddünen rund um den Schatt el-Arab befinden sich nämlich die reichsten Reserven an Petroleum, während die überwiegend von Sunniten bevölkerten Landesteile über keine nennenswerten Mineralvorkommen verfügen. Deshalb drängen letztere auch auf eine paritätische Aufspaltung der Erdölgewinne unter allen Irakern innerhalb einer straff zentralisierten Republik. Überall wo die ethnischen und konfessionellen Gruppen sich überlappen – sei es in der Stadt Mosul, am Rande der Ruinen von Ninive, sei es in Kirkuk oder in der bunt gemischten Provinz Diyala mit Schwerpunkt Baquba –, herrscht weiterhin eine extreme Anspannung vor, und Gewalttaten sind an der Tagesordnung. Darüber wird in den Medien nur selten und selektiv berichtet.

Daneben sollte nicht die Masse der arabischen Iraker übersehen werden, die nichts so sehr fürchten wie den Ausbruch eines kollektiven Gemetzels, eine Wiederholung, ja Steigerung jenes blutigen Wahnsinns, der sich in den Jahren 2006 und 2007 austobte. Wohl jeder irakische Patriot ersehnt den Abzug der noch vorhandenen Amerikaner, aber irgendwie besteht bei so manchen – vor allem in der bürgerlichen Schicht des Mittelstandes – die panische Befürchtung, daß nach Ende der fremden Okkupation die Dämonen der internen Feindschaften sich vollends entfesseln und durch niemand mehr gezügelt werden könnten.

Auch die Beziehungen zu den Nachbarstaaten werden unterschiedlich beurteilt. Bei den überwiegend hanefitischen Sunniten des Irak besteht keine sonderliche Neigung, mit den fanatischen Wahhabiten Saudi-Arabiens zu paktieren, während für die Schiiten eine organische Bindung an die Glaubensbrüder der Islamischen Republik Iran durchaus keine Selbstverständlichkeit ist. Taumelt der Irak in ein politisches Vakuum? Steht am Ende die Aufspaltung der Republik, wie sie zu Zeiten des Osmanischen Reiches durch die getrennte Administration der Wilayate Mosul, Bagdad und Basra in groben Zügen vorgezeichnet wurde? Oder treibt das Land einer neuen Gewaltherrschaft entgegen?

Der Blick auf die Vergangenheit mag die Gefährdungen der Zukunft erhellen. Den Briten ist es mit ihrem Völkerbundsmandat Irak nicht besser ergangen als den Franzosen in Syrien.

Gemetzel am Tigris

Im Sommer 1951 habe ich das Zweistromland, das damals noch den Namen »Haschemitisches Königreich Irak« trug, wie all die anderen Länder des Maschreq im Eingeborenenbus durchquert. Der Irak stand mitsamt seinem kindlichen Thronerben Feisal II. und seinem starken Mann Nuri Said, der einst als Offizier in der Osmanischen Armee gedient hatte, weiterhin unter dem Einfluß Großbritanniens. An den Ufern des Tigris, wo die Stammesfürsten in Beduinentracht nach der unerträglichen Hitze des Tages die lindernde Flußbrise im Garten des Hotel »Semiramis« genossen, fiel mir die Vorstellung schwer, daß genau zehn Jahre zuvor, im Sommer 1941, ein mit Berlin abgekarteter Offiziersputsch gegen die landesfremde Haschemiten-Dynastie und deren britische Protektoren stattgefunden hatte. Elemente der deutschen Division Brandenburg waren in Bagdad gelandet. Sie wurden von der arabischen Bevölkerung jubelnd empfangen. Mit diesem tollkühnen Unternehmen, als Deutschland noch hoffte, die Panzer Erwin Rommels würden bis Kairo rollen, hatten diese kleinen verwegenen Trupps versucht, die Positionen des Empire mit einem Zangengriff von Osten her zusätzlich zu destabilisieren. Der Putsch von Bagdad wurde von der »Arabischen Legion«, die der Haschemiten-Emir Abdullah I. von Transjordanien unter Führung des britischen Generals Glubb Pascha zur Rettung seiner engen Verwandten in Marsch setzte, schnell niedergeschlagen. Aber seitdem blieb die Stimmung explosiv in Bagdad.

Die Amerikaner hätten gut daran getan, bevor sie sich zum kriegerischen Abenteuer »Iraqi Freedom« entschlossen, die Geschichte der britischen Mandatszeit zwischen den beiden Weltkriegen zu studieren. Das war eine Folge von nationalistisch und religiös motivierten Rebellionen gegen die neuen ungläubigen Herren aus London, die die türkischen Osmanen abgelöst hatten. Mit einer Massenerhebung der Schiiten im Umkreis des Schatt el-Arab hatte es begonnen. Im Norden kam es immer wieder zu Aufstandsbewegungen der Kurden. Um deren Gebirgsdörfer zu neutralisieren, war die Royal Air Force in den zwanziger und dreißiger Jahren nicht davor zurückgeschreckt, Bomben mit Giftgas abzuwerfen. Saddam Hussein sollte sich später auf diesen Präzedenzfall berufen können.

Es dauerte bis zum Jahr 1958, ehe die Haschemiten-Dynastie am Tigris und deren Vertrauensmann Nuri Said dem blutrünstigen Militär-Coup des Generals Abd el Karim Qasim erlagen. Die verstümmelten Leichen wurden durch die Straßen von Bagdad geschleift. Es verstrich wiederum eine Dekade, bis nach einer Serie von Gemetzeln die revolutionäre »Baath-Partei« sich mit General Bakr und dessen Nachfolger Saddam Hussein an die Macht schoß. Diese »Hizb el-Baath«, diese nationalistische und sozialistische Partei der arabischen Wiedergeburt, übt mit ihrem syrischen Flügel unter Präsident Bashar el-Assad heute noch in Damaskus die Regierungsgewalt aus.

Ursprünglich galt die Baath als eine fortschrittliche Bewegung im ganzen Orient. Kurioserweise ging ihre Gründung auf den christlich-orthodoxen Syrer Michel Aflaq zurück, der sich erst gegen das türkische, dann das französische Joch auflehnte. Gleichzeitig verschrieb er seiner Bewegung eine strikt säkulare Ausrichtung. Michel Aflaq ist im Jahr 1989 – lange nach der bitteren Entzweiung zwischen der syrischen und der irakischen Fraktion seiner Partei – in Paris gestorben. Er wurde in Bagdad mit einem pompösen Staatsbegräbnis und einem stattlichen Mausoleum geehrt.

Saddam Hussein, dessen Gefangennahme durch die Amerikaner am 13. Dezember 2003 als erniedrigende Komödie inszeniert und dessen Hinrichtung durch den Strang unter skandalösen Begleitumständen vollstreckt wurde, war alles andere als ein islamischer Fundamentalist. Wie sein verfeindeter Parteigenosse von Damaskus, Hafez el-Assad, der der häretischen Sekte der Alawiten angehörte und die aufsässigen Muslimbrüder von Hama und Aleppo zu Tausenden massakrieren ließ, kannte der Diktator von Bagdad keine Gnade, wenn er eine fanatisch-religiöse Zellenbildung aufspürte. Bei den Sunniten duldete er allenfalls die mystischen

Übungen der Derwisch-Orden, insbesondere der Qadiriya, die in Bagdad ihren Ursprung hatte. Für Wahhabiten, die sich an der religiösen Unduldsamkeit Saudi-Arabiens orientierten, oder für Salafisten, die ein neues Kalifat, einen koranischen Gottesstaat anstrebten, gab es damals kein Pardon.

Ähnlich ging der Sunnit Saddam Hussein gegen die schiitische Bevölkerungsmehrheit seines Landes vor, die er instinktiv als potentielle Gegner einordnete. Mit extremer Wachsamkeit und brutalem Polizeiterror hielt er die brodelnde Frömmigkeit in Schach, die im Umkreis der heiligen Stätten Nejef und Kerbela bei der Trauer- und Geißelungsprozession des Muharram-Monats aufkam und in Massenhysterie umzuschlagen drohte. Soweit sich der schiitische Klerus passiv und quietistisch verhielt, wie es angeblich der ererbten Rolle dieses Glaubenszweiges von Märtyrern und Unterdrückten entsprach, ließ der Tyrann von Bagdad ihn relativ unbehelligt. Dieser Bereitschaft zur resignierten Unterwerfung verdankt der heute so einflußreiche Großayatollah Ali es-Sistani wohl sein Überleben.

Wenn jedoch einer der hohen Geistlichen der »Partei Alis«, etwa Großayatollah Mohammed Sadeq es-Sadr, sich anmaßte, politische Brandreden zu halten, zu sozialer Verantwortung für seine notleidenden Jünger aufzurufen, wenn sich eine Gefahr der Aufwiegelung abzeichnete, dann schlugen die gefürchteten Geheimdienste zu und schreckten vor keiner Ruchlosigkeit zurück. Seine eifernde Gefolgschaft, die sich auf das revolutionäre Vorbild Khomeinis im benachbarten Iran ausrichtete, fand in seinem Sohn Muqtada es-Sadr einen streitbaren Vorkämpfer. Dieser junge Hodschatulislam bringt heute die amerikanische Restbesatzung mit seiner aufsässigen Parlamentsfraktion, mehr noch als mit seiner Miliz, der »Armee des Mehdi«, in zunehmende Bedrängnis.

Als arabischer Nationalist hatte Saddam Hussein die im Norden des Irak lebenden Kurden stets als fremdrassige Separatisten und Staatsfeinde eingeschätzt und sie entsprechend malträtiert. Bei den Schiiten war er differenzierter vorgegangen. Wenn ein Angehöriger dieser Religionsgruppe sich der Autorität der Mullahs entzog, als irakisch-arabischer Nationalist und Befürworter der Säkularisierung, ja des Laizismus die Gebote der Republik respektierte, dann stand seinem Aufstieg zu hohen Würden innerhalb der alles kontrollierenden Baath-Partei nichts im Wege. So entdeckten landeskundige Beobachter nach dem Einmarsch der U. S. Army in Bagdad im Frühjahr 2003, daß sich unter den etwa zwei Dutzend verfemten Politikern, die von den Amerikanern als Kriegsverbrecher gesucht und anhand eines symbolischen Kartenspiels identifiziert wurden, ebenso viele Schiiten wie Sunniten befanden.

Der unsägliche Horror, der den Irak seit dem Frühjahr 2003 heimsucht, der konfessionelle Bürgerkrieg zwischen Sunniten und Schiiten, der Zehntausende von Opfern forderte, die permanenten Übergriffe der amerikanischen Besatzungsmacht, das Überhandnehmen von Geiselnahmen und Kriminalität haben bei der Masse der Bevölkerung keine Saddam-Nostalgie aufkommen lassen. Dazu hatten dessen Schergen zu unerbittlich unter den Opponenten und Kritikern seines Regimes gewütet. Doch irgendwie drängt sich der Gedanke auf, daß wohl nur ein furchterregender Tyrann in der Lage wäre, die zentrifugalen Kräfte des Zweistromlandes zu bändigen und zusammenzufügen.

Der Mann aus Tikrit, der sich ursprünglich als Auftragskiller der Baath-Partei nach oben gedrängt hatte und als Staatschef einem Größenwahn sondergleichen verfiel, war gewiß ein Extremfall grausamer Arroganz. Seiner Republik jedoch hatte er – gestützt auf den immensen Petroleumreichtum zwischen Kirkuk und Basra – zu beachtlicher Prosperität verholfen. Saddam hatte das Zweistromland mit Gewalt in die Moderne geprügelt. Bis zum Ausbruch der sukzessiven Golfkriege verfügte der Irak über eine bemerkenswerte Infrastruktur und eine sich rapide entwickelnde industrielle Leistungsfähigkeit. An den Universitäten wuchs eine Generation junger Intellektueller heran, die den Akademikern der anderen islamischen Länder überlegen war. Wer sich zu ducken verstand, niemals ein Wort des Tadels über den neuen »Nebukadnezar« äußerte und sich als Mitglied der regierenden Baath-Partei eintrug, konnte ein befriedigendes Auskommen finden. Unter der erdrückenden Präsenz der »Mukhabarat«, der Geheimdienste, lebte er in einer Sicherheit, die in scharfem Kontrast zum heutigen Chaos steht. Die Emanzipation der Frau war unter Saddam weit gediehen. Nur die wenigsten Studentinnen trugen ein Kopftuch. Keine von ihnen mußte befürchten, auf dem Wege zur Vorlesung entführt, vergewaltigt oder angepöbelt zu werden.

Die beachtliche christliche Minderheit – zumal die Chaldäer, die sich zur katholischen Kirche bekennen und der Autorität des Patriarchen von Babylon unterstehen – genoß eine Toleranz wie in keinem anderen islamischen Staat. Die Willkür des Baath-Regimes, der allgegenwärtige groteske Personenkult waren unerträglich. Doch ansonsten ließ es sich durchaus leben im Irak Saddam Husseins, bis der Diktator durch kriegerische Abenteuer sein Land in den Abgrund riß.

In strikter Ablehnung der pseudodemokratischen Phraseologie der Bush-Administration hatten deshalb diverse amerikanische Orientexperten – auf die leider niemand hörte – vorgeschlagen, nach dem Sturz Saddams nach einem neuen starken Mann, am besten nach einem relativ angesehenen General, Ausschau zu halten. Als Nachfolger in diesem von Gegensätzen zerrissenen Land kam den Spezialisten zufolge nur ein »wohlwollender Despot« in Frage, ein »Saddam Hussein light«.

Zweifel am persischen Gottesstaat

Im Herbst 2010 gilt mein erster Erkundungsgang der schiitischen Sammelbewegung »Islamic Supreme Council«. Deren Hauptquartier befindet sich immer noch in dem wuchtigen Gebäude neben der zweistöckigen Brücke, wo früher einmal Tariq Aziz, der langjährige Außenminister Saddam Husseins, residiert hatte. Bewaffnete Uniformträger halten sich schußbereit hinter massiven Befestigungsanlagen auf. Es hat bereits mehrere Anschläge auf dieses Bollwerk der »Schiat Ali« gegeben. Mein Gesprächspartner aus dem Februar 2005, Abdul Aziz el-Hakim, der sich mit dem Titel »Eminenz« anreden ließ und einer der großen klerikalen Dynastien des Irak entstammte, ist inzwischen an Krebs gestorben und durch seinen Sohn Amer el-Hakim abgelöst worden. In dessen Abwesenheit werde ich an einen früheren Erdölminister und führendes Mitglied des »Höchsten Schiitischen Rates« verwiesen. Ibrahim Mohammed Bahar el-Alum empfängt mich in seinem geräumigen Büro, das mit vergoldeten, riesigen Sesseln ausgestattet ist. Er trägt einen europäischen Anzug mit offenem Hemd und wirkt soigniert mit seinem gestutzten, grauen Bart. Sein Englisch ist vorzüglich, und er tritt weltgewandt auf.

Baher el-Alum bestätigt gleich zu Beginn, daß eine befriedigende Lösung des irakischen Konfliktes noch nicht in Sicht sei. Der Oberste Islamische Rat steht im Ruf, enge Kontakte zur iranischen Mullahkratie zu pflegen, und unterscheidet sich dadurch von der Regierungspartei Da'wa des Ministerpräsidenten Nuri el-Maliki. Aber auch hier legt man offenbar Wert darauf, nicht als Trabant Teherans angesehen zu werden, und distanziert sich von dem durch Khomeini verfügten Verfassungsgrundsatz der »Velayet-e-Faqih« – der Statthalterschaft des Schriftgelehrten im Namen des Verborgenen Imam. Die Unruhen, die Teheran im Jahre 2009 erschütterten, haben zusätzliche Zweifel am persischen Modell und dessen Stabilität geweckt. Der Oberste Islamische Rat tritt für eine föderalistische Staatsform ein. Das Erdöl müsse nationalisiert und der Gewinn daraus den verschiedenen Regionen zugeteilt werden.

Die Intrigen der fremden Mächte – vor allem Saudi-Arabiens – stoßen auf resolute Abwehr, wobei schwer zu ergründen ist, ob die sogenannte Badr-Brigade, die dem Obersten Rat zur Verfügung steht, tatsächlich aufgelöst wurde. Die Männer, die den Schutz des Parteigebäudes ausüben, gehören wohl nur nominell der von den Amerikanern geforderten Nationalarmee an, was durch die Präsenz von kurdischen Peschmergas verdeutlicht wird, die im Nebengebäude den Amtssitz des irakischen Staatspräsidenten, des Kurden Jalal Talebani, abschirmen. Die letzten Amerikaner, so wird hier gefordert, sollten möglichst zügig aus Mesopotamien verschwinden und auch nicht versuchen, durch die Beibehaltung von Militärbasen die Fehler der einstigen britischen Mandatsmacht zu wiederholen.

Am Ende verweist unser Gesprächspartner darauf, daß im neuen Irak der schiitische Zweig des Islam als oberste Richtschnur der Politik gelten müsse. So habe der Druck der hohen Geistlichkeit bewirkt, daß der ehemalige Baath-Politiker Allawi durch eine Koalition mit der radikalen schiitischen Formation des Volkstribuns Muqtada es-Sadr, dessen »Armee des Mehdi« sich auf die Stunde der gewaltsamen Auseinandersetzung vorbereitet, dem ungeliebten Ministerpräsidenten zur Behauptung seiner Regierungsführung verhalf.

Zur gründlichen Information sollten wir nach Nejef fahren, rät uns Bahar el-Alum. Dort befinde sich das wirkliche Zentrum schiitischer Rechtgläubigkeit. Aber ich wußte längst, daß ich zu dem geheimnisvollen Oberhaupt der »Partei Alis«, zu dem Großayatollah Ali es-Sistani, keinen Zugang finden würde. Dieser höchste Würdenträger, auch als »Marja el-taqlid« – oder Quelle der Nachahmung gerühmt –, empfängt keine Andersgläubigen und lebt in mystischer Abgeschiedenheit.

Aus seiner Hauza von Nejef gibt der beim Volk im Ruf der Heiligkeit stehende bizarre Greis mit dem Silberbart die Richtlinien seiner Gemeinde vor. Sistani gilt als Quietist. Er vertraut auf seine Geduld und seine List. Bei den Aktivisten der »Partei Alis«, vor allem bei den Jungen und den Armen, stößt jedoch die zögerliche Vorsicht Sistanis, der übrigens gebürtiger Perser aus Meschhed ist, auf wachsende Kritik. Die Bombenanschläge sunnitischer Extremisten, die angeblich als Werkzeug von El Qaida operieren, gegen schiitische Heiligtümer und Pilgergruppen, fordern eine gewalttätige Reaktion geradezu heraus.

Um einen Repräsentanten der Sammelbewegung »Iraqiya« zu treffen, mit der der pro-amerikanische Opportunist Ayad Allawi einen bemerkenswerten Erfolg erzielte, muß ich mich in den inneren Schutzgürtel der »Green Zone« begeben, wo die Regierungs-organe Zuflucht vor den allgegenwärtigen Morddrohungen su-chen. Die meisten Ministerien haben hier Unterkunft gefunden. In diesem Areal befinden sich auch die verbliebenen amerikanischen Befehlszentren. Seit die GIs die Kontrolle über die Zugänge der »Green Zone« ihren arabischen Vertrauensleuten überlassen ha-ben – man will ja den Eindruck einer sich konsolidierenden iraki-schen Souveränität vermitteln –, geraten die Schutzmaßnahmen zur Manie. Mehr als eine Stunde brauchen wir, bis wir die diversen Durchsuchungen und Überprüfungen bestanden haben. Dabei werden wir von Polizeihunden beschnüffelt, und ich frage mich, wie die muslimischen Polizisten mit den Tieren zurechtkommen, die neben dem Schwein laut Scharia einer unreinen Gattung ange-hören.

Schließlich landen wir in einer Art Wartesaal, wo nach einer zu-sätzlichen Leibesvisitation, die allmählich erheiternd wirkt, das Treffen mit einer Führungspersönlichkeit der Iraqiya zustande kommt. Wieder stehen wir einem eleganten Herrn mit akademi-schem Hintergrund gegenüber. Doktor Alaa Makki verweist zu-nächst auf den gravierenden Irrtum Barack Obamas, der seiner Meinung nach zu Unrecht der Bekämpfung von El Qaida in Afgha-nistan die Präferenz vor einer Bereinigung des irakischen Dilem-mas eingeräumt hatte. Offenbar befürchtet die Iraqiya, die – über-wiegend sunnitisch orientiert – sich gegen die Schiiten Nuri el-Malikis zusammengefunden hat, nach Abzug des letzten US-Sol-daten ein Wiederaufkommen des konfessionellen Bürgerkrieges und die Entfesselung jener extremistischen schiitischen Milizen, die sich bislang – auch auf Weisung Teherans – relativ passiv verhielten. Die Iraqiya möchte zu dem straffen Zentralismus zurückfinden, der die Zwangsherrschaft Saddam Husseins kennzeichnete, womit sie allerdings – neben den meisten Schiiten – vor allem die kurdischen Autonomisten der Nordprovinzen gegen sich aufbringen.

Laut Überzeugung Doktor Makkis sind die offiziellen Polizeiorg-ane und sogar die von Ministerpräsident Maliki aufgestellte Na-tionalarmee bereits durch Agenten der »Islamischen Republik

Iran« unterwandert, auch wenn eine Reihe von Offizieren der Republikanergarde Saddam Husseins reaktiviert wurde. »Sie haben doch sicher mit unseren politischen Gegnern vom ›Supreme Islamic Council‹ Kontakt aufgenommen«, meint der Iraqiya-Politiker. »Dort haben Sie vermutlich erfahren, daß die Hauza von Nejef den Regierungschef Maliki nur als Übergangsfigur favorisiert und daß am Ende die Hardliner der geistlichen Führungsgremien den Ausschlag geben werden.« Tatsächlich waren wir beim Obersten Rat von Bahar el-Alum mit dem Hinweis verabschiedet worden: »The Ayatollahs are going to shake politics – Die Ayatollahs werden die Politik aufmischen.«

Am folgenden Tag holen wir die kleine, muntere JoJo im Haus ihres Vaters ab, das im vornehmen, ausschließlich sunnitischen Wohnviertel Adhamiya gelegen ist. Bei der Fahrt durch die Stadt entfaltet sich wieder einmal das erdrückende Aufgebot an Militär und Polizei. An jeder Kreuzung sind die Maschinengewehre der Wachtürme auf den Verkehr gerichtet. Blau bemalte Schützenpanzer stehen einsatzbereit. Mein Ziel ist die im ganzen Islam hochangesehene islamische Universität Abu Hanifa, mit deren Rektor Doktor Scheikh Hussein el-Kubaisy ein Gespräch vereinbart wurde. Dieser Lehrstätte kommt eine besondere Bedeutung zu, vertritt sie doch die älteste Rechtsschule oder »Madhhab« des Islam, die bereits im achten Jahrhundert von dem Korangelehrten Abu Hanifa gegründet wurde. Der Zugang zu dem ockerfarbenen Gebäude wird uns zunächst durch eine Rotte stumpfsinniger Wächter verwehrt, bis JoJo sich mit verblüffender Autorität einschaltet, das Personal anschreit, eine Telefonverbindung verlangt und den Zugang zum Rektorat ermöglicht. Zum ersten Mal hat sie einen leichten, durchsichtigen Schleier auf ihr Haar gelegt.

Die französischen Experten spotteten einst darüber, daß ein orientalischer Bart stets befähigt sei, Besucher aus dem Abendland tief zu beeindrucken. Bei den zwei Patriarchen, denen wir in der Abu Hanifa-Universität gegenübersitzen und die uns ihr Wohlwollen bekunden, kann ich mich – auch wenn ich um einiges älter bin als die beiden – dieser Ehrfurcht nicht ganz entziehen. Der Rektor empfängt uns in Begleitung des Imams der Moschee. Die sunnitische Gemeinde des Irak ist zwangsläufig auf die Unterstützung Saudi-Arabiens angewiesen, das in seiner Gegnerschaft zur Islamischen Republik Iran eine schiitische Machtausübung im Irak nach Kräften verhindern möchte. El-Kubaisy spricht nur sehr zurückhaltend über die Zwangslage, in der sich seine hanefitische Rechtsschule, die bei weitem die bedeutendste im ganzen Dar-ul-Islam ist, in Mesopotamien befindet.

Die der saudischen Dynastie ergebenen Ulama der Wahhabiten lassen von den vier sunnitischen Rechtsschulen – Hanefiten, Schafeiten, Malekiten und Hanbaliten – nämlich nur letztere gelten. Die Gefolgsleute des Ibn Hanbal zeichnen sich durch krasse Intoleranz, borniere Schriftauslegung, durch ihre Berufung auf den frühen Fanatiker Ibn Taimiya und den Wüstenprediger Abdul Wahhab aus, der ein Zerrbild der Offenbarung Mohammeds entwarf. So sehr hatten die Wahhabiten sich von der relativen Toleranz der Usprungslehre entfernt, daß der osmanische Sultan und Kalif im neunzehnten Jahrhundert seinen ägyptischen Statthalter aufforderte, mit seinen regulären Truppen gegen diese aufsässigen und wirrköpfigen Beduinen in ihrer trostlosen Wüste des Nedjd militärisch vorzugehen. Die Wahhabiten wurden zwar vorübergehend besiegt, doch sollten sie im zwanzigsten Jahrhundert in Verbindung mit dem Stammesfürsten Abdul Aziz Ibn Saud ihre exzessive Scharia-Interpretation dank des Verfügens über die reichsten Erdölvorkommen der Welt unangreifbar, ja unantastbar machen. So bleibt es bis zum heutigen Tag.

Es besteht kein einfaches Verhältnis zwischen den gemäßigten Hanefiten und den anmaßenden, verstockten Jüngern des Abdul Wahhab. Nur mit großer Vorsicht wird dieses Dilemma in unserem Gespräch berührt. Dafür distanzieren sich der Direktor und der Imam um so heftiger von der sogenannten El Qaida Mesopotamiens, die sich ihnen zufolge – ungeachtet ihrer gelegentlichen Komplizenschaft mit dem saudischen Geheimdienst – als bittere Frucht der amerikanischen Besatzung entwickelt habe. Die Bedeutung der Sufi- oder Derwisch-Orden im Irak wird von den beiden

Theologen heruntergespielt. Aber das weiß ich besser, hatte ich doch sogar zu Zeiten Saddam Husseins den exaltierten Dhikr-Übungen der großen Tariqa Qadiriya beigewohnt, die zwischen Senegal und Afghanistan über zahllose »Muriden« verfügt. Unsere fromme Begegnung endet mit den üblichen Segenssprüchen, dem Wunsch nach religiöser Eintracht an Euphrat und Tigris und dem Bekenntnis zu einem einheitlichen irakischen Staat. Jedem von uns wird ein prächtiges Exemplar des »Qur'an el-karim« – des heiligen Koran – überreicht, eine besondere Ehrung für Nicht-Muslime.

Die weinenden Pilger von Kerbela

KERBELA, OKTOBER 2010

»Kerbela in scha'Allah! – Nach Kerbela, so Gott will«, schrien die todesbereiten Freiwilligen, die Pasdaran und Bassiji, während der ersten Phase des irakisch-iranischen Krieges, den Saddam Hussein gegen den Khomeini-Staat im Jahr 1980 vom Zaun brach, als sie unter ungeheuren Verlusten die Verteidigungslinie der irakischen Armee zu durchbrechen suchten. Jetzt sind wir wieder einmal unterwegs nach dem Sanktuarium von Kerbela, wo der größte Held der schiitischen Leidensgeschichte, der Dritte Imam Hussein, unter einem goldenen Dom bestattet ist. Ganz ohne Bedenken tritt man eine solche Reise nicht an. Südlich von Bagdad ist es im Umkreis der Städte Iskandariya und Mahmudiya zu den schlimmsten Ausschreitungen zwischen Sunniten und Schiiten gekommen. JoJo verzichtet als säkular orientierte Sunnitin auf den Ausflug in die Hochburg schiitischer Frömmelei, wofür ich jedes Verständnis aufbringe. Statt dessen begleitet uns auf Weisung des Obersten Islamischen Rats ein stämmiger junger Mann namens Fadel. In Kerbela soll er sich als zuverlässiger Gefährte bewähren. Ich stelle fest, daß Fadel unter seiner Jacke eine schwere russische Pistole vom Typ Makarow angeschnallt hat.

Wie es mir schon fünf Jahre zuvor auf der gleichen Strecke passiert war, schlafe ich nach dem Verlassen der Bagdader Vorstädte tief ein, während Cornelia Laqua sich in die unvermeidliche schwarze Abaya hüllt. Mit unserer schäbigen Karosse müssen wir recht harmlos wirken, denn wir erreichen unser Ziel, ohne durch die zahllosen Straßenkontrollen übermäßig belästigt zu werden. Die Pilgerstadt Kerbela ist kaum wiederzuerkennen. Als Schutz gegen die zahllosen Bomben, die bei den Wallfahrten der »Partei Alis« explodieren, sind die großzügigen Alleen, die zu den Mausoleen des Imam Hussein und seines heldischen Halbbruders Abbas führen, durch ein Labyrinth von Zementwänden und Sandsäcken versperrt.

Die Szenerie steigert sich schier unerträglich, als ein Transport von Leichen, die nach Umrundung der Heiligen Stätten auf dem endlosen gesegneten Friedhof bestattet werden sollen, vom Wachpersonal angehalten wird. Nach langer Anreise sind die Toten oft in Verwesung übergegangen. Aber auch deren Särge werden aufgestemmt und die menschlichen Überreste mit peinlicher Sorgfalt nach Sprengstoff und Bomben untersucht.

Die Präsenz Fadels erweist sich in dieser bedrückenden Atmosphäre des Argwohns als überaus nützlich. Unser Besuch ist offenbar angekündigt, denn ein paar örtliche Milizionäre übernehmen unser Geleit zu einer kahlen, ziemlich trostlosen Behausung, wo drei Mullahs uns mit Tee und Gebäck bewirten. Der älteste von ihnen, ein eifernder Schwätzer, geht uns mit der endlosen Aufzählung der Vorteile und Tugenden des Islam auf die Nerven.

Wir empfinden es als Erlösung, als wir das gruftähnliche Gehäuse – es ist wohl eine der offiziellen Unterkünfte der hiesigen Hauza – verlassen. Durch ein schützengrabenähnliches Gewirr gelangen wir ins Freie. Hatten wir beim letzten Aufenthalt in Kerbela noch im Vorhof der Hussein-Moschee die makabre Prozession schiitischer Trauernder filmen können, die zum schaurigen Klang einer riesigen Trommel und quäkender Blasinstrumente mit einer Prozession von Särgen vor ihrer Bestattung das zentrale Heiligtum umrundeten, so werden wir dieses Mal auf Distanz gehalten und müssen die gleißende Kuppel aus der Ferne ins Objektiv rücken.

Während ich meinen Aufsager vor der Kamera mache, muß ich mich mühen, das Schluchzen und Weinen einer aus Persien angereisten Wallfahrtsgruppe zu übertönen, die unmittelbar neben uns des tragischen Untergangs des Dritten Imam gedenkt. Hatte nicht Khomeini verkündet, daß die wahre schiitische Gläubigkeit sich an der Trauer, an der Verzweiflung über die Ermordung der heiligen Imame in der Nachfolge Ali Ibn Abi Talib erkennen lasse?

Den Abstecher nach Nejef, wo ebenjener Ali bestattet ist, habe ich abgesagt. Dort gibt der unnahbare Ali es-Sistani den Ton an. Dieser hintergründige Greis hatte auf eine Fatwa verzichtet, die die irakischen Schiiten zum bewaffneten Widerstand gegen die amerikanischen Okkupanten aufgefordert hätte. Den Jihad überließ er in den ersten Jahren der US-Präsenz der sunnitischen Minderheit zwischen Faluja, Mosul und Baquba. Den amerikanischen Statthalter Paul Bremer, den untauglichsten Prokonsul, den Washington überhaupt entsenden konnte, hat er – ganz im Sinne der schiitischen »Taqiya« – in die Irre geführt und überlistet. Dieser gespensterhafte Geistliche hatte nicht nur die Forderung nach freien Wahlen akzeptiert, er hatte deren schleunige Abhaltung geradezu forciert, auch die Frauen kategorisch zum Urnengang aufgerufen in der Gewißheit, mit Hilfe dieser geschmeidigen Taktik die Mehrheit im Parlament und die Berufung eines schiitischen Regierungschefs durchzusetzen.

Bis das US-Kommando sich der Folgen dieser politischen Überrumpelung und der Gefahr einer bedrohlichen Komplizenschaft zwischen den Schiiten des Irak und ihren Glaubensbrüdern des nahen iranischen Gottesstaates bewußt wurde, hatten die diversen Fraktionen der »Partei Alis« bereits vollendete Tatsachen geschaffen. General Petraeus, der damalige Oberkommandierende der amerikanischen Streitkräfte in Mesopotamien, hat sich bemüht, dieser Entwicklung entgegenzusteuern, indem er mit jordanischer Beratung und Unsummen saudischen Geldes die Schuyukh der sunnitischen Stämme für eine Kooperation mit der U. S. Army zu gewinnen suchte. Mit der Aufstellung sogenannter »Erweckungskomitees«, das heißt sunnitischer Milizen, die sich unter dem Namen »Sahwa« formierten und sogar unter Duldung von Killertrupps der »El Qaida Mesopotamiens«, die für ihren pathologischen Schiitenhaß bekannt waren, hoffte er die sich abzeichnende Prädominanz Teherans an Euphrat und Tigris in Schach zu halten. Vielleicht hätte er – unter Einbeziehung einer beachtlichen Zahl säkularer Schiiten, denen vor der strikten Einführung klerikaler Prüderie grauste – Erfolg haben können, wenn nicht die geschlossene Volksgruppe der Kurden die Rehabilitierung der arabischen Sunniten, eine Revanche der Baath-Partei des gehenkten Diktators Saddam Hussein und eine Begrenzung ihrer fast eigenstaatlichen Autonomie im Norden des Landes befürchtet hätte. Für die Kurden, die sich fast ausschließlich zur Sunna bekennen, gelten die irakischen Schiiten immer noch als das geringere Übel.

Insgesamt leben vier Großayatollahs oder »Ayatollah el Udhma« im Irak und jeder verfügt über seine eigene ergebene Gefolgschaft. Ob sie den Vorrang Ali es-Sistanis und dessen zögerliche Schachzüge leichten Herzens akzeptieren, ist fraglich. In Kerbela habe ich ein Wiedersehen mit einem dieser »Kurienkardinäle« der Schia, mit dem Großayatollah Mohammed Taqi el-Mudarissi vereinbart, mit dem ich schon ein paar Jahre zuvor ein aufschlußreiches Gespräch geführt hatte. Mudarissi ist eine imponierende Erscheinung. Der mächtig gewachsene Mann mit dem graumelierten Bart und dem schwarzen Turban entfaltet eine gewinnende Jovialität und begrüßt mich mit freundlicher Vertrautheit. Sein Auftritt entspricht in keiner Weise der an Melancholie grenzenden Düsternis, die bei den hohen Mullahs sonst üblich ist. Neben diesem in Kerbela als »Mujtahid«, als berufener Interpret der schiitischen Theologie und Mystik, anerkannten Kleriker scheint der unergründliche Ayatollah Sistani sauertöpfisch und resigniert.

Dieser »Prälat« ist in Kerbela geboren und hat den Vorteil, daß er Araber und nicht Perser ist. Sistani hingegen kommt zugute, daß die streng abgeschirmte Stadt Nejef durch den massiven Zustrom persischer Neueinwanderer eine profunde ethnische Umschichtung erfährt. Die von Khomeini und seinem Nachfolger Ali Khamenei praktizierte Form des Gottesstaates, die »Statthalterschaft des ›Faqih‹ im Namen und im Auftrag des Verborgenen Zwölften Imam«, wird in der künftigen Verfassung des Irak wohl keinen Raum finden, hatte mir Mudarissi schon seinerzeit gesagt. Auch bei unserer Begegnung im Herbst 2010 läßt er durchklingen, daß die schiitischen Iraner und Araber zwar durch den gemeinsamen Glauben zusammengeschweißt sind, daß der Ursprung ihrer Rechtgläubigkeit sich jedoch im arabischen Mesopotamien befinde. Dort hatte der Gründer-Imam Ali in der nahen Oase Kufa nur fünf Jahre lang seine vorbildliche islamische Herrschaft ausgeübt, ehe er hinterhältig erdolcht wurde. Die kurze Eroberung des Zweistromlandes durch die persische Dynastie der Safawiden im sechzehnten Jahrhundert sei dem Ansturm der osmanischen Sunniten unter Selim I., dem Grausamen, nicht gewachsen gewesen. Diese Epoche sei sogar aufgrund der Lasterhaftigkeit, die in Isfahan am Hof Abbas des Großen überhandnahm, bei der frommen hiesigen Gemeinde in übler Erinnerung geblieben.

Wie er das derzeitige Tauziehen der politischen Kräfte in Bagdad beurteile, frage ich den Großayatollah direkt. Mudarissi weiß sehr wohl, daß die angeblich vor dem Abzug stehende US-Besatzungsmacht mit allen Mitteln versucht hat, den abtrünnigen, säkular ausgerichteten Schiiten Ayad Allawi im Bündnis mit der überwiegend sunnitischen Partei »Iraqiya« zur politischen Führungsperson in Bagdad aufzublähen. Der Versuch sei gescheitert, weil die divergierenden politischen Tendenzen, sogar die auf offene Konfrontation mit den Amerikanern ausgerichtete »Mahdi-Armee« des Volkstribuns Muqtada es-Sadr, sich zusammengeschlossen hatten.

Eine hohe Meinung von dem amtierenden Ministerpräsidenten Nuri el-Maliki, der sich einst an der Spitze der Da'wa-Bewegung verdienstvoll gegen Saddam Hussein aufgelehnt hatte, besitzt der Mujtahid von Kerbela auch nicht. In seiner Hauza sei man sich bewußt, daß die religiöse Entwicklung des Irak durch das Grundübel der islamischen Umma, durch die »Fitna«, die schismatische Entzweiung der Gläubigen, bedroht sei.

Doch statt sich in parlamentarischen Intrigen zu verirren, könnten die Schiiten des Irak zur Not auch auf andere Weise auf die fremden Einwirkungen reagieren. Damit verweist er auf die großen schiitischen Aufstände gegen das britische Mandat in den Jahren 1920 und 1935 sowie die massive Erhebung seines Glaubenszweiges während des amerikanischen Feldzuges »Desert Storm« im Jahr 1991. Damals hatte George Bush senior die schiitischen Milizen des Südirak zur Rebellion aufgerufen. Nachdem die kaum bewaffneten Freischärler tatsächlich die Kontrolle über den schiitischen Siedlungsraum zwischen Basra und Kerbela an sich gerissen hatten, war der US-Präsident diesem von ihm ausgelösten Aufstand in den Rücken gefallen. Er hatte die schiitischen Rebellen dem Massaker durch die noch intakte Republikanergarde Saddam Husseins und dessen Kampfhubschrauber ausgeliefert. Dieser zynische Verrat bleibe unvergessen.

Mohammed Taqi el-Mudarissi erscheint mir sorgenvoller als bei unserem Gespräch vor fünf Jahren. »Die schrecklichste Zeit liegt noch nicht hinter uns«, warnt er. »In der Geschichte hat sich erwiesen, daß nach der Beendigung einer fremden Besatzung die internen Feindschaften, die sich angestaut haben, erst mit aller Gewalt zum Ausbruch kommen. Das große Gemetzel steht eventuell noch bevor.« Es würden sich im Irak zu viele geostrategische Interessen der umliegenden Mächte überlagern und aufeinanderprallen, um eine friedliche Zukunft voraussagen zu können. Ob der Irak auf zentrale Strukturen oder eine zunehmende Verselbständigung der unterschiedlichen Regionen zusteure, sei weiterhin ungewiß. Eines sei jedoch sicher. Bei jeder Regierungsbildung, die in Bagdad nach der Zwischenphase Nuri el-Malikis zustande käme, wäre seine Glaubensgemeinschaft durchaus bereit, sunnitische und kurdische Minister mit wichtigen Ämtern zu betrauen. Die wirkliche Führung des Staates müsse jedoch in den Händen eines Schiiten liegen.

Ich bin dieses Mal nicht zu einer Diskussion mit den Theologiestudenten, den »Tullab«, über Fragen der Religion, über die Beziehungen zwischen Islam und Christentum sowie die Person Khomeinis eingeladen worden, die Mudarissi vor fünf Jahren in einer historischen Husseiniyeh einberufen hatte. Dafür ist die Stimmung in Kerbela zu angespannt. Zudem lege ich Wert darauf, das Hotel

»Andalus« in Bagdad vor Einbruch der Nacht zu erreichen. Der Abschied von dem Großayatollah findet mit der üblichen orientalischen Umarmung statt.

Als wir die Außenbezirke der Hauptstadt erreichen, leeren sich bereits die Straßen. Die Kontrollen durch Polizei und Soldaten in Tarnuniform mehren sich. Das Karada-Viertel, der angeblich harmloseste Sektor der Hauptstadt, ist in ein enges Sicherungsnetz eingesponnen. Mit Erleichterung blicke ich auf die große chaldäische Kirche, die, etwa 300 Meter von unserer Unterkunft entfernt, religiöse Toleranz zu symbolisieren scheint. Das steinerne Kreuz ragt hoch über dem ausladenden Schiff von »Our Lady of Salvation«, der das Gotteshaus geweiht ist. Das Kreuz zeichnet sich deutlich neben dem aufgehenden Halbmond am abendlichen Himmel ab. Zu jenem Zeitpunkt kann ich nicht ahnen, daß nur wenige Tage später, am 31. Oktober 2010, diese christliche Sakralstätte einer verbrecherischen Verwüstung anheimfallen, daß die Waffen fanatisierter Terroristen ein Blutbad unter den zur abendlichen Messe versammelten Jüngern Christi anrichten würden. Wir sind kurz vor dieser Tragödie über Dubai nach Afghanistan weitergereist.

SYRIEN

Vom Zuchthaus zum Schlachtfeld

Der verblichene Ruhm des Libanon

Es ist nicht meine Absicht, eine ausführliche Beschreibung der diffusen Zustände Syriens vorzunehmen. Trotz seiner Nähe zu Europa ist dieses Land ein Hort von Geheimnissen und Widersprüchen geblieben. Immerhin haben in dem Zeitraum zwischen 1948 und 1970 nicht weniger als 21 Militärputsche und Staatsstreiche in Damaskus stattgefunden. Da es mir vergönnt war, über sechzig Jahre hinweg das Schicksal dieser Levante-Republik sporadisch zu beobachten, will ich auf ein paar selbsterlebte Episoden zurückgreifen.

Nach meiner Landung in Beirut im November 2009 und der Einquartierung im Hotel »Phoenicia« beeile ich mich, das kleine, aber gediegene Mezze-Restaurant aufzusuchen, wo ich am Rande des neu erbauten Bankenviertels einen früheren außenpolitischen Redakteur der Zeitung *L'Orient-Le Jour* treffen will. Boutros, der bereits Platz genommen hat, ist in die Lektüre angelsächsischer Analysen über die Entwicklung des Islam vertieft. Seit dem endlosen Bürgerkrieg, der den Libanon zwischen 1975 und 1990 verwüstet hat, sind wir uns nicht mehr begegnet. Ich stelle fest, daß der einst so lebhafte christliche Maronit ein träger orientalischer Patriarch geworden ist. Aber seine kritische Intellektualität ist lebendig geblieben. Wir umarmen uns und gedenken der fernen Zeit, als die Hafenstadt der Levante als »Paris des Orients« gepriesen wurde. Wir erwähnen auch jene mörderischen Jahre, als es – unter Gefahr einer Geiselnahme – immerhin möglich war, die unterschiedlichsten Figuren der orientalischen Schattenwelt zu treffen: von Elie Hobeiqa, dem Anstifter des maronitischen Killertrupps, der über die Palästinenserlager von Sabra und Schatila hergefallen war, bis zu dem marxistischen Terroristenführer George Habbash, bei dem so manches Mitglied der deutschen Rote-Armee-Fraktion den Umgang mit Schußwaffen und Sprengstoff gelernt hatte, von Hussein Mussawi, dem finsteren schiitischen Inspirator von Selbstmordattentätern, die den amerikanischen und französischen Garnisonen von »Friedensstiftern« zum Verhängnis wurden, bis zu Yassir Arafat, der sich bereits als künftiger Staatschef eines unabhängigen arabischen Palästinas zu profilieren suchte.

Boutros hatte es damals verstanden, selbst gegenüber seinen christlichen Glaubensbrüdern, den »Kataeb«, einen kritischen Abstand zu wahren, was seine Verzweiflung am apokalyptischen Schicksal seiner heißgeliebten Zedern-Heimat nicht verringerte.

»Seit der gezielten Sprengung der gepanzerten Limousine von Ministerpräsident Rafik Hariri, die von westlichen Experten den Syrern angelastet wird, während die schiitische ›Partei Gottes‹, die Hizbullah, den Verdacht auf den israelischen Mossad zu lenken sucht, ist der Libanon vollends zum Symbol totaler Verwirrung in der arabischen Welt geworden«, beginnt Boutros sein politisches Exposé. »Die Amerikaner haben sogar versucht – nach dem Muster der Orange-Revolution in der Ukraine, der Rosen-Revolution in Georgien, der Tulpen-Revolution in Kirgistan –, eine Zedern-Revolution in Beirut zu inszenieren. Aber sie haben ihre Rechnung ohne die demographische Ballung und die kriegerischen Fähigkeiten der libanesischen Schiiten gemacht.«

Es sei seltsam, daß viele amerikanische Orientalisten über profunde Kenntnis des Nahen Ostens verfügten, aber daß die Mahnungen dieser Experten am Potomac ungehört verhallten, fährt der Kollege fort. Da hatte ein hoher US-Diplomat, dem allgemeinen

Meinungstrend trotzend, festgestellt, daß der Westen sich nicht darauf beschränken dürfe, die Jahrestage des Falls der Berliner Mauer und das Auseinanderbrechen des Ostblocks zu feiern. Auch die Vernichtung des World Trade Center, die sich unter dem Kürzel »Nine Eleven« in das kollektive Unterbewußtsein Amerikas eingekerbt hat, dürfe nicht isoliert betrachtet werden.

Das Jahr 1979 sei das Schicksalsjahr eines profunden Umschwungs gewesen, vergleichbar nur mit der unrühmlichen Niederlage der vereinten arabischen Armeen im Sechstagekrieg gegen Israel, als 1967 nicht nur der Mythos des Nationalhelden Gamal Abdel Nasser verblaßte, sondern auch die idealisierte Vorstellung einer mächtigen arabischen Nation, einer »Ummat el arabiya«, die vom Atlantik bis zum Persischen Golf reichen sollte. Seitdem könne – inmitten der Verschwörungen und Intrigen, mit denen die Staatenkette der Arabischen Liga sich gegeneinander auszutricksen sucht – von einer »Ummat el-arabiya« nicht mehr die Rede sein. Man erkenne keine Nation mehr an, sondern nur eine » Ummat el-islamiya«.

Das Jahr 1979 war laut Boutros durch drei Ereignisse gekennzeichnet, die den Status quo im »Broader Middle East«, wie die Amerikaner sagen, aus der Lethargie und Selbstverleugnung jener Despoten und Militärcliquen herausrissen, die sich bei allem Gezeter gegen den Zionismus als gefügige Trabanten der USA erwiesen. Die iranische Revolution des Ayatollah Khomeini schuf einen Gottesstaat sui generis, der von Präsident Bush junior als »Empire of evil« bezeichnet werden sollte, dessen Ausstrahlung jedoch auf die schiitische »Partei Alis« im Irak, im Libanon, in Afghanistan begrenzt blieb. Allenfalls wurde den sunnitischen Arabern von den persischen Mullahs in Teheran vor Augen geführt, wie heuchlerisch ihr Kriegsgeschrei gegen Israel klang, wie wenig sie sich um das tragische Schicksal ihrer sunnitischen und arabischen Brüder Palästinas in Wirklichkeit kümmerten.

Im Dezember 1979 hatte die Sowjetarmee zur blitzartigen Überrumpelung Afghanistans ausgeholt, und niemand ahnte damals, daß dieser Feldzug am Hindukusch fast zehn Jahre andauern, daß der durch die afghanischen Mujahidin erzwungene Rückzug der russischen Besatzungstruppen den ersten deutlichen Hinweis auf den verblüffenden Verfall der moskowitischen Weltmacht liefern würde.

Wenige im Westen bemerkten den für die islamische Welt zutiefst aufwühlenden Aufruhr in Saudi-Arabien, der Mittelost-Experten am Londoner »Institute for Strategic Studies« zu der Aussage veranlaßte, im Islam hätten 1979 »alle Bremsen versagt«. Im November fand die Erstürmung der Heiligen Stätten von Mekka durch eine Tausendschaft fanatischer Korangläubiger statt, die sich gegen den sündhaften Lebenswandel, die protzige Verschwendungssucht der saudischen Dynastie und gegen ihr Paktieren mit Amerika auflehnte.

Es waren keineswegs schiitische Außenseiter oder gottlose Marxisten, die das Attentat gegen die »Masjid el-Haram« und die Geiselnahme König Khaleds geplant hatten. Ihre Aktion mißlang, weil der Monarch unpäßlich war und nicht zum Gebet an der Kaaba gekommen war. An der Spitze des Aufruhrs stand ein 27jähriger muslimischer Zelot, Mohammed el-Qahtani, der sich selbst zum »Mahdi«, zum »Rechtgeleiteten«, zum Vorboten und Verkünder des Reiches Gottes ausgerufen hatte. Qahtani wollte zurückfinden zu den reinen Vorschriften des Früh-Islam. Die saudischen Prinzen von heute verdammte der selbsternannte Mahdi als eine Bande von Ungläubigen. Die Korangelehrten, die der Dynastie willfährig zur Verfügung standen, schloß er in diese Verurteilung ein.

Mohammed el-Qahtani war kein Landesfremder. Im Gegenteil, er gehörte der Sippe des Propheten an, und die bewaffneten Anhänger, die sich ihm anschlossen – Frauen und Kinder nahmen an dem heiligen Abenteuer teil –, waren allesamt sunnitische Araber. Vierzehn Tage lang haben die Aufständischen sich im Umkreis der Kaaba behauptet. Als die Masse der Bevölkerung ihnen nicht spontan folgte und die Engel des Himmels nicht zu Hilfe eilten, verschanzten sich die Rebellen in den riesigen Kellergewölben der Wallfahrtsstätte. Weder die Soldaten der saudischen Armee noch die Beduinen der Nationalgarde waren in der Lage, den Widerstand dieses verzweifelten Haufens zu brechen. Zuverlässigen Quellen zufolge mußten Sonderkommandos aus Jordanien – von französischen Gendarmen angeführt – die Gewölbe von Mekka stürmen. Auf beiden Seiten kam es zu schweren Verlusten. 62 überlebende Aufrührer wurden am 8. Januar 1980 öffentlich enthauptet, darunter der politische Führer der Bewegung, Juhayman el-Otaibi, der auch erst 27 Jahre alt war.

Was Boutros an diesem religiösen Konflikt auf heiligstem Boden nachträglich erheitert, ist die Tatsache, daß die saudische Prinzengarde in der Stunde ihrer höchsten Not sich an Frankreich gewandt und die Entsendung der Antiterror-Spezialisten der GIGN angefordert hatte. Diese Elitetruppe war überstürzt nach Saudi-Arabien eingeflogen worden, um den dortigen Militärs bei der Niederschlagung des salafistischen Aufstandes zur Seite zu stehen. Seltsames Schauspiel, wie Ungläubige aus dem Abendland – angesichts der Untauglichkeit der eigenen Streitkräfte – einspringen mußten, um die weihevollsten Sakralbauten des Islam zu schützen. Seit der Verwüstung der Heiligen Stätten durch die ketzerischen Qarmaten des zehnten Jahrhunderts hatte keine solche Entweihung mehr stattgefunden.

Da der Zugang zur »Masjid el-Haram« nur gläubigen Muslimen gestattet ist, fragen wir uns, ob die französischen Gendarmen wohl einen Scheinübertritt zum Islam vorgetäuscht hatten, was durch die Rezitation der »Schahada«, des Glaubensbekenntnisses, relativ einfach ist, bestände nicht ebenfalls das Gebot, vor der Aufnahme in die islamische Gemeinschaft die Beschneidung der männlichen Vorhaut, die »Circoncision«, vorzunehmen. Es ist anzunehmen, daß die Glaubenswächter des Hauses Saud auf diese Prozedur, die eine vorübergehende Behinderung des kämpferischen Einsatzes nach sich gezogen hätte, verzichtet hatten.

Aus jenen Tagen, so argumentiert Boutros, datiert eine verstärkte Hinwendung des Hauses El Saud zu einer exzessiven Interpretation der Gesetzgebung des Propheten. Um die zutiefst fromme Bevölkerung und deren Imame, die Anstoß am Lebensstil und den Ausschweifungen der von Amerika protegierten Monarchie nahmen, zu beschwichtigen, wurde den Religions- und Sittenwächtern mitsamt ihrer Wächtertruppe der Mutawa die strikteste Durchsetzung der öffentlichen Tugendhaftigkeit und Sittenstrenge aufgetragen. Da ging es nicht nur um die grausamste Auslegung der Gesetze der Scharia, um den Zwang zu den vorgeschriebenen Gebetsübungen, um die religiöse Erziehung der Jugend und die strenge Trennung der Geschlechter.

Die fanatische wahhabitische Rechtsprechung fördert eine unerträgliche Intoleranz, die der brutalen Praxis der afghanischen Taleban in nichts nachsteht, ja diese sogar inspiriert haben dürfte. Die unerschöpflichen Finanzressourcen, die dem petroleumreichsten Staat der Welt zur Verfügung stehen, wurden in den Dienst eines weltweiten Missionierungsauftrages gestellt. Die Jünger des Koranpredigers Abd el-Wahhab aus dem achtzehnten Jahrhundert, dessen Familie mit der kriegerischen Sippe der Saud in der trostlosen nordöstlichen Wüstenregion des Nedjd eine enge familiäre Bindung eingegangen war, wurden zu den exaltierten Kündern einer überzogenen islamistischen Botschaft. In deren Namen wird heute von Bosnien bis nach Indonesien der Haß auf die Ungläubigen geschürt, der Bau zahlloser Moscheen ermöglicht und dem Heiligen Krieg vom Kaukasus bis Nord-Nigeria und Java ein solides Fundament verliehen.

Jedermann sollte wissen, daß die Terroranschläge von Nine Eleven nicht den Afghanen angelastet werden können, sondern daß es sich um ein fast ausschließlich saudisches Terrorunternehmen handelte, ereifert sich Boutros. Dieses kuriose Königreich, das sich erst im Jahr 1925 mit Hilfe der Kamelreiter der »Weißen Armee« des Prinzen und späteren Königs Feisal Ibn Abdul Aziz des arabischen Kernlands Hedschas am Roten Meer mit den heiligen Stätten von Mekka und Medina bemächtigte, glich spätestens seit der Demütigung des November 1979 einem geostrategischen Januskopf. Auf der einen Seite wußten die jeweiligen Herrscher, die bis auf den heutigen Tag noch Söhne des großen Gründers und Kriegers Abdul Aziz Ibn Saud sind, daß sie dank ihres immensen Potentials an Erdöl für die amerikanische Supermacht unentbehrlich und von den in Washington üblichen Ermahnungen zur Einführung von Demokratie und Menschenrechten verschont blieben. Auf der anderen Seite wiegelten die wahhabitischen Missionare, die im Senegal und im Kaukasus ebenso heimisch wurden wie in Pakistan und den Süd-Philippinen, all jene muslimischen Völkerschaften auf, die sich bislang gemäßigt und tolerant gegenüber Andersgläubigen verhielten.

Es fand bei diesen Eiferern eine systematische Frontstellung gegen den Westen statt, mochte der nun im Gewand des gottlosen Marxismus auftreten oder sich vor dem Goldenen Kalb eines entarteten Kapitalismus in den Staub werfen. Als Repräsentanten der beiden gegensätzlichen und doch irgendwie komplementären Tendenzen könnte auf seiten der bedingungslosen Komplizenschaft mit Washington der einflußreiche saudische Prinz Bandar erwähnt werden, der in enger geschäftlicher Beziehung zur Präsidentenfamilie Bush und noch mehr zu Vizepräsident Dick Cheney stand. Auf der anderen Seite machte ein gewisser Osama Bin Laden von sich reden, der die religiöse Pflicht zum Jihad verkörperte und unter Hintanstellung seiner zutiefst antiamerikanischen Grundeinstellung sich zunächst gegen die kommunistische Invasion in Afghanistan stemmte. Zu diesem Zweck rekrutierte er eine »Grüne internationale Brigade«, die später unter dem Namen »El Qaida« die Phantasie der westlichen Medien beflügeln sollte. Beim Studium der vertraulichen Unterlagen von Wikileaks über den undurchsichtigen Zustand des saudischen Königshauses stellt sich Boutros die Frage, ob eine so flagrante Doppelköpfigkeit sich auf Dauer aufrechterhalten lasse oder ob das System eines Tages implodieren müsse.

Boutros ist in melancholischer Laune. »Die syrische Besatzung, die uns Libanesen so unerträglich erschien, sind wir jetzt unter dem Druck der ›internationalen Völkergemeinschaft‹ losgeworden«, meint er. »Aber die syrischen Geheimdienste verharren im Untergrund. Rafik Hariri, der in Saudi-Arabien zum Milliardär wurde, hat zwar den Wiederaufbau des verwüsteten Stadtkerns von Beirut mit großer Energie vorangetrieben und dabei Unsummen verdient. Aber dieser sunnitische Krösus, den heute die konservativen Kräfte unserer Republik als Märtyrer der Freiheit feiern, hat auch die verderblichen saudischen Finanzallüren bei uns eingeführt, die Bestechung zum obersten Regierungsprinzip erhoben. Das war nicht neu in unserer politischen Landschaft, aber dem Libanon ist dabei sein einmaliger kultureller Charakter verlorengegangen. Früher blickten unsere Eliten auf das ›Quartier Latin‹ von Paris. Heute sind sie auf Wall Street ausgerichtet.«

Ich erzähle ihm von meiner Begegnung mit General Michel Aoun am Vortag in dessen stattlicher Villa oberhalb von Antelias. Die Persönlichkeit des ehemaligen Präsidenten der Zedernrepublik verkörpert alle Widersprüche, die diesen aus dem französischen Mandat hervorgegangenen Staat kennzeichnen. Laut »Pacte national« aus dem Jahr 1943 muß stets ein maronitischer Christ den Posten des Staatspräsidenten bekleiden, während das Amt des Ministerpräsidenten einem sunnitischen Muslim, das Außenministerium einem orthodoxen Christen und der Vorsitz des Parlaments einem Schiiten vorbehalten bleibt, während die Sekte der Drusen mit einem Ministerposten bedacht wird. Michel Aoun hatte sich seinerzeit mit Waffengewalt gegen die Bevormundung und die Intrigen der Syrer auflehnen wollen. Doch gegen die dreißigtausend Soldaten, die Präsident Hafez el-Assad, der starke Mann von Damaskus, als Kontroll- und Besatzungstruppe entsandt hatte, konnte er sich nicht behaupten und verschanzte sich zuletzt in seinem Palast von Baabda. Er wurde durch einen französischen Hubschrauber vor der Gefangennahme gerettet und über Jounieh nach Paris evakuiert.

General Aoun, in elegantes Zivil gekleidet, war mir mit der üblichen levantinischen Höflichkeit begegnet. Sachlich aufschlußreich war unser Gespräch nicht. Immerhin hatte dieser politisierende Militär eine erstaunliche Verwandlung durchlaufen. Er hatte – nach seiner Rückkehr nach Beirut – eine Partei ins Leben gerufen, die die christlich-maronitische »Taifa« endlich aus dem herrischen Zugriff der traditionellen Feudal-Clans löste. Er hatte die rivalisierenden Sippen der Gemayel, der Chamoun, der Eddé, der Franjié um ihre bislang unerschütterlichen Positionen gebracht. Tatsächlich konnte er die Mehrheit seiner mit Rom unierten Konfession, die der überlieferten Privilegien der »grandes familles« überdrüssig war, hinter sich bringen. Mit den Syrern hatte er sich offenbar versöhnt, eine Kehrtwende, die im Libanon durchaus nicht ungewöhnlich war, verhandeln doch in Damaskus die Söhne des Drusenführers Kamal Jumblat und des Plutokraten Rafik Hariri mit dem vermutlichen Mörder ihrer Väter, dem syrischen Staatschef Hafez el-Assad.

Michel Aoun war noch weiter gegangen. Er akzeptierte ein Bündnis, das vor zwei Jahrzehnten noch unvorstellbar gewesen wäre. Dieser umtriebige Offizier bildete eine Koalition mit den schiitischen Parteien Hizbullah und Amal. Damit entzog er die Zedernrepublik der gewohnten amerikanischen Hegemonie. Da die streitbare »Partei Alis« im Libanon zur stärksten religiösen Gemeinschaft – fast fünfzig Prozent der Gesamtbevölkerung – angewachsen war und mit ihrer Hizbullah-Miliz über ein martialisches Instrument erster Güte verfügte, das der offiziellen libanesischen Nationalarmee weit überlegen war, vollzog sich ein politischer und gesellschaftlicher Erdrutsch. Die vom Westen hochgejubelte »Zedern-Revolution« der konservativen und bürgerlichen Gegenkräfte erwies sich nachträglich als lärmende Episode der privilegierten Klasse.

Mochten die syrischen Truppen auch aus dem Libanon verdrängt worden sein – das wirkliche Schwergewicht in dieser multikonfessionellen Republik liegt nunmehr bei den straff organisierten Schiiten, die zur Zeit meines Studienaufenthalts vor einem halben Jahrhundert noch als ketzerische Außenseiter, als »underdogs« und darbende Tagelöhner von Sunniten und Christen als »quantité négligeable« behandelt wurden. Es kam der seltsamen Allianz zwischen General Aoun und dem schiitischen Scheich Nasrallah zugute, daß die streitbaren Hizbullahi bei ihrem unermüdlichen Kleinkrieg gegen die israelische Militärpräsenz im äußersten Süden Libanons auf die Waffenlieferungen angewiesen waren, die ihnen von ihren persischen Glaubensbrüdern über syrische Schleichwege zugeleitet wurden. Aoun mußte wohl oder übel einen bizarren modus vivendi mit dem Diktator von Damaskus akzeptieren, dessen Kugelhagel er einst knapp entronnen war.

»Ob wir es wollen oder nicht, hier führen alle Wege über Damaskus«, beschließt Boutros den Klagegesang über seine einst blühende Heimat, deren maronitischer Patriarch und römischer Kardinal weiterhin auf seinem goldenen Meßgewand den Bibelspruch trägt: »Gloria Libani data est ei – Ihm ward der Ruhm des Libanon gegeben.«

Die Fremdenlegion
im Djebl Drus

DAMASKUS, OKTOBER 2009

Wer immer sich mit dem Zustand des Fruchtbaren Halbmondes befaßt, sollte die Aussage des General de Gaulle beherzigen, der in jungen Jahren in das französische Mandatsgebiet Syrien abkommandiert wurde: »Vers l'Orient compliqué, je partais avec des idées simples – In den komplizierten Orient brach ich mit einfachen Vorstellungen auf.« Als das Osmanische Reich nach dem Ersten Weltkrieg auseinanderfiel, sahen sich die beiden Entente-Mächte – England und Frankreich –, die das breite Territorium zwischen Mittelmeer und Persischem Golf unter sich aufteilten, mit einer extrem verworrenen Situation konfrontiert. Während der legendäre Lawrence of Arabia den revoltierenden Beduinen des Scherif Hussein von Mekka, die sich gegen den Sultan erhoben hatten, die Schaffung eines arabischen Großreiches vorgegaukelt hatte, wurde dieses Wunschbild durch die imperialen Ambitionen der Alliierten bereits zu Grabe getragen. 1916 wurde in aller Heimlichkeit das Teilungsabkommen Sykes-Picot vereinbart, das den Briten Palästina und den Irak, den Franzosen den Libanon und Syrien zusprach.

Der verzweifelte Versuch des Haschemiten-Erben Feisal, Sohn des Scherif Hussein, der die türkischen Verbindungswege bis nach Südjemen erfolgreich sabotiert hatte, sich in Damaskus als Herr-

scher zu etablieren, scheiterte schon im Ansatz an den Eifersüch-
teleien und Disputen der diversen Emire und Stammesführer. Der
massive Einmarsch französischer Truppen setzte allen panarabischen Plänen ein jähes Ende. Während die Franzosen sich zu jener
Zeit auf die Loyalität der christlichen Bevölkerungsgruppen des Libanon stützen konnten, betraten sie in Syrien ein feindseliges,
durch ethnische und konfessionelle Gegensätze zerrissenes Territorium.

Die Fremdenlegion wurde ausgeschickt, um im äußersten Süden
den Aufstand der Drusen in jahrelangen Gefechten niederzuwerfen. Diese Angehörigen einer mysteriösen Sekte werden zwar offiziell dem Islam zugerechnet, huldigen jedoch in Wirklichkeit
einem seltsamen Synkretismus. Die Drusen zollen dem geistesgestörten Fatimiden-Kalifen Hakim bi-Amrillah beinahe göttliche
Verehrung. Gleichzeitig gehört die Seelenwanderung zu den Säulen ihres esoterischen Glaubens.

Nach dem uralten Prinzip des »Teile und herrsche« spielten die
französischen Mandatsbehörden die christlichen Minderheiten gegen die erdrückende Überzahl der sunnitischen Muslime aus und
versuchten sogar im gebirgigen Küstengebiet zwischen Lattaqiya
und Banyas ein autonomes Gebiet der Alawiten ins Leben zu rufen.
Dabei handelt es sich um eine Gemeinde, die in der heutigen Arabischen Republik Syrien eine dominante Rolle spielt. Blieb im
Nordosten des Mandatsgebietes längs der türkischen Grenze ein
Siedlungsgebiet von Kurden, die sich ähnlich wie ihre Stammesbrüder in Anatolien und Westiran durch den Vertrag von Sèvres um
ihre Eigenstaatlichkeit betrogen fühlten.

*

Im Sommer 1951 war ich – von Bagdad kommend – zum ersten
Mal in Damaskus eingetroffen. Meine geringen finanziellen Mittel erlaubten mir immerhin, jenen langgezogenen Autobus der
Nairn-Linie zu benutzen, der für die nächtliche Fahrt mit komfortablen Liegesesseln ausgestattet war. In Ermangelung von Straßen

und Pisten peilte angeblich der Chauffeur seine Richtung durch die tellerflache Wüste mit Hilfe eines Kompasses an.

Gleich beim ersten Gang durch die Altstadt von Damaskus – von den Arabern Es Scham genannt – war ich von dieser uralten Metropole fasziniert. In Damaskus schlage das Herz der arabischen Nation, wird heute noch behauptet. Tatsächlich wird die zerbrökkelnde architektonische Pracht des Stadtkerns nur durch die ferne maghrebinische Zauberwelt von Fez und Meknes übertroffen. Ich hatte mich im Hotel »Orient Palace« einquartiert, unmittelbar gegenüber dem stattlichen Bahnhof der Hedschas-Bahn, die von deutschen Ingenieuren zur Zeit des wilhelminisch-osmanischen Bündnisses durch die sandige Einöde Arabiens gebaut wurde. Zu Fuß bin ich durch den von geschäftigem Leben quirlenden Suq geschlendert und stand plötzlich am Eingang der Omayyaden-Moschee. An der Enge des überdachten Bazars gemessen, wirkte der marmorgepflasterte, riesige Innenhof mit dem Grab Johannes des Täufers wie eine weihevolle Unendlichkeit. Die korinthischen Säulen dieser riesigen Kultstätte verwiesen auf ihren hellenistischen und byzantinischen Ursprung.

Bei meinem Rundgang durch die modrigen Gassen stieß ich auf die bescheidene Grabstätte des edelsten Helden des Islam, auf das Mausoleum des Sultan Saladin – auf Arabisch Salah ud Din –, der den Kreuzrittern im Jahr 1187 die entscheidende Niederlage von Hittin beibrachte und Jerusalem wieder der Herrschaft des Halbmondes unterwarf. Der kleine Garten, der sich an den melonenförmigen Kuppeldom schmiegte, besaß trotz und vielleicht wegen seiner Vernachlässigung einen elegischen Charme. Sogar Singvögel zwitscherten. Der ursprüngliche Katafalk des großen Feldherrn, der auch von seinen christlichen Gegnern hochgeachtet und in Lessings »Nathan der Weise« idealisiert wurde, war aus Nußbaum gezimmert und von Fäulnis angefressen. Daneben hat Kaiser Wilhelm II. bei seiner Orientreise im Jahre 1898 einen prächtigen Kenotaph aus weißem Marmor aufstellen lassen als Huldigung an einen fremdgläubigen Feldherrn des Mittelalters, der auch in der abendländischen Sagenwelt weiterlebt. Am Rande sei erwähnt, daß Saladin kein ethnischer Araber, sondern Kurde war und aus dem Städtchen Tikrit nördlich von Bagdad stammte. Dort sollte achthundert Jahre später – in einfachsten Verhältnissen – ein gewisser Saddam Hussein das Licht der Welt erblicken, ehe er zum grandiosen und grausamen Rais an die Spitze der Irakischen Republik aufstieg und nach seiner Gefangennahme durch die US-Streitkräfte am Galgen endete.

Im Spätsommer 1951 wurde Syrien mit starker Faust regiert. Unabhängig von den Zivilregierungen, die sich in Damaskus ablösten, lag die tatsächliche Macht in den Händen des General Adib Schischakli, eines Kurden mit steinernem Gesicht, von dem es hieß, er halte sich nie vor einem Fenster auf, sondern sorge stets dafür, mit dem Rücken zur Wand zu stehen. Das Machtinstrument Schischaklis war das Erste Panzerbataillon von Damaskus, das er persönlich kommandierte. Er habe einst der »Syrischen Volkspartei« PPS nahegestanden, so munkelte man, jener »Hizb es-Suri el-Qaumi«, die von einem libanesischen Christen gegründet worden war, einem wirren Sozialismus nationalistischer Prägung anhing und die volle Säkularisierung des Staates forderte.

Die PPS träumte in jenen Tagen noch von einer Großsyrischen Republik, die das türkische Cilicien, Jordanien, Palästina, die Sinai-Halbinsel und sogar Zypern umfaßt hätte. Die PPS holte den Feldherrn Hannibal aus der Mottenkiste der Geschichte und spannte den Karthager für ihre utopischen Ziele ein. Die PPS, die ein Vierteljahrhundert später im libanesischen Bürgerkrieg von ahnungslosen westlichen Korrespondenten als progressistische Bewegung hoch gelobt wurde, führte damals schon ein stilisiertes rotes Hakenkreuz mit weißer Scheibe auf schwarzem Hintergrund in ihrem programmatischen Wappen.

Streit um den Fruchtbaren
Halbmond

Vor meinem Aufbruch aus Beirut hat mir der Kollege Boutros ein Empfehlungsschreiben an einen engen Verwandten mitgegeben, einen wohlhabenden Geschäftsmann, der sein Vermögen zahlreichen kommerziellen Niederlassungen in Westafrika verdankt. In einem orientalischen Palast der Altstadt, wo sich der Glanz früherer Epochen trotz mancher Spuren des Verfalls erhalten hat, empfängt mich ein beleibter, kahlköpfiger Mann, der etwa siebzig Jahre alt sein mochte und den wir Georges nennen wollen. Jedes Gespräch in Damaskus ist konspirativ, aber die familiäre »connection« zu Boutros schafft Vertrauen. Georges zögert nicht, auch heikle politische Themen anzusprechen, nachdem er sich versichert hat, daß der kaukasische Bedienstete nach Servieren des Kaffees den gekachelten Empfangsraum mit dem versiegten Springbrunnen verlassen hat.

»Schischakli hatte sich längst von der PPS distanziert«, erklärt mir Georges. »Diese Syrische Volkspartei, die ursprünglich von dem griechisch-orthodoxen Christen Antun Sa'ada konzipiert wurde und in der weiterhin die Angehörigen dieser Konfession den Ton angeben, konnte für den Sunniten Schischakli kein ausreichendes Instrument sein. Die PPS geriet zudem in den Verdacht, mit dem britischen Geheimdienst zu konspirieren, und das kommt in Syrien einem Todesurteil gleich. Aber auch die Franzosen sind höchst unbeliebt. Mit ihrem verzweifelten Versuch, sich noch 1945 hier festzukrallen – sie haben damals sogar Damaskus mit Artillerie beschossen –, ehe sie von den britischen Verbündeten zum Abzug gezwungen wurden, haben sie sich lächerlich gemacht. In seiner Wut gegen diese Verdrängung hatte Charles de Gaulle damals angeblich die Botschaft an Churchill gerichtet: ›Wenn wir die Macht dazu hätten, würden wir Ihnen den Krieg erklären.‹ Aber eines hatte das Deuxième Bureau der Franzosen hier hinterlassen, ein abgrundtiefes Mißtrauen gegen das ›perfide Albion‹.«

Bis spät in die Nacht schildert mir Georges die Tragödie der orientalischen Christenheit in der Levante. »Wir sind die Väter des arabischen Nationalismus«, beteuert er. »Unsere Intellektuellen, unsere Journalisten aus Syrien und Libanon haben im wesentlichen auch die arabische Presse in Kairo begründet. Diese Vorläufer haben sich gegen die türkische Gewaltherrschaft aufgelehnt. Es ging ihnen nicht nur darum, die arabische Nation aus der erdrückenden Abhängigkeit der ›Hohen Pforte‹ zu lösen. Es ging um mehr. Der osmanische Sultan Selim I., genannt der Grausame, hatte seit dem Ende des letzten Abbassiden-Zweiges in Ägypten auch den Titel des Kalifen für sich usurpiert. Er war der ›Befehlshaber der Gläubigen‹. Die Befreiung der Araber vom türkischen Joch würde, so hofften wir damals, den christlichen Minderheiten des Orients endlich die Gleichberechtigung mit den Muslimen im Rahmen einer säkularisierten arabischen Nation bringen. Religion und Politik wären dann endlich getrennt, und die ›Nahda‹, das nationale Erwachen, würde in einen demokratischen Modernismus westlicher Prägung einmünden, wie ihn unsere Intellektuellen beim Studium an der Sorbonne aufgesogen und schätzen gelernt hatten. Wir wären endlich befreit gewesen von jenem diskriminierenden Status als ›Dhimmi‹, als ›Beschützte‹, den der Koran den Christen und den Juden, der ›Familie des Buches‹ oder ›Ahl el-Kitab‹, sehr restriktiv zugestand.«

Georges hat sich im Lauf seines Monologs erregt. Er ist auf Franzosen und Engländer nicht gut zu sprechen. Die Mandatsmächte seien den Christen in den Rücken gefallen. Die Franzosen hätten zwar geglaubt, am Libanon ein christliches Bollwerk hinterlassen zu können, doch die Entente-Mächte hätten den Arabismus bereits während des Ersten Weltkrieges verraten. Der französische General Gouraud hatte 1920, als der haschemitische Araber-Fürst Feisal, der Weggefährte des Colonel Lawrence, in Damaskus die Generalstände der arabischen Befreiung ausrufen wollte, diesen Feudalherrn aus dem Hedschas in die arabische Wüste gejagt.

Die chaotischen Beduinen seien ohnehin untauglich gewesen für eine geordnete Staatsgründung, meint der Maronit mit einem verächtlichen Lächeln. Feisal habe sich glücklich schätzen dürfen, daß er in Bagdad noch mit einem Königreich von britischen Gnaden beliehen worden sei, wie auch sein Bruder Abdallah mit dem Wüstenfetzen von Transjordanien abgefunden wurde, ein »Sandkönig« gewissermaßen. Aber die arabischen Reformer, vor allem die griechisch-orthodoxen Vorkämpfer der »Nahda«, seien an ihrem Demokratieverständnis französischer oder britischer Provenienz verzweifelt. Der arabische Nationalismus, von den Entente-Mächten mißachtet und mißbraucht, habe sich nunmehr neuen Idealen zugewandt. Der Begriff »Nation« habe sich von den rationalen Modellen der Französischen Revolution oder eines Ernest Renan sowie von der Schimäre des Westminster-Parlamentarismus abgewandt und neue Erfüllung in einer völkischen, romantischen Interpretation gesucht, wie sie in den dreißiger Jahren im Gefolge Mussolinis und Hitlers hochkam.

An die Stelle des verspäteten Jakobinertums und jener aufgeklärten, voluntaristischen These, wonach die Nation sich als tägliche Volksabstimmung, »un plébiscite de tous les jours«, offenbare, sei der Begriff der unausweichlichen völkischen Zusammengehörigkeit getreten. Diese Thesen seien von ein paar jungen arabischen Propagandisten nachträglich mit dem deutschen Gedankengut Herders und Fichtes verquickt worden. Nicht von ungefähr habe die »Syrische Volkspartei« das Hakenkreuz nachgeäfft.

Der alte Mann ist aufgestanden. Er hat die Maske weiser Abgeklärtheit fallenlassen. »Ich war persönlich befreundet mit dem Gründer der bedeutendsten Nationalbewegung in unserem Raum, mit Michel Aflaq, dem Inspirator der ›Hizb el Baath el arabi‹, der ›Partei der arabischen Wiedergeburt‹. Ich habe lange und häufig mit Michel Aflaq gestritten. Als Maronit, als Angehöriger einer kämpferischen christlichen Konfession, die sich zumindest im libanesischen Gebirge gegen alle Stürme behauptet hatte, distanziere ich mich von der Anpassungsfähigkeit, den fatalen Zugeständnissen meiner griechisch-orthodoxen Glaubensbrüder. Ich bezweifle stark, daß der arabische Nationalismus sich einer zwangsläufigen Re-Islamisierung auf Dauer verweigern kann.«

Deutsche Präsenz am Golan

Im Juni 1951 rollte ich zum ersten Mal im Jeep auf der geschlungenen Schotterstraße, die südwestlich von Damaskus das Golan-Plateau erklettert. Zum Schutz und zur Überwachung wurde ich von einem syrischen Hauptmann und zwei Soldaten eskortiert. Der Capitaine hatte sich mit seinem richtigen Namen, Abdelhamid Serraj, vorgestellt, und ich konnte nicht ahnen, daß er eines Tages zum Chef eines der gefürchtetsten Geheimdienste seiner Republik würde. Wir hatten am Fuß des Golan-Massivs die Ortschaft Deraa durchquert.

»Sie kennen doch Deraa aus den Erzählungen von El Aurens«, fragte Abdelhamid Serraj und sprach den Namen des berühmten Lawrence of Arabia immer noch wie die Wüstenreiter des Scherif Hussein aus. Deraa war eine trostlose Siedlung auf dem Weg von Damaskus zu den Golanhöhen. Durch diese grauen Steingassen war Lawrence einst als einsamer, unvorsichtiger Späher in der Verkleidung eines Beduinen geirrt, als ihn eine türkische Patrouille aufgriff. Die kollektive Vergewaltigung, die dann folgte, hat den Helden der *Sieben Säulen der Weisheit* in geradezu neurotischer Weise gezeichnet. Danach konnte nicht genug Blut fließen, und es wurde kein Pardon gewährt, wenn eine osmanische Nachhut in den Hinterhalt der Beduinen des englischen Agenten geriet.

»Die Briten verstehen sich auf Orientpolitik«, nahm der Capitaine das Gespräch wieder auf. »Sie kaufen sich ein paar Paschas, setzen einen haschemitischen König an deren Spitze, sorgen für gute Verbindungswege, damit ihre Söldner jeden Widerstand im Soforteinsatz brechen können. Das Volk wird in Unwissenheit gehalten. So kann man eben ein arabisches Land beherrschen. Die Franzosen haben sich bei uns in Syrien viel törichter angestellt. Sie haben zwar versucht, alle nur erdenklichen Bevölkerungsgruppen gegeneinander auszuspielen, die Christen gegen die Muslime, die Alawiten gegen die Sunni, die Drusen gegen die übrigen. Aber gleichzeitig haben sie den Schülern und Studenten die Geschichte der Französischen Revolution eingetrichtert. Dann wunderten sich die Lehrmeister aus Paris, daß wir die Konsequenz aus diesem Unterricht zogen und die Bastille der Mandatsverwaltung stürmen wollten.«

Wir bewegten uns jetzt in einer vulkanischen Felslandschaft. Das Gestein war schwarz. Schwarz waren auch die Ziegen, die durch den Lärm unseres Jeeps verscheucht und von zwei drusischen Hirten mühsam wieder eingesammelt wurden. Wir näherten uns der syrisch-israelischen Grenze. Das Golan-Plateau fiel plötzlich steil ab. Zu unseren Füßen erstreckte sich die Jordan-Senke mit dem Huleh-See, der damals von den jüdischen Siedlern noch nicht trokkengelegt war. Dahinter stiegen die sanften Hügel von Galiläa an. Der Kontrast konnte nicht krasser sein zwischen der steilen, nackten Öde, auf der wir uns befanden, und dem israelischen Pionierland jenseits des Huleh. Dort drüben hatte – der jüdische Staat war erst drei Jahre alt – intensive Agrarbearbeitung die Landschaft mit fruchtbarem Grün überzogen. Sogar die spröden Hänge waren mühsam aufgeforstet worden. Capitaine Serraj war sich dieses Unterschiedes wohlbewußt. »Wir sind ein armes Land«, beteuerte er, »das auf seine eigenen Kräfte angewiesen ist, aber den Zionisten dort drüben steht die ganze Kapitalkraft des Weltjudentums zur Verfügung.« Er führte mich zu einer Kette von flachen Betonbunkern, deren Schießscharten auf die israelischen Kibbuzim gerichtet waren. »Wir verfügen hier über eine erstklassige Position, wenn eines Tages der Krieg um Palästina wieder ausbricht, und dieser Tag wird mit Sicherheit kommen«, fuhr der Offizier fort. »Diese Bunkerstellung ist übrigens von Ihren deutschen Freunden entworfen worden, denen Sie in Damaskus begegnet sind.«

Tatsächlich verdankte ich den Ausflug in die vordersten syrischen Stellungen am Golan der Empfehlung des deutschen Oberst Kriebel, der im syrischen Verteidigungsministerium in jenen Tagen eine Gruppe von dreißig ehemaligen Wehrmachtsoffizieren leitete. Diese Militärmission, deren Mitglieder individuell vom syrischen Generalstab rekrutiert worden waren, entsprach durchaus nicht jenen phantastischen Gerüchten von einer zwölftausend Mann starken deutschen »Orient-Armee«, die angeblich auf seiten der Araber zum Einsatz gegen Israel bereitstände. Oberst Kriebel hatte mich ohne Umstände in seinem Büro in Damaskus empfangen, das von syrischen Militärpolizisten mit roter Schirmmütze bewacht wurde. Sein Vater war bereits als Wehrberater in China tätig gewesen. Kriebel entsprach dem Typus des intellektuellen Generalstäblers.

Die Atmosphäre in seiner Amtsstube war nüchtern. Er betonte auch, daß er Experten und keine Landsknechtsnaturen um sich versammelt hatte. Den offiziellen Segen aus Bonn habe er zwar nicht. Die Bundesrepublik sei doch erst aus der Taufe gehoben, und die Bundeswehr befinde sich in der allerersten Konzeptionsphase. Die westlichen Alliierten hätten keine Einwände gegen diese deutsche Mission erhoben. Im Zeichen des Kalten Krieges – seit einem Jahr in Korea zu einer tödlichen Eskalation hochgeschraubt – sei die Präsenz von Westdeutschen in Syrien einer möglichen sowjetischen Einflußnahme bei weitem vorzuziehen.

Er habe seinen Offizieren die Weisung erteilt, stets Zivil zu tragen, und bemühe sich um guten Kontakt nach Bonn. Seines Wissens sei in Ägypten eine ähnliche Offiziersgruppe tätig. Es ging sehr sachlich zu bei den deutschen Militärexperten in Damaskus. Orientalisch wirkten nur die syrischen Ordonnanzen, die in kurzen Abständen türkischen Kaffee servierten. Aber Kriebel verheimlichte nicht, daß dieser Kargheit und Disziplin, die er seinen Mitarbeitern auferlegte, eine sehr viel abenteuerlichere Phase vorangegangen war.

Der Schwarze September

Es wäre müßig, den politischen Wirrwarr zu schildern, der der Entfernung des General Schischakli aus dem Präsidentenamt folgte. Die syrische Politik wurde zum Exempel arabischer Inkohärenz. Ausschlaggebend wirkte sich vorübergehend die panarabische Revolution des Ägypters Gamal Abdel Nasser aus, der eine Welle nationalen Überschwangs zwischen Maghreb und Persischem Golf auslöste und die Syrer so beeindruckte, daß sie eine kurzfristige Staatenunion mit den Offizieren von Kairo eingingen. Lange hat das nicht gedauert, denn das politische Temperament, ja sogar die Hautfarbe – wie die Syrer bemerkten – waren allzu unterschiedlich zwischen den Ufern des Nil und des Barada.

Als im Jahr 1963 die »Partei der arabischen Wiedergeburt«, die »Baath«, sich in Damaskus mit Hilfe der Armee durchsetzte, steigerte sich der aggressive arabische Nationalismus zur Frenesie. Im Kalten Krieg, der längst auch auf den Vorderen Orient übergegriffen hatte, schlugen sich die Wirrköpfe, die in Damaskus das Sagen hatten, auf die Seite Moskaus. Ihre Militärs wurden nunmehr in der Sowjetunion ausgebildet, und aus dem Ostblock kamen auch die Waffen, die bei den Syrern die Illusion aufkommen ließen, sie könnten es im Notfall – im Verbund mit Ägypten – mit den Streitkräften Israels aufnehmen.

Die katastrophale Niederlage der arabischen Koalition, die es im Sechstagekrieg des Jahres 1967 dem Judenstaat erlaubte, die Golanhöhen zu erstürmen, die palästinensische Westbank sowie vor allem Ost-Jerusalem zu besetzen und ihre Frontlinie gegen Ägypten bis zum Suezkanal vorzuschieben, ließ Nassers Trugbild von der panarabischen Einheit zerschellen und hinterließ in Damaskus einen Unterlegenheitskomplex, der sich in wüster Polemik gegen Israel niederschlug.

Wer geglaubt hatte, die Machtergreifung der Baath-Partei, die sowohl in Damaskus als auch in Bagdad im Zeichen einer säkularen, nationalistischen und sozialistischen Ideologie stattfand, würde zwischen den beiden wichtigsten Staaten des Fruchtbaren Halbmonds eine brüderliche Zusammenarbeit, zumindest eine militärische Koordinierung bewirken, ging völlig fehl. Es war, als brächen die alten Gegensätze wieder auf, die wenige Dekaden nach dem Tod des Propheten zwischen den Kalifatsansprüchen der Omayyaden in Damaskus und der Abassiden von Bagdad ausgetragen und zugunsten Mesopotamiens entschieden wurden. Typisch für den arabischen

Hang zur Zersplitterung, zur »Fitna«, war die Todfeindschaft, in die sich die beiden regierenden Baath-Flügel Syriens und des Irak verstrickten und die bis in die jüngste Gegenwart andauert.

Die große Wende trat für die Republik von Damaskus im Sommer 1970 ein. Dies war eine Schicksalsstunde für den ganzen Orient. Begonnen hatte alles mit dem mißlungenen Staatsstreich, den die PLO im Sommer 1970 gegen den jordanischen König Hussein führen wollte. Arafat betrachtete die jordanische Hauptstadt als sein eigenes Territorium. Die Palästinenser bildeten dort längst die erdrückende Bevölkerungsmehrheit. Zu jener Zeit war der Vietnamkrieg in aller Munde, und das Fiasko der amerikanischen Weltmacht in Indochina zeichnete sich ab. Also verkündete Yassir Arafat, er werde Amman – im Kampf gegen den Zionismus – zum »Hanoi der Araber« machen. Von diesem Bollwerk aus werde er die Rückeroberung seiner Heimat in die Wege leiten.

Im November 1970 konnte ich meinen Schreibtisch als Fernsehdirektor in Köln kurzfristig verlassen, um nach Jordanien zu fliegen. Die erste Runde des Bürgerkriegs war bereits entschieden. Am 16. September 1970 hatte König Hussein seinen treuen Beduinen Order erteilt, der unerträglichen und demütigenden Situation, in die ihn die Palästinenser gebracht hatten, ein Ende zu setzen.

Arafat und seine PLO benahmen sich seit Monaten in Jordanien, als repräsentierten sie bereits die tatsächliche Staatsgewalt. Die Freischärler unter dem schwarz-weißen Kopftuch veranstalteten Paraden und ergingen sich – Parolen und Kampflieder brüllend – in heldischer Pose. Für die Kameras der ausländischen Fernsehgesellschaften führten sie in ihren Übungslagern Einsatzbereitschaft vor, sprangen durch brennende Reifen, robbten unter Stacheldraht, während schreiende Instrukteure scharf über die Köpfe der Rekruten feuerten. Eine revolutionäre Show wurde geboten.

Aber für Hussein ging es ums Ganze, seit die Fedayin sich anmaßten, Sicherheitskontrollen und Verhaftungen durchzuführen, seit sie Geplänkel an der Jordan-Front provozierten. Hätte er eine Woche länger zugesehen, wären ihm nur noch die Abdankung und die Flucht ins Ausland geblieben. Im frühen September 1970 war der

Punkt ohne Wiederkehr erreicht. Die linksextremistischen Gefolgsleute des palästinensischen Christen George Habbash hatten drei Verkehrsmaschinen nach Zarqa in Nordjordanien entführt und im Beisein der internationalen Presse gesprengt. Das Schicksal des Haschemiten-Throns schien mit dieser Herausforderung besiegelt.

Aber der kleine König Hussein – ein authentischer Nachkomme des Propheten – war aus hartem Holz geschnitzt. Seine Beduinenarmee stand hinter ihm, brannte darauf, mit den palästinensischen Protzen abzurechnen. Als der Feuerbefehl kam, ballerte die jordanische Artillerie in die befestigten Flüchtlingslager von Amman, als gelte es, die Israeli zu besiegen. Die königstreue Truppe machte Jagd auf die PLO-Partisanen in der Innenstadt. Eine Anzahl von Gebäuden ging in Flammen auf. Ein paar tausend Palästinenser – die genaue Zahl wurde nie bekannt – wurden getötet. Unglaubliche Mengen von Munition wurden verschossen. Gegenüber den Berufssoldaten des Königs reichte es nicht aus, »trigger-happy« mit der Kalaschnikow zu spielen und sich am Explosionslärm zu berauschen. In 48 Stunden war der Spuk vorbei. In den Flüchtlingslagern weinten die Frauen. Die PLO-Kämpfer mußten überstürzt die Hauptstadt räumen. Yassir Arafat war längst außer Landes.

Als ich in jenem »Schwarzen September« in Amman eintraf, hatte der König die Partie gewonnen. Er besaß den größeren Mut und bewahrte die stärkeren Nerven. Im Hotel »Intercontinental«, wo ein paar Wochen zuvor, im Juni, eine radikale Palästinensergruppe vorübergehend achtzig Geiseln genommen hatte, waren die meisten Scheiben zerborsten und die Empfangshalle durch Einschüsse entstellt. Die Krise war noch nicht ganz ausgestanden. Zwölftausend irakische Soldaten, Sympathisanten der PLO, standen im Osten des Landes und hätten jederzeit gegen den Königspalast marschieren können. Aber die Amerikaner hatten zu verstehen gegeben, daß sie eine solche Verletzung der jordanischen Souveränität nicht dulden würden.

Die wirkliche Gefahr kam aus Norden. Die Republik Syrien wurde im Sommer 1970 von einer extremistischen Clique der sozialistischen Baath-Partei unter dem hitzigen Triumvirat der Ärzte

Nureddin Atass, Yussef Zouayen und des Generals Salah Dschadid regiert. Diese Männer hatten beschlossen, den palästinensischen Brüdern in deren Not zur Seite zu stehen. Syrische Panzerbrigaden waren über die jordanische Grenze nach Süden gerollt, um die Tragödie des »Schwarzen September« – unter diesem Namen ist die Krise von Amman in die Annalen eingegangen – im Sinne des revolutionären Arabismus zu nutzen. Weit waren die Tanks des Zouayen-Regimes nicht gekommen. Der Oberbefehlshaber der syrischen Luftwaffe, ein gewisser General Hafez el-Assad, hatte nämlich das aberwitzige Engagement des herrschenden Dreibundes mißbilligt und den eigenen Bodentruppen jede Luftunterstützung verweigert.

Aus Israel waren dem Oberkommando in Damaskus eindeutige Warnungen zugekommen. Eine bewaffnete syrische Intervention im jordanischen Bürgerkrieg würde von Zahal mit der vollen Entfaltung seiner weit überlegenen militärischen Mittel beantwortet. Notfalls schrecke Israel auch vor der Eroberung Ammans nicht zurück. Im Herbst 1970 war die Erinnerung an das gesamtarabische Debakel des Sechstagekrieges noch in allen Gemütern präsent. General Hafez el-Assad wußte, daß er schon am ersten Tag einer Konfrontation mit dem Judenstaat seine gesamte Luftwaffe einbüßen würde. Gestützt auf eine kleine Fraktion im regionalen Oberkommando der Baath-Partei, setzte Assad sich durch und befahl die Einstellung der Militäroperation. Die jordanischen Jagdbomber verfügten nun über die Luftherrschaft und brachten die gegnerischen Bodentruppen mühelos zum Stehen.

An diesem entscheidenden Tag war ich am frühen Morgen von Amman in Richtung Damaskus gestartet. Am Nachmittag erreichte ich die Grenzstation, wo die sporadischen Kämpfe andauerten. Es wurde heftig geschossen. Auf den südlichen Höhen waren sandfarbene Panzer der königstreuen Armee Husseins aufgefahren, die ihre Granaten in die vermeintlichen Stellungen der syrischen Vorhut abfeuerten. Die Zollstation stand in Flammen. Ich zahlte meinem Chauffeur eine Prämie von 300 US-Dollar, damit er durch die feindlichen Linien brauste. Jenseits der Grenze ging das aggressive Spiel schnell zu Ende. Nur verstreute Gruppen palästinensischer Fedayin – buntscheckig uniformiert und mit Kalaschnikows oder Panzerfäusten bewaffnet – bauten sich in martialischer Haltung auf. Sie hüteten sich, den Kämpfen zu nahe zu kommen. Auf ihren Gesichtern spiegelte sich die Demütigung der Niederlage.

Die Strecke nach Damaskus brachten wir ohne Probleme hinter uns. Die Hauptstadt selbst schien von ihren Einwohnern verlassen. Eine seltsame, unheimliche Ruhe hatte sich über die Omayyaden-Metropole gesenkt. Es gelang mir, Kontakt zu einem Beamten der deutschen Botschaft aufzunehmen, und wir entdeckten tatsächlich ein geöffnetes Restaurant, »Le Vendôme«, in dem sich ein paar schweigsame, geheimnisvoll tuschelnde Gäste aufhielten. Der Luftwaffengeneral Hafez el-Assad, so erfuhren wir, hatte am Vortag erfolgreich geputscht und Ministerien besetzen lassen. Die ultralinken Hasardeure der Zouayen-Clique ständen unter Hausarrest. Schon zwei Monate später gab sich der Löwe von Damaskus als neuer Zaim offiziell zu erkennen, und am 14. März 1971 leistete er – für eine Amtsdauer von sieben Jahren – den Eid als Staatspräsident der Arabischen Republik Syrien.

Dem Chef der PLO hingegen und seinen bewaffneten Milizen blieb nur noch die Flucht ins Ausland. Über den sogenannten Arafat-Pfad am Hermon sickerten die besiegten palästinensischen Freischärler der unterschiedlichen Fraktionen in den Südlibanon ein. Dort sollten sie – dieses Mal mit Erfolg – das Manöver wiederholen, das in Jordanien an der Entschlossenheit König Husseins gescheitert war. Der Weg, der zur Auflösung der libanesischen Souveränität führte, war von nun an vorgezeichnet. Im Abkommen von Kairo, das noch von Gamal Abdel Nasser persönlich patroniert wurde, war den zahlreichen palästinensischen Exilanten, die schon 1948 von den Israeli in die multikonfessionelle Zedernrepublik abgedrängt worden waren, lokale Selbstverwaltung und sogar die Unverletzlichkeit ihrer Militärstrukturen innerhalb der Flüchtlingscamps zugestanden worden.

Ich will an dieser Stelle nicht den Ablauf des libanesischen Totentanzes aufzeichnen, der 1975 an einer Tankstelle von Ain Remnaneh, einem Vorort Beiruts längs der Straße nach Damaskus, mit einer Schießerei zwischen christlich-maronitischen Phalangisten und Milizionären einer pro-irakischen Palästinenserformation begann. Der Bürgerkrieg hat die einstige »Schweiz des Orients« fünfzehn Jahre lang heimgesucht und auf unvorstellbare Weise verwüstet. Die Palästinenser – das steht im Rückblick fest – waren das Ferment dieses Untergangs. Im Verbund mit den panarabischen Nasseristen und den linksradikalen libanesischen Parteien unter Führung des Drusen-Emirs Kamal Jumblat, die im »Mouvement National« gebündelt waren, hatten die »Palestino-Progressistes«, wie sie von gewissen französischen Gazetten genannt wurden, die Schlacht um die Hotels und die turmähnlichen Hochhäuser von Beirut – man sprach tatsächlich von einer »bataille des tours« – Anfang 1976 bereits gewonnen.

Die christlichen Maroniten, jene kämpferische, mit Rom unierte Konfession, die sich mit eigenen Milizverbänden, den »Kataeb« oder »Phalanges«, ausgestattet hatten, sahen sich in ihrem Überleben bedroht. Die Kataeb hatten die eigenen Kräfte sträflich überschätzt. Die »Palestino-Progressistes« drangen tief ins libanesische Gebirge, in die Metn- und Schuf-Bezirke vor, wo die Maroniten sich seit dem frühen Mittelalter gegen die Anfechtungen des Islam behauptet hatten. Was diesen Christen bevorstand, hatte der oberste Feudalherr der kriegerischen Drusensekte, Kamal Jumblat, einer Delegation maronitischer Mönche angedeutet: »Ihr seid früher unsere Leibeigenen gewesen, und dieses Schicksal steht euch wieder bevor, falls ihr den Widerstand nicht einstellt. Mindestens ein Drittel von euch wird ohnehin ins Ausland flüchten, und viele werden umkommen.« Im Namen der PLO hatte der Sicherheitschef Abu Jihad, der als zweiter Mann Arafats und als sein heimlicher Rivale galt, am 23. Mai 1976 öffentlich erklärt: »Unser Weg nach Palästina führt über Jounieh.« Das war die provisorische Hauptstadt der maronitischen Kataeb-Verwaltung.

Der Libanon stand im Begriff – nach der Unterwerfung der christlichen Milizen –, ein Protektorat, eine Ersatzheimat der Palästinenser zu werden. In Beirut war der frühere Stadtkern rund um den »Bordj«, auch »Place des Canons« oder »Place des Martyrs« genannt, bereits in eine surrealistische Ruinenlandschaft verwandelt. Diese Perspektive, die Israel nicht tatenlos hinnehmen konnte, beunruhigte auch den syrischen Präsidenten Hafez el-Assad, der der PLO zutiefst mißtraute und den in seinem Land befindlichen Palästinensern von Anfang an die Daumenschrauben angelegt hatte. Es kam zu endlosen Palavern innerhalb der Arabischen Liga. Die USA drängten auf eine arabische Schlichtungsintervention. Schritt für Schritt drangen die Syrer ein, erst in die Bekaa-Hochebene und in das Akkar-Gebiet, wo ganze christliche Dörfer von ihrer Bevölkerung fluchtartig verlassen wurden.

Nach langen orientalischen Bazar-Verhandlungen – die saudischen Petrodollars gaben am Ende den Ausschlag – wurde die Aufstellung einer arabischen Friedenstruppe, der sogenannten Arabischen Abschreckungskraft – bestehend aus Syrern, Libyern, Saudis und Sudanesen –, beschlossen. In Wirklichkeit wurde die syrische Truppenpräsenz legalisiert und das Ungestüm der Palästinenser an die Kandare angelegt. Die einrückenden Regimenter Hafez el-Assads zögerten nicht, das Feuer auf die Freischärler der PLO und deren »progressistische« Freunde zu eröffnen. Von den Christen wurden die bislang beargwöhnten und verhaßten Syrer als Retter begrüßt. Die syrische Artillerieunterstützung erlaubte es dann auch den Phalangisten, das Palästinenserlager von Tell el-Zaatar, ein Dorn im Fleisch des christlichen Verteidigungs-Réduits, zu liquidieren. Es kam zu Massakern, die die PLO wenig später mit der Verwüstung des maronitischen Küstendorfes Dammur beantwortete.

In den folgenden Jahren haben die Syrer, deren Okkupationsarmee am Libanon auf 35 000 Mann anschwoll, zwecks Wiederherstellung des konfessionellen Gleichgewichts auch die maronitischen Kataeb unter Beschuß genommen und systematisch eingeengt, zumal sich in Jounieh ein kleiner israelischer Verteidigungsstab etablierte und sich zwischen dem Judenstaat und dieser christlichorientalischen Enklave eine verdächtige Kooperation abzeichnete.

343

Die »Rosa Panther«
wüten in Hama

Zwölf Jahre später, im April 1982, befand ich mich wieder in Damaskus. Dieses Mal hatten mir Freunde einen Fahrer namens Samuel anempfohlen, der sich als Assyrer bezeichnete und sich mir gegenüber mit erstaunlicher Offenheit äußerte. Mit den Arabern wollte er nichts zu tun haben. Diese Beduinen hätten doch nur Verwüstung und Niedergang gebracht. Wie die meisten Christen der Arabischen Republik Syrien – sie machen etwa zehn Prozent der Gesamtbevölkerung aus – ertrug er das stark personalisierte Baath-Regime des Präsidenten Hafez el-Assad als das geringere Übel. Im Angesicht der nahenden Flut des muslimischen Fundamentalismus bot die säkulare und sozialistische Ideologie der Baath-Partei den Minderheiten weiterhin die Chance einer begrenzten Gleichberechtigung. »Sollen die Muslime doch um die Macht in Damaskus ringen«, meinte Samuel, »wir Christen wenden uns unterdessen den Geschäften zu.«

Auf unserem Abstecher nach Palmyra nahm uns die fruchtbare Ebene von Homs auf. Überall waren die Wände und Mauern mit Abbildungen des starken Mannes von Damaskus beklebt. Der Personenkult hatte sich in den letzten Jahren grotesk gesteigert, wurde zur Zwangsvorstellung. Das energische Gesicht des Diktators mit der ungewöhnlich hohen Stirn zwang sich auf den Plakaten ein möglichst harmloses Lächeln ab. Henry Kissinger war von der brillanten Intelligenz, von dem raubtierähnlichen Überlebensinstinkt des Syrers weit mehr beeindruckt gewesen als von den geistigen Gaben des Ägypters Anwar es-Sadat.

Immer wieder wurden wir von bewaffneten Posten angehalten, viele davon in nachlässigem Zivil, nur an der Kalaschnikow als Regimewächter und Milizionäre der Baath-Partei zu erkennen. Es war dann ratsam, sofort auf die Bremse zu treten, denn es wurde ohne Warnung geschossen. Schon in Damaskus fiel dem Besucher auf, daß das Ministerienviertel durch Sandsackbarrikaden, Stacheldraht und Spezialtruppen mit roter Mütze abgeriegelt war. Das Assad-Regime war durch eine Vielzahl von Bombenanschlägen verunsichert. Die Geheimorganisation der Muslimbrüder rühmte sich dieser Überfälle und Attentate. Was 1951 nur in Ansätzen zu ahnen war – das Hochkommen der Muslimbrüder oder »Ikhwan«, das eifernde und gewaltige Aufbäumen gegen den säkularen arabischen Nationalismus –, war nun zur bedrohlichen Realität herangewachsen.

Andererseits kannte die Selbstverherrlichung Hafez el-Assads keine Grenzen. Überall wurde er als »Held der Befreiung«, als »Führer und Sohn des Volkes« gefeiert, als »arabischer Batal«, als »heldischer Löwe«. Trotz dieser schwülstigen Huldigung, trotz des erdrückenden Spitzelsystems erschien mir die Hauptstadt Damaskus als eine gelassene, etwas phlegmatische Metropole. Der Diktator hatte sein Ziel erreicht. Seit einer Dekade war er Staatschef der Republik Syrien, und die widerwillige, chaotische Baath-Partei hatte er ohne viel Federlesens auf Vordermann gebracht. Schwieriger war es offenbar, mit den Islamisten fertig zu werden. Die Ikhwan hatten schon in den frühen vierziger Jahren ihre ersten Zellen gebildet. Spätestens nach dem Militärcoup von 1963, als die linken Radikalinskis der Baath-Partei ihre »Revolution« einleiteten, gingen diese »Salafisten«, wie man heute sagen würde, in den konspirativen Untergrund.

Sie fanden Anklang bei den armen Bevölkerungsschichten und beim sunnitischen Bürgertum, widersetzten sich den Säkularisierungs- und Nationalisierungsmaßnahmen der »Feinde Gottes«, wie sie schon damals polemisierten. Sie riefen zum Heiligen Krieg auf, als die neue Verfassung des Jahres 1973 auf den Passus verzichtete, wonach der Staatschef Syriens stets ein sunnitischer Muslim sein müsse. Das Signal zum bewaffneten Widerstand war damit gegeben, denn Hafez el-Assad gehörte jener geheimnisvollen, der Schia verwandten Sekte der Alawiten an, die schon von den türkischen Kalifen als schlimme Ketzer verfolgt worden waren. Präsident Assad gelang es, die sunnitischen Korangelehrten, die Ulama von Damaskus, zur Ausstellung eines Persilscheins zu zwingen. Sie bestätigten ihm, daß er ein echter und gläubiger Anhänger des Propheten und der Sunna sei. Dieses Possenspiel, das der schiitischen Taqiya entsprach, löste zusätzliche Entrüstung aus.

Immer wieder angehalten, unablässig überprüft, hatten wir die Stadt Homs auf der Fahrt nach Norden passiert. Der »Held des Volkes« lächelte auch dort in hundertfacher Vervielfältigung, aber das zentrale Amtsgebäude seiner Partei war durch einen Sprengstoffanschlag in der Mitte geborsten. Es ging weiter nach Hama. »Sie wissen, was in Hama vorgefallen ist?« fragte Samuel lauernd. Bei der Nennung dieser drittgrößten Stadt Syriens verdüsterten sich stets die Gesichter. Hama war dem Baath-Regime von Anfang an ein Dorn im Auge gewesen. Die konservative und streng sunnitische Opposition verfügte hier über eine Hochburg. Im März 1980 war in Hama und Aleppo bereits ein politisch und religiös motivierter Generalstreik von den Ikhwan ausgerufen worden. Bewaffnete Gruppen von Freischärlern machten Jagd auf linke Intellektuelle der Baath-Partei, auf Agenten des Sicherheitsdienstes, auf exponierte Persönlichkeiten des Assad-Regimes, vor allem auf Alawiten.

Unter dem Befehl des Präsidentenbruders Rifaat el-Assad wurde dessen Schlägertruppe, die »Verteidigungsbrigaden« oder »Pink Panthers«, auf die aufsässigen Bollwerke der »Reaktion« losgelassen. Dazu gesellte sich die gefürchtete Sonderbrigade des Oberst Ali Haydar, die sich in der Ayyubiden-Zitadelle von Aleppo verschanzte und zur gnadenlosen Vergeltung ausholte. Im Frühjahr 1981, so schien es, war der Aufstand der Muslimbrüder, die sich inzwischen zu einer »Vereinigten islamischen Front« zusammengetan hatten und ganz offen eine islamische Revolution propagierten, unter den Kugeln und den Folterinstrumenten des Baath-Regimes zusammengebrochen. Selbst erfahrene westliche Beobachter gaben diesen fanatisierten Oppositionellen, die sich als Mujahidin bezeichneten, keine Chance mehr, zumal ein großer Teil des sunnitischen Bürgertums und der städtischen Kaufmannschaft, denen Hafez el-Assad mit wirtschaftlichen Liberalisierungsmaßnahmen entgegengekommen war, für eine fundamentalistische Machtergreifung und die damit verbundene engstirnige Anwendung der Vorschriften der Scharia nicht zu begeistern war.

Dennoch stand der grausige Höhepunkt des Bürgerkrieges erst noch bevor. Die Stadt Hama erhob sich 1982 wie ein Mann gegen Hafez el-Assad. Die Sicherheitsorgane und Garnisonen wurden vertrieben oder ausgelöscht. Die ersten Verstärkungen aus Damaskus, dazu gehörten Eliteeinheiten der Fallschirmjäger, wurden aufgerieben. Da gab es kein Halten und keine Gnade mehr. An Hama sollte ein Exempel statuiert werden. Luftwaffe, schwere Artillerie, Panzerkolonnen wurden gegen die muslimischen Umstürzler aufgeboten. Ein Strafgericht sondergleichen ging über der Stadt nieder, die einst wegen ihrer historischen Sehenswürdigkeiten und ihrer rastlos ächzenden Wasserräder berühmt war. Der Befehl war erteilt worden, keinen Stein auf dem anderen zu lassen. Die Moscheen wurden gesprengt und – um den Eindruck religiöser Einseitigkeit zu vermeiden – auch die christlichen Kirchen dem Erdboden gleichgemacht. Unter den Trümmern lagen unzählige Opfer. Vorsichtige Schätzungen sprachen von zwanzigtausend Toten.

Samuel verstummte, als wir uns dem Trümmerfeld näherten. Die große Achse Damaskus–Aleppo führt zwar nicht durch das enge, innere Straßenlabyrinth von Hama, aber sie macht auch keinen Bogen um die Stadt, so daß die Verwüstung keinem Durchreisenden entging. Hama sah aus wie eine deutsche Stadt nach einem Flächenbombardement des Zweiten Weltkrieges. Die vom Schutt mühsam geräumten Straßen waren fast menschenleer. Ein paar Frauen in schwarzem Umhang huschten durch die Trümmer. Die Sicherheitstruppen waren besonders zahlreich und nervös. Die »Rosa Panther« hielten uns die Kalaschnikow unter die Nase. Aber ich wußte seit ein paar Tagen, welches das beste Passierwort war: »Ajnabi«, zu deutsch »Ausländer«. Die eigenen Landsleute waren zutiefst verdächtig. Der Fremde hingegen blieb ein Außenseiter, wirkte harmlos, wurde höflich durchgewinkt. Bulldozer waren dabei, die Schuttberge beiseite zu schieben. Sprengkommandos ebneten zerbrochene Mauerwände vollends ein. Die Untat von Hama sollte durch die Planierung der Ruinen recht und schlecht kaschiert werden. Über dem Horror und dem Morden lächelte das Bild des Präsidenten, des »Sohnes des Volkes«. An der Ausfahrt fiel mir ein Transparent aus besseren Zeiten auf: »Thanks for your visit to Hama«, war auf englisch zu lesen.

Die Sonne stand tief, als wir Aleppo zustrebten. Die ländliche Umgebung wirkte jetzt doppelt friedlich und mild. Auf dunkelbraunem Acker schimmerte hellgrüne Saat. Silberne Olivenhaine, weißblühende Kirschbäume verklärten den violetten Abend. Die runden Lehmbauten, in denen damals die armen Dorfbewohner lebten, liefen spitz nach oben aus und glichen Bienenkörben. Wieder hielten uns Milizionäre an, dieses Mal in Räuberzivil. »Die meisten dieser Posten sind Alawiten aus dem Gebirge rund um den Hafen Lattaqiya«, erklärte Samuel. »Für sie ist Ali wichtiger als Mohammed, und es heißt sogar, sie beten den Schwiegersohn des Propheten an. Haben Sie den rassischen Typus dieser jungen Leute beobachtet? Viele von ihnen sind blond oder rothaarig und haben blaue Augen. Im Volksmund wird behauptet, sie seien Nachkommen der fränkischen Kreuzfahrer, und manchmal nennen wir sie ›unsere Deutschen, unsere Germanen‹. Deshalb sind sie auch so rauh und kriegerisch.« Tatsächlich wirkten diese Bauernburschen aus den alawitischen Bergdörfern kein bißchen levantinisch. Es bedurfte jedoch einiger Phantasie, um nordische Züge an ihnen zu entdecken.

Auf den ersten Blick hatte sich das Hotel »Baron« in Aleppo seit meinem letzten Aufenthalt im Sommer 1951 kaum verändert. Kein Möbelstück war ausgetauscht oder auch nur verrückt worden. Aber was damals noch osmanischen Pomp, gepaart mit französischer Mandatsherrlichkeit ausdrückte, war jetzt verstaubt, verdreckt, brüchig. Die holzgetäfelte Bar war mit müden Orientalen gefüllt. Das Empfangspersonal hätte einer Zuchthausbewachung Ehre gemacht. Das Spitzelwesen entbehrte jeder Diskretion. An der Bar kam ich beim obligaten Arak mit einem eleganten jungen Türken ins Gespräch, dem Typus nach Offizier. Er gab sich als türkischer Konsul in Aleppo zu erkennen. Er hatte in Frankreich studiert und gab unumwunden zu, daß der Raum von Aleppo, der unmittelbar an den immer noch umstrittenen Sandschak von Iskenderun grenzt, für Ankara ein eminent wichtiges Gebiet sei. »Wir haben uns allzusehr dem arabischen Orient entfremdet und zu einseitig nach

Westen ausgerichtet«, meinte der türkische Konsul. Die Agitation der Muslimbrüder, die vor allem auch auf Aleppo übergegriffen hatte, wurde von den türkischen Behörden mit Sorge registriert.

»Hier findet eines der größten Versteckspiele der Weltpolitik statt«, sagte der Konsul. »Hafez el-Assad hat Syrien zum Freund und Verbündeten der Sowjetunion gemacht. Die syrische Armee ist mit russischem Material überreichlich ausgestattet. Dreitausend sowjetische Offiziere sind hier als Berater und Ausbilder tätig, dazu kommen zweitausend Zivilexperten und deren Familien. Die Rote Flotte verfügt im Hafen von Tartus über weitgehende Fazilitäten. Trotzdem regen wir uns darüber nicht übermäßig auf, und die Amerikaner zeigen noch größere Gelassenheit. Moskau erscheint der syrische Präsident als verläßlicher Partner und Syrien als die unentbehrliche strategische Drehscheibe in Nahost. In Wirklichkeit ist der Einfluß der Russen begrenzt. Sie haben keinen Zugang zu den hohen Kommandostellen des Staates und der Streitkräfte. Der russische Botschafter muß tagelang beim Präsidenten antichambrieren, während die Emissäre Washingtons – sei es Kissinger früher oder Philip Habib heute – binnen fünfzehn Minuten vorgelassen werden. Die Russen sind für die Syrer angesichts der brisanten Palästina-Situation wichtig und nützlich, aber man schätzt sie gering, und niemand bewundert sie. Wenn es den Ikhwan gelingt, einen sowjetischen Offizier zu erschießen, geht ein Raunen der Schadenfreude durch die Bazargassen. Die Amerikaner hingegen, die sind Trumpf – verhaßt gewiß, wegen ihrer Bindung an Israel –, aber Washington gilt hier als Weltmacht ersten Ranges. Dort befinden sich Reichtum und moderne Technologie. Daneben erscheinen die Russen – zu Unrecht wahrscheinlich – als arme Schlucker.«

Der deutsche Honorarkonsul, ein orthodoxer Christ, dessen verschnörkeltes Mobiliar und wertvolle Antiquitäten ich am Vortag bewundert hatte, gesellte sich zu uns. Er pflichtete dem Türken bei. Hafez el-Assad, so ergab sich im Gespräch, sei für alle Beteiligten im Nahost-Spiel eine unersetzliche Figur. Natürlich für die Russen, mit denen er einen Freundschaftspakt unterzeichnet hatte; aber auch für die Amerikaner, denn die sehr eigenwillige Politik des

Baath-Regimes habe Syrien von der übrigen arabischen Staatenwelt isoliert, sorge dafür, daß die vielgepriesene Einheit des arabischen Lagers illusorisch bleibe.

»Das klingt alles sehr zynisch, aber stellen Sie sich vor, die Islamisten kämen hier an die Macht«, erklärte der deutsche Honorarkonsul, »wie groß würde dann die Gefahr eines Übergreifens ihrer theokratischen Ideologie auf alle umliegenden, bislang noch gemäßigten
Staaten sein.« Der sozialistische Laizismus der Baath-Politiker von
Damaskus, gepaart mit deren haßerfüllter Frontstellung gegen die
feindlichen Baath-Genossen von Bagdad, das seien wirksame Garan-
ten der arabischen Spaltung und der arabischen Ohnmacht. Auch die
Israeli hätten das begriffen. Ihre Verbalattacken gegen Assad ent-
sprächen einer propagandistischen Pflichtübung. Hinter dieser Ne-
belwand sei der syrische Präsident auch für die Zionisten das geringere Übel und ein durchaus kalkulierbarer Faktor.

Dem türkischen Konsul war das Gespräch wohl doch zu heikel
geworden. Er verabschiedete sich in höflicher Eile. Auch ich entschloß mich zu einem späten Rundgang durch die verschmutzten
Geschäftsgassen. In jedem zweiten Torbogen stand irgendein bewaffneter Jüngling. Aleppo schien unter permanentem Belagerungszustand zu leben. Im überdachten Suq, einem Prachtstück alt-
orientalischer Baukunst, verrammelten die Ladenbesitzer ihre
»Dukkan«, deren Angebot ohnehin Ramsch war. Von den Stein-
wölbungen hingen zahllose Zettel in den Farben des Regenbogens.
Sie waren mit Versen des Korans beschriftet. Die Moscheen waren
zum Abendgebet gut besucht. Argwohn und Angst waren seit den
furchtbaren Ereignissen von Hama allgegenwärtig, klebten wie
Pech an jedem Passanten, spiegelten sich in dem rastlos schweifen-
den Blick. Erst im Umkreis des pyramidenähnlichen Kegels der
Ayyubiden-Zitadelle atmete ich auf. Hier war kein Gedränge und
Geschiebe mehr. Über den Zinnen der Burg flimmerten die ersten
Sterne. An den Tischen der Straßencafés verharrten ein paar in sich
gekehrte Greise, ließen den Trubel der Politik an sich vorbeirau-
schen und saugten an gurgelnden Wasserpfeifen.

Die Geheimnisse der Alawiten

Kaum eine Offenbarungslehre des Orients ist so in sich verkapselt, so verschlossen wie die der Alawiten. Die Gebirgsdörfer im Hinterland von Lattaqiya und Tartus haben von dem kometenhaften Aufstieg eines der Ihren, des Generals Hafez el-Assad, profitiert. Die armseligen Lehmkaten von einst wurden durch schmucklose, aber relativ wohnliche Zementbauten ersetzt. Geld war reichlich vorhanden dank des Wehrsoldes, den die jungen Männer nach Hause brachten. Fast alle Alawiten im waffenfähigen Alter standen im Dienste des Regimes. Zwanzigtausend dienten damals in den Verteidigungsbrigaden des Präsidentenbruders Rifaat el-Assad. Ein Neffe des Staatschefs, Oberst Adnan Rifaat, kommandierte eine rein alawitische Miliz, und dazu kamen die berüchtigten Sondereinheiten des Oberst Ali Haydar sowie die weitverzweigten Geheimdienste, die allgegenwärtigen »Mukhabarat«. Die Regierungssprecher verwiesen natürlich darauf, daß im »Regionalkommando« der Baath-Partei von 21 Mitgliedern nur vier Alawiten vertreten seien. Aber die wahre Macht in Syrien lag nun einmal bei der Armee und den Spitzeldiensten.

Bei der Fahrt durchs Gebirge machte Samuel mich auf die Heiligengräber aufmerksam – »Ziara« genannt –, grüne Kuppelbauten im Stil maghrebinischer Marabuts, die stets von breit ausladenden Bäumen überschattet waren. In synkretistischer Verbindung mit dem Islam hatte sich offenbar eine Art Naturkult bei den Alawiten erhalten. Was ich von dieser Gemeinschaft wußte, ging auf den Vortrag eines ehemaligen Offiziers der französischen »Forces Spéciales du Levant« in unserem Sprachinstitut von Bikfaya zurück. Commandant Floriol machte keinen Hehl daraus, daß die französische Mandatspolitik in der Levante einen Ministaat der Alawiten ins Leben rufen wollte. Im Gegensatz zu den Drusen des Djebl Drus, die erst nach schweren Kämpfen unterworfen wurden, fügten die Alawiten sich in das von Paris ausgeklügelte System. Sie waren stets gehetzt und gedemütigt worden. Der türkische Sultan

Selim I. hatte im fünfzehnten Jahrhundert zu einem Ausrottungs-feldzug gegen diese Ketzer ausgeholt. Sie lebten an den steinigsten Hängen als Pächter und Tagelöhner sunnitischer Großgrundbesit-zer. Der Umstand, daß die Ausbeuter vornehmlich in Hama behei-matet waren, erklärt vielleicht die Unerbittlichkeit des Strafge-richts, das über die aufsässige Stadt im Februar 1982 niederging.

Major Floriol hatte wenigstens einen Zipfel ihrer Geheimnisse gelüftet. Im neunten Jahrhundert, so schien es, hatten sich die Ala-witen von der schiitischen Glaubensrichtung des Islam gelöst. Ali war nun beinahe Gott und Bestandteil einer seltsamen Dreifaltig-keit, der natürlich der Prophet aus Mekka, aber auch ein gewisser »Salman« angehörte. Salman leitete sich wohl von dem arabischen Namen Suleiman ab und sei mit dem biblischen König Salomon identisch. Mit ihrem gnostischen Astralkult huldigte diese esoteri-sche Lehre einem verschwommenen Pantheismus, ja neben christ-lichen Relikten schienen sogar Elemente der Seelenwanderung vor-handen, denn die Bösen wurden als Tiere wiedergeboren.

Eine erbliche Priesterkaste, die »Schuyukh«, wachte darüber, daß der Zugang zu den Mysterien und zum »Tor«, zum »Bab«, der Offenbarung auf die Eingeweihten beschränkt blieb. Die weltliche Feudalschicht kriegerischer Clanchefs rivalisierte gelegentlich mit diesen geistlichen Führern. Floriol hatte uns seine Kenntnisse mit vielen Vorbehalten vorgetragen. Nachdrücklich wandte er sich ge-gen die böswilligen Verleumdungen, mit denen die sunnitischen Ulama diese Häretiker zudies zu diskreditieren suchten. Demnach beteten die Alawiten die Sonne, den Mond, die weiblichen Geni-talien und gewisse Bäume an, ja ihre religiösen Feste würden zu wilden Orgien ausschweifen.

Diese ewig bedrängte Minderheit hatte die Chance mit beiden Händen ergriffen, die ihnen die französische Mandatsmacht in den zwanziger Jahren bot. Das sunnitische Bürgertum war vor allem am Handel und am Ertrag ihrer Latifundien interessiert. Die Alawiten drängten sich in die militärische Laufbahn der »Forces supplétives« und verschafften sich somit nach Proklamation der syrischen Un-abhängigkeit Zugang zu den Schlüsselpositionen der jungen Republik. Andere hatten sich als Lehrer ausbilden lassen, schlossen sich als unausgegorene Halbgebildete diversen sozialistischen Bewegungen und vor allem der Baath-Partei an, die sie mit ihrem eingefleischten Clan-Geist systematisch unterwanderten. An der Baath-Revolution von 1963 hatten sie maßgeblichen Anteil. Ihre wirkliche Stunde schlug 1970, als Hafez el-Assad sich im Präsidentenpalast von Damaskus installierte. Seitdem kontrolliert diese verschworene Gemeinschaft, die nur zwölf Prozent aller Syrer ausmacht, eine arabische Republik, deren erdrückende Mehrheit sich zur sunnitischen Rechtgläubigkeit bekennt.

Trotz ihrer frühen Abwendung von der traditionellen schiitischen Gemeinschaft – sie hatten ursprünglich der sogenannten Siebener-Schia angehört, die statt der zwölf Imame der persischen und der mesopotamischen Glaubensrichtung nur sieben anerkennt – fühlten sich die Alawiten, wie ihr Name besagt, der »Partei Alis« weiterhin verbunden. In Ruhollah Khomeini sahen sie einen fernen Bruder im Glauben, und in der iranischen Revolution einen Parallelfall zu ihrer eigenen Auflehnung gegen die Vorherrschaft der Reichen und Hochmütigen, der Sunniten. Nur gebot ihnen die schiitische Verschleierung, die Taqiya, die auch sie praktizierten, ihre geheime religiöse Revanche über die Sunna in den Tarnmantel einer säkularen und rein sozialistischen Reformbewegung zu kleiden. Kein Wunder auch, daß die Alawiten-Clique von Damaskus im Libanonkonflikt für die schiitischen Milizen von El Amal und später der Hizbullah Partei ergriff.

Am Ende meiner Reise durch das Ansarieh-Gebirge stand eine geradezu wagnerische Vision: »Le Krak des Chevaliers«, auf arabisch »Qalaat el Hosn«, die gewaltigste, klotzigste Festung, die die Kreuzritter im Umkreis des Heiligen Landes hinterließen. Der Krak paßt überhaupt nicht in diese offene Landschaft, unter dieses blaue Firmament. Aus den Nebeln des Abendlandes, aus der ungestümen, himmelstürmenden Frömmigkeit des fränkischen Rittertums und seiner keltischen Legenden ist diese Gralsburg aufgetaucht. Die rauhen Barone aus dem christlichen Westen waren als Barbaren in den Orient eingefallen. Dem Zivilisationsstand der

Byzantiner, die sie verachteten, und der Muslime, die sie als Gegner schätzten, waren sie weit unterlegen. Aber welch kolossale Kraft äußerte sich in der Aufschichtung dieses trutzigen Monuments.

Die Kirche von Konstantinopel hatte ihre Mönche und Kleriker stets zum Waffenverzicht und zur Friedfertigkeit verpflichtet. Die streitbaren Ordenskrieger, die die Ungläubigen mit Schwert und Feuer bekämpften und notfalls ausrotteten, waren Ausdruck jener germanisch-lateinischen Verschmelzung, die die Nachfolger Karls des Großen zu ihrem historischen Adlerflug befähigte. Auf den Kampfschrei des Korans »Allahu akbar« antwortete der christliche Schicksalsruf: »Deus vult – Gott will es so!« *Gesta Dei per Francos* – »Die Taten Gottes, von den Franken ausgeführt« – hatte der Chronist Godefroy de Comines seine Schilderung einer späten Phase der Feldzüge gegen die Muslime betitelt.

Wer kann sich noch zurechtfinden in den religiösen und verschwörerischen Abgründen der islamisch-schiitischen Welt. In Persien hatte man mir immer wieder von dem »Alten vom Berge« erzählt, der von seiner Gebirgsfestung Alamut aus gewütet hatte. Hassan el-Sabah war im elften Jahrhundert in der Heiligen Stadt Qom geboren, wechselte von der Zwölfer-Schia zur Siebener-Schia über, sammelte fanatische Jünger um sich, die er in einer klösterlichen Kaserne ausbildete und die als Terroristen ausschwärmten, um im Namen Allahs und einer angeblich im Koran vorprogrammierten Gerechtigkeit die Mächtigen und die Reichen dieser Welt umzubringen.

»Die Perser mögen ihren Alamut-Helden als ›Alten vom Berg‹ bezeichnen«, belehrte mich mein erstaunlich gut informierter Begleiter. »Der wahre ›Scheikh el-Jebl‹ ist bei uns beheimatet. Er hat die Kreuzritter heimgesucht und das damalige muslimische Establishment das Fürchten gelehrt. Er hieß Sinan Ben Salman und war ebenfalls Siebener-Schiit, also ein ›Ismaelit‹ gewesen – aus Mesopotamien gebürtig.« Für die Alawiten von heute gelte er weiterhin als eine Art Leitbild und Prophet. Die geheimnisvolle Figur Salman, die in der alawitischen Dreifaltigkeit verehrt und oft mit König Salomon verwechselt wird, sei kein anderer als dieser Terroristenführer aus dem Jebl Ansarieh, dieser mittelalterliche Carlos. Angeblich hätte er seine verzückten Gefolgsleute, die sich – nur mit dem Dolch bewaffnet – unter Preisgabe der eigenen Person auf ihre Opfer stürzten, durch den Genuß von Haschisch und die Vorspiegelung paradiesischer Visionen in Trance versetzt. Deshalb habe man diese Attentäter als »Haschischinen« bezeichnet, woraus die Kreuzritter das Wort »Assassinen« gemacht hätten.

Der assyrische Fahrer Samuel schweifte in die Gegenwart ab. »Aufs Morden verstehen sich unsere Alawiten bis heute«, flüsterte er, nachdem er sich vergewissert hatte, daß niemand ihn hören konnte. Aber an seinem Vorläufer aus dem zwölften Jahrhundert gemessen, sei Hafez el-Assad nur ein Dilettant. Der Fatimiden-Kalif El Amir in Kairo und der Abassiden-Kalif El Mustarschid in Bagdad, die beiden Statthalter Allahs auf Erden, seien damals von den Haschischinen erdolcht worden, aufwühlende Ereignisse, die sich allenfalls mit der Ermordung des ägyptischen Präsidenten Sadat vergleichen ließen.

Unter den christlichen Fürsten seien König Konrad von Jerusalem und Prinz Raimund von Antiochia den Assassinen zum Opfer gefallen. Sogar der sieghafte Sultan Saladin, Herrscher über Syrien und Ägypten, habe sich mit knapper Not einem Anschlag entzogen und von nun an seine Nächte in einem streng bewachten, transportierbaren Holzturm verbracht. »Sie sehen, welch seltsame Fäden schon zur Zeit der Kreuzritter zwischen den Schiiten Persiens und Syriens, zwischen Alamut und Ansarieh gesponnen wurden. Die eigentlichen Siebener-Schiiten, die Ismaeliten Syriens, die den sehr mondänen Karim Aga Khan als religiöses Oberhaupt verehren, sind heute nur noch eine friedliche Restgemeinde von dreißigtausend Fellachen. Die Alawiten hingegen sorgen für historische Kontinuität. ›Ein einziger Krieger zu Fuß‹, so hieß es in den Heldenliedern der Assassinen, ›wird zum Schrecken des Königs, auch wenn dieser über hunderttausend bewaffnete Reiter verfügt‹«.

Als wir am späten Abend die Stadtgrenze von Damaskus erreichten, war die Autobahn durch Armeekonvois verstopft. Ein alawitischer Milizionär, den lediglich die Kalaschnikow als Ordnungswächter auswies, inspizierte unseren Kofferraum nach Waffen und Sprengstoff. Mit einem Grinsen wünschte er uns »Bon voyage«. Als Ausländer wurde ich bevorzugt behandelt, aber Samuel wollte bei mir keine Illusion aufkommen lassen. Er hatte als »Dhimmi«, als Christ, die verächtliche Toleranz der Muslime zu spüren bekommen. »Erinnern Sie sich stets an den Vers aus der Sure ›El Maida‹ des Korans«, ermahnte er mich. Da heißt es: »O ihr Gläubigen, befreundet euch nicht mit den Juden und den Christen. Wer sich mit ihnen befreundet, wird einer von ihnen. Allah verweigerte seine Führung der Gemeinschaft der Ungerechten.«

*

Die grauenhafte Vernichtung der aufsässigen Stadt Hama im Februar 1982 hatte sich wie ein bleierner Sargdeckel auf die Republik Syrien gelegt. Von Anschlägen der »Ikhwan« gegen das Regime des General Assad war sehr bald nicht mehr die Rede. Während des Bürgerkrieges im Libanon – wenn der Flugplatz Beirut unter Beschuß geriet und gesperrt wurde – bin ich häufig nach Damaskus ausgewichen, um nach Europa zu fliegen. Es stellte sich dort ein Zustand erzwungener Normalität ein, der auch durch den verhängnisvollen Eroberungsfeldzug Israels im Jahr 1982, den der Verteidigungsminister Ariel Scharon mit der Besetzung Beiruts zu krönen glaubte, kaum getrübt wurde.

In Damaskus, wo man den Palästinensern Yassir Arafats stets mit Mißtrauen begegnet war, nahm man sogar mit Befriedigung zur Kenntnis, daß nach Landung westlicher Truppenkontingente, vor allem amerikanischer Marines und französischer Fallschirmjäger, die palästinensischen Milizen entwaffnet und auf alliierten Schiffen in diverse arabische Staaten verfrachtet wurden. Der PLO-Chef war mit französischer Hilfe aus dem belagerten Flüchtlingslager bei Trablos nach Tunis entkommen. Hafez el-Assad, der enge Beziehungen zu Teheran unterhielt, fand im Süden der Zedernrepublik einen neuen Alliierten, die massive schiitische »Taifa«, die sich zunächst in der Amal-Partei unter strikter syrischer Regie organisierte. Ihr Vorsitzender Nabih Berri war sogar Mitglied des syrischen Politbüros der Baath-Partei. Nach und nach wurde sie von der Hizbullah in ihrer streitbaren Abwehrhaltung überflügelt. Die »Partei Gottes« verehrte die Person des Ayatollah Khomeini weiterhin als einen gottgesandten Inspirator. Ihre Teilnahme am Konflikt um das Heilige Land würde diesen Krisenherd mit zusätzlicher Spannkraft aufladen.

Bis in den Herbst 2009, als ich das letzte Mal in Damaskus weilte, präsentierte sich Syrien für den unbefangenen Reisenden als gastliches Land. Jedes Ziel stand zur Besichtigung frei. Die Verwaltungsformalitäten für Ausländer waren kulant. Daß mein jeweiliger Begleiter, mit dem ich beliebig über Land fuhr, irgendeinem der zahllosen Geheimdienste angehörte, störte mich nicht sonderlich. Das Gefühl, auf diskrete, höfliche Weise stets überwacht und beobachtet zu sein, hatte auch etwas Beruhigendes. Wem in Syrien etwas zustieß, der hatte es in den meisten Fällen sich selbst, seiner Unerfahrenheit oder einem verdächtigen Wissensdurst zuzuschreiben. Das System war so engmaschig, daß eine alteingesessene Engländerin meiner Frau den Rat erteilte, beim Alleingang durch den Suq und im Falle irgendeiner Belästigung durch männliche Passanten nur den Ruf »Mukhabarat«, das heißt »Geheimdienst«, auszustoßen, um jeden Rüpel in die Flucht zu schlagen.

Es konnte aber auch unheimlicher kommen. Um 1990 hatte der damalige deutsche Militärattaché mich auf sehr gastliche Weise zu einer gemeinsamen Autofahrt in den südlichsten Zipfel der Republik, in den Djebl Drus – das Drusengebirge, das die Baath-Partei in »Djebl Arab« umgetauft hatte – eingeladen. Der deutsche Oberstleutnant, so merkte ich bald, war weniger interessiert an den herrlichen Mosaikböden und Säulen der verfallenen Villen des Römischen Reiches in dieser Region, die man einst »Dekapolis« nannte. Er diktierte hingegen, jedesmal wenn er einen syrischen Panzer, irgendwelche militärischen Befestigungsarbeiten oder Truppentransporte sichtete, seine Wahrnehmung unter präziser Ortsangabe in sein Tonbandgerät. Mir kam der Gedanke, daß ein syrischer Lauschdienst in dem Dienstwagen der Botschaft eine »Wanze«, ein Abhörgerät, eingebaut haben könnte, aber um nicht vorlaut zu wirken, enthielt ich mich jeder Bemerkung. Besagter Militärattaché ist ein paar Wochen später bei einem Autounfall ums Leben gekommen, und das Gerücht ging um, es habe sich dabei um eine gezielte Tötung gehandelt.

Von der Fülle seiner Macht hatte der Löwe Assad seit seinem Putsch kein Quentchen abgegeben – darin stimmten alle überein –, und um seinen unverminderten Herrschaftsanspruch zu betonen, waren seine gigantischen Poster, seine Bronzebüsten, seine Steinmonumente mit der wohlwollend zuwinkenden Hand aus keiner Amtsstube, keinem Dorfplatz, keiner größeren Straßenkreuzung fortzudenken. Aus dem Monopol des Personenkultes war vorübergehend eine »Triarchie« – manche spotteten: eine Dreifaltigkeit – geworden, und an dieser Extravaganz offenbarte sich die heimliche Tragödie, vielleicht auch die Brüchigkeit des Systems.

Die beiden Söhne des Präsidenten, Basil und Bashar, waren in die Heldenverehrung des Vaters mit eingeschlossen worden. Der 29jährige Basil, der designierte Nachfolger, war 1994 bei einem ganz banalen Autounfall seines Turbo-Porsches ums Leben gekommen, und sein um vier Jahre jüngerer Bruder Bashar, der keinerlei politische Ambitionen hegte und sich in London auf eine friedliche Existenz als Augenarzt vorbereitete, mußte nun in aller Eile propagandistisch aufgebaut, mit staatsmännischen Tugenden geschmückt werden. Dazu gehörte unter anderem, daß er mit einem Schlag vom Major der Reserve zum General befördert wurde.

Bashar ist ungewöhnlich hoch und hager gewachsen. Sein relativ kleiner Kopf fordert den Vergleich mit einem angespitzten Bleistift heraus. Bemerkenswert sind die wachen, blauen Augen, die Liebenswürdigkeit, aber auch große Härte signalisieren können. Er ist mit einer emanzipierten syrischen Sunnitin verheiratet, die in London aufgewachsen ist. Nach dem hemmungslosen Personenkult, der dem Bruder Basil gewidmet worden war, würde eine Heroisierung Bashar el-Assads, in den der Westen manche Hoffnung setzte, schwer zu realisieren sein. Blieb also die Allgegenwart des vereinsamten, dominanten Vaters mit dem künstlich aufgesetzten Lächeln im asketischen Gesicht und dem grüßend erhobenen Arm.

Die Russen in Aleppo

Versetzen wir uns in das Jahr 1997 zurück. In Damaskus ging im Mai die Frage um, wie lange das Einmannregime der Baath-Partei noch erhalten bleiben könne. Die westlichen Diplomaten mußten oft viele Monate auf eine Audienz beim Staatschef warten, und schon überschlugen sich die Mutmaßungen über dessen Gesundheitszustand. Die diversen Krankheitshypothesen – Krebs, Zucker, Arteriosklerose – wurden hinter vorgehaltener Hand aufgezählt.

Ohne irgendeine Formalität und ohne eine Erlaubnis einzuholen, habe ich mich wieder auf den Weg nach Aleppo gemacht. Die Stadt schien zu einer provinziellen Alltäglichkeit zurückgefunden zu haben. Auch nach Einbruch der Dunkelheit waren in der kunstvollen Höhlenwelt des Suq keine bewaffneten Milizionäre anzutreffen. Nirgendwo fanden sich mehr die rebellischen Flugblätter der Opponenten, die früher immer mit dem Satz endeten: »Er nennt sich ›el Assad, der Löwe‹; in Wirklichkeit müßte er ›el wachsch, das Ungeheuer‹ benannt werden.«

Das Ende des Kalten Krieges hatte Syrien hart getroffen. Von der Zusammenarbeit mit der Sowjetunion war wenig übriggeblieben. Zur Zeit des Kräftemessens zwischen Washington und Moskau begegnete man in Aleppo und in den Hafenstädten robusten, blonden Männern in Zivil, denen man die Zugehörigkeit zu den sowjetischen Streitkräften auf den ersten Blick ansah. Sie waren jetzt durch eine weniger rühmliche Kategorie von Schiebern abgelöst worden. Zwar benötigten die Streitkräfte des Präsidenten Hafez el-Assad weiterhin die technische Kooperation von etwa dreitausend russischen Militärexperten, und sei es nur, um ihre Panzer zu modernisieren oder die Kampfflugzeuge recht und schlecht zu warten. Die russischen Diplomaten in Damaskus gaben offen zu, daß sie die tiefe arabische Enttäuschung zu spüren bekamen. Von dem früheren Freundschafts- und Beistandsverhältnis mit der Sowjetunion war nunmehr wenig übriggeblieben. Bei den syrischen Offizieren sammelte sich Bitterkeit an, seit Jelzin mit Clinton zu fraternisieren schien und der Kreml sich gelegentlich beim Judenstaat anbiederte.

Die neuen Mafiosi – flankiert von ihren Kollegen und auch Rivalen aus Usbekistan, Kasachstan und Aserbeidschan – hatten den Schwerpunkt ihrer zwielichtigen Aktivitäten im Umkreis des »Hotel Baron« etabliert. An dieser einst exklusiven Adresse des verflossenen Osmanischen Reiches waren die Passagiere der »haute volée« abgestiegen, darunter die Autorin Agatha Christie, Theodore Roosevelt, Lady Mountbatten und viele andere. Es hatte in dieser kleinen, aber exklusiven Luxusherberge der damaligen Endstation des Orientexpreß eine gallisch-levantinische Akkulturation stattgefunden, die längst erloschen ist.

Im Mai 1997 war die verkommene Unterkunft nur noch ein Schatten ihrer selbst. In der holzgetäfelten, einst so komfortablen Bar, die altmodisches Pariser Flair besaß, wurden lauwarme Drinks von abgestumpften Kellnern in verdreckten Hemden serviert. Das Publikum verbreitete tiefe Traurigkeit. Neben ein paar angelsächsischen Sonderlingen, die bei ihrem Nostalgietrip extreme Unbequemlichkeit und Schlimmeres auf sich nahmen, tuschelten düstere Gestalten undefinierbarer Nationalität in exotischen Idiomen. Ob hier große Abschlüsse getätigt wurden, mußte bezweifelt werden. Dafür waren die Visagen doch zu grob und das Auftreten allzu schmierig. Ich hatte eher den Eindruck, daß sich Zuhälter und kleine Schieber ein Stelldichein gaben, während die Bosse der einflußreichen Gangs sich in den stillosen Luxussuiten des relativ neuen »Sham-Hotels« einquartiert hatten. Von dessen oberen Etagen blickte man auf die Neubauviertel der auf drei Millionen Einwohner angeschwollenen Stadt Aleppo. Die Zitadelle historischen Ruhms war nur in dunstigen Umrissen zu erkennen. Dagegen breitete sich auf den flachen Hochhausterrassen im nahen Umkreis eine dichte Plantage von Parabolantennen aus. Sie wirkten wie riesige Pilze aus Blech, wie eine giftige Auswucherung. Von einer akuten Aufstandsgefahr war nichts mehr zu spüren. Offenbar konnte sich das Regime auf das einschüchternde Aufgebot seines aufgeblähten Repressionsapparates verlassen.

Ein Besuch der Nachtlokale regte zu trübsinniger Meditation an. Die Nackt- oder »Schönheits«-Tänzerinnen, die auf den plüsch- und samtbezogenen Bühnen ihre verwelkten Reize zur Schau stellten, auch die Prostituierten, die auf einen schnellen Abschluß drängten und vor dem schmuddeligsten Freier nicht zurückschreckten, gehörten fast ausnahmslos dem gleichen Schlag an. Es waren Russinnen oder Ukrainerinnen, knallblond gefärbte Frauen oft mittleren Alters, die darauf vertrauten, daß ihre üppigen Formen und ihre Speckfalten dem auf Leibesfülle, platingefärbte Haare und blaue Augen ausgerichteten Geschmack der orientalischen Kunden entsprachen. Eine solche kollektive Demütigung hatte das einst so arrogante Moskowiter-Reich, dessen Spitzenfunktionäre unlängst noch über den Sittenverfall der kapitalistischen Welt degoutiert die Nase rümpften, denn doch nicht verdient. Ob das weibliche Strandgut aus Smolensk, aus Petersburg, aus Dnjepropetrowsk oder Odessa sich dieser nationalen Schmach überhaupt bewußt war? Die Verfrachtung ganzer Bataillone ostslawischer Freudenmädchen in die Bordelle des Orients erschien als ein weit schlimmeres Symptom russischen Niedergangs als das Einziehen der imperialen roten Fahne über dem Hindukusch.

*

Im reizvollsten Viertel Aleppos, El Jadida, lebten die diversen Konfessionen in einer Atmosphäre der Toleranz, die in der übrigen islamischen Welt ziemlich einmalig war. Hafez el-Assad fand bei seinen christlichen Untertanen stillschweigende Unterstützung. Nur wenige störten sich daran, daß der syrische Diktator keinen Widerspruch duldete, daß er sich 1991 zum vierten Mal mit 99,9 Prozent der Wählerstimmen im Präsidentenamt bestätigen ließ. In Aleppo verfügten die starken Gemeinden der Armenier und der Maroniten über ansehnliche Kathedralen. Auch die Lateiner, die griechisch-katholischen Melkiten, die Griechisch- und die Syrisch-Orthodoxen sind mit eigenen Kirchen vertreten.

Ich war mit dem deutschen Honorarkonsul Toutounji und ein

paar seiner Freunde im armenischen Restaurant »Sissi« verabredet, das in einem ehemaligen Franziskanerkloster untergebracht war. Der wunderschöne Innenhof mit dem mönchisch-besinnlichen Rundgang, dem sprudelnden Springbrunnen und den duftenden Rosen gehörte einer beschaulicheren Zeit an. Ich wurde gleich belehrt, daß der Name »Sissi« nicht etwa auf die Habsburger Kaiserin Elisabeth zurückgeht, die durch Romy Schneider auf Zelluloid verewigt wurde, sondern auf eine Abkürzung des heiligen Franz von Assisi. Das Publikum in dieser Oase bestand im wesentlichen aus Geschäftsleuten und hohen Beamten. Mir fiel auf, daß die eleganten jungen Armenierinnen oder Maronitinnen, die offenbar der gehobenen Gesellschaft angehörten, auf erotische Wirkung bedacht waren. Die Röcke waren oft extrem kurz und die Taille blieb nackt unter dem knappen Mieder. Von Schleier und Kopftuch war hier keine Spur, während draußen in den Straßen und auf dem flachen Land die große Mehrzahl der muslimischen Frauen längst zum sittsamen »Hijab« zurückfand, soweit sie ihn überhaupt jemals abgelegt hatte.

Toutounji erwartete mich bereits. Er stimmte zu, als ich von meinem Eindruck berichtete, die führende Baath-Partei – eingebettet in eine gefügige »Front des nationalen Fortschritts« – präsentiere sich zwar weiterhin als säkulare und sozialistische Bewegung, die schleichende Islamisierung habe jedoch seit meinem letzten Aufenthalt im März 1993 erhebliche Fortschritte gemacht. Sie stieß beim Regime auf keinen dezidierten Widerstand. Zwar war der Islam in der syrischen Verfassung nicht als Staatsreligion deklariert, wie das in so vielen arabischen Ländern der Fall ist. Es existierte kein Alkoholverbot, und in den Ausländerhotels stand sogar Schweinefleisch auf der Speisekarte.

Doch allmählich setzte sich der koranische Lebensstil mit seinem sittlichen Konformismus durch. Jene Bestimmung war auch längst wieder in Kraft, wonach das Staatsoberhaupt sunnitischer Muslim sein mußte. Der gebürtige Alawit Hafez el-Assad hatte sich durch die »Fatwa« des obersten Mufti von Damaskus, der dem Präsidenten gefügig war, bestätigen lassen, daß er über die nötige Rechtgläu-

bigkeit verfügte. Bevor wir uns nach einem vorzüglichen orientalischen Mahl trennten, gab mir Robert Toutounji den Rat, das Dorf
El Qardaha im Alawiten-Gebirge südlich des Hafens Lattaqiya aufzusuchen, den Geburtsort des Präsidenten. Die Besichtigung dieser Pilgerstätte sei aufschlußreicher für die wahren Verhältnisse des
Regimes als so mancher diplomatische Rapport.

Durch malerische Felsschluchten fuhren wir am folgenden Tag
dem Land der Alawiten entgegen. Olivenhaine und gelbblühende
Büsche säumten die Straße. In der Hafenstadt des Nordens, die einmal der sowjetischen Flotte als Stützpunkt gedient hatte, hielten wir
uns nicht länger auf. Zum Dorf El Qardaha war es nicht mehr weit.
Wir folgten etwa dreißig Kilometer lang der Küste nach Süden und
bogen östlich ins Gebirge ein. El Qardaha genoß die wohlwollende
Förderung des Regimes. Die Straßen waren breit ausgebaut, mit
Blumenrabatten verziert. Die öffentlichen Gebäude, mit den über-
lebensgroßen Bildern der »Dreifaltigkeit« – Hafez, Basil, Bashar –
geschmückt, waren stattlicher als in anderen Flecken. Kurz nach der
Einfahrt richtete sich der Blick auf eine große Moschee mit grüner
Kuppel. »Hier liegt die Mutter des Präsidenten begraben«, erklärte
mein Begleiter. Über dem Portal des Gebetshauses fiel ein farben-
prächtiges Fresko auf. Die Mutter Assads, Na'Isa, nach der der
Sakralbau benannt war, erschien dort wie auf einem Marienaltar.
Über dem ernsten Antlitz der »Genetrix« und dem weißen Kopftuch, das ihr Gesicht – wie bei den meisten Madonnenabbildun-
gen – umhüllte, strahlte ein goldener Heiligenschein. Natürlich
fehlte auch der berühmte ältere Sohn Basil nicht auf dieser Ikone.
Er hielt den Kopf gebeugt und küßte der Großmutter Na'Isa die
Hand.

Auf dem Hügel, der El Qardaha überragte, war eine andere, noch
größere Moschee im Bau. Hier wollte Hafez el-Assad seinem Lieb-
lingssohn Basil ein einmaliges Denkmal setzen. Die eigentliche
Gruft war schon vollendet. Sie wurde mit edelstem Marmor ausgelegt. Die jungen alawitischen Grabeshüter der Baath-Partei ge-
statteten uns ohne Umschweife den Zutritt zu dem Sarkophag des
toten Helden, des »Batal«, der mit kostbaren grünen Tüchern be-

deckt war. Die Schahada, das islamische Glaubensbekenntnis, und der Aufruf »Allahu akbar« waren darauf in silbernen Lettern eingestickt.

Die Wächter baten mich, meinen Namen in das Kondolenzbuch einzutragen. Sie wirkten fast wie Internatsschüler in ihrer einheitlichen Tracht – dunkle Hose, weißes Hemd und ein schwarzer Schlips. Doch die wirkliche Überraschung erwartete uns am Ausgang. Ein riesiges Gemälde war dort aufgerichtet. Da sah man den toten Basil in Galauniform auf einem weißen Pferd in den Himmel reiten. Auch sein Haupt war von einem Heiligenschein gekrönt. Fast so mystisch wie einst der Prophet Mohammed, als das Fabelwesen el-Buraq ihn von der el-Aqsa-Moschee in die Nähe Allahs entrückte, erhob sich der glorifizierte Sohn, schwebte bereits in den Wolken, während Vater Assad, die offenen Hände zum Gebet erhoben und umringt von einer Schar weinender Untertanen, in Ehrfurcht und Trauer erstarrte.

Vergebliche Friedensfühler

Ich will nicht in den Fehler verfallen, den »Erbstreit im Hause Abraham« zwischen Juden und Arabern um das Heilige Land in das Zentrum aller Betrachtungen zu stellen oder die »Naqba«, die Katastrophe, wie die Palästinenser die Gründung des Staates Israel nennen, für alle im Orient sich ablösenden Krisen und Konflikte verantwortlich zu machen. Dennoch läßt sich in Damaskus, das von Galiläa nicht allzu weit entfernt ist, das Thema der Beziehungen Syriens zur »Zionist entity«, wie hier die Unversöhnlichen sagen, nicht vermeiden.

Zu Beginn des Jahres 1997 herrschte zwischen den beiden Hauptkontrahenten in Nahost weiterhin das abgrundtiefe Mißtrauen vor, das ihr Verhältnis von Anfang an prägte. In den streng geheimen Kontakten in den USA auf der »Wye Plantation«, die von syrischer

Seite auf die Formel gebracht wurden: »full withdrawl, full peace« –
mit dem Rückzug waren natürlich die Golanhöhen gemeint –, fand
kein Durchbruch statt. Der Abbruch der Friedensverhandlungen,
so hatte ich bereits in den syrischen Ministerien erfahren, war nicht
erst – wie im Westen gern kolportiert wird – durch die Regierungs-
übernahme Benjamin Netanjahus im Mai 1996 verursacht worden. Ein paar Wochen zuvor hatte dessen Vorgänger von der Arbei-
terpartei, Shimon Peres, die Vergeltungsoperation »Früchte des
Zorns« als Beantwortung sporadischer Katjuscha-Angriffe der
schiitischen Hizbullah gegen nordgaliläische Dörfer angeordnet.
Sechzehn Tage lang führte damals vor allem die Luftwaffe Zahals
so intensive Bombardierungen im Südlibanon durch, daß die arabischen Zivilisten aller Konfessionen in einer gewaltigen Fluchtwelle
nach Norden in Richtung Beirut auswichen.

In Jerusalem erinnerte man sich wohl intensiv daran, daß im sogenannten Yom-Kippur-Krieg von 1973 die Panzerkräfte Hafez el-
Assads über den Golan und den Jordan bis zur Stadt Kiryat Shmo-
nah vorgedrungen waren und daß der syrische Feldkommandant
sogar weiter hätte vorrücken können, wenn er nicht – getreu seiner
sowjetischen Militärausbildung – vergeblich die Verstärkung und
die dreifache Überlegenheit seiner Offensivkolonnen abgewartet
hätte. Angeblich wurde dieser General nach seiner Rückkehr nach
Damaskus in einem Schnellverfahren durch den Strang hingerichtet.

Entgegen einer weitverbreiteten Meinung habe ich die Erfahrung gemacht, daß man in Damaskus nicht immer auf eine Mauer
des Schweigens stößt. Am 20. Mai 1997 war ich zu einem Gespräch
mit Adnan Omran, dem syrischen Vize-Außenminister, eingeladen.
Man sagte damals, daß Omran das Ohr des Präsidenten besäße und
zu den einflußreichsten Männern des Baath-Regimes gehörte. Da
er aus der Gegend von Tartus stammte, nahm ich an, daß er Alawit
war. Der gutaussehende, grauhaarige Mann sprach perfekt Englisch, wirkte weltläufig und war außerordentlich gut informiert.
Von ideologischen Vorbehalten war wenig zu spüren. Vermutlich
hatte ich es der Vermittlung des früheren syrischen Botschafters in

Bonn, Suleiman Haddad, zu verdanken, daß Adnan Omran sich mit einer Offenheit, ja Ungeschminktheit ausdrückte, die ansonsten nicht zum politischen Stil der Damaszener-Republik gehörte und den akkreditierten Diplomaten selten gewährt wurde.

Mir fiel die Bescheidenheit des Ministeriums auf, die mit der amtlichen Verschwendungssucht so vieler anderer arabischer Staaten angenehm kontrastierte. Die deutsche Botschaft lag gleich nebenan. Auch der Amtssitz des Staatschefs befand sich in derselben Straße, weshalb der Autoverkehr hier verboten war und zahlreiche Bewaffnete – oft in Zivil – sich auf den Trottoirs aufhielten. In dem Ministerbüro hing das Bild des Rais, und neben dem Schreibtisch war eine syrische Fahne aufgepflanzt. Ihre schwarz, weiß, grün und rot angeordneten Streifen oder Dreiecke sind den Emblemen Jordaniens, des Irak, Kuweits, der Palästinenser so ähnlich, daß man sie leicht verwechselt. Die gemeinsame Farbenwahl ist wohl das einzige, was von der erträumten arabischen Einheit im Bereich des »Fruchtbaren Halbmondes« übriggeblieben war.

Der Vize-Außenminister war offenbar darüber informiert, daß ich lange im libanesischen Gebirge unter den christlichen Maroniten gelebt hatte. So schnitt er im Verlauf der Konversation das Thema der syrischen Truppenpräsenz im Libanon an, die immer wieder in die Schußlinie internationaler Kritik geriet und als Argument benutzt wurde, die israelische Teiloccupation des Südlibanon jenseits von Metullah zu rechtfertigen. »Warum sind wir denn 1976 in die Schwesterrepublik von Beirut eingerückt?« hob Adnan Omran an. »Die christlichen Maroniten waren von physischer Vernichtung bedroht. Die treibende Kraft in diesem Feldzug war, wie Sie wissen, die Fatah-Organisation Yassir Arafats. Ein Gemetzel unter den Christen hätte die bewaffnete Intervention der Israeli zur Folge gehabt, die nur darauf brannten, den Libanon zu ihrem Satelliten zu machen.«

Der Vizeminister vertraute mir ein Geheimnis an. Bevor Präsident Assad seinen Soldaten den Befehl zum Vorrücken nach Westen erteilte, hatte er eine endlose Diskussion mit Kamal Jumblat, dem einflußreichen Vorsitzenden des libanesischen »Mouvement

National«, geführt. Er hatte den Drusenführer beschworen, seinen Unterwerfungsfeldzug gegen die maronitische Kataeb einzustellen. Von sechs Uhr abends bis sechs Uhr früh habe die Debatte gedauert. Kamal Jumblat, den ich zehn Jahre zuvor als undurchdringliche, hochkultivierte, aber mystisch verstiegene Persönlichkeit kennengelernt hatte, war unnachgiebig geblieben. So seien die Syrer gezwungen gewesen, sich wenigstens vorübergehend auf die Seite der christlichen Maroniten zu schlagen und deren Gegenangriff zu unterstützen.

Was in dem lockeren Gespräch nicht erwähnt wurde: Kurze Zeit nach diesem dramatischen Disput mit Hafez el-Assad ist Kamal Jumblat, dessen Sohn Walid heute noch im Libanon seine Intrigen spinnt, im Kugelhagel unbekannter Attentäter gefallen. Kein Libanese zweifelte daran, daß die syrischen Mukhabarat diese Aktion geplant und ausgeführt hatten. Was nun die Person Yassir Arafats betraf, so war der PLO-Chef dem Löwen von Damaskus als eine Art Separatist, als ein Verräter an der großsyrischen Sache, als ein unfreiwilliges Instrument der zionistischen Einflußnahme in der Levante von Anfang an verdächtig erschienen. Die Feindschaft war unauslöschlich, auch wenn beide Politiker – wenn sie gelegentlich zusammenkamen – sich getreu der orientalischen Übung des »killing and kissing« wie Brüder in den Armen lagen und einander abschmatzten.

Zu Beginn des Jahres 1991 sollten sich Assad und Arafat wiederum in gegnerischen Lagern befinden. Der Syrer hatte sich in kluger Anpassung an die neue Situation nach dem Zerfall der Sowjetunion in die proamerikanische Koalition des Zweiten Golfkrieges »Desert Storm« eingereiht, während der Palästinenser sich lauthals mit dem Diktator von Bagdad solidarisierte. Frontwechsel sind nichts Ungewöhnliches im Nahen Osten. Sehr bald erkannte der PLO-Chef, daß er in seiner schier aussichtslosen Kraftprobe mit Israel auf das Wohlwollen Washingtons angewiesen war, während die Beziehungen der Damaszener-Diplomatie zu Amerika sich laufend verschlechterten und zur Zeit meines Gesprächs im Außenministerium einen Tiefpunkt erreicht hatten.

»Wir waren in unseren Kontakten mit den Israeli tatsächlich sehr weit vorangekommen«, bestätigte Adnan Omran mit bemerkenswerter Unbefangenheit. »Von vier entscheidenden Punkten waren zwei bereits abgehakt. Shimon Peres hatte zugestimmt, das gesamte Golan-Gebiet – bis zum letzten Quadratmeter – zu räumen und der Verwaltung seiner rechtmäßigen Besitzer zurückzuerstatten. Wir Syrer hatten unsererseits das Einverständnis für die totale Demilitarisierung und die militärische Überwachung dieses strategisch wichtigen Plateaus gegeben. Vor allem amerikanische Einheiten sollten dabei präsent sein.«

Zwei Punkte blieben noch offen. Die Israeli drängten auf eine friedliche Kooperation, auf einen positiven Modus vivendi zwischen beiden Staaten, und schließlich war der Zeitplan des Abzugs nicht geregelt. Am Rande dieses Hauptthemas war wohl auch besprochen worden, daß Israel seinen südlibanesischen Okkupationsstreifen im Umkreis von Merjayoun evakuieren und daß die libanesische Armee in diesem kritischen Abschnitt die schiitischen Hizbullahi von jeder Kampfhandlung gegen Galiläa abhalten würde. Syrien hätte dabei eine hilfreiche Vermittlungsrolle spielen können.

All das war nunmehr Vergangenheit. »Die Israeli haben die Kontakte zwei Monate zu früh abgebrochen«, beteuerte der Vizeminister Syriens. Von Netanjahu hatte man in Damaskus keine hohe Meinung. Er besäße nicht das Format eines Begin oder eines Rabin. Er reagiere arrogant und unberechenbar. Die Meinung gewisser Experten, ein Friede Israels mit Syrien – wie einst mit Ägypten – lasse sich eher mit einem Hardliner des Likud-Blocks erzielen als mit einem nachgiebigeren Sozialisten der Avoda-Partei, treffe im Hinblick auf den Golan bislang nicht zu. Dazu käme eine für Syrien völlig unerträgliche Forderung, nämlich die Auflösung der schiitischen Hizbullah des Libanon. Doch diese »Partei Gottes« sei inzwischen legalisiert und im Parlament von Beirut vertreten. Schließlich hätten die Israeli das Verbot all jener palästinensischen Gruppierungen angemahnt, die auf syrischem Territorium tätig blieben und den Arafat-Kurs verweigerten. Dabei sei der schlimmste aller palästinensischen Terroristen, Abu Nidal, längst des Landes verwiesen, und das gleiche gelte für den Unruhestifter Ahmed Jibril.

Nicht nur im Außenministerium von Damaskus wurde tiefes Bedauern über die Passivität der Europäer geäußert. Vor allem die deutsche Diplomatie lasse zu wünschen übrig. Man trauerte in Damaskus zwei Männern nach, die die europäische Führungsfunktion der Bundesrepublik auf positive Weise verkörpert hätten, Hans-Dietrich Genscher und Franz Josef Strauß. »Sind die Europäer sich nicht bewußt, daß sie sich auf einen Wirtschaftskrieg mit den USA zubewegen?« fragte Omran. »Sie müßten die amerikanischen Businessmen hören, wenn sie hier aufkreuzen, mit welcher Geringschätzung sie sich über ihre europäischen Konkurrenten äußern, ja sie gelegentlich als ›bastards‹ bezeichnen.«

Omran bestätigte die guten Beziehungen seines Landes zur Islamischen Republik Iran. In diesem Zusammenhang entwarf er ein Schreckensszenario, das mich bei dem nüchternen, umgänglichen Mann aufhorchen ließ. Schon im Mai 1997 kündigte er eine kriegerische Aktion Amerikas im Verbund mit Israel gegen die Islamische Republik Iran an, deren geplante Verwirklichung durch das Team George W. Bush und Dick Cheney zehn Jahre später wohl nur durch den energischen Widerspruch der höchsten amerikanischen Militärs, der »Joined Chiefs of Staff« verhindert wurde. Der Vizeminister befürchtete, daß Marschflugkörper und schwere Artillerie der Fünften US-Flotte, die im Persischen Golf kreuzte, eines Tages die Erdölraffinerien und Verschiffungsanlagen der Iraner vernichten würden. Kampfflugzeuge würden von ihren schwimmenden Rollbahnen starten, um wirtschaftliche und strategische Ziele im Hinterland, vor allem die vermeintlichen Produktionsstätten der »iranischen Atombombe«, auszuradieren.

Die persischen Streitkräfte seien jedoch heute schon in der Lage, durch relativ hoch entwickelte Mittelstreckenraketen erhebliche Zerstörungen in den mit Washington verbündeten Emiraten am Golf und in der El-Ahsa-Provinz Saudi-Arabiens anzurichten. Welche zusätzlichen Komplikationen sich aus einer solchen Krisenspirale ergäben, sei noch gar nicht abzusehen. Nicht nur Rußland

würde auf unerträgliche Weise brüskiert, womit Washington vielleicht leben könne, aber auf lange Sicht würde die kommende
Weltmacht China auf den Plan gerufen, und deren Spielraum
werde im anbrechenden neuen Jahrtausend unermeßlich sein.

Der Vize-Außenminister war sich wohl der unkalkulierbaren
Dimension seiner Prognosen bewußt geworden. Vielleicht war
auch nur die angeborene arabische Freude an Verschwörungstheorien mit ihm durchgegangen. Zwei Stunden hatten wir uns immerhin unterhalten. Omran war keiner Frage ausgewichen und hatte
mich auch nicht aufgefordert, die Spielregel »off the record« ein-
zuhalten.

Im Netz des eigenen Clans

Im Juni 2000 starb Hafez el-Assad. Sein Sohn Bashar übernahm
einen Monat später die Präsidentschaft der Arabischen Republik
Syrien und das Amt des Generalsekretärs der regierenden Baath-
Partei. In den seitdem verflossenen zehn Jahren hat das Regime seinen brutalen Zugriff gegen jede Form von Opposition nicht aufgegeben. Ein paar zögerliche Lockerungen der Zwangsjacke, in der
sich sein Land befand, hatte er immerhin bewirkt. Seine Wirt-
schaftsreform zielte auf das Entstehen einer neuen Mittelklasse hin.
Er ermöglichte – mit allen Risiken, die damit verbunden waren –
der Bevölkerung den Zugang zum Mobiltelefon und zum Internet.
Reformen wurden auch im Schulunterricht, in der Zulassung von
Privatuniversitäten eingeleitet, und es fand eine Modernisierung
der Banken und Versicherungsgesellschaften statt. Per Dekret
wurde die bislang häufige Ausübung des »Ehrenmordes« unter
Strafe gestellt.

Ein Durchbruch zur Demokratie und zur Meinungsfreiheit war
das beileibe nicht, und die Frage bleibt offen, wie weit die reale
Machtausübung dieses nicht unsympathisch wirkenden Mannes

durch die strengen Bande seiner Familie und seines Clans eingeengt wird.

Aus französischer Quelle erhielt ich bei meinem letzten Aufenthalt in Damaskus eine Skizzierung dieses konfliktreichen Sippensystems. Am Anfang stand der Landbesitzer Ali Souleyman, der in dem Dorf Qardaha eine angesehene Persönlichkeit der dortigen alawitischen Gemeinde war. Er verschied im Jahr 1963, nachdem er in zweiter Ehe eine gewisse Na'Isa geheiratet hatte, deren männliche Verwandte bereits Schlüsselpositionen in der syrischen Militärhierarchie ausübten. Souleyman hinterließ drei Söhne, den ältesten, Hafez el-Assad, der von 1971 bis 2000 über Syrien herrschte. Sein jüngerer Bruder, Jamil el-Assad, gilt weiterhin als »Patron« des alawitischen Berglandes, kommandiert im Verbund mit seinen Söhnen die alawitischen Milizen und steht im Parlament der Verteidigungskommission vor. Der dritte war Rifaat el-Assad, der mit seinen Sonderbrigaden vor keinem Gemetzel zurückschreckte. Zwischen Hafez und Rifaat entstand eine offene Feindschaft, die sogar mit Waffen ausgetragen wurde, bis Rifaat mit seinen beiden Söhnen im spanischen Exil verschwand.

Hafez el-Assad hatte Anisa Makhlouf geheiratet, deren Bruder Mohammed ein Wirtschaftsimperium aufgebaut und ein immenses Vermögen erworben hatte dank seiner dubiosen Machenschaften im Tabak- und Erdölgeschäft. Assad wiederum hatte seine Tochter Bouchra mit Assef Chawkat verehelicht, dem Chef des militärischen Nachrichtendienstes. Der älteste und bevorzugte Sohn des Diktators, Basil, war, wie berichtet, bei einem Autounfall ums Leben gekommen. Blieben neben Bashar el-Assad, dem heutigen Präsidenten Syriens, die Brüder Majed, der seinen Beruf als Elektro-Ingenieur ausübt, und Maher el-Assad, der als Befehlshaber der »Republikanischen Garde« angeblich keine Gewalttat scheut. Welche internen Spannungen vorherrschten, zeigte sich bei der Aufsässigkeit der beiden Vettern des Staatschefs, Mundher und Fawwaz el-Assad, Söhnen von Jamil el-Assad, und der daraus resultierenden Unruhe im Heimatland der Alawiten. Diese Kontroverse wurde 2005 beigelegt.

Wenn ich diese Genealogie so ausführlich schildere, so weil sie typisch ist für die Herrschaftsstrukturen in manchem anderen arabischen Land. Ein syrischer Politologe hat dazu folgende Meinung vertreten: »Präsident Bashar el-Assad war keineswegs dazu berufen, seine heutige Spitzenfunktion auszuüben. Man improvisiert sich nicht als Diktator. Sein Vater hatte arbeiten, intrigieren und morden müssen, um die Alleinherrschaft an sich zu reißen und sie zu konsolidieren. Bashar hingegen gehört jener Generation junger Erben an – wie Mohammed VI. in Marokko oder Abdallah II. in Jordanien, denen die Macht zugefallen ist, ohne daß sie deren interne Mechanismen wirklich begreifen.« Wer dächte in diesem Zusammenhang nicht an Gamal Mubarak, den Sohn des Rais von Ägypten, oder an Seif el-Islam, den Sohn des Oberst Qadhafi in Libyen, die von ihren Vätern ebenfalls als Nachfolger designiert waren?

Ohne durchgreifende Veränderungen übte Bashar el-Assad nunmehr eine Dekade lang sein höchstes Amt aus. Eine neue »Omertá« schien sich über das Land gelegt zu haben. Mein Mittagessen mit dem ehemaligen Botschafter Haddad in dem Restaurant, das früher einmal »Le Vendôme« hieß, brachte keinerlei neue Einsicht. So rief ich am Tag meiner Abreise den Korrespondenten einer europäischen Nachrichtenagentur an in der Hoffnung, über die Beziehungen zwischen Syrien und Iran einen Hinweis zu erhalten. Der Korrespondent, ein jovialer Syrer, mußte den »Mukhabarat« recht nahestehen. Bei meiner Ankunft war er über meine Person bestens informiert. In einer belanglosen Konversation stellte ich dann doch die Frage, wie die syrische Armee auf das israelische Kommando-Unternehmen reagiert habe, das ein paar Monate zuvor gegen eine angebliche Nuklearanlage im äußersten Osten der Republik, bei Deir es Zohr, stattgefunden und eine totale Vernichtung dieser verdächtigen Atomfabrik vorgenommen hatte.

Mein Gegenüber setzte ein breites Lächeln auf. »Jetzt will ich Ihnen wirklich ein Geheimnis verraten«, begann er. »Diese Anreicherungsanlage für Kernenergie, die in den westlichen Medien mit exakten Fotos in einer Deutlichkeit und Auffälligkeit abgebildet wurde, die bei einem Geheimprojekt höchst ungewöhnlich wäre, war in Wirklichkeit eine Attrappe. Mit unseren iranischen Freunden war vereinbart worden, daß wir einen solchen Köder in die Wüste stellten in der Erwartung, daß der israelische Vergeltungsschlag nicht auf sich warten lassen würde. Die feindlichen Elitesoldaten haben leere Mauern gesprengt. Wir und die Iraner haben bei dieser Gelegenheit jedoch feststellen können, wie die israelischen Streitkräfte vorgehen würden, falls sie eines Tages versuchen sollten, die vermuteten Herstellungsfabriken für Atombomben in der Islamischen Republik Iran auszuschalten.« Die Stäbe von Damaskus und Teheran hätten viel gelernt bei diesem Täuschungsmanöver, habe ihm ein befreundeter Offizier versichert.

Da sind wir wieder angekommen in der Atmosphäre der Täuschung, des Verrats, der gezielten Irreführung, denen natürlich auch ich ausgesetzt bin. Das Wort »Mu'amara – Verschwörung« gehört unverzichtbar zum Vokabular und zur Vorstellungswelt der orientalischen Staaten. Gleich dreimal wurde das Wort »Mu'amara« skandiert am Anfang eines Kampfliedes, mit dem im Jahr 1973 die Soldaten Anwar es-Sadats auf die israelische Bar-Lev-Linie am Suezkanal vorrückten.

Personenregister

Bildnachweis

Cornelia Laqua: 26–28
International Herald Tribune: 31
picture alliance: 20
Privat: 15
Reuters Pictures: 18, 23
Sipa Press: 1, 17, 19, 29
ullstein bild: 2–14, 16, 21, 22, 24, 25, 30

Peter Scholl-Latour

DIE ANGST DES WEISSEN MANNES

Ein Abgesang

ISBN 978-3-548-37359-1
www.ullstein-buchverlage.de

Die Wahl eines amerikanischen Präsidenten mit afrikanischen Wurzeln und pazifischer Heimat ist Sinnbild eines tiefgreifenden Wandels, der weit über die USA hinausweist. Der fünfhundertjährige Siegeszug des »weißen Mannes« ist Geschichte. Die ehemals koloniale Welt ist im Aufbruch begriffen und wendet sich vom Westen ab.

Mit dem ihm eigenen Gespür für welthistorische Veränderungen schildert Peter Scholl-Latour seine jüngsten Reiseeindrücke vor dem Hintergrund seiner sechzigjährigen Erfahrung als Chronist des Weltgeschehens.

US374

ullstein